JN437216

# 華嚴經淸凉疏鈔懸談記

## 遺 忘 記

# 華嚴清凉疏鈔懸談記

## 遺 忘 記 (天字卷~荒字卷)

동국역경원

# 화엄경현담 사기 간행사

이번에 한국교학의 산파역할을 담당하고 있는 능엄학림에서 청량국사의 <현담사기>를 간행하게 되어 교육을 담당하는 교육원으로서 수희찬탄해 마지않습니다.

96년에 종단의 전문교육기관으로 개원한 능엄학림은 최근 많은 강사를 배출하여 99년 제1기 전강식에 이어 화엄경에 관련된 주석서와 사기를 연이어 출간하여 왔습니다. 이는 점차 멀어져 가는 한문세대와 미래의 한국불교를 준비하는 아주 뜻 깊고 중요한 사업이라 해야 할 것입니다.

<현담>이란 주지하듯이 80권 화엄경 전편에 걸친 화엄사상을 청량국사의 탁월한 안목으로 정리한 명저로 손꼽혀 왔습니다. 그래서 전통강원에서는 화엄경의 경문을 보기에 앞서서 대교반의 필수교제로 쓰여 온 불전입니다. 그리고 화엄사기는 조선조 후기 불교학을 대변할 정도로 '한국 화엄학의 자부심'으로 평가받는 부분인데, 그동안 판독하기 어려운 필사본으로만 유통되던 것을 능엄학림에서 지난해에 이어 발표하게 되어 무척 기쁘고 다행스럽게 생각합니다. 앞으로도 삼현과 입법계품 등 전편의 완간을 기대하면서, 교육원에서는 최선을 다해 뒷받침해 드릴 것을 약속드립니다.

그동안 간행을 위해 노력한 학인스님들과 연구원 현암 스님, 어려운 여건 속에서도 출판을 위해 애쓰시는 신임주지 철안선사와 종무소의 소임자 여러분, 그리고 월운 큰스님께 정중한 인사의 말씀을 드립니다.

불기 2547(2003)년 癸未년 11월 초사흘

대한불교 조계종 교육원장 如天無比 記

## 華嚴經玄談疏鈔私記出版에 즈음하여

工夫하는 環境도 썩 좋지 못하고 受用마저 不實하건만 楞嚴學林 大衆스님들은 늘 한결 같았습니다. 저녁이면 放跡堂 큰 방의 불을 환히 밝힌 채 도란도란 無碍法界無盡說을 論究하는 소리는 오고 가는 발길마저 숨죽이게 하였습니다. 이른 아침부터 어른 스님을 모시고 聞講하는 모습은 동터 오르는 커다란 앉음새의 峻嶺들이었습니다. 철이 바뀌는 風景과 함께 스님들은 그렇게 아름다웠습니다.

아 그런데 그다지도 加熱찬 熱意의 세월이었습니까? 尨大한 大敎를 옛 어른들의 思惟의 자취인 그 解讀하기 어려운 草書따라 閱覽하면서 整書化까지 하여 계속해서 冊으로 만들어 내다니요.

學人時節을 追憶해보면 大敎私記는 아득한 傳說이었습니다. 講師스님들로부터 大敎에도 四敎와 마찬가지로 私記가 있긴 있는데 草書로 쓰여 있어서 學人들이 읽기는 쉽지 않다는 말씀을 들었습니다. 마음 한편에 草書에 대한 두려움, 아쉬움과 함께 永遠히 化石이 되어버리면 어쩌나 하는 念慮도 언뜻 했었던 것 같습니다. 私的으로는 스승이신 祖室스님께서 十數年 전부터 당신이 더 늙기 전에 大敎私記를 整書化 해야겠다는 말씀을 하시곤 할 때는 아득하게만 여겨졌습니다.

꿈은 이루어진다고 했던가요. 楞嚴學林에서 連이어 私記整書本을 내놓으시니 우리 스님의 묵은 宿題가 풀리는 格이요, 나에게는 因緣닿으면 다시 보리라 다짐했던 大敎에의 길이 환히 열리고 있습니다. 小臘이 住持所任을 맡은 지 오래지 않아 이렇게 귀한 보배가 햇빛을 보게 된 것도 크나큰 洪福이 아닌가 싶습니다. 이런 所懷가 어찌 나만의 것이겠습니까?

一代時敎에 대한 概括과 深化를 위해서는 淸凉스님의 演義疎鈔를 硏鑽해야 한다는 말을 나의 옅은 귀로도 들었습니다. 우리 敎團에 심각한 問題點 중에는 敎學이 제 자리에 매김 되지 못하고, 더 나아가 敎相이 現實속에 體化되지 못한데도 있다고 思料됩니다. 서둘러 敎相의 自己化를 先決해서 佛敎의 社會化 내지는 世界化로 發展시켜야 함이 절실한 當面課題입니다.

그러므로 佛法의 大海를 遊泳하기 위한 準備뿐 아니라 二十一世紀 汎人類的인 世界狀을 올바로 認識하고 그 代案을 創出하려 해도 華嚴學은 반드시 闡揚되어야 할 이 時代의 몫인 듯 합니다. 이에 今番의 私記整書本은 佛法의 創造的인 時代的使命을 위해서나 옛 것을 통해서 새로운 것을 이루는 常例에도 符合되는 業績이기에 우리 楞嚴學林 스님들의 勞苦는 아무리 讚揚을 드린들 남음이 있을 것입니다.

未來佛敎의 든든한 디딤돌 같은 楞嚴學林 大衆스님들, 그리고 뒤에서 不撤晝夜 整書作業을 도맡아서 해 오면서 硏究員으로 在職中인 玄庵尼師, 참으로 受苦하셨습니다.

노구이심에도 불구하고 강의를 하시는 월운 큰스님께 마음으로부터 존경을 드립니다.

小臘은 우리 門徒들과 함께 스님들을 뒷바라지하는데 倍前의 努力을 다하겠습니다.

佛紀 2547(2003) 11月　日

敎宗本刹 奉先寺 住持

楞嚴學林 學長　鐵 眼　記

# 清凉疏鈔華嚴玄談 三家本私記 刊行序

漆黑같이 어두운 밤에 體操를 한다. 보는 이는 아무도 없는데 그는 제멋에 겨워 중머리 중중머리 잦은머리로 채를 올려간다. 이를 일러 달밤에 體操하는 촌뜨기라 했던가.

여기 또 하나의 촌뜨기패가 있으니 大明天地 밝은 날에 골방에 묻혀서 쾌쾌묵은 古書를 뒤적이며 빛바랜 글자, 마모된 劃數를 더듬어가며 그 뜻을 찾아보고 脫漏와 剩衍을 辨別한 뒤 다시 淨書해서 後人들의 看經에 도움을 주겠다고 나선 楞嚴學林이라는 이름의 무리들이다.

이들은 지난 98년도 11월에는 第1期生이 淸凉疏鈔華嚴 科圖集을 發刊했고 昨年 4월에는 第2期生이 淸凉疏鈔華嚴 十地私記 三家本(遺忘記 雜華記 雜貨腐)을 냈고 이제 第3期生들의 첫 段階의 課題로서 標題의 玄談記를 내게 된 것이다.

굳이 華嚴經을 擇한 까닭은 華嚴이 綜合的인 經典이기 때문이요 특히 淸凉疏鈔를 擇하는 理由는 說明이 具體的이고 解說書가 豊足하기 때문이다. 더구나 科圖와 私記에 神經을 쓰는 理由는 經을 보는데 꼭 必要한 指針書이며 우리 傳統의 看經法이기 때문이다.

그中에도 惟獨 私記에 神經을 쓰는 理由는 첫째 우리들의 공부에 큰 도움이 되기 때문이요 둘째 우리의 先人들이 우리의 體質에 맞게 만드셨기 때문이요 셋째 그 所重한 文獻을 이대로 放置한다면 곧 湮滅될 狀況에 놓였기 때문이다.

우리 敎團에 私記가 처음 登場한 것은 西紀 1681(朝鮮 肅宗11)년 荏子島에 主人 없는 배에 經論이 잔뜩 실려서 떠밀려온 것을 契機로 具體的인 經學研究가 시작되었으니, 그 研究의 結果物이 바로 私記 또는 私集이라 할 수 있다.

흔히 말하기를 私記는 蓮潭有一(1720-1799)과 仁嶽義沼(1746-1796)로부터 시작됐는데 蓮潭은 大敎에 能했고 仁嶽은 四敎에 能했으며 蓮潭은 內典

行相에 밝았고 仁嶽은 外典出處에 밝았으며 蓮潭記는 全羅道에서 愛用되었고 仁嶽記는 慶尙道에서 人氣가 있었다고 하거니와 그 眞僞를 가리는 일은 相當한 努力이 있어야 될 것 같다.

왜냐 하면 이 두 분보다 조금 앞서 枕肱懸辯(1618-86)과 栢庵性聰(1631-1700)과 晦庵定慧(1685-1741)와 虎庵體淨(1687-1748) 등이 이미 어떤 形態로든지 私記를 남긴 痕迹이 엿보이고 이 두 분과 비슷한 時期의 人物로서 雪坡尙彦(1707-91)과 白坡亘璇(1767-1852), 그리고 이 두 분보다 若干 뒤져서 枕溟翰醒(1801-76), 函溟太先(1824-1894) 등도 어떠한 형태로든지 私記를 著述했거나 旣存의 私記에 加筆을 했거나 한 분들임에 틀림이 없어 보이기 때문이다.

이렇게 말할 수 있는 根據로는 現存하는 私記를 살펴보건대 그 내용이 或同或異하여 一準하지 않음은 물론이거니와 그 흐름과 論調에는 분명 몇 가지 系統이 있어 보이기 때문이다.

좀더 具體的으로 말한다면 그동안 著述된 私記로는 緇門 四集 四敎 大敎 傳燈 拈頌에 이르고 있는데 그중 板本으로 出版된 것은 四集 中의 都序와 節要뿐이요 나머지는 모두 筆寫本에 依해 傳受되고 있는데 이 筆寫本의 內容이 그리 多樣하다는 것이다.

傳來하는 筆寫本의 內容이 多樣해진 原因으로서는 사기 올리기와 傳講備忘用, 두 가지 이유 때문이라고 보는데 첫째 사기 올리기란 主로 講院 學人들이 날마다 내일 공부할 것을 그날그날 午後에 빙 둘러앉아 베끼는데 똑똑한 사람은 正確히 原本대로 베껴나가고 좀 더 똑똑한 사람은 다른 곳의 좋은 말씀까지 따다 넣기도 하고 實力이 좀 不足한 사람은 서투른 솜씨로 글자를 틀리게 쓰거나 빠뜨리거나 온갖 탈을 내어 原本의 原形을 알아보기 어려운 狀態로 만들어 놓으니 이런 部類는 誤謬투성이여서 參考資料로는 不適切하다.

둘째 傳講備忘用이라 함은 有名한 講師스님들이 自己가 信奉하는 私記를 精誠껏 써 두었다가 自己의 門下生이 講師로 나가게 되면 그것을 傳講信表로 주었는데 이런 경우는 大體로 正確하여 參考資料로서의 價値는 充分하다하겠으나 누구의 것을 베꼈다든지 自己가 著述했다든지를 밝히지 않아 그 學問的系統을 알아보기 어렵고 남의 말을 引用한 境遇 어디 누구의 말이라는 出處를 밝히지 않아 역시 그 말의 뿌리를 알기 어렵다 그래서 위에 말하기를 相當한 努力을 해야 되겠다고 하였다.

그러나 이 私記들을 조금만 有心히 살펴보면 대체로 大義總判이며, 낱말풀이며, 原典紹介며, 部分口科며, 甚至於는 釋詞며, 懸吐에 이르기까지 직접 곁에서 일깨워주듯 懇曲히 엮어 내려간 講義라는 點에서는 同一하나 그 論調에는 水乳의 差異가 分明 있고 鷺鷥를 揀擇하는 論調가 없지 않으니 實로 豊饒로운 文化의 寶庫이며 오르기 어려운 銀山일네라.

이번에 刊行하는 玄談私記란 華嚴의 懸談部分을 풀이한 것인데 이는 淸凉國師 澄觀이 華嚴經疏鈔를 낼 때 本文에 들어가기 前에 華嚴經全體의 大義를 紹介한 內容인 여덟 책이다. 요즘의 境遇로 말하면 解題에 該當한다 하겠으나 그 理論이 너무 浩瀚하고 難解하므로 中國에서도 이미 여러 가지 註釋書가 있었고 우리나라에서도 언제부터인가 明의 普瑞가 지은 會玄記 四十卷을 곁들여서 보는 傳統이 내려오고 있다.

그러나 會玄記 또한 平凡한 典籍이 아니어서 古來로 私記를 보지 않고는 땅김도 하지 못한다고 전한다. 그러므로 玄談私記는 自然 會玄記까지를 합해서 마흔여덟 권을 풀이했으니 實로 厖大한 하나의 敎乘이 形成된 것이다. 그러므로 예전의 일부 講師스님은 玄談으로 華嚴經을 卒業시킨 事例도 있을 程度이다.

그런데 이번에 내는 玄談私記는 세 분의 것이니 遺忘記와 懸談記와 鉢柄(이를 便宜上 玄談私記三家本이라 한다)이다. 이 책이름들은 各其 그 私記에 쓰여진 것을 援用했을 뿐, 그 正確한 意味나 著者나 筆寫者의 이름은 알기 어렵다.

이중 첫째 遺忘記는 東國大學校 圖書館에 所藏된 것인데 多幸히 玄談부터 十地까지 갖춰졌고 글씨도 達筆로 잘 썼을 뿐 아니라 誤脫字가 대체로 없어 보인다. 특히 이 筆寫本은 序頭에 枕月이라 써서 筆寫者를 밝혔고, 卷마다 末尾에는 時在乙未(丙申)四(十二)月日寫于曺溪普照蘭若枕溟師主會中

이라 쓰여 있어 언제 어디서 썼다는 事實을 남기고 있다.

이 짤막한 刊記로써 미루어보건대 이 筆寫作業은 乙未 여름에 시작하여 丙申 겨울(1835-36)에 이루어졌고 場所는 主로 松廣寺 普照庵인데 마칠 무렵에는 무슨 까닭인지 求禮曲城 泰安寺로 옮기면서 始終 枕溟師主의 會下에서 이루러졌음을 強調하고있다.

그렇다면 枕溟이란 누구인가 이미 말한바 있거니와 純祖1년에 誕生하여 高宗13년에 76세로 入寂하신 當代의 大講伯이다. 그는 雲興寺 大雲에게 經論을 받고 白坡에게 禪法을 傳해 받고 影峰에게 法을 傳授받아 28세부터 30년 간 松廣寺 佛日普照庵에서 講을 하신 분이니 이 遺忘記가 쓰여진 乙未와 丙申은 그가 松廣寺에서 한창 講을 하시던 35.6세 때에 該當된다. 그런데 遺忘記란 題號에 遺忘이란 잊는다는 뜻인데 왜 이런 이름을 붙였을까 이는 잊을까 걱정되어 對備한다는 遺忘集의 故事에 依한 것으로 보인다.

애초에는 遺忘記라는 이름을 蓮潭이 썼던 것 같은데 華嚴私記類에 大體로 遺忘記라는 이름과 蓮老記라는 이름이 頻用되는 것은 무슨 까닭일까 大體로 蓮老記를 崇尙하는 系列의 講師들이 많았기 때문이라 생각된다. 그들은 蓮老記에다 自己의 意見을 붙여 다시 弟子들에게 傳授하면서 原著者의 이름을 그대로 붙여준 것 이 하나이고 또 하나는 自身이 蓮潭의 系列이 아니더라도 自己의 私記에다 遺忘記라는 이름을 붙여 傳授했기 때문인 것 같다.

둘째 懸談記는 潭陽 龍華寺에 계시는 守眞스님께서 당신의 法師이신 故鞠默潭老師의 遺品을 傳受保管中이란 消息을 듣고 지난 2002년 4월 사람을 보내 私記類一襲 99책을 複寫해왔는데 그 안에 純粹한 蓮老記가 따로 있고 이 懸談記나 前揭 遺忘記 等은 그 門下의 누군가가 加減增補한 것임을 알게 되었는데 遺忘記와는 相當히 다른 見解를 보이고 있어 함께 參考하면서 공부하는 것이 매우 有益하리라 생각되어 이제 함께 發刊키로 하였다.

셋째 鉢柄은 本人이 所藏했던 것으로서 이 또한 겉 表紙에는 遺忘記라 해놓고 內容 첫줄에는 鉢柄이라 題하고있으니 鉢柄이란 바루의 자루, 즉 군것이라는 뜻으로서 마치 蛇足과 같은 의미의 말이다. 그 內容은 蓮潭系

統과는 전혀 다른 각도에서 다루고 있고 古典考證이 充實하고 大義總判이 簡明한 것으로 보아 仁嶽이 아니면 그 무렵을 前後한 어떤 다른 大家의 著作일 것이라고 생각된다.

이 세 분의 見解가 相親相反하면서 나름대로의 主張을 펴나가는 모습은 그야말로 하나의 거룩한 討論場에 와 앉은 氣分인데 요즘은 學人들도 제법 말문이 열려 이러쿵저러쿵 說往說來하니 비록 아무도 알아주는 이 없는 한밤중의 도깨비체조라고는 하나 日暮途窮한 이 老匹夫가 외롭지 않아 좋다.

이들을 一旦 淨書하고 吐를 달아 프린트하는 일은 第1期 卒業生인 尼 玄庵圓敏上人이 여러 해째 맡아해 주고 있고 科圖의 整理는 兩水里 西宗寺에 나가있는 鶴峰堂 俊秀大師가 맡아주어 順調롭다.

學人들은 그날그날의 日課에 맞추어 複寫한 原本私記와 淨書한 私記를 對照하면서 잘못된 곳을 表示해 두었다가 다음날 問講時間에 討論을 通해 校正案을 確定짓고 이렇게 하여 玄談이 끝나는 오늘 이를 出版에 붙이는 뜻은 이 좋은 法寶를 天下의 同好人과 나누어 좋은 講師가 많이 輩出되기를 바라는 念願이거니와 念願보다 未洽한 點이 적지 않을 것이 걱정된다. 바라건대 天下의 諸賢은 잘못을 보시는 대로 指摘해 주시기 바란다.

客이 있어 말하기를 出家人이 父母妻子 다 버리고 나온 뜻은 편안하게 마음공부나 하려는 데 있거늘 그대는 어찌하여 나이도 모르고 끝없는 煩惱의 길로만 치닫는가 漢文이 없어진 時代에 웬 講院이며 웬 華嚴學이며 私記復元은 또 무엇인가 헛고생 말고 좀 쉬다가 가소 한다.

내 웃으며 答曰 噫라 言則是也나 宿業을 奈何오 기우러가는 千年大廈를 젓가락 하나로 버틸 수 없다는 것을 모르는 바는 아니나 쉬이 젓가락을 버리지 못하는 것이 이 老夫의 弱點이라오 하니 그가 鼻笑而嘆曰 眞所謂 業報所生이로다 奈何오 하고 훌쩍 떠나버렸다.

그렇다 이리 보아도 業報요 저리 보아도 業報여서 避할 수 없다면 차라리 業報 속으로 깊숙이 뛰어들어 추다 남은 도깨비춤이나 마저 추리라. 그리하여 굵직한 빚들이나 좀 갚고 싶은 것이 남은 所願이다.

그런데 이번 일로 빚을 더 지게 되었으니 어이할꼬. 宗團과 奉先本末寺

의 當局者 乃至 遠近 後援者 여러분의 平素의 聲援이 그렇고 特히 今番 淸凉疏鈔華嚴玄談三家本私記 發刊에 큰 힘을 보태주신 大圓居士 李相賢님을 비롯한 여러분들이 物心兩面으로 도와주신 點이 그렇고 平素 學人들 熱心히 協力해 준 點 모두 이 자리를 빌어 甚深한 感謝의 뜻을 傳한다.

佛紀 2547(2003)年 癸未 11月 5日

奉先寺 茶經室

月 雲 老衲 記

## 일러두기

1. 玄談私記 가운데 遺忘記는 東國大學校圖書館 所藏本을 底本으로하였고, 鉢柄은 奉先寺 月雲스님 所藏本을, 그리고 懸談記는 潭陽 龍華寺 守眞스님 所藏本을 底本으로 하였다.

2. 遺忘記·鉢柄·懸談記 모두 底本에서 千字文의 字順에 따라 編綴하였기에 本書 또한 이에 준하여 千字文 字順으로 編冊하였다.

3. 三家本私記 모두 玄談과 註釋書인 會玄記에 記를 냈으므로 原本이 玄談과 會玄記의 순서를 따르지 않은 곳은 그 부분을 바로잡아 內容 順序대로 會編하였다.

4. 三家本私記 모두 底本에서 모든 項目을 連續해서 쓴 것을 閱覽의 便宜를 위해 左端에 丈과 行을 아라비아숫자로 표시하고 右端에 내용을 붙였으며, 丈數와 行數는 그 標文의 첫 글자가 屬해 있는 丈과 行으로 기록하였다.

5. 三家本私記 모두 說明중에 '某字'는 '某字'라 하였으나 이미 고쳐져 있는 경우가 있는데, 이는 私記主는 舊本에 依했었으나 本書의 底本은 新本이기 때문이다.

6. 遺忘記는 底本外에 每卷마다 一定치 않지만 한 卷에서 네 卷의 異本을 參照하였는데 意味와 文章이 약간 다른 경우와 빠진 부분은 별도로 표시(※)하여 別添하였고, 底本에 없는 새로운 부분은 本項에 丈數와 行數를 표시하고 [甲本]等 이라 假稱으로 內定하여 紹介하였다.

7. 遺忘記底本에는 記主가 科를 簡略히 냈는데 今番 整書하면서 모두 넣어

圖表로 만들었다.

8. 三家本私記 모두 補助說明이 필요하거나 引用文에 錯誤가 있어서 전체를 이해하기에 불편한 大目끝에는 '校者註'라 표시하고 添削과 解說을 넣었다.

9. 懸談記는 記主를 정확히 알 수가 없지만 내용이 훌륭하다고 생각되어 添附했으나 收集된 資料가 부족하여 玄字卷~洪字卷初六丈까지만 收錄했다.

# 目次

## 遺忘記

**宇字卷**



**宙字卷**



**洪字卷**



**荒字卷**

# 華嚴經清凉疏鈔懸談記

## 遺 忘 記

教宗本刹 奉先寺 楞嚴學林

# 天 字 卷

# 天字卷

## 懸談

## 御製大方廣佛華嚴經序

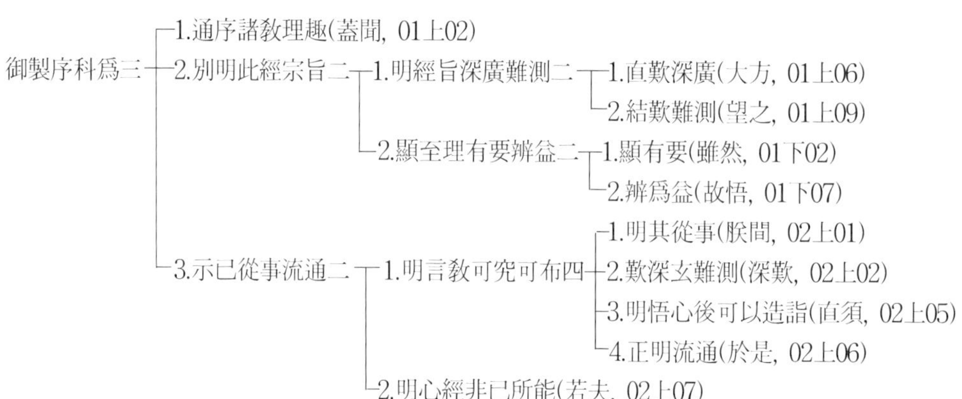


01上04　不泥知不泥用의 兩泥字는 皆音이 例니 滯也라.

02上10　永樂은 大明年號니 成祖之年也라.

◉校者註; 永樂十年은 朝鮮太宗十年이니 西紀1412年也라.

# 華嚴四祖淸凉國師像贊

03下03 文宗像贊에 虛根은 理也니 如老子의 天地之根을 曰玄牝也라.

◉校者註; 文宗은 唐朝第十四代王이니 在位는 自西紀827~840年이요 淸凉之入寂은 在838年也라.

03下03 體象云云은 象은 是得法界之象이요 門은 乃入法界之門이니 故로 體而啓之라.

03下04 奄有法界는 若因象得意코는 開門入室也라. 聿은 語詞也라. 敎融云云은 謂敎說이 融通海嶽하고 恩澤이 廓周乾坤이라.

03下05 二疏는 賢首와 刊定疏也라 賢首則元是師宗이요 刊定은 雖有破斥이라도 亦因彼之非하야 顯我之是則亦相彼疏也니 相은 視也라.

二疏者는 有云賢首의 新舊二疏也라하나 愚는 謂하노니 淸凉의 建中과 貞元二疏也라 相은 助也니 謂於經中에 以二疏로 助而釋之하야 使佛意로 明顯하고 拔擢하니 衆人之幽昏하야 可謂間世之氣가 斯來하야 拱承佛日也라.

03下06 啟은 開也라. 古賢은 通指遠公賢首苑公也라.

03下07 巨休는 淸凉의 字也요 或通指淸凉之道하야 爲巨美也라.※

※甲本; …不必指其字也라.

03下07 式揚者는 式은 用也라. 眞空罔盡云云은 以眞空門으로 觀則無出世化人이로대 而所化之機가 成就故로 駕出於世하니 其化用이 ※如秋月照臨이요 淸風之適悅也라.

※甲本; …如秋月之照臨夏風之適悅也라.

03下08 妙有云云은 以妙有門으로 觀則無可入滅이로대 而化緣이 已息故로 入滅而化去也라 已爲化去故로 圖其像하야 掛于精舍라. 邈은 沖邈也라 淸凉은 夏禹之裔故로 云禹之形儀也요 又禹는 大也니 大儀也라. 或云眞空云云은 亦指其入滅也則白月淸風은 指其悲境也니 不如前解라.

# 清凉國師疏鈔緣起

04上02 會稽는 在吳也라.

04上02 開元과 天寶(四行)는 皆玄宗年號라.

◉校者註; 開元戊寅은 玄宗26年이니 AD738年이요 天寶七年은 玄宗在位第37年이니 AD748年이라.

04上04 是年은 大曆三年(代宗年號니 西紀768年이라.)이니 準通載컨대 初標大曆三年之號하고 次列其年庶事하니 此乃其中一也라 旣上有年號故로 云是年이라하나 而今別敍則當云大曆三年可也라 大曆은 代宗의 年號니 勅譯華嚴者는 準人字卷疏컨대 賢首菩薩所造華嚴行願經이 別行者也라 或云大部華嚴이라하며 或云普賢行願品者는 皆非也라.

04上09 牛頭忠云云者는 謂牛頭山慧忠禪師요 徑山(道)欽禪師는 京都大(法)詵禪師也라.

04上09 大曆三年은 卽戊申也니 卽上의 是年이며 奉詔勅譯者也라.

04下02 以五地聖人이 云云者는 經中에 第五地菩薩棲身佛境云云이라 故로 清凉도 亦效彼하야 博覽六藝云云(三行)이요 非謂清凉이 是五地聖人也라.

04下06 顒顒은 盛也라 又顒은 昂也니 謂光相卓然也라 舊疏(04下09)는 卽光統靈裕 慧遠等疏也라.

# 詔清凉講華嚴經題

05上06 丙子貞元十二年은 卽德宗年號也라. 宣者는 宣詔也라.

◉校者註; 丙子十二年은 貞元十二年이니 西紀796年이라.

05上08 烏茶國所進華嚴者는 卽法界品及普賢行願品이니 總譯成四十卷하니 見人字卷初八丈이라. 筴은 與策으로 同이라. 一日不至者는 帝가 不至也라.

05上09 依僧欲者는 如說戒時의 與欲也라 國事因緣이 如法僧事의 與欲과 淸淨云云이니 戒本中에 問曰僧淸淨否아 答云淸淨이라하면 則說戒하고 不來比丘가 以緣事로 雖不來參이나 而其心則欲聞戒法故로 與其所欲也하노이다하니라 與는 給也라 今皇帝雖不至나 而意則欲參譯場하고 而亦心淸淨故로 云如法僧事之與欲及淸淨也라 有云國事因緣을 如法僧淸淨者는 國事因緣을 奉旨譯經事也라 與는 許也니 謂雖未參場이나 而要使皇帝心欲參場而淸淨三業也라.

05下01 光宅의 宅은 覆也라. 東風入律者는 漢武帝時에 月氏國使者曰 臣國이 去此三十萬里호니 國有常占 東風入律에 百旬不休云云이라하고 李白詩에 東風은 日本至요 白雉는 越裳來라하니 今用此言也라.

05下02 ※南印御書云云은 南印度烏茶國에서 所進한 華嚴後分也라.

※甲本; 南印御書云云은 南印度烏茶國에서 進華嚴法界品也니 譯成四十卷卽新經也라. 淸涼니 作此後分經疏가 爲貞元疏也라.

# 詔淸涼講華嚴宗旨

06下04 己卯十五年은 德宗貞元年號也라.

◉校者註; · 己卯十五年은 卽貞元15年이니 西紀799年이라.
· 唐德宗貞元11年(795)에 烏茶國王이 親筆所寫四十華嚴經을 獻來云이라.

06下06 大哉眞界云云은 行願品序也라.

07上01 虛極者는 虛玄太極之道也라. 太和者는 陰陽太和之理也라.

07上02 不有太虛云云은 謂不有我皇大機면 曷展法界之理하고 不有法界면 豈

淨我皇等空之心也리오하니 上은 講說이어니와 愚는 謂하노니 上二句法合이니 謂太虛는 喩法界하고 無涯之照는 卽日光이니 喩我皇等空之心也라.

07上05 情塵有經云云者는 煩惱情塵中에 有佛智故로 此佛智가 無外也니 以無一衆生이 不具故也라 以妄惑은 不可取라 故로 重玄之理는 不空也라 上은 講說이어니와 愚는 謂亦有一義라하노니 情塵有經은 謂衆生情塵中에 有佛智經하니 此佛智經이 似小로대 而然亦無外妄惑非取云云者는 妄惑을 不取則似一向空也나 而然亦不空이라.

07上06 莫分의 分字는 焚也라.

07下02 卽萬法動의 法字는 衍也라.

07下06 明正爲南方盡南矣者는 旣明正爲南인댄 則餘方亦有明正之理故로 方皆南矣니 以理融事故也라.

07下06 人皆友焉者는 無問佛道外道善惡人神男女等하고 皆有一分益我之義故로 云人皆文焉이라.

# 御讚淸凉國師碑銘

09上01 開成三年은 文宗年號라.

◉校者註; 開成三年은 西紀838年也라.

09上02 偶運之偶는 與遇로 同也라.

09上03 無昭穆云云은 不爲尊卑次第也라. 無綸緖者는 不爲人事往復也라.

09上08 一百有一之一은 當作二니 以師生開元二十六年戊寅하야 入滅於開成四年已未일새 故로 爲一百二也라.

◉校者註; 初行에 有開成三年은 西紀738年이요 入滅은 818年인즉 世壽一百一歲가 可也라하노라.

09上08 八十八者는 會玄記云八十三이니 則八字는 誤也라.

◉校者註; 受具於757年하고 入滅於838하니 僧臘82歲가 可也라하노라.

09下05 賜諡仍號云云은 盖諡號妙覺故로 仍號妙覺之塔也라.

銘
- 1.總明從眞起應(銘曰, 09下06)
- 2.廣顯出世化用(烱乎, 09下09)
- 3.略歎緣終入滅(卷舒, 10上10)
- 4.顯其滅後崇奉(西域, 10上10)

09下06 銘曰云云은 大分爲四니 一은 總明從眞起應이요 二에 烱乎下는 廣顯出世化用이요 三에 卷舒下는 略歎緣終入滅이요 四에 西域下는 顯其滅後崇奉이라 初中에 初四句는 總標眞應이니 寶月云云은 以眞智로 照眞理요 以沙門相云云은 總應現之相也라.

09下07 澄湛下四句는 釋其從眞이요 氣淸鍾鼎者는 謂含虛之氣가 淸於鍾與鼎也니 鍾鼎이 皆淸新之物故也요 或可其氣가 淸하고 其鍾이 鼎也니 鍾은 育也요 鼎은 大也라. 雪沃云云은 喩明上氣淸之義也라.

09下08 眞室의 室은 恐空字也라 此下八句가 釋起應之義也니 謂眞空이 雖寂遠이나 而維嶽降靈氣에 其氣가 似乎虛融天地하고 峻拔風雷也라.

09下08 離微云云은 寶藏論에 云其出이 離하고 其入이 微라하니 卽出入之佳命也라.

09下09 際는 當也라. 龐鴻은 太平世也니 謂國師出入之佳命이 當於太平之時也라. 若은 順也요 革은 變也니 謂國師之降生也가 順于時政而大化하야 變彼昏蒙衆生也라.

09下09 烱乎禹質下는 二.廣顯出世化用이라 於中에 初四句는 明降生之相이라. 禹質者는 夏禹之後故也요 ※元聖은 母氏也라.

※甲本; 元聖은 莊子云 天地也라.

09下10 德雲云云은 降生之儀如是也라.

09下10 谷響下四句는 明旣生之後니 其性이 如響하고 其狀이 如蓮也라.

10上01 才受下四句는 明律身之儀라. 適은 可也요 莫은 不可也니 謂持身之始終이 如十願律身等이니 能諧合於無可無不可之理也라.

10上02 鳳藻下四句는 明其作疏鈔也라 鳳藻者는 文鑑也니 今之鑑背에 畵鳳畵藻也라 故로 鑑을 謂之鳳藻也라. 瑣는 玉也니 如玉之奇也라.

10上02 欲造下四句는 明前後瑞應也라.

10上03 疏新下八句는 皆作疏之功益也라.

10上05 ※爕은 音이 協이니 讚下四句는 明其爲七帝師나 而初二句는 躡前也라.

※丙本; 爕은 音協이니 此下四句…

※丁本; 爕音協讚下四句…

10上06 貝葉下八句는 明其譯經說法也라.

10上07 紫衲下八句는 明天子崇奉이니 一人은 天子也라.

10上09 帝網下四句는 明國師之道가 如帝珠之沖融이며 又如日月之歷天不周而同時顯晤也라.

10上10 卷舒下四句는 三.歎其緣息入滅이니 旣降生而化며 又化息而滅故로 云自在無蹤也요 旣其卷舒來往故로 云允執厥中道也라.

10上10 西域下는 四.顯其滅後崇奉이니 於中에 初四句는 神衆崇奉이요 次八句는 天子崇奉이니 於中에 初四句는 圖像이요 後四句는 立塔이라.

10下04 林間錄云棗栢大士는 北京李通玄長者니 造華嚴論이 與淸凉으로 同時로대 而年稍長於淸凉也라 日食一棗一栢故로 謂棗栢大士也라.

10下10 遇緣卽宗者는 淸凉이 遇僧緣故로 束縛之行이 卽宗合法이요 棗栢則遇俗緣故로 ※坦宕之行이 卽宗合法也라.

※甲本; …坦宕音蕩이니 廣博之貌

# 大方廣佛華嚴經隨疏演義鈔序

02下06 三寶最吉祥云云은 成實論偈也라.

02下07 爲如來의 爲는 作謂라.

07下05 叔孫武叔者는 叔孫은 姓也요 武叔은 名也라. 子貢은 卽當時之大夫也라.

07下06 子服景伯者는 子服은 氏也요 景은 謚也요 伯은 字也라.

07下07 夫子之墻云云者는 七尺曰仞이라 不入其門則不見其中之所有言墻高宮廣也니 見本註라.

## 會玄記 第一卷

◉校者註; 按中國佛學辭典普瑞條云(元)比丘라 字는 雪進이며 號는 妙觀…有華嚴懸談會玄記四十卷이라하고 玄記七卷十九丈上四行云至今大元致和元年歲次戊辰이라하니 當元天順帝元年則西紀1328年이며 高麗忠肅王時也라.

01上08 次解之解는 恐衍이라 或擧字之誤耶아.

01下04 [甲本]無盡修多羅者는 華嚴卽是也니라.

02上06 云華의 間에 落雜字라.

02上08 具以의 具字는 作且라.

02下03 [甲本]揀持者는 方廣之言이 通大小故로 大字로 揀之하고 此揀上에 方廣能持於大故로 云持也라 餘揀大等義는 記三十九卷初十丈下邊에 廣明이니 往檢하라.

03上08 ※身字는 當在文字下라.

※甲本; 以身之身字는 恐聲字라.

03下02 體用相卽者는 若以體用言則相用이 俱是用也라.

03下04 揀非餘行之佛者는 揀非不得佛行之佛故니 見會玄記四十卷하니라. 十四丈上邊六行의 七은 作六이니 見荒字卷三十四丈上邊이라

清凉云云은 至於故標經首라.

◉校者註; 荒字卷에 未見其文이며 又七은 當七이어늘 何謂改六고 未知其所以니라.

05上05 疏明之疏는 作疎라.

07下02 [甲本]或多或少者는 經科之多少也라.

08上04 [甲本]餘可思準者는 準上疏題中作釋則可知故라.

08上06 能釋下에 落所釋二字라.

08上07 約能詮文云云者는 能隨之鈔와 所隨之疏가 皆能詮文也니 不同演義之能演則能詮과 所演則所詮也라.

08下04 [甲本]違經之經은 當作疏字라.

◉校者註; 以經爲疏어니와 不佞은 反不如經字也라.

08下08 [甲本]餘義者는 卷第一并序五字也라.

09上03 [甲本]二用者는 隨疏와 演義也라.

09上04 [甲本]餘三對作釋者는 卽卷第一并序니 亦準前疏題則可知라.

09下10 山峯의 山字는 作五字라.

10上01 [甲本]東北方者는 下疏但云東北者니 其言猶漫이라 盖按寶藏經건대 則東北方에 有國하니 名大振那而其國中間에 所有山名爲五頂故也라 則與下云五臺近西로 示不相違하니 請詳之라.

10上02 ※大振那는 此云多思惟니 指中原也라.

※甲本; 大振那者는 中原을 謂之振那라하고 亦云支那라하며 亦云震丹이라하니 皆梵語요 此云多思惟라.

10上04 ※大鈔는 卽下經釋疏之鈔니 見柰字卷中九丈下八行이라.

※甲本; 大鈔云者는 正約中臺在處而言하니 南曰离요 北曰坎이요 西北間曰乾이요 西南間曰坤이라 此下는 記釋이니 以五臺가 通近西故로 東臺等이 不在正方이니 細釋則皆近西之狀이 顯矣라.

◉校者註; ・10上04, 離坎의 離는 應离也어늘 古記에 都無有言及者는 何오.

· 10上05, 五臺近西說

**五臺近西說**

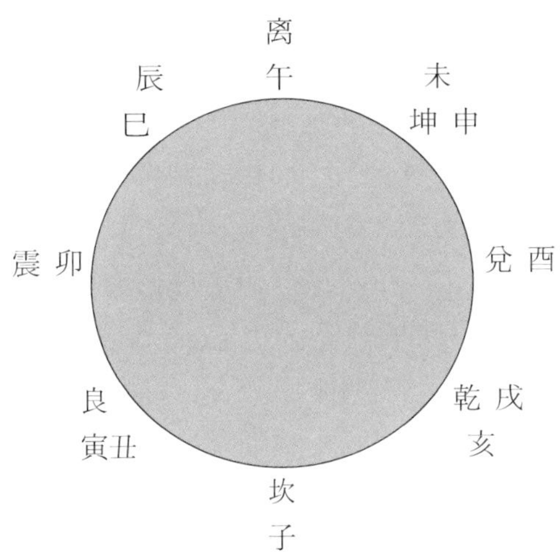


10下01 ※白雲凝布云云은 白雲凝布之狀이 如萬里之江也라.

※甲本; 奪萬里之澄江云云者는 雲凝호미 如澄江之狀하야 而猶勝江色故로 云奪也라.

10下02 ※杲日云云은 餘時則白雲凝布故로 不能見大海하고 而日昇則以日昇於海中故로 此時에 得見海로대 而但見日光所照處故로 云三尺也요 亦可大海가 在極遠故로 見如三尺也라.

※甲本; 見三尺者는 餘時則白雲凝布故로 不能見大海하고 而日將昇天時에 得見大海로대 而但見日光所照處故로 云三尺也며 亦可山甚高而大海極遠故로 望見大海時將若三尺也라.

10下03 按感通傳云云은 見記第七卷二十一丈上七行이라.

10下06 [甲本]俱是二帝所作者는 今所引文則無魏帝所作多事나 而準本傳則立寺勸引之次에 有魏孝文帝가 北臺不遠에 常來禮謁하니 人馬行迹이 石上分明하니 其事可知之文하니 此應是答魏帝所作이로다.

10下10 帝信佛理者는 帝卽漢帝也라 立寺勸人은 本傳에 勸字는 度字也라 上皆明漢明所立之義어니와 準本則度人下에 有魏孝文이 北臺不遠故로 常來瞻禮하니 人馬行迹이 石上分明云云이라하니 此明魏文所作也라.

11上02 [甲本]樹圍의 圍字는 準本文則與下園字로 皆園字나 而恐此園字爲勝而謂於四邊樹園에 以愛此大花園之花가 最是奇絶호대 而人間에는 無有如此之花할새하야 各移於四邊園中則不生하고 移于樹園外라도 亦不生也니라 又以愛의 以字가 恐草字之誤니 以草字가 與以字로 相似故로 易變而義亦似勝以字하니 請詳하라.

11上02 以는 作草라 然이나 準本如是也라.

11下03 四沙門者는 大明法數云出家하야 滅貪嗔等煩惱하고 證勝道를 名勝道沙門이라하고 調伏煩惱하고 勤修正行하야 所有善法으로 生長智慧命根을 名活道沙門이라하고 已滅貪嗔等하고 宣說正法하야 令衆生入佛道를 名說道沙門이라하고 破諸梵行하야 非是戒行이어늘 自稱梵行이 名壞道沙門이라하니 彼說道는 卽此示道요 彼壞道는 卽此汚道也라.

11下08 大體의 體는 作休라.

11下10 ※六月之詩者는 毛詩有六月之詩也라.

※六月之詩者는 卽毛詩中六月篇也라 卽曰可畏而敬者는 篇中之辭也라.

12上03 ※奉恩云云은 天寶七年戊子也라.

※甲本; 奉恩得度者는 奉國恩而得度帖而爲俗也니 中原則得度然後에 爲俗故也라.

12上04 白蓮은 法華經也라.

12上06 南出의 出은 作山이라.

12下06 [甲本]大鈔者는 大經鈔故로 云大鈔也요 或云下字之誤也라.

12下07 [甲本]相仍의 仍字는 本文則誘字니 然則懸吐를 萬里하야 委命栖托하니 聖境이 相誘하야 十稔을 云云也라 然而聖境하야 相仍十稔云云則仍字亦得也라.

13上02 曼拏羅는 此云淨墻이라.

13上07　分照의 照는 作散이라.

13上09　中觀等下에 落經律二字라.

13下01　[甲本]兼者는 及也니 謂對御談論之文과 及私於一家에 所述詩等이 總略八十卷之詩也라.

13下04　顯撫之撫는 作揚字라.

13下05　述疏十軸의 十字는 多改一字나 愚는 謂하노니 十字가 可也라 貞元年中에 法界品及行願品이 總譯成四十卷하고 行願品卽第四十卷이 旣四十卷之疏니 應是十軸也라 貞元年中에 新譯而造疏故로 經云新經이라하고 疏云貞元疏也라하니라.

13下10　[乙本]八戒는 八關齋니 西域諸國이 十齋日에 行八關齋戒니라.

14上07　元祐의 祐는 作和라.

14上08　[乙本]帝授의 授는 通受意라.

15上07　[甲本]禮樂之情者의 情은 實也라.

15下02　※隣近釋者는 以華嚴經中에 顯此淸凉山하니 則山이 卽華嚴山이로대 而寺가 在華嚴山中故로 從隣近하야 亦稱華嚴寺也라 或可文殊菩薩이니 是說華嚴之菩薩이 而在於此山하고 寺亦在此山이니 則華嚴菩薩로 爲隣近也라. 上講說이어니와 初義는 與華嚴山으로 相近이요 後義는 與華嚴菩薩로 相近이나 皆文義不顯也라 愚는 謂하노니 華嚴經中에 顯菩薩이 住在淸凉山하니 旣寺在華嚴經中所顯山中故로 與能顯華嚴으로 爲隣하야 謂之華嚴寺也라 故로 上記(11上03)云則天時에 與三藏으로 譯華嚴經할새 見菩薩이 在淸凉山하고 因改大華嚴寺號者가 卽此也라.

※甲本; 隣近釋은 以華嚴經中에 顯此淸凉山이니 則此山을 可謂在於華嚴經中의 所顯殊勝山也라 然則山則華嚴山이나 而寺在山中하니 寺與山으로 隣近故로 亦得名爲華嚴寺矣니라.

15下07　迷는 當作述字라.

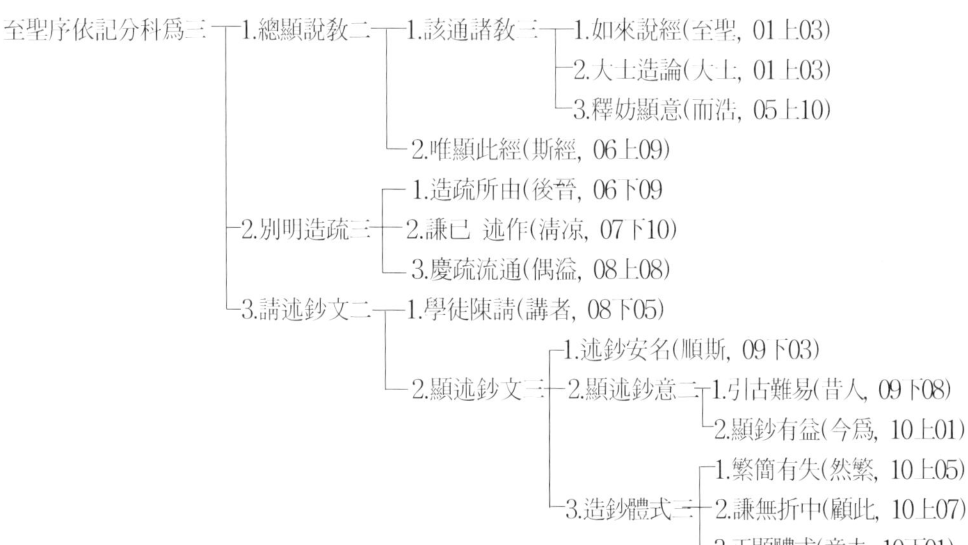


16上06　法者의 者는 作中이라. 鑑微의 微는 作徹이라.

16下02　小敎는 假說一心故로 不言玄極也라.

16下01　[甲本]科五敎辨明中에 初小乘에 無配玄極者는 小乘은 只是生空理智요 未爲二空故로 不可云極也요 又一心도 假說이어늘 而況有玄極之釋乎아 故必無玄極釋也요 或可强以生空理智로 應配玄極이나 而無乃傳寫之時에 脫漏耶아 然이나 未如前解也라.

16下09　[甲本]卽本識은 準闕字卷鈔則應云通八識이나 而今云本識者는 恐未盡琢磨也라 不然則據本識而言故耶아 未能詳定이라.

16下10　[甲本]相見俱存云云三義가 皆就通八識而言也라.

17上07　※各唯得一義者는 寂照得攝末歸本一義하고 指玄은 得攝染淨歸如來藏一義也라.

※甲本; 各唯得一義者는 寂照則得攝末歸本之義니 第八識이 含覺不覺而眞妄和合故요 指玄得攝染淨歸如來藏之義니 如來藏則眞妄堪爲一味處故로 云不二也라.

17上09　金剛의 剛은 作光이라.

17下08　四會餘儀者는 今記中無하니 應傳寫時에 脫也라 或此四字는 衍

이라. 上分四의 四字는 作三이라.

18下01 謂宣闡三字는 衍也라.

20上04 讓이로대 民無得而稱焉者는 本註云其讓也가 隱微無迹可見故也라.

20上04 [甲本]三部者는 大中下三本華嚴也라.

20上05 諸家外鈔云云者는 愚는 謂하노니 諸家外鈔가 是也라하노라 今記主의 此言이 乃一時之誤也니 細詳序之文勢컨대 則直讚當經이요 而非通諸敎也라 下疏序도 亦標擧當經宗體也니 一心玄極之言과 及浩瀚文義와 無盡之趣云云이 皆當經之義也라.

◉校者註; 也是今記의 也是는 本作是也라 文義不通故로 易之하니 當否는 以待來者하노라.

20上06 今所의 所는 作何라.

20上07 斯經文理故云云은 亦結歎上義也라 若言上通此別이면 則讚當經之言이 何其極少而文勢亦突然耶오 記主가 以不言斯經論으로 爲收文不盡之過라하야 以此로 證其前通此局이라도 亦未當也라 盖大士造論者는 指龍樹造不思義論과 天親造十地論이 俱釋此經則以經爲主也라 故로 結歎中에 不言論也요 亦順文便也則初總顯說敎科에 應云三이니 初는 正明說敎요 二는 釋通妨難이요 三은 結歎難思라 初中에 二니 如來云云과 菩薩云云이요 而餘皆同前이라.

20下03 亦寡의 亦字는 本文作或字라.

20下04 註는 見荒字卷十九丈下九行이라.

20下08 然其의 其는 作與라.

21上07 [甲本]爾雅註中에 云其氣와 性者는 或云地之氣性이며 或云人之氣性하니 要之인댄 地之氣性이 如是일새 故로 人之氣性도 亦如此也라.

21下01 急은 作氣요 祖는 作强字也요 安(四行)은 作要라.

22上04 ※宗也下에 恐落垂範下二句라.

※甲本; 若垂上에 應脫牒文이니 應云垂範下二句云云也라.

22下02 教綱의 綱은 作網이라.

23上03 折中下에 恐落折中二字니 其辭不枝者는 初則鈔言辭也라.

23上07 ※平去二音者는 平聲則中間也요 去聲則當(該當)也니라. 今以序文等者는 文勢則似乎儷文而具平仄故로 以序文平仄으로 定則上句難字가 旣爲平聲이라 今宜作去聲之謂也라 而其就序中看則文雖作儷나 多不愜平仄하니 無乃不均平仄耶아 然則今序文之中字를 以平仄으로 揀定則爲去聲之謂也니 盖取當義而然猶未詳하니 更待後評하노라.

23下01 ※其辭不枝者는 初則鈔의 言辭也요 易曰云云(23上10)下는 則學者의 言辭也라.

# 大方廣佛華嚴經疏序演義鈔卷第一

## 會玄記　第二卷

01上03　牒往復無際者는 作記時에 疏鈔가 別行故로 先牒疏也니 下皆準知로다.

01上05　[甲本]彼疏者는 當檢雨字卷十六丈上九行下하라. 依三法者는 眷屬則 淨五蘊及善十一이니 卽當三大中用大니 衆生이 依用故로 可當初句라.

01上08　二滅三道中에 初句滅業道者는 回結縛業하야 爲利生業하고 見苦實際하야 能滅苦하고 照煩惱空하야 卽得菩提일새 故로 如是配也라.

01下06　八三의 間에 恐落得字라.

02下04　以無의 間에 恐落順字라.

02下09　第八上에 恐落三字라.

03上03　頓漸雖殊云云者는 第八卷疏鈔云不立第五分이 有二義하니 一은 五에 無大位問故요 二는 第五가 屬流通故라 又云雖取疏하야 通爲第五分이 無失이나 而但無大位問故로 合爲四云云이어늘 今記云 淸凉意以頓漸雖殊云云之言은 未知何處說也라.

03上09　名卽一部疏文云云者는 記主의 一時之誤也라 今謂名意者는 經名經意也니 如序十段中에 前八은 敍經之大義요 第十은 敍經之名이요 第九慶遇中竭思幽宗一句는 顯作疏之意也요 元無敍疏名 疏意之處也라.

03下01　或可名義教가 皆通大經云云은 此言亦未暢也니 如圭山圓覺疏序則該序經疏로대 而今此序則但序經而無該疏也인 則教迹之教字도 亦指經也요 非謂疏也라 因序而知經中大義故로 云迹也라.

03下05　前於疏中之疏字는 多改鈔字나 非也니 以鈔中四義가 乃疏中에

所釋也인 則前者는 指鈔主也니 鈔主가 釋疏時에 以四義로 釋之故로 云疏中也라.※

※甲本; …懶老도 亦改以鈔字라.

04上01 十一字下에 恐落故字라.

04上07 卽同因果四字는 衍也라.※

※甲本; … 懶老云融同因果之法界故로 云爾耶아 或同因前却而因沒同果法界之謂耶아 又或恐此四字가 衍가 然則同上因門文勢而爲便矣라.

04上10 [甲本]含餘法界者는 指法界類別而對初三大釋하야 云餘니 以疏가 非唯約三大라 亦含餘法界故로 非以一向三大爲次之謂也라.

04下01 故表의 間에 恐落初字라.

04下03 [甲本]此本標擧下는 出以義就文所以니 謂此本義가 顯法界로 爲主故로 文以法界爲次而義則雖有三大나 非主故不次也라 問이라 此與初義何別고 答이라 初義則泛約含餘義而說하고 此約兼正而說故로 不同也라.

# 懸談

01下06 疏에 往復無際나하야 用三大義가 皆廣多無際則上吐요 絶際無際則下吐也라 動靜一源은 初義는 則往動復靜이요 次義則往復皆動이며 往復體虛爲靜이요 後義則往은 靜이니 涅槃故요 復은 動이니 生死故也요 亦有往動復靜之義하니 如記可知라.

02上06 今初爲迷法界云云의 爲字는 恐謂字也라.

## 會玄記

05下05 記科圖中에 唯約妄說之科는 多誤하니 應云唯約妄說이 二니 初는 廣多無際요 二는 絶際無際라 初竪中有正明引證이요 二橫中有正明引證也라.

◉校者註; 05下05, 此中科無하야 有少不易故로 書以附之니라.

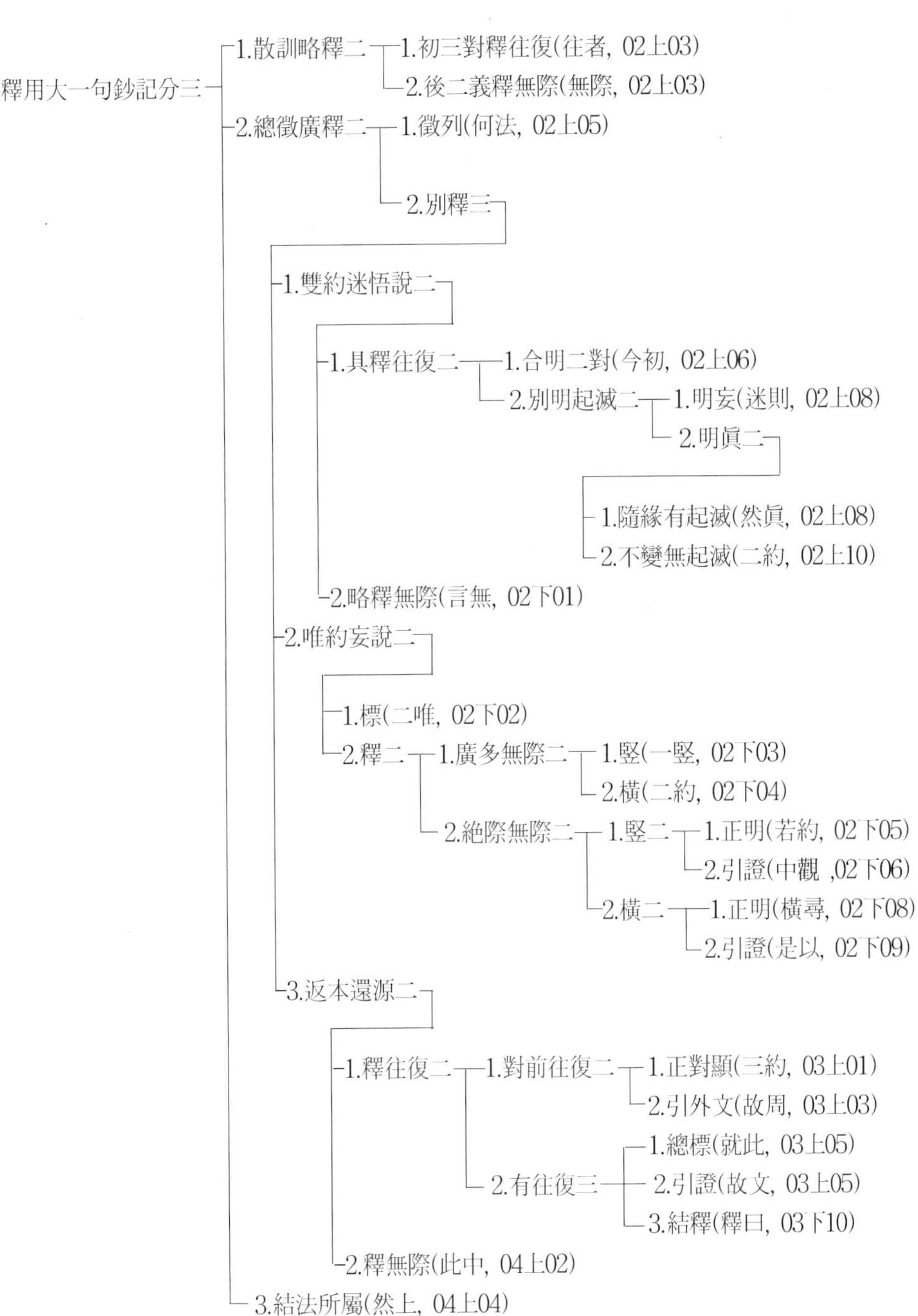

06上04 註에 之體二字는 作事用二字라.

06下04 [甲本]其義有差者는 起滅이 屬眞屬妄에 其義不同故로 有差而宜須分別하야 使知其相故로 別顯也라.

06下08 生趣의 趣는 恐衍이라.

07上05 [甲本]性分者는 性義와 分義也라.

07上08 善染의 染은 作淨이라.

07下02 [甲本]該初後者는 初는 去來動靜이요 後는 起滅無際也라.

07下03 [甲本]後不出者는 初是總이요 後是別이니 別不出總故라.

07下09 雙迷의 間에 恐落約字라.

08上09 [甲本]二對別說者는 各屬染淨二緣故요 起滅則染淨二緣이 皆具起滅故也라.

09上06 有終下에 落故字라. 絶初의 初는 衍이니 應云故絶後際라.

09上09 卽無後際者는 盖鈔本異也니 今鈔에 有云際卽無際는 對上迷來無始故로 無初際之言則彼本이 似勝而今本도 亦得이라.

09下03 前後具闕者는 往復三對則初義中에 全具요 後二中에 全闕이요 二無際則唯約妄中에 全具八義하나 而雙約迷悟則八義中에 唯有二義하고 返本中에 亦有總二義하니 乃分闕이요 非全闕也라.

09下04 下皆類此者는 下鈔中多有影略之處하니 皆欲發生觀智之意也라.

09下04 尋文數字云云者는 此鈔文이 如是影略深玄故로 與尋文數字之(疏家)로는 不可同日云云也라.※

※甲本; …或可發生觀智學者와 尋文數字學者는 不可同日云云也라.

## 懸談

02下02 鈔에 二唯約妄說復有二義者는 躡上釋二種無際之次故로 直云復有二義而不牒無際也라.

## 會玄記

09下07 記에 七十二往復者는 有二說하니 一云往復合爲七十二則往三十六이요 復三十六也니 如六趣相望호대 擧一望六하야 一趣中에 有六往六復故로 十二往復也요 二云往復이 各有七十二也라. 然則一趣望六有十二往하고 十二復也라 故로 云十二往復也라.

09下09 如人往天趣 復人趣 往天趣 復天趣云云은 明擧一望六之義而亦通二義하니 一은 如人初往天趣者를 謂之往이요 曾從天上하야 來生人間이라가 再往天上者를 謂之復이요 天趣望修羅等도 亦例此라. 二는 如人往于天趣라가 天趣에서 復於人趣를 謂之復天趣也라. 然則其釋吐가 有異也는 可知라 此顯文則擧一望六하야 有六往六復하니 卽往復이 合有七十二之義가 勝이라 然이나 其七十二往復及十二往復之語가 勢則往復이 各有七十二之義勝이나 若約各有之義則往時에 有復하고 復時에 有往하니 如人往天趣時에 自人看則往이요 在天看則復也인 則往天趣之言이 已具往復이요 復天趣時에 自人看故로 云復而在天看則往也인 則復天趣之言이 已往復也라 然則人이 望人趣하야 已具二往二復則望餘五趣가 一一皆具二往二復故로 人望六趣가 具十二往十二復하니 餘五가 望六하야 亦然故로 爲七十二往七十二復也요 又復天之天字를 改以人字則擧一望六義尤顯하니 人이 往人復人、往天復人、往修羅復人、往獄復人、往鬼復人、往畜復人云云也라 然이나 雖天字나 懸吐를 如上則意顯하니 謂天趣에서 復也則不必改以人字也라.

10下02 十藏品疏云云은 見雲字卷七十二丈上二行이라.

11上05 況有始終之見邪아 上은 皆下疏鈔也라.

11下01 無非의 無字는 作亦이라.

11下01 註에 六句問慧者는 畢竟空相其心無樂이 是法性本有之慧나 而若別說禪智慧則似乎法性中無照慧也라 故로 別說智慧를 爲虛誑無實而非停心處也라.

11下04 相與朝暮歲의 朝字는 作期니 謂來問이 悠遠不得相契則晚歲相期하야 會合然後에사 方可相契也라.

11下09 觸理自生滯故로 有內外妄心이나 而理則本無內外故로 證橫絶際也라.

12上09 取往의 間에 落妄中二字也라.

12上10 六義中下에 落去來動靜四義之六字也라.

12上10 眞妄各一者는 眞은 返本還源也니 來一靜一也요 妄은 唯約妄也니 去一 動一也라.

12下04 已證의 已는 作以라. 踸는 疏之誤也라 泰卦가 雖具往復이나 而其言이 以復으로 爲主也라 故로 亦證復字也라.

13上04 亦往의 間에 落有字라.

13上05 焉何의 焉은 恐爲字라.

13下02 七下二字는 當作六地疏三字也니 見珠字卷四十下丈一行이라.

13下03 亦名三三昧云云은 ※下疏也라.

※甲本; …六地疏也

13下04 但是云云은 ※下鈔也라.

※甲本; …六地鈔也니 見珠字卷四十丈以下라.

13下08 三種覺觀者는 初義則三種은 指能治三解脫也라 非謂所治覺觀이 有三種也요 後義則三種이 指所治覺觀에 有三種也요 能治亦有三이나 而非三解脫也라.

14上09 無始在中者는 無始以來在生死中也라.

14下02 今屬法을 有는 改返本이라하나 非也요 對前散訓하야 云屬法也니 今字는 指返本中也라.

14下02 全不言者는 上約竪釋復中에 雖有來靜二義나 今約橫具釋往復中에 全不言三訓也라.

14下03 去來約處者는 去는 涅槃이요 來는 生死를 謂之處니 不同唯妄中六趣之處也라.

14下03 起滅約時者는 自利起時에 利他滅하고 利他起時에 自利滅也요 亦卽去來二義는 於自他各一이요 起滅二義는 通於自他也니 上은 皆動也라. 靜則體虛요 相對寂故者는 記主가 誤例於上唯

妄而作此言也니 今謂唯妄往復去來皆動故로 以去來等之體虛로 爲靜이어니와 今返本則往이요 去則靜也요 復來則動也라 起滅은 通於動靜이니 不可言皆動也요 又往去가 旣靜則不以相待寂故로 爲靜也니 學者는 思之니라 記主가 往往有一時之誤나 而今人이 不能覷破하니 可惜이로다 若有寂照指玄等하면 必多彈斥호대 如記主之彈斥寂照等也리라 古人이 云明眼人前有三尺晴이라하며 又云聖人이 或有倒錯云云則記主도 亦有一時之誤어늘 何足怪哉아 故로 愚는 或有覷破則云一時之誤라하노니 言一時之誤者는 不敢顯然斥破也라 今有以余로 爲僭越이나 獨不思法鼓競鳴之言耶아.

14下09 二稱之二字는 作一一字라.

15上04 客塵下에 落則字라. 往은 作性이라.

15上07 此證의 證은 與正으로 同用이니 下皆準知라.

15下03 亡心遺照云云者는 亡心遺照가 皆定也로대 而自利之慧上에 亡心遺照故로 云定慧兼修也라.

15下06 又前約用大云云者는 鈔文의 自利靜也云云之言을 以二義釋之니 謂上則望前往涅槃으로 爲靜之義故로 自利之往이 爲靜하고 利他之復로 爲動하야 與總配爲異어니와 今則自利之涅槃으로 爲復하고 利他之生死로 爲往故로 鈔云自利靜也云이라하니 乃往動復靜也라 同於總配也라.

16上02 總就事法하야 無際인대 種하니 云云에 言總者는 總就三段事法이니 謂雙約迷悟와 唯約妄說과 返本還源也라.

16上03 別約云云者는 釋具十二種之義也요 非上總外別義也라.

16上07 言五十二無際者는 依前散訓中總明二種하야 開中間三釋之二十四無際하고 攝中間二十四無際하야 歸今總對動靜之二無際則中間二十四無際를 兩用故로 爲四十八이요 前總之二와 今總之二가 合爲四也라.

16上09 事理二種各各有際與無際者는 二種無際之異를 可知로대 而二種之有際가 亦異니 謂廣多無際之際는 小故로 云際也요 多故로

云無際也라 絶際無際之際는 有形故로 云際也요 無形故로 云無際也니 思之니라.

16上09 及與二種四字는 恐衍이라.

16下03 帶因以明者는 此는 相大의 事事無礙之宗이로대 而帶理事無礙之因故로 明能所含也라.

16下04 ※相依乎性下에 落釋含字性體無外下八字也라 問答中에 初問은 約德望體以難이요 次問은 約體望德以難이요 後問은 約體一多以難이라.

※甲本; 相依乎性下釋有餘二字者는 有闕文하니 應云相依乎性下는 釋含字하고 性體無外下는 釋有餘二字也라. 問答中에 初問則擧所含之德이 亦常徧하야 難其不可言能含之體有餘也니 以所含亦常徧則與能含體無異故也라 答意云理實然矣로대 而旣別得德名則意似不及總體라 今則擧其德而欲顯體勝故로 云有餘也니라 後問則擧能含之體가 不卽所含之德則何稱無外也리오 旣體不卽德故며 不是無外故로 不可言體是有餘也라 故로 答中에 成其體卽於德爲無外하고 旣體無外故로 望恒沙之德爲有餘也라.

16下08 各具의 具는 恐自字라.

17上03 [甲本]無厚는 薄也라.

17上05 [甲本]硎은 音形이니 磨劒石也라.

17上07 [甲本]總涉三義者는 其上之猶帶因과 正約宗과 還帶因也니 初由下를 如此配三也니라.

17上08 [甲本]此復約法性融通者는 毛納稱性이 是法性融通이니 卽當門因也요 上理事無礙는 異門因也라.

17上08 此等의 等은 恐第字라.

17上09 [甲本]含於同別者는 若以理事無碍相大로 見이면 則同教義也어니와 事事無碍相大로 見則別教義也라 盖此經有理事無碍義邊으로는 同於終頓敎故로 云同教也요 以事事無碍義邊으로는 別於諸教故로 云別教也라.

17上10 何名衆妙稱大云云者는 有云問有二義하니 謂衆妙며 稱大耶아 懸吐라 答中에 初答稱大하고 雖稱體云云은 答衆妙라하나 愚는

謂하노니 有名之數가 旣不遍無外之體인대 不是大也어늘 何名衆妙하야 稱相大耶아 答中에 初正答이요 雖稱體云云은 但釋成上義라 別無異義也라.

17下07 不爲의 爲는 作唯라.

## 懸談

05上05 鈔에 天地之始云云者는 林註云始者는 太極未分之時也요 母者는 自此而出也라 常於無時에 見其所以生者之妙요 常於有時에 見其自無而來之徼니 徼卽竅라 言所自出也라. 今鈔에 釋曰下(05上는07) 卽古註義也라.

05上05 [甲本]常無欲以云云者는 今註則常無에 欲以云云이나 此鈔意則下云無欲於無欲云云則常無欲에 以觀云云이니 常有欲之言은 例於此知也라 妙는 無也요 徼는 有也니 考本註면 可知라.

## 會玄記

18上05 [甲本]三一互收者는 有二義하니 一은 如記요 二는 能收卽是所收故三也니 如下菩提場能徧이 卽是所徧故로 云七處也라.

18下06 報生智者는 地上菩薩이 有此智也라.

18下10 前遣猶帶詮明者는 謂約對治邊하야 云帶能詮也라하니라 況下는 不必對治而本寂也아하니라.

19上01 相待門遣者는 言等이 與亡言相對也니 謂對言相하야 有亡言이로대 而今에 言相이 寂故로 亡言도 亦無也라.

19上01 前但直遣者는 猶言竪遣也니 以先遣言相하고 次遣無言故也라 則相對門遣者는 猶橫遣也라 有云直遣二니 初는 借斯亡絶云云은 對詮明이요 況言相下는 進顯一義요 斯則下는 相對遣이라하야 愚는 謂하노니 相對遣이 卽進顯一義니 以言相本寂이라 亡絶亦亡故로 云斯則云云이라하니 斯則之語勢가 盖躡上而言也요 非進顯一義外에 更有相待遣之義也라.

19下08　上字는 作下字也라.

20上03　亦由事事者의 上事事는 當作理事也라하나 愚는 謂하노니 不改亦得이니 由事事無碍故로 得爲無礙法界也라.

20上04　※此猶의 猶는 不如能字라.

※甲本; 此猶의 猶字는 恐能字나 而猶亦得이라.

20上07　疏主云云은 見潛字上卷初丈下十行이라.

20下07　[甲本]性通依主持業者는 若法是諸法이요 界是二無我性則法之界故로 依主釋이요 若法是二無我性則法卽界故로 持業釋也라.

20下08　[甲本]因唯依主者는 旣上云四念處法이 緣此理라한 則法是四念法이요 界是理爲因이니 而法之界故로 唯依主也요 後六等持業은 皆例知也라.

20下08　[甲本]註中에 上下云云者는 上邊七行疏主下云也라.

20下09　義及의 間에 落理法界三字라.

20下10　[甲本]意識所知云云은 十八界中第六意識等의 所知를 名爲法界니 此法은 六塵에 法塵流也라.

21上01　註에 極略色者는 極微色也요 極逈色者는 離礙觸色也요 受所引色은 無表色也요 遍計所起色者는 影像色也라.

21上04　[甲本]唯取眞如無爲者는 準此則理法界가 與無爲法界로 但通局이 有殊也라.

22上05　[甲本]此二者는 有爲無爲也라.

22上05　二諸의 諸는 作諦라.

22上05　又非二名言者는 謂言語斷故로 表義名言으로 不至요 心行處滅故로 顯境名言으로 不至也라.

22上06　[甲本]俱非의 非는 非有爲非無爲의 非字也라.

22下10　方智雲云云者는 第十地菩薩이 見性호대 如隔羅縠코 見月也라.

23上01　假慧刃云云은 二乘之慧가 如斫叢筠之刃則言不利也라 上現無相之理하고 乃至下는 明顯相也니 初現報身於淨土하고 下控云云은 現化身於穢土也라.

23上04　韜遂의 遂는 準本邃字也니 上句는 無言顯言이요 此句는 無相

顯相也라.

## 會玄記　第三卷

01上05 [甲本]上通下總釋者는 通與總이 似同而異하니 謂通者는 於上法界多義에 無所揀別而但通指云玄微也요 總者는 雖略擧心境二法이나 於心境二法中에 總收因果諸法故로 云總也라.

01上10 終頓云云猶未得心境無礙者는 終頓豈不明心境無礙리요마는 但就心境中未明一卽一切故로 云猶未得也라.

01下06 [甲本]謂以雖昭廓者는 謂雖以言으로 剖裂昭廓이나 而言無在하니 然則昭廓等을 不可作言與無言之所思也라 上下吐義無異也라.

01下07 而言無在下에 恐落言雖無在四字라.

02上07 宗趣云云은 見洪字卷八十六丈下六行也라.

02上08 心字는 衍也라.

02下05 ※此所의 間에 落能字라.

※甲本; 此所證의 此字는 作能字며 或脫能字라.

02下06 [甲本]能所證通因果者는 此以心으로 却爲能證故로 宜通約能所也요 以佛華嚴爲能證心則佛은 是果요 華嚴是因故로 能證이 通因果也라 旣能證이 通因果則所證大方廣이 亦隨能證而通因果也라.

02下08 [甲本]準此者는 準此鈔中擧心境而卽云文中에 廣說故로 云剖裂之文則剖裂이 非但剖裂法界多義라 亦剖裂心境也라.

03上01 經云云은 見海字卷初丈이라.

03上03 世界의 界는 作間이라. 境界一切의 間에 恐落知字라.

03上07 乃至無境界無量者는 應具云乃至無境界之境界가 無量하고 如來境界도 亦無量이니 今多脫略이라 不成文義也라.

03上09 [甲本]分齊卽下는 記詞니 如來智海는 果也며 智也며 聖也라. 從初發心等은 因也요 眞如法界實際三은 是理也요 一切衆生은 凡也요 前九는 有也요 第十은 無也요 等者는 等於餘義니 第一

則通擧所化요 二三則時處요 第九則化處分齊也라.

03上10 齊佛所知者는 菩薩所緣이 齊於佛所知也라.

03下01 出現云云은 見薑字初卷二十四丈下六行이라.

03下08 佛心下는 恐落境字라.

03下10 [甲本]王所無二者는 答前依心이요 無智外如는 答前依理니 意則可知니라.

04上02 鈔는 作疏니 見薑字初卷三十丈上十行이라.

04上09 皆示의 示는 作爾라.

04下01 疏云云은 見芥字卷三十二丈上二行也라.

04下02 有二下에 落一遠離三字라.

04下06 及空의 間에 恐落遠離法取四字라.

04下09 不許의 許는 作計라.

05上02 下經云云은 見露字下卷三十七丈上二行也라.

05上03 如外無智는 當作智外無如※라.

※甲本; 等字는 等取如外無智니 智體性空言也라.

05上07 下終敎者는 見宇字卷六十五丈이라.

05上09 問準答妄者는 以牒問則唯眞나 而答中에 唯妄故로 云準答妄하야 亦知問妄이라.

05下06 無量의 量은 作障이라.

05下09 須彌偈讚은 見餘字卷三十三丈上三行也라.

06上08 [甲本]上文中者는 上五丈下十行所引知妄本自眞云云이니 文中에 亦有妄境卽眞之義也라.

06上08 [甲本]約唯心門者는 但言妄心에 以攝妄境之謂也라.

06下01 [甲本]前三義者는 明、照、空三義니 應云隨一一事하야 皆可明云云也라.

07上05 理謂二訓者는 恐有闕文하니 應云理趣道理二訓이며 或影略言之耶則理有三訓而對性之法性心性하야 亦但云二也라.

07上09 無情性의 性은 衍이라.

07上09 下疏云云은 見秋字卷七十一丈上一行이라.

07下01 爲性의 性은 作義라.

07下01 [甲本]卽此可軌者는 性有可軌義故로 性卽法而爲持業釋也라.

07下02 上名法의 間에 落爲字라. 法性의 性은 衍이라. 並不의 間에 落約字라. 一切上에 落又字라.

07下03 [甲本]卽隨緣性者는 謂諸法이 但眞如隨緣而成故로 諸法當體가 各無性하야 卽是眞如니 以諸法卽無性爲法일새 故로 云法卽性이며 而亦持業釋也라.

07下04 [甲本]皆與法不得相卽等者는 此以眞性으로 通望諸法하야 明不卽이요 非的約法性之法字니 何則고 第二義則性卽法故니 請詳하라.

08上02 有本以極字下에 恐落作能字之三字也則今本이 是有本也라.

08下01 ※科圖中證釋者는 證은 與正으로 通用하니 成字가 無義하니 不如但云正釋也라.

※甲本; 科圖中證釋成之證字는 亦正字로 通用也요 又正釋成의 成字가 無義하니 不如但云正釋也라.

08下03 註에 後二의 二는 作三이라.

08下04 並前六岃의 六은 作五요 岃는 會之古字니 見字彙라.

08下06 成行因果註에 下亦名出現의 現은 作世字라.

08下10 具如下引者는 地字卷은 彰地位中에 引也라.

09上02 [甲本]迦葉上位菩薩却禮初心者는 彼初心之因이 徹上位果故로 雖爲上位나 禮於初心也요 不同上文殊果滿이 返爲佛子之因之例也라.

09上04 註에 而는 作初라.

09上06 因果는 相換이라.

10上05 [甲本]闇은 作闇라.

10上08 [甲本]天尊은 卽佛也라.

11上03 [甲本]兼三才而兩之者는 謂伏犧始畵八卦에 各三爻하야 以象三才하니 始一은 乾이며 天이라 三卦를 若配三才면 則上爻는 天、中爻는 人이요 下爻는 地也니 盖天在上하고 地在下하고 人在中故로 配如是니라 若但三畵면 則於三才之道에 有所未滿故로 所以加三하야 爲六爻하니 而三才에 各有二種故로 云兼三才而兩之니라 如重乾☰卦에 上二爻는 天二種요 中二爻는 人二種이요 下二爻는

地二種也라 餘卦도 皆爾라.

11上05 ※陰陽上에 恐落未能各具四字하니 有云準本陰陽下에 有不備二字라.

※甲本; 陰陽下에 恐落不具二字요. 之知는 上下也라.

11下04 一義의 義는 作偈니 問明品이라 見收字卷五十八丈上六行이라.

11下06 [甲本]疏鈔云者는 檢收字卷五十八丈下컨대 言了別者는 識以了別爲義니 南宗은 本以無念으로 爲主故로 失意者가 執衆生了別이 卽是眞也니라. 瞥起者는 卽經中心字로대 而爲始覺心也요 北宗은 以離念爲主故로 失意者는 起心離念然後에 方是道니 下起心之心字는 卽能看之心이요 看心之心字는 卽所看之妄想心也라.

11下07 非識者는 本文具云非識所能識이라하니 上의 了別非眞知와 及瞥起亦非眞知는 卽下疏요 餘皆下鈔라.

11下10 ※心體離念云云은 疏釋第三句라.

※甲本; 心體離念下는 雙會二宗이니 謂南宗이 破北宗離念하야 云有念可離故로 會云北宗離念이 亦本自離念이나 而非有念可離故로 同於南宗無念하니 此約二宗本意而會也라.

12上01 本性二字는 上下라. 衆生等有云云은 疏釋第四句니 謂開除云云鈔也라.

12上04 [甲本]有其十相者는 不可苦辨十相中에 何者是體며 何者是用이니 準本疏則十相이 皆具體用也라.

12上06 常存의 常字는 作妙라.

12上10 佛知의 知는 作智라.

# 懸談

10下07 鈔에 法華佛知見云云者는 有人이 懸吐하야 云法華를 涅槃을 云云이라하나 愚는 謂하노니 法華에 佛知見을 涅槃에 槃涅槃을 云云이라하노라 盖法華는 以佛知見으로 爲宗而此約佛境界知一偈에 開示

而無遺요 涅槃은 以槃涅槃으로 爲宗而此經出現一章에 曲盡體用也라.

## 會玄記

12下08 不並의 音은 倣이라. 鄙惡以上은 皆寄居縛言也라.

◉校者註; 居는 恐居는 歸也라하노니 義淨의 南海奇歸傳에 有此說也라.

13上09 [甲本]順文平仄者는 覺字滿字가 皆高故로 不云始成正覺十身初滿也라.

13下03 約菩提身上하야 總標十身者는 世尊이 是菩提身故요 總中別者는 此總標十身이 有別菩提身하니 以十身中之一數故로 爲別이나 而鈔云 總者는 以菩提身上에 具十身故也라.

13下05 [甲本]總中有別者는 總標十身中에 有別菩提身也요 十身之一故로 爲別이라 故로 鈔云以是總故者는 以菩提身上에 具十身故로 菩提身이 爲總이나 而十身之一數故로 總是別也라.

14上08 問旣是十身初滿云云者는 有云問意云十身이 皆滿인댄 隨說何身이 皆得이어늘 何故로 先說菩提身云云이라. 何故下에 有先字하면 則文義가 尤顯云云이라하나 愚는 謂하노니 但對十身之總하야 以難別說菩提身이니 旣十身初滿인댄 何故로 別說正覺始成耶아 答云 以是總故라하니 雖別說菩提身이나 此菩提身이 具十身故로 爲總也라 則正覺始成도 亦含十身皆滿之義故요 別說正覺始成則約總別爲難也라 不必約先後以難也니라.

14下04 註에 上釋處于此座者는 準日字卷鈔컨대 脫文也라.

14下09 卽二上에 落智字라.

14下09 [甲本]無障礙智者는 準疏則於三智中에 因明無障礙義故로 別無牒釋하니 此中如是也라 於諸智中에 若約二智三智中인댄 三世平等이 皆是所入境이니 而入三世及平等之謂也라 若約四智인댄 三世是所入境이요 平等則屬智하니 入於三世之平等也라.

14下10 達眞之達은 作證이라.

15上02　四智通緣三世境云云者는 四智는 通於根後二智하니 後智邊으로는 入三世하고 根智邊으로는 悉皆平等也라.

15上06　四智圓融云云은 通難이니 四智가 有爲無漏라 非我經宗이어늘 何以引彼釋此오할새 故로 通之라 有二義故로 用之無失이니 一 彼則四智隔別하고 此則圓融無二요 二彼則四智는 但修生하고 此則本覺智가 修生故로 始本非一異也라.

15上09　※總看亦現別看現者는 通於依正이니 正의 總則身也요 別則指節等也요 依의 總則刹也요 別則微塵也라.

※甲本; 總看亦現等者는 下鈔에 有二義하니 一은 約所徧處니 總은 謂法界內唯一佛現이요 別은 謂一一國土一一塵中皆現全身也라 二는 約所徧身이니 總則一身이 處處皆有요 別則支分眼耳等各徧法界라. 餘義는 往檢日字卷疏鈔下卷十丈下一行하라.

15下01　言海의 海는 作法이라.

16上06　成事는 上下也라.

17上07　亦有者는 鈔本異也니 以對上乘願行之二義하야 云亦也라.

◉校者註; 然나 課本에는 亦이 作然하니 何以看之오.

17下03　八地疏鈔云云은 見稱字卷六十丈下四行이라.

18上05　業習如阿難迦葉者는 阿難之多聞과 迦葉之作舞가 皆業習也요 迦留陀夷가 有貪習者는 如欲意盛하야 房中漏失之事니 習은 貪深之習也요 身子與羅候가 相爭日下煮身之事也요 周利가 如憶持一句伽陀에 得前遺後하고 得後遺前하니 卽愚癡之習也요 畢陵은 如呼河神云小婢之事也라 有云阿難業習은 如墮淫室之事라하나 愚는 謂하노니 淫是煩惱니 應不屬於業習也라.

19上09　疏主云然三昧爲定云云者는 應在下疏나 而未詳何卷하니 後

◉校者註; 今云未詳在何卷은 在果字卷三丈下五行이라.

19下01　義如鈔釋者는 疏主云云之鈔也요 非謂今鈔也라.

19下01　科圖云今初者는 盖彼本鈔則先列七科하고 後牒初科하야 云今初所依定云云也라.

19下02 [甲本]前後廣略者는 前懸明은 廣하고 後正消는 略也라.

19下03 口科者는 不依他而自分科也라.

20下04 由寂無動故無所不動者는 由涅槃不動하야 能建大事故로 無所不動也※라.

※甲本; …或改無하야 作有라하나 非也라.

20下05 [甲本]若爾云云은 問含二義하니 一은 問旣以涅槃不動則何以降魔亦不動耶아 二는 問降魔旣不動則說華嚴亦不動也니 以時同故라. 答中에 名同義異者는 答初問이요 時同定別은 答後問也라 時同者는 降魔時卽成正覺하사 說此經故로 時同也요 定別則彼乃不動이요 此乃海印故로 定別也라.

20下08 [甲本]名同義異者는 彼則寂靜을 云不動이요 智論則魔不能動故니 義異也라.

21上02 古德義取者는 海印三昧之名은 賢首立也니 指涅槃云云은 引例하야 以明今海印이 亦是義取也라.

21下09 一念者는 本文云如印은 此約喩也어늘 今記主가 以義釋之故로 云一念也라.

22上03 對待上下也요 故字는 衍이라.

22上04 註에 橫竪二字는 作第九※라.

※甲本; …以第十으로 釋第九則九와 十의 二義가 似無差로대 而九竪十橫故로 非無差也니 以十의 非現現은 無處不現故로 爲橫也라.

22下08 純은 作頓이요 而與顯으로 上下也라.

23上09 新經疏序는 貞元疏序也니 今作行願品序也라.

23上10 鈔에 約感應云云은 彼疏序之鈔也라 圈(O)은 衍也라.

23下04 豈得稱滿者는 此約法爲難喩니 法中旣四義圓滿인댄 則稱滿爲可어니와 而喩中에 旣是一月則何云稱滿耶아 上是有說이니 此意는 稱滿者를 以疏中滿月之滿으로 見之也라하나 愚는 謂하노니 疏以一月로 喩一佛則於四句內에 但得初二句義어늘 豈稱四句圓滿耶리오.

23下07 新舊影顯者는 舊疏는 影後二句하고 新疏는 影前二句하니 新舊

合之하야사 方足四句也라.

23下07 能應身科初略消疏文後具釋疏意者는 與上科相例나 而今詳鈔則 不必如是作科니 以謂若下亦是釋疏文也요 非是釋疏意也라 何者오 以法合中에 云性空云云과 滿月云云과 百川云云과 影落云云이 皆釋疏文也니 詳之可知니라.

23下08 記科를 若約愚意分之하면 謂二니 初는 略消法喩요 二는 廣明通含法喩가 二니 初.以性下는 標指요 二.謂若下는 廣釋이 又二니 初는 喩顯이요 二는 法合云云이라 小科는 皆同記요 又月喩法者는 約鈔中後結之言也라 若約鈔中初標云亦喩菩薩之言則應云 月喩菩薩也인 則前科月喩身하야 應云月喩如來也라 盖鈔中에 標結相違者는 以法合偈云菩薩淨法輪云云故로 標則取菩薩字爲主하고 結則以淨法輪으로 爲主也라 標中에 云亦者는 對上喩佛云亦也요 結云亦者는 對標中喩人하야 云亦(甲本에 有喩法二字)也라 記下鈔配爲化身者는 下第七對鈔通前配屬中也라.

愚意分之二┬1.略消法喩(鈔/此之, 14上03)
└2.廣明通含法喩二┬1.標指(鈔/以性, 14上04)
　　　　　　　　　└2.廣釋二┬1.喩顯(鈔/謂若, 14上04)
　　　　　　　　　　　　　　└2.法合(鈔/性空, 14上05)

24上06 影顯前對亦智字是法餘皆是喩云云은 亦恐不然이니 以前對中虛含萬象之言이 可通法喩故也라 故로 鈔不言也라.

25上02 準此則水亦喩於世間者는 旣偈云世間心水則亦喩機也요 非是世間刹也라 若以世間爲衆生世間이면 則世間之言無違也라.

## 會玄記　第四卷

01上08 [甲本]諸行은 似註也라.

01上09 [甲本]今約通義故云爾者는 謂不起樹王이 羅七處也라 不假者는 不假不起之意而知爾知之義也라.

02下07 結例一句가 身有二說하니 初結與例別者는 別十方字는 結也요 悉亦然(02下10)三字는 例也니 十方則所昇一切也요 悉亦然中에 有例同一須彌之言故로 爲所昇一也라.

02下10 問若爾者는 旣十方悉亦然中有一及一切則一切는 第二句所昇이요 一은 則第三句所昇故로 爲有文也로다하니 答則云易故로 云無而其實有文也니 以悉亦然이 爲所昇一故也라 一云結例不分二別者는 結卽例也라 十方悉亦然之言이 但十方須彌悉爲所昇故로 云亦然則但所昇一切而無一也라 問中以能昇別一로 對所昇一하야 爲第三句義를 難之故로 答則以結例中無所昇一故로 不得作第三句云云故云第三句易故로 文無니 謂實無其文也라.

03上02 義必合有者는 旣四句中에 有三句故로 第三義도 亦必有也云云이나 而不定指某處가 爲第三句義也라.

03上05 前長行及所例偈中有所昇一者는 前長行에 云而昇須彌로 爲所昇一也니 卽初句所昇一也요 十方悉亦然句로 爲所例偈也니 住於須彌頂則爲能例也로다 然이나 上二說이 並非鈔意니 今先顯鈔意하고 後破記說하리라 盖鈔中에 云易故文無義必合有者는 準下餘字卷鈔則以住於須彌頂句로 爲初句所昇하며 亦爲第三句所昇則第三句도 亦有文이나 而今云無者는 今鈔中에 旣以前長行全과 及偈中前六句로 配第一句하고 次以十方悉亦然句로 配屬二四兩句則經文이 已盡無餘故로 云易故文無也니 以第三句則能所昇이 皆一故로 云易이나 而經文에 無也라 故로 下餘字卷疏도 亦第三句不配文也라.

03下02 義必合有者는 如下餘字卷鈔하야 以前經에 文配第一句處로 重配第三句所昇則爲有文也라 故로 云義必合有也라 問이라 鈔主가 旣以結例句로 配二四兩句則何不以住於須彌頂句로 配一三兩句하고 而乃云第三句無文耶아 答이라 作文之體가 容易也니 鈔中에 旣以前經文으로 配初句故로 不可重配第三句也요 二四兩句則一時都牒하야 以配結例句故로 無更可辨也라 若但牒第四句하야 以配하면 則第二句로 亦應言無文也라 故로 下餘字卷中

疏則以十方悉亦然으로 配二四兩句하고 鈔則云經文이 唯出初句하고 下法慧가 例云悉亦然에 方有昇一切句하니 卽俱多句云云이라 此亦但配第四句하고 不配第二句也하면 亦可言第二句無文也라 今鈔則第二句與第四句都牒故로 乘便하야 以配十方悉亦然也라 故로 二四兩句가 皆有文也라.

上顯鈔意하고 次破記意者는 記主가 以十方悉亦然中으로 爲第三句有文하고 而不取住於須彌頂者는 失下餘字卷鈔意요 又此結例中에 見所昇一者가 文不昭著하니 而非下疏鈔之意也어늘 下疏鈔에 以結例句로 但以爲所昇一切而元無所昇一之意也라 記主가 若以住於須彌頂句로 已配初句故로 不可兩配則結例句는 何以兩配耶아 又鈔中에 易故로 文無之言이 初說則文實有矣나 而易故로 云無라하고 後說則文中本無故로 云文無라하니 然則義必合有之言이 初則義在於結例句하고 後則義在於何耶아 無可指義合有處也라 又長行及所例偈中有所昇一爲第三句文云云之言도 亦未穩也라 雖如記意라도 所例偈中에 可云有所昇一이나 而前長行中에 有所昇一者는 何者가 是所昇一耶아 若取前初句所昇이면 則後解인들 豈無前長行所昇一耶아 或恐前長行下에 脫取一閻浮爲能(甲本作所)昇一之言耶아.

## 懸談

16上08 一一皆遍六處之六字는 作七也라.

16上10 [甲本]更細而論云云은 一處中有一切處者는 謂有二釋하니 初는 能遍一處中에 具說所遍一切處也요 後則所遍一處中에 具能遍一切處也니 如天上萬星이 一一照於萬川則萬星은 能遍萬川은 所偏이니 能遍萬星中擧一星하야 遍於萬川也요 所遍萬川中에 擧一川有萬星之照也니 思之可知也라.

## 會玄記

04下06 亦以餘六處云云者는 上則約能徧一處에 具一切處요 此則約所徧一處에 具一切處也라.

05上06 下疏云云은 見日字卷二十二丈上六行이라.

05下05 [甲本]末不離本者는 彼經이 以三乘教로 而二七說호대 亦同今華嚴者는 表三乘之末이 不離一乘之本故라.

05下10 註에 示不之示字는 圓覺經鈔에 作永字라.

06上05 註에 第二年云云은 日字卷鈔云第一年에 度五比丘云云과 第二年에 度迦葉云云이라하니 未知孰是라.

06上08 目蓮은 作身子라.

06下04 ※註에 第八者는 晋經은 無第七會普光하니 以第七로 攝入第六故로 但八會也라.

※甲本; 彼云第八者는 以晋經은 闕第七重會普光故로 但爲八會也라.

07上05 妙嚴品云云은 見日字上卷二十三丈上五行컨대 疏初之疏字는 衍이라.

07上07 問華嚴云云은 上皆下疏也요 此下는 皆下鈔也라.

07下09 四十二者는 同異生이 爲四十이요 師子座衆과 及眉間衆이 爲二也니 見次九行所例컨대 爲五는 可知也라.

08上02 下疏云云은 見月字卷初五丈上一行이라.

08下08 不謂의 謂는 恐爲字라.

09下01 海易의 易는 月字也라.

10上05 現相品云云은 見宿字上卷三十六丈下四行이라.

10下01 有佛의 間에 落十字라.

10下07 註에 卽圓義也와 卽音義也 八字는 註也요 餘皆彼疏니 當以元文으로 見也라.

11上01 華藏品云云은 見寒字卷四十一丈下三行이라.

11上04 篅은 音이 軟이요 笹은 音이 頓이니 箺(音소니 竹器容斗二升)也라.

◉校者註; 荐는 篅의 誤니 音은 천이요 訓은 竹器盛穀이니 "대통구미"라.

11上10 出現品云云은 見薑字上卷初丈七丈下八行이라.

11下09 雙存의 存은 作非라.

12上07 現相品云云은 見宿字卷五十一丈下八行이라.

12上08 天竺一梵音者는 下鈔云意在一故라하니 謂旣擧天竺則但是世間之音故로 但爲一音이나 而此音이 周聞十方故로 爲妙也요 非約天上梵天之音也라 若是梵天音이면 則雖周聞이나 非妙也라하나 愚는 謂하노니 天竺一梵音은 但天竺一處梵音也라.

12上09 次句理融者는 下鈔云호대 一梵音은 是事로대 爲理融故로 一具一切也니 此則佛에 音自具也라.

12下01 外通의 通은 下鈔에 作同이니 此則隨一音하야 外同物類故라.

12下06 由此의 此는 作前하고 七行에 前前의 下前은 作則하라.

12下10 科中에 略有二字는 作二者라.

13下04 下疏云云은 見地字卷五十五丈下四行이라 言主主不相見云云者는 約此佛望諸佛說이니 謂此爲主時에 彼爲伴하고 彼爲主時에 此爲伴이라 不得一時에 彼此俱爲主하고 彼此俱爲伴故로 主主及伴伴이 不相見이라 此主時에 彼伴과 及彼主時에 此伴則互相見故로 云主伴伴主는 相見이라하니 各徧은 如乳投水에 但名水徧이니 水徧之處에 乳豈不徧이리오 以全一味故로 但名水徧也라 此名不相見은 定非隔別也요 同徧은 如衆光이 同在一室에 此光徧하고 餘光亦徧하나니 卽相見이 不乖相徧也라.

14上01 如前已明者는 應云如下所明이니 如下所加中云호대 表果海離言이라 因相可說云云이 是也라.

14上08 亦爲의 爲는 恐唯라.

14上09 ※若後能先所者는 若後齊字를 就能說主伴하야는 名齊요 先頓字를 就所該十刹하야는 名頓則爲不對之失也라 然則彼意는 頓與齊가 皆約所故로 爲對也라.

※甲本; 若後能先所云云者는 此句는 以先極字로 爲所極十方也요 齊字는 能說之主伴이 齊習也요 彼則齊字는 十方齊說也라 故로 云所極中名齊也라한 則彼意는 頓與齊가 皆約所故로 爲對나 而若以齊字爲能하면 則與上所該頓字로 爲不對之

失也라.

14下02 約橫竪異者는 該則約處故로 爲橫也요 頓則約時故로 爲竪也라.

14下08 [甲本]佛義如前者는 上에 諸佛旣說이어늘 此佛豈不說云云(13下10)也라.

14下08 表細顯超者는 謂表微細하고 顯超因果니 以僧祇品과 數量과 隨好光明을 唯佛能知故로 微細也요 又餘品을 菩薩說者는 表因相可說이나 而今則因亦同果라 亦非可說則果亦非果라 欲拂因果之迹故로 佛自說也라.

14下08 [甲本]超者는 超出因果니 以餘品菩薩說者는 表果海離言이나 因相可說이어니와 而今因亦同果라 亦非可說인 則因이 旣非因인댄 果亦非果니 欲拂因果之迹故로 佛自說卽顯其超因果也라.

15上05 圓故의 故는 作教라.

## 懸談

19上09 [甲本]鈔에 則隨一佛有法界諸佛重數者는 謂隨一佛이 主佛伴佛也요 非謂諸中의 但一佛也라.

## 會玄記

15下02 [甲本]不喩果主因伴者는 此則無互爲主伴故라.

## 懸談

19下01 因主旣爾의 旣爾兩字는 衍이라.

## 會玄記

15下06 言總意別者를 亦然之는 言同이나 而意則別也라.

16上02 文殊의 殊는 衍이라.

16上03 瞻葡는 當作薝葡라.

## 懸談

19下01 [甲本]因主旣爾因伴亦然者는 約互望하야 爲主伴重重故로 名亦然也요 果住因伴則無互望而望餘佛爲伴하면 亦爲重重則但約重重之義하야 云亦然也라 故로 爲義別이라.

## 會玄記

16下02 [甲本]長空明月云云之喩는 正喩主伴遠近이나 而旣一一水中에 遠近皆現인댄 則亦含不分而徧之義也라 一一水中遠近이 皆現者는 初在本刹時에 反向移一移二之處에 遠近皆現홈이 皆同則此言도 亦喩主伴遠近이나 而一一水之言이 含不分而徧也라 今에 記主가 隔斷喩文前後하야 分配二意하니 恐是不然也라.

16下02 略喩主伴不分而徧云云者는 遠近皆顯之言도 亦喩主伴遠近이나 而旣云一一水中故로 含不分而徧也어늘 記主가 隔斷喩文하야 前後分配는 恐不然也라.

16下09 餘重下에 落重字라.

17上10 ※不及前解者는 以鈔文이 皆約文殊而言故로 不及前也라.

※甲本; 不及前解者는 旣主佛極於東則過文殊世界而又向東也라 然이나 文殊가 亦同時在佛前이나 而向東故로 佛不過文殊 也則此義도 亦成이나 而言不及前者는 以鈔文이 皆約文殊 之言故로 不及前也라.

17下02 ※理實先以十一錢者는 以第一錢으로 當喩主伴遠近하고 以餘十錢으로 喩東去金色의 十刹重重相壓之義故也라.

※甲本; 理實十一錢者는 以第一錢則布定主伴遠近하야 各出十佛刹하고 其上十錢相壓則喩向東移十刹則正當金色世界也라 故로 爲十一也라.

## 懸談

20上08 鈔에 以十錢布地호대 主하고 伴하야 中하고 吐니 上則布定主伴遠近이요

以第二錢云云下는 顯重重之義也라 記中에 此錢喩科名이 不該於主伴遠近及壓東一重하니 可怪也로다 若以愚意로 分科하면 釋中에 二니 初는 法이요 二는 喩라 法中에 二니 初는 布定主伴遠近이요 二는 釋成重重相徧이 二니 初는 明東重重이요 二는 顯餘重重이라 東重重中에 二니 初는 壓東一重이요 二는 顯餘重重이라 東一重中에 三이니 初는 法이요 二는 喩요 三은 合이라.

◉校者註; 鈔/18下05

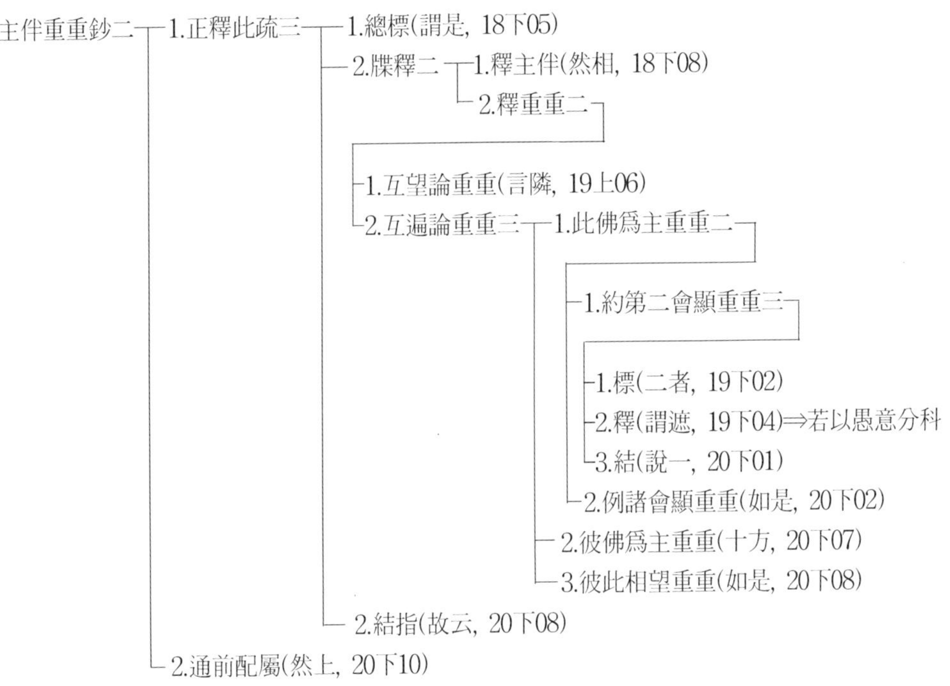

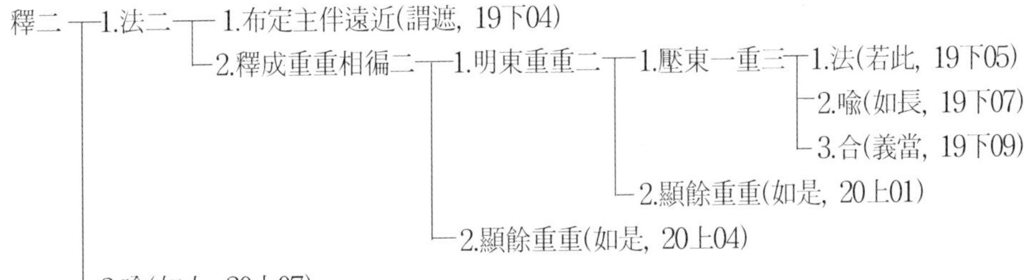

## 會玄記

17下10 有以開通元寶一字喩一佛刹重重之義稍隱者는 鈔中에 以十錢布地(20上08)者는 表主佛一轉二轉至十轉至金色世界之義니 若以一字로 爲十刹이면 則一轉之時에 已有十刹하고 二轉三轉等이 一一皆有十刹則十轉至金色時에 有百刹重重이나 而今但以一字로 爲一刹則十錢이 但十刹也요 至金色時에 但有十刹故로 法中에 百刹重重義不顯也라 上은 本私記中言也나 愚는 謂不然하노니 主刹과 金色이 相去十刹則主佛이 十轉至金色時에 但有十刹重重이어늘 那有百刹重重也리오 應云若以一字로 爲十刹則主佛十轉이 至金色時에 有十箇重重이나 而今但以一字로 爲一刹則一轉에 已歷一字하고 二轉에 至於錢東緣하니 東緣은 乃金色이라 法中에 主佛이 至金色에 有十箇重重之義가 稍隱也니 以但有二箇重重故也라.

18上01 又主佛至金色處云云者는 若以一字로 爲十刹이면 則錢心의 娑婆가 至東緣金色時에 在西緣之蓮花色이 正當錢心이어늘 而今以一字로 爲一刹이면 則東一轉時에 已歷開字하고 二轉에 已至東緣이요 又東緣外八轉하야 至金色則金色이 乃在東緣外八刹之遠也라 然則西緣之蓮花色도 亦十轉則已過錢心과 及錢之東緣하야 更至六刹故로 云當娑婆之義가 不成云云이니 諸方之解가 如是어니와 講云此破가 似不然하니 何者오 若以一字로 爲一刹이면 則金色이 不在東緣하고 在東緣外八刹之遠則蓮花色이 亦不在西緣하고 乃在西緣外八刹之遠也라 然則主佛이 十轉하야 至金色時에 蓮花亦十轉하면 當於錢心娑婆가 何云不成이리오 若欲破者인댄 應云錢緣爲伴之義가 不成이니 何者오 旣主刹伴刹이 相去十刹이면 則一字로 爲十刹하야사 心爲主 緣爲伴이나 而今一字가 但一刹故로 伴刹이 各在錢緣外又八刹也라 故로 伴刹在緣之義가 不成也라 盖有解는 但看主刹去十刹하야 至伴刹이니 而鈔에 用十錢으로 爲喩故로 以錢中一字로 爲一刹하고 不思錢

緣爲伴之言也라 若如記主所破면 則乃瞻前不顧後也라 以在東之金色則 爲錢東緣外八刹而西方蓮花則依鈔文하야 在西緣故로 當娑婆之義가 不成也라 然이나 記主가 豈可不顧後리오 恐記文이 有脫也라 若云主佛이 至金色處와 主佛至金色處時에 蓮花當娑婆之義不成云云則兩邊俱破也며 義極成也라 此則約錢緣爲伴之義하야 以破也니 謂鈔中에 明言錢緣爲伴則以一字爲十刹하야사 十錢相壓在一字之上則主刹十轉時에 至東緣金色하고 西緣蓮花가 正當錢心主刹이어늘 今汝以一字爲一刹則二錢相壓時에 已至東緣金色하고 西緣蓮花가 已當錢心主刹故로 十錢相壓時에 已過金色外八刹이요 蓮花가 已過金色外六刹이라 故로 云十錢相壓時에 主刹이 至金色處之意와 及主刹이 至金色處時에 蓮花가 當娑婆之義不成也니 如上所說則義極成하고 如此看則 扶顯記主하고 而破有解도 亦明也라 恐後人이 見記中主佛至金色處之言하고 有兩箇重疊故로 拔去一箇也라 上에 又主佛至金色下는 皆講說也라 愚云依文看之도 亦得이니 謂若以一字로 爲十刹이면 則錢心이 十轉하야 至東緣時에 西緣이 亦十轉하야 當於第一錢心也라 然則正合於法中에 主佛이 十轉하야 至金色時에 蓮花亦十轉하야 當娑婆之義也로대 而今汝以一字로 爲一刹則錢心이 二轉已至東緣時에 蓮花가 亦二轉하야 當於第一錢心故로 不合於法中主佛十轉하야 至金色時에 蓮花當娑婆之義也니 以法則十轉이요 喩則二轉이 不相合故也라.

18上03 [甲.乙本]圖錢中에 別圖一錢하야 分十刹之遠近하고 及顯四方伴刹之名則 十錢相壓이 一一如此也라 別圖十一錢相壓하야 以顯主刹向東十轉之相也라 最下一錢이 是象主佛在普光堂하고 十方伴刹이 各在十刹外也라 第二錢象近東一界하고 乃至最上錢이 是近東第十轉者也라 此上無所壓故로 開元通寶四字가 露出也라 最上錢心은 卽當最下第十一錢東緣金色界也요 最上西緣은 卽當第一錢心也인 則中間九錢은 但露西緣相連者는

卽最下錢元字也요 最上錢之開字는 卽本金色世界外十刹也요 最上錢東緣本金色도 亦十轉至十刹外者也니 學者는 思之니라.

18下02 下品의 品字는 作本이요 無盡品의 品은 作會라.

## 懸談

20下05 鈔에 九會自爲九箇重重者는 應云九箇九重重也니 以上則各各自會에 論重重故로 九會爲九重重也라 今則九會相望則九會一一各有九會也라 故로 爲九箇九重重也라 若云九箇重重이면 則與初何異리오 恐落九字也라 上은 講說이어니와 愚詳鈔意則但第一會重重上에 有第二會重重과 乃至第八會重重上에 有第九會重重이라 然則一箇九重重也요 九箇九重重之義는 不顯也로다. 又九會一一各有九會之義는 已在於上之九重重이니 何者오 如說一十信則已重重하고 周於十方則第一菩提場會乃至第九逝多林會에 皆有十信會也라 十信이 旣爾인대 餘十住等도 皆爾則九會에 各有九會也요 不必至此하야 方言九會有九會也라 故로 愚는 謂하노니 如第一會下는 釋上九會爲九重重之言이니 以如字義勢가 不是別義니 如第一會重重上에 有第二會重重乃至有第九會重重하니 都望則一箇重重故로 記云諸會重重者를 復相望論重重也요 別看則九箇重重故로 鈔云則九會自爲九箇重重이라 하니 此言이 雖是重疊이나 將欲明四十八重重無盡重重故로 重擧하야 以對顯也라 故로 不落九字也라.

## 會玄記

19上03 此答上에 落故字也라.

19下02 [甲本]對上燦然者는 燦字는 實也요 然字는 虛也라 今浩字도 亦實也요 爾字는 虛也라 故로 爲上敵對也라. 浩瀚者는 皆實也라.

20上09 今은 作金이라.

20下10 疏鈔云云은 見餘字卷五十一丈이니 初句牒無二之迹者는 疏也요

以此云云으로 至無有二는 記詞也요 次句遣云云으로 至終은 皆疏로대 唯執成云云은 鈔詞也니 具云若謂有無二는 卽執藥成病이라 謂第上에 準本인대 脫空字라.

21上03 [甲本]卽執成病者는 此一句는 以註見之며 而又脫藥字也니 見餘字卷五十二丈이라.

## 懸談

23上03 鈔에 悟此見自身下에 復有偈云非身而說身하고 非起而見起하니 無身亦無見이 是佛無上身이라 疏云上偈는 令住無住之覺이요 後偈는 釋成身이니 身卽非身故로 無可悟어늘 悟身見起하면 此見이 如身하니 身見兩亡하야사 眞法身이라 觀身實相 觀佛亦然故로 就佛結이라하니 以後偈로 釋成前偈也라 故로 記中에 參引二偈疏나 而文略難見이라.

23上09 遣之者는 遣有요 又遣之者는 遣空이니 旣空有를 皆遣故로 至於無遣也라하니 上은 講說이요 愚는 更一義니 以有遣者는 以有遣有遣無也니 遣卽是迹也요 遣之者는 遣有遣無也요 又遣者는 又遣於遣有無之迹也라 故로 至於無遣也라 以無遣無(十行)者는 下無字誤니 應云爲是라.

# 會玄記

21下05 千里의 里는 作重이라.

21下09 久耶上에 恐落如何二字라.

## 懸談

23下09 不礙於言則文殊攸讚者는 不碍於言故로 自讚淨名之嘿也라 上의 身子는 礙於言故로 被他人之呵也라.

## 會玄記

22上07 第六鈔者는 二十卷鈔之第六也니 有不知鈔卷之次하고 局於今會編之次하야 改以五字는 非也라.

## 懸談

24上04 鈔에 故知至趣非遠云云下는 記主가 以雙結上二對見之故로 以至趣云云으로 作無相不礙相而下卽言亡言에 亦影取卽相亡相이라하나 而以愚見之컨대 不必雙結이요 但結後對也라 然則至趣云云은 明無言之理를 以心行可得故로 非遠也요 雖以心行可得이나 而旣無言之理故로 爲甚深也라.

24上05 言象云云은 雖是言象이나 虛懷而目擊故로 云近也라.

24上05 言絶之理云云은 旣云言絶之理인댄 則乃是無言也요 非謂無相不礙相也라 故로 但結卽言亡言이요 而無結卽相亡相也라 故卽言亡言者는 今鈔에 落此故字라.

24下04 鈔에 地論의 地字는 衍이니 準本則上下界字가 皆身字라 流字요 卽生字니 意明報化等이 從法身生하고 還證法身之義어니와 今轉勢用之라 此義는 見下地字卷二十一丈하면 可知故로 記主가 不言也라.

## 會玄記

24下04 註에 兼別說圓者는 天台宗은 以此經의 地前圓融으로 爲圓敎하고 以地上行布로 爲兼別하야 非是純圓敎云云이라 故로 如是難云此經은 以圓邊으로는 可說一極이나 而以兼別邊으로 如何說一極云云耶아하니라.

24下10 旣因是經의 因은 作曰이라.

25上01 攝末과 歸本四字中末字는 餘經이요 本字는 此經이요 攝歸二字는 若約能攝能歸면 則二字皆法華也요 若約所攝所歸면 則攝字는 餘經이요 歸字는 此經也라 故로 記의 初釋則約能攝能歸故로 攝字로 望末하야는 爲依主하고 望歸하야는 爲持業이요 歸字는 望攝하야는 爲持業이요 望本하야는 爲依士也라 後釋則約所攝所歸故로 攝字는 望末하야는 爲持業하고 望歸하야는 爲依士요 歸字는 望攝하야는 爲依士하고 望本爲持業이니 思之可知로다 又二釋中에 皆有初는 二字作釋이요 次는 三字作釋이요 後는 四字作釋이니 可知라.

## 會玄記　第五卷

01下02 常含同別者는 以三大互在故로 含同教理事無礙라 然이나 此相用이 皆具十玄故로 含別教事事無碍也라 故로 云有其所通云云이라.

01下09 此下의 下는 恐衍이며 亦作辨이라.

02下08 或可彼云의 云은 作文이라.

# 懸談

25下09 重現之理易觀云云은 亦應云難見이로대 而避上難見하야 云易觀이니 謂彼理難見故로 欲易見하야 喩之以帝網也라.

## 會玄記

03上01 [甲本]超間讀之者는 應云同異類之殊體를 微細容持니 微細之理가 難見이라 況之以芥瓶하고 同異類之別質에 展轉重現이니 重現之理를 易觀케호려하야 喩之以帝網也라.

03上08　入定은 顯也요 從定起는 隱也라.

03下09　總明의 明은 作名이라.

04上01　不爾但是同教云云者는 若同教理事無碍면 則理事無礙門外에 別有理法界事法界어니와 今則擧一全收故며 此理事無碍中에 已具前二門故로 爲玄微也라 上은 講說이어니와 愚는 謂하노니 同教理事無碍는 但理與事로 無礙요 不說理及事가 皆無礙也어니와 今圓敎則說理與事가 皆無礙하니 以十玄無礙之事가 與平等無礙之理此二無礙가 爲理事無碍故로 爲玄微也라.

## 懸談

26下04　[甲本]鈔天中復有天과 自然亦自然者는 皆上則玄之也요 下則又玄也라.

### 會玄記

05上07　[甲本]科中에 初標義指文者는 若據今鈔면 則應云牒文標義니 無乃傳寫之誤耶아 不爾면 指文은 指智周鑒云云이요 標義는 指能證能觀云云也라.

05下04　科中에 別約三大의 大는 作觀이요 鏡智之鏡은 作境이니 三大가 皆境也요 止觀은 皆智也라.

## 懸談

27上04　※鈔別對三大中에 體大則具示體用止觀하고 餘二大則但指止觀하야 影其體用하니 此止觀은 止對於體이라 觀對於用하니 卽理止事觀義也라 至於三止三觀하야는 止觀이 皆通理事하니 詳之可知라.

※甲本; 別對上三句爲境智無礙(27上03)者는 三大中에 各具體用境也며 皆有止觀智也라 鈔別對中體大則具示體用止觀하고 餘二大則但指止觀하야 影其體用也라 記五丈下科圖中에 兩鏡字는 作境字라.

## 會玄記

05下05 上境例知者는 所證之境은 理也요 所觀之境은 事也라.

06下02 [甲本]三大皆然者는 每大中에 各具止觀故也라.

06下02 二行의 先單以智別鑒云云과 及六行의 三諦齊觀에 釋其周鑒二字云云은 愚恐不然이니 以鈔三諦齊觀云云이 但結上義이요 不是別義也니 學者는 詳之니라.

◉校者註; 周鑑與結言이 豈非同義耶아.

06下07 下言의 間에 落釋常靜二字之五字也라. 冥故下에 恐落止字라.

07上06 科中에 汎科兩段者는 盖本鈔則先分二科故로 如是汎科나 而今會編者가 拔去分科故로 此記科가 無所屬(對)也라.※

※甲本; …今初도 亦例知라.

07下01 徧卽의 徧은 作偏하고 又凡此者는 作又說하고 行由(三行)의 由는 作相하고 次明(六行)二字는 作問眞하고 問眞(08上02)二字는 作言並이라.

## 懸談

27下08 亦合言卽聖心云云者는 似乎從此釋後句나 而今謂約此交徹之義則非但卽凡心云云이라 亦合言卽聖心云云也라 故로 此言이 是釋前句也요 若依此義云云下는 方釋後句也니 謂旣具卽凡心云云과 卽聖心云云則合云凡聖互收하야사 方圓滿也라.

## 會玄記

08下04 [甲本]趣生體者는 言第八識爲六趣四生之體也니 此第八識이 與前五識으로 同於果上轉故로 此等覺位中에 猶未轉成故也라.

09上01 今云爾者는 若準科圖所指면 則今云不爾어늘 今落不字하고 今

鈔本則又無云字也라.

09上04 各從一邊者는 初不壞相則從聖一邊하고 今有益은 從凡一邊也라.

09上09 旣已의 已는 恐以字也라.

09上09 或可聖謂至聖云云者는 以生佛與凡聖無異故로 前後互擧之義로 答也라.

09下06 此責旣齊者는 謂此卽凡是佛이 有叨濫誤敬之二失하고 卽佛是凡이 有德用等二益이 與前凡卽是佛이 有二益과 佛卽是凡에 有二妄解之義로 旣齊하니 此責을 何以遣通耶아 意謂責旣齊則隨用皆得이니 何必局於凡卽佛也리오하니 答意可知로다.

10上07 ※皆先空後有者는 性宗은 於諸法上에 先知空而後行有也니 如先悟後修도 亦此義也요 相宗은 反此니라.

※甲本; 皆先空後有者는 後二對는 先空後有之義가 顯하고 而初對는 單約妄하야 謂先空後有也라 或不然則初句則先空後有로대 而二句는 眞妄相望則非先空後有니 從多分說耶아. 順性宗者는 性宗이 於諸法上에 先知空而後行有也니 如先悟後修도 亦此義也則相宗反此니라.

10上09 生死下에 落衆生二字라.

◉校者註; 甲本에는 生死上에 落衆生二字也니 似是也라.

10下01 今具의 具는 作且라.

10下08 不卽無者는 相宗則有爲無爲가 不得相卽故也라.

11上05 [甲本]問若以者는 依他當體가 屬事하니 若以染分으로 望淨分하야 論交徹하면 則還屬於事事無碍라 而不合於理事無碍中故로 如是問也라 答意云旣云同於眞則體雖事나 而順同於理故로 亦成理事無碍也라하니라.

11上09 ※疏主云云은 見洪字卷八十三丈이니 斯言可怖以上은 皆疏也요 約俗云云은 皆記詞라.

※甲本; 故疏主者는 出洪字卷八十三丈이니 論中에 品後之後字는 當作中字라. 有云者는 此是但破學龍猛宗하야 而失意之者요 非破龍樹本宗이라 謂若言但是空則雖學其宗이나 而不知其亦有亦空故로 其所謂空이 反令是人으로 入惡趣空

矣라 故로 云墮惡趣空이라하니 則焉不可怖而可戒耶아 記는 當檢三十七卷初九丈하라.

11下05 [甲本]長短相形者는 對短云長하고 對長云短故로 長短自體俱無也라 今其妄皆隨俗相對故로 云俱空也라.

12上01 濫此後俱通空有者는 以三論宗意가 本是俗有眞空이나 而今에 隨眞云俗空眞有則以隨眞之說로 合上本宗之說則爲眞俗俱通空有也라 故로 從後第六句也라.

12上03 第六句二釋中에 初則眞俗本義가 眞諦則空이요 俗諦卽有故로 眞妄이 俱眞諦時에 爲空이요 俱俗諦時에 爲有也라 故로 鈔云眞妄이 通二諦則俱通空有也라 講云本義則眞卽空이요 妄卽有로대 而今隨二諦故로 各通空有라하니 意云眞本空而隨俗故로 亦有하고 妄本有而隨眞故로 亦空則約本義今義合說故로 云眞妄俱通空有也라하나 愚恐不然也라하노니 後義則眞亦通空有하고 俗亦通空有故로 今眞妄通二諦則俱通空有也라.

12下04 等字內等者는 但約一唯識有何內等耶아 故로 愚는 謂하노니 後義爲正이라하노라 又鈔文에 今就華嚴하야 則前義云云과 諸義之言이 俱指上三이요 不但唯識이니 則不就華嚴則上三이 不得交徹也라한 則記主가 以二義釋之는 何哉오 或應記主가 見下對唯識則 配句不同하고 對涅槃則配句卽同故로 初義唯揀唯識하고 不揀涅槃三論也요 後義則約不具德하야 三皆揀之也라.

12下05 記에 不俱의 俱는 作具라.

13下02 圓成二義者는 情無理有二義와 相無性有二義니 皆妄空眞有也라.

13下03 淨分二義者는 亦相有性無二義며 亦同染分의 爲妄有眞空也라.

13下09 一分俱非義者는 以中論四諦品에 前은 以空遣有也요 二分無礙者는 四諦品에 後는 以空立有也라. 言二分者는 謂第二分也라 上은 講說이나 俱非之義가 不成하니 以空遣有者는 但遣有而不遣空也어늘 何云俱非也오 又以空立有者는 本論偈云以有空義故로 一切法得成이요 若無空義者인댄 一切則不成(洪字卷八十三丈中引而釋之)하니 空是有之所以也요 不是空有無礙中道之義也라

愚는 謂하노니 約二諦하야 爲中道가 有二義하니 一은 雙遮니 卽俱非義也니 二는 雙照卽無礙義也라 雙遮則俱非空有故로 無可交徹也라 故로 上記云三論이 雖談中道나 今此別約雙非空有라 無可交徹也요 雙照則俱有空有故로 空卽有有卽空也라 故로 有交徹之義也라.

14上03 須彌云云은 見餘字下卷四十丈六行이요 但因煩惱云云(14上06)者는 上則釋偈初二句意하고 此下釋下二句에 有二義하니 初約因緣이니 因他立稱故로 無眞實이요 二互上에 落又字라 此下明雙融也라 此中引文에 從初至何有眞實(14上06)은 皆疏也요 二互相卽(同上)下는 疏鈔參用也라.

## 懸談

29上10 鈔에 此經云有諍說生死云云과 亦俱空俱有(下01)云云은 記에 有二義不同을 可知로대 而寂照則亦字가 對此經中의 正有第一句義와 兼有三四句之義故로 云亦이니 亦者는 兼也요 非正故로 亦也라하고 指玄等은 對上涅槃經第一句之義하야 以此經으로 爲三四句故로 云亦이니 亦者는 不定也라하니 以彼云 第一이나 今云三四故로 爲不定也라 記主는 以前解로 爲正이어니와 愚는 謂後義爲正이라하노니 謂彼經則 顯言 空者는 生死요 不空者는 涅槃云云故로 爲第一也나 而今經則以有諍爲生死하고 無諍爲涅槃則 但指生死涅槃法體也라 不言何空何有라 故로 上二句가 爲生死涅槃俱有요 下二句에사 方言二俱不可得故로 爲俱空也라 又亦字語勢가 對上涅槃하야 云亦也어늘 對自經中正義云亦이 甚難也라 且若有云호대 已指第一句之言일새 則對此하야 可云亦이라하나 而今無指第一句之處어늘 而直指兼義하야 云亦이 豈不過存耶아 思之니라 又記主가 云今詳指玄이 旣云不唯及與亦在者인댄 寂照는 以釋初句로 爲正하고 三四爲兼이 有何過耶云云이어니와 今詳指玄컨대 旣云不唯及亦在則其意가 謂生死涅槃이니 以涅槃義로 看則爲第一句어니와 更約此經看則乃三四句也云云이라하나 何關於寂

照之唯就此經하야 有正兼二義者완대 以指玄之言으로 成寂照之義耶아 其亦怪矣로다. 記主가 又云指玄이라하고 又云如解唯識인댄 不必句同이라하나 今詳唯識컨대 約其本義는 隨前後其無差어니와 今約引證이라 若句不同인댄 何所證耶云云(記14下末~15上初)에 如解唯識者는 上依門配句中에 以唯識之徧計로 爲妄空眞有하고 染分依他로 爲第四句러니 今約此經交徹之義하야 解上唯識時에 以彼徧計所配第一句로 爲第二句하고 染所配第四句로 亦爲此句故로 句不同也라 唯識이 旣爾인댄 則此涅槃亦然하야 上則依涅槃本義하야 爲第一句交徹하고 今約此經義하야 爲三四句니 亦何必句同也리오 上은 指玄之意라 今詳唯識(14下10)下는 記主가 破他指玄이니 謂彼唯識則約三性本義가 隨相宗에 有第一句義하고 隨性宗에 有第二句義故로 前取相宗하고 後取性宗하니 句雖不同이나 其理無差니 以各是一義故라 今則此經이 約引證涅槃之義라 故로 若句不同인댄 何成所證云云意는 謂句必相同하야사 方成證也云云이라 愚는 謂하노니 記主의 此破는 約自己之義하야 破也요 不識指玄之義也라 今詳指玄이 旣云不唯及與更約此經云云則乃各出二經之義也니 謂依彼則爲第一句義어니와 更約此經之義則 亦是三四句也라 不唯更約之語勢가 明其二經各異也어늘 何必以此證彼리오 不作引證이 爲勝이로다. 若約此義作科인댄 應云後對涅槃이 二니 初는 正涅槃이요 二는 依此經이라 初中에 二니 初는 正明이요 二에 中論下는 引證也則中論은 爲引證이라 故로 云故中論이나 而此經上에 無故字也라 問이라 此經旣不是引證인댄 何以上科圖初에 云依指玄作科라하고 又今記에 云指玄會解正證第三第四句耶아 答이라 此一節이 爲異而其餘가 皆同指玄之義故로 上云依指玄也요 今云正證第三第四者는 以此言으로 可知非證涅槃이 明矣로다 以涅槃中에 無三四句故라 上配句中에 具六句故로 今以此經으로 正證成上配句三四句也어늘 何必以此爲難也리오.

## 會玄記

15上03 八哲之數者는 見記三十八卷十二丈이라.

15下03 餘可思準者는 記에 有三釋이나 而愚更一義니 謂鈔主가 但擧眞故無有下二句가 辨交徹故로 餘는 雖有而無則不累於有下의 此二句의 交徹之義는 準知라 卽下句는 眞徹妄하고 上句는 妄徹眞也라 此二句가 爲餘之義는 文顯이라.

15下05 後鈔主釋者는 見往字卷二十七丈이라.

16上04 文有滿落者는 第六句文也라.

16上05 [甲本]俱非二邊雙泯中道故交徹者는 以俱非二邊이 似無交徹之義나 而以是雙泯之中道故로 爲交徹也라 言雙泯者는 眞卽妄故로 非眞이요 妄卽眞故로 非妄이니 二義一時故로 爲非眞非妄雙泯也니 眞卽妄과 妄卽眞이 是交徹故也라.

16上08 [甲本]偈讚鈔云云者는 計佛勝自劣則雖無叨濫之失이나 不了眞源上에 三無差別故로 爲顚倒也라.

## 懸談

30上01 鈔에 釋所由(29下10,問眞以下)中에 一眞妄云云으로 乃至五妄外有眞云云의 一二等字는 應後人所加也라 若文有之면 則何以五所以와 四所以云云으로 爭之也리오 且四所以가 明也어늘 何爲五也리오 通有六故字中에 若五六을 別看하야 爲二所以면 則當二三을 別看하야 作六所以가 可也라.

30下02 反成二義者는 此第四義가 反成第二義니 謂眞外有妄則理不徧故로 第二中에 云無別妄故也라 若妄外有眞이면 則事無依故로 第二中에 云無別眞故也라 準此則第三眞妄이 名異體無二故之言이 成上第一眞妄二法이 同一心故也니 思之니라. 或可二義者는 非第二義와 乃第四中에 自二義니 謂眞徹妄과 妄徹眞二義也라.

## 會玄記

16下02 該下釋上者는 法性宗義에 一切法云云故로 此法性宗義之言이

該下一切法皆如云云과 乃至眞如遍一切云云之義하야 釋上眞外有妄云云과 妄外有眞云云之義也라.

16下03 或可上約云云者는 上則以釋上으로 見之故로 云亦이라하고 今則以正顯으로 見之重疊故로 云亦也라.

16下09 亦名權實二智根後二智云云者는 準下疏則釋佛境界偈中初二句는 權智요 後二句는 實智云云則此權實二智云云等言이 唯指佛智也로대 而記之文勢則似乎通指本佛二智也라 然則那云權實根後等也리오 以本智가 旣佛境界智인댄 乃空寂靈知가 通於凡聖理智者也요 不可配根本智也니 以根後二智가 屬佛境界智也요 唯局聖與智也니 所謂知通智局也라 果是通指二智則記主亦不爲精擇也라 若如下疏唯指佛智偈인댄 則不合云始本二覺也니 以本覺則知也요 始覺則智로대 而此智也(甲本에는 作中)라야 方開根後權實等也라 於彼於此俱不精明也라. 或可今人도 亦多謂知則根本智요 智則後得智云云이나 乃是見等(甲本에는 作相)似而不爲精擇이어늘 則今記主도 亦以相似之義로 如是配之也라 然이나 鈔主도 亦云依本智者는 約理而說無漏智性이 本自具足云云이나 則非根本智明也라.

## 懸談

31上06 若此之修名曰無修의 無修二字는 恐衍也라 若此之修者는 總結上之不妨求와 及求卽無求니 豈但無修리오 故로 拔無修二字가 好也니 謂理不碍事不妨求故는 爲無修之修요 事不碍理求卽無求故는 修卽無修也니 詳之니라 上은 講說이요 愚云依文看之도 亦得이니 謂若此事理無礙之修는 名曰無修니 言無修者는 以修卽無修也가 非一向無修也라 旣言修則無修인댄 則亦含無修之修故로 下俱云無修之修와 修卽無修가 爲眞修也라.

## 會玄記

18上04 雖一多緣起似濫所以者는 一理多事가 文現故也요 今則約一事多事故로 爲無礙宗也라.

18上05 [甲本]上二句該下二句者는 理隨事變과 事得理融이 爲上二句則下二句는 可知라.

18上06 皆性理融通因者는 約鈔中總答云以理融事故之義也라 若鈔中別釋이면 則初對는 爲理事無礙니 異門因也요 後對는 唯爲法性融通이니 當門因也라 言當門과 異門者는 下義分齊四門中에 三.理事無礙觀 四.事事無碍觀이라 旣此二觀이 爲門이 別故로 云異門이라하고 而理事無碍로 爲事事無碍之所以故로 云異門因也라 當門因者는 事事無碍觀中에 有二하니 先顯其宗이니 謂十玄門也요 後明其因하니 卽十所以也인즉 則此性理融通이 乃十所以中一이나 而旣事事無碍는 當門中에 辨故로 十所以가 皆當門因也라.

# 懸談

32上03 疏故得十身云云以下는 旣明事事無碍旨趣故로 略顯十玄門이나 而非正敍十門故로 小不次而有重出者어든 今人이 多以此로 別爲淸凉十玄하니 非也니 以淸凉一依賢首十玄無別立故也라.

## 會玄記

18下07 至下自會者는 見鈔三十七丈下邊이라.

18下08 疏鈔云云者는 見稱字卷五十丈이라.

19上02 今雖下八字는 註也요 又此記一二三行은 如次明十身이니 詳之可知라.

19下03 盖順의 順은 作顯이라.

19下04 未曾의 未는 作謂라.

19下07 此事下에 恐落空字也라.

20上01 [甲本]若約機明者는 意則約下疏鈔之義하야 以明이요 此下는 記主의 別顯이니 以衆生身으로 作法智空三身之義也라.

20上08 以小例大者는 彼經은 芥子요 此經은 十身故며 又彼經은 小不思議요 此經은 大不思議故로 云以小例大也라.

## 懸談

32上04 塵毛包納而無外者는 文勢則似乎塵毛之小가 能包納廣大之身刹故로 此塵(甲本에는 作身)毛亦無外廣大也라 然則同體廣狹也라 然이나 鈔云 無外는 卽是廣大之身刹이로대 卽入無內之塵毛云云則意取所包之身刹爲無外也니 謂塵毛包納身刹則身刹應小나 而今不壞相故로 猶自無外也라 故로 記主가 以此爲異體廣狹하야 取下晋經偈하야 爲同體廣狹也니 謂金剛之大山이 以爲如毛之小相故로 能入於一毛中也니 則金剛山이 亦大亦小也라 故로 爲同體廣狹也요 若無至大有小相之言(34下03)이면 則此偈亦以大山이 入小毛故로 爲異體廣狹也라 問이라 準此則今云廣大卽入於無間이 亦何妨至大有小相故로 入于無間耶아 答이라 雖有此意나 經中不言至大有小相之言故로 爲異體也라.

## 會玄記

20下10 [甲本]一能含多故曰相容者는 相容이 但一爲能容하고 多爲所容이니 不同下一多相容而互爲能所容故로 不重也라.

21下05 離世間品云云은 見鱗字卷後四丈이라.

21下07 住兜上에 落示現二字라 言十種微細趣者는 旣云十種이나 而今所引經中에 列十一種하고 下本經則無在母胎中示現六字故로 今

諸方依下經하고 ※又局此十種之言하야 以成正覺으로 屬於苦行하니 非也요 乃下經이 闕也라 以成正覺與苦行으로 時與行相이 各異하니 豈合爲一相也리오 此記中과 及下地字卷鈔中引處에 皆列十一種相而云十種微細者는 乃增數十也라 至下地字卷所引處에 更會通하리라.

※甲本; …又局此十種之言하야 以成正覺爲衍이라 愚는 謂非也라 乃下經이 闕也라 若無成正覺이면 則八相闕一故也라 言十種은 十一經中에 除初後之二相하고 中有九相而以童子를 合王宮故로 爲八이라 故로 爲十也라.

22上10 五十二經者는 海字卷이라.

22下02 湧出有時云云者는 下疏云湧出故로 潮上하고 速爲四寶所消故로 潮下하니 此爲極說云云이라.

## 會玄記 第六卷

01上05 大顯小隱等者는 鈔外別顯一義也라.

# 懸談

36上06 [甲丁本]鈔東方入處云云明下有暗者는 以入定見理故로 入定을 比明하고 出定을 比暗也라.

## 會玄記

01上07 頗胝迦는 梵語니 此云水精也라.

01上08 [甲本]高下는 敦厚也라.

01上10 註에 日行稍疾云云者는 日則一日行三百六十五度四分度之一也요 月則十三度十九分度之七하니 不及也라 時盡二字는 恐前却이라.

01下06 從上喩及法合者는 喩則可知어니와 法合者는 從以一攝多云云(36上01)하야 至隱顯亦然(36上03)이 皆法合也라.

01下06 如東上에 恐落然其下同體隱顯七字하니 盖上言此喩有二種이라하야 以鈔文으로 節節指配나 而旣配異體인댄 則此然其下로 配同體可也어늘 諸大講師가 皆不言하니 未之詳也라.

01下07 或但喩隱顯云云者는 上則以鈔文上下喩로 別喩同體異體어니와 今則以上下喩로 通喩隱顯하고 並通同異體也라.

02上06 下疏云云은 見鹹字卷三十二丈이요 現在下에 落現在二字하고 可見故下에 本疏云 例過未之現在故로 云平等이요 過未之現在는 非可見故로 但對於後云云이어늘 此中에 皆落也라.

## 懸談

36下07 [甲本]鈔에 三世相因互相攝者는 如現在因過未하고 過去因現未하고 未來因過現故로 三世一一이 各具三世하야 爲九世也라 雖云九世라하나 其實三世也라 不同刊定之取五世爲九世也라.

## 會玄記

02下04 亦如下鈔者는 見宙字卷七十六丈也라.

02下05 記에 翔翔은 作栩栩니 音이 虛니 飛模也라 本註云自喩는 自樂也요 適志는 快意也니 言夢中에 爲蝴蝶하야 不勝快意하야 不後知有我故로 曰不知周也라.

02下09 兜率品云云은 見致字卷二十二丈이라.

03上01 [甲本]文은 致字卷二十一丈上末行이라.

03上03 淸淨行의 行은 作信하고 所生의 生은 恐衍이라.

03上10 下疏所引云云者는 宿字卷疏(下篇四十三丈下八行)引下經云此華盖等從無生法忍之所生起等이라.

03下09 [甲本]亦濫單約事說者는 純門은 唯見行悲하나 而不見餘行하고

雜門은 不見純門이나 而唯見雜門하니 純雜各別하야 不得相卽故로 爲單事也라.

04下05 ※古今取捨者는 古賢首는 捨하고 今淸凉은 取也라.

※甲本; 古今取捨者는 古賢首捨至相하고 今淸凉取至相也라.

04下10 今約義順者는 山之高는 可見故로 順於權之聞이나 而不信이요 海之深은 不可見故로 順於小之在座而不聞也라.

05上07 岷峨二山이 皆在蜀이니 與釰閣으로 相連也라.

05上09 論語本註云 仰之云云은 不可及也요 鑽之云云(05上10)은 不可入也요 ※瞻之云云은 恍惚不可爲象也라.

※甲本; 瞻之在前云云者는 顔淵이 自不及孔子之謂耶아 或以前參後預之義로 看則道之在前在後之義也라.

05下01 出現品은 見海字下卷三十八丈이라. ※文先의 間에 落二字라.

※甲本; 文先의 文字는 衍也요 又與云字로 上下也라.

05下06 第九數者는 謂一十百千萬億京兆姟니 姟는 當第九나 而今那由他가 卽姟 也라 十萬爲億하고 百萬爲洛叉하고 又千萬爲俱胝故로 那由他는 當萬萬也라.

05下09 若約敎道云云者는 地前은 依敎道修行時에 已過三祇也니 彼旣地前過三祇故로 初地見道가 爲成佛也라 故로 云敎道가 旣未眞인댄 則成佛이 亦非眞云云也라.

06上02 若約證道云云者는 此通約常途三祇니 謂三祇修行必已剋證云云은 指剋證實成佛也라 今三賢에 過一僧祇故로 入地見道後則 能入實也라 盖此三賢菩薩이 若約敎道면 則三賢에 雖過三祇나 而亦未入玄故로 爲權菩薩也라 若約證道면 則三賢이 但過一僧祇故로 爲權菩薩이 未能實證也라 或可若約證道三祇修行之言이 亦指上敎道地前三祇也니 謂地前에 依敎道三祇修行故로 入初地가 證道也則必已剋證之言은 指初地證道也라 又上敎道三祇도 亦通指常途三祇니 謂常途三祇成佛之言이 約敎道則 非眞成佛이요 約證道則實成佛也라.※

※甲本; …懶老記云 義當三賢者는 以權宗은 渠雖自謂三祇修行하야 歷三賢十地等位하야 以至成佛이라하나 而其所修行이 常帶妄念하야 未忘能所하니 以吾性宗으로 比論인댄 但當三賢이니

以此賢位가 依教修行하야 未忘能所라가 入地故로 方稱實修行하니 必信圓故라하고 懶老가 又云約教道者는 準水字卷疏컨대 有九種教證이나 而其初教行相對而以言聲爲教하고 證德爲證하니 教乃非實이요 證則是實이라하니 今言教證二途가 正約此意니 謂權教所證으로 若約教道而論不可取니 但以言教로 虛施設而無實果故로 下黃字卷鈔云約教道虛設인대 果亦虛指故로 並廢라하니라 然이나 若約證道而論이면 則亦可會取니 由修權旣深入實見道하야 而始證知妄念本空故라 是故로 下鈔亦云三乘之行이 皆佛因故로 可會取云云也라 上教道證道之說은 檢海字下卷三十八丈이라.

06上09 孟門은 山名이라.

06上10 降州의 降은 作洚이라.

07上02 疏鈔云云은 見潛字卷十七丈下三行이라. 疏鈔云云者는 此下大書는 皆疏也요 小註는 皆鈔也라.

07上07 所覺의 覺은 作學이라.

08上08 八行已下의 聲聞列名은 見潛字下卷六丈이요 此下註는 皆疏鈔參用也라.

08上09 註에 自子上에 落弗怛羅三字라.

08下04 註에 請匠爲薄의 薄은 作簿니 簾也요 或附也니 塗也라.

08下05 註에 九十下에 落九字라.

08下06 註에 㓼은 作剡이라.

08下08 註에 星室二字는 上下也라.

08下10 註에 小聖의 聖은 衍이요 援은 作拔이라.

09上04 註에 之見二字는 作云是라.

09上07 註에 但有의 有는 作見이라. 而無의 無는 作其라.

09上08 註에 佛放의 放은 作牧이라.

09上10 註에 頭六의 六은 作上이라.

09下01 註에 黃頭下에 落黃頭二字라.

09下04 註에 止古의 止는 作上이라.

09下05 註에 種人의 種은 作二라. 比亦의 比는 作種이라.

09下07 註에 父夢의 父는 作又요 從此立名者는 從其父願之滿하야 名

其子曰滿願也요 非謂父名是滿願也인 則滿慈之名의 滿字則從其父願이언정 非父名이요 慈則母名也라 故로 下疏云從母名子라하고 不云從父名子하니 而今常說에 滿慈는 從父母名者는 非也라.

09下08 疏云下에 落明不見果四字라.

10上04 一句總標者는 自本不修集下가 皆釋也니 釋中에 二니 初는 明不見佛果之因이요 二는 明不見菩薩之因也라. 次二句上에 落初句總三字하고 餘句不修因下에 落等者二字라.※

※甲本; …此外에 亦落漏處가 多多하니 往檢潛字下卷十五丈以下也라.

11上02 [甲本]註에 論經者는 上行의 論偈文也라.

11上03 疏鈔者는 見玉字卷六十二丈下九行이라.

11上05 時字는 衍이라.

11上09 三種觀은 空假中也라.

11下09 [甲本]更一轉者는 旣已右脇着地故로 又更一着地云云也라.

12上01 [甲本]論釋劫火云云者는 次上行論云雖在云云等也라.

12上02 [甲本]而前龍趨下云云者는 指上丈上六行의 釋海水處也라.

12下02 [甲本]註에 然上諸論者는 通指四師論也라.

12下03 [甲本]今地論云云者는 指十一丈下末行의 論云等也라.

13上03 [甲本]倍倍增長者는 四禪九天中에 又除無想天하니 何者오 外道天故也요 第一無雲天中에 減三劫計之則倍倍增長爲一萬六千劫也니 思之可知라.

13上09 鬼神亦有文者는 修羅는 通於天鬼畜而在海中者가 攝於鬼趣故也라.

## 懸談

41上05 鈔云人天道가 異에 已兼辯聽者는 謂人天道가 異之中에 有辯聽也라.

## 會玄記

13下01 一義의 一字는 作二也니 何者오 不唯之言이 釋成二義也라 初義는 火壞初禪이어든 二禪已上聞故로 火外也요 二義는 正在火中也라.

13下06 方對海水之內가 正在其中者는 以劫火之中으로 見之하야사 方對海水之言이 亦是海水中也라.

13下06 [甲本]人天道異云云者는 人天異故로 人中에 有辯聽也라.

13下08 [甲本]其盲等云云은 約全缺하야 永不見聞者也요 今且云云은 約但見但聞하난 分缺者也라.

14上02 [甲本]勝義法者는 眞如法也라.

14下06 問字는 衍이라.(甲本에는 作耶)

14下08 餘八의 八은 作或이며 作七도 亦得이라.(甲本에는 或作入)

15上04 推는 當作摧라.

# 懸談

41上09 寶手菩薩은 佛當時菩薩也니 菩薩足下之菩薩은 過去毘盧遮那菩薩이니 以此品中에 明毘盧遮那의 往昔爲菩薩時에 隨好放光教化事故로 品名云隨好光明功德品也라.

## 會玄記

15上07 註에 淨感의 感은 作惑이라.

15上09 [甲本]寬者는 緩也라. 爾時諸天子云云者는 見重字卷中篇二十二丈下五行이라.

15上09 下疏云云은 見重字中卷三丈下七行이라.

15下04 言得十地故者云云은 皆下疏니 見重字中卷二十二丈下五行이라.

16下08 [甲本]以總起爲本一千하고 以別起爲五千云云은 此釋未極이니 他處本四句九十六外에 何別有本四句耶아 舊本四句가 開爲九十六非하고 而更約本四句하야 合爲百則此亦如是釋之可也어늘 以總別論之는 似非也라.

17下06 後字는 作復字라.

17下08 ※下文廣釋者는 見重中篇二十六丈下六行이라.

※甲本; 下文廣釋者는 次下三丈皆出於重字卷中篇二十六七八九丈의 廣釋也라.

17下10 諸經中十信云云者는 準下來字卷컨댄 則乃瓔珞經中言也나 而亦諸經通有故也라.(甲本에는 兼指重字卷也)

18上04 [甲本]九地三經有異者는 餘地則無異也라.

18下04 向上向下者는 約位之上下也니 第九爲上位能等이면 從八地以下로 至十回向金網히 爲下位所等也라.

18下07 依今經順晋經者는 今經本義則金網이 爲第十地라 爲一輪王이나 而若順晋經白淨等多輪王之義면 則今經金網輪王一河沙善根之言이 亦金網等一恒河沙輪王善根也라 故로 云晋經得金網等一恒河云云也라 金網無失(19上02)者는 晋經云白淨이나 而今經云金網則 似失晋經之意而今以十向金網으로 向上取하야 至白淨則爲恒河沙輪王하니 則與晋經의 以白淨으로 向下取하야 至金網爲恒沙之義로 但能所等及向上向下爲異언정 其第九地至十向히 其間으로 爲一恒沙王之義는 正同이라 故로 云此經金網이 無失於晋經之意也라 失者는 得失之失이며 亦過失之失도 亦無妨이라 上講說無失之言은 似約二義하니 據晋經云白淨이나 而今經云金網云云之言則以今經金網二字가 似失晋經白淨之義也요 又云其第九地至十向히 其間一河沙王之義가 正同故로 云無失云云則似今經一箇輪王河沙善根이 失於晋經多箇輪王河沙善根之義也라 然則前後語勢似違하니 無乃以二義無失로 見之耶아 愚는 詳下經疏鈔則云若能等으로 爲金網則十地는 非金이어니와 若以所等으로 爲金하면 金網이 不失亦多箇輪王善根云云이니 等字恐具字라 意云若以能具第十地로 爲金網이면

則金網之言이 有失하니 以上來所會諸經十地之名이 非金故也라 若以所具中十向으로 爲金網이면 則金網無失이니 以瓔珞等經十向을 配金輪故也라 金網이 旣爲所具인댄 則所具가 非唯金網一王善根이라 故로 云金網等多箇輪王善根也라 上云依今經金網하야 順晋經釋者는 以今經文勢가 似第十地가 爲金網一王하야 能具河沙善根故로 違於諸經에 十地非金之義일새 故로 順晋經의 白淨等多箇輪王之義하야 釋之則金網屬於十向하야 向上等河沙輪王하야 爲所具善根하고 別有第十地가 爲能具故로 金網之言이 無失於諸經也(18下10)라 言亦晋經得金網等一恒河沙云云者는 上則單依晋經釋故로 晋經得白淨等一恒沙云云이어니와 今則以今經金網으로 順於晋經故로 亦應云晋經得金網等云云也라 亦字는 對上單依晋經白淨等云云하야 云亦金網等云云也니 雖向上向下가 有異나 而多箇輪王之義는 同是晋經之義故也라 故로 不云今經得金網等云云而云晋經云云也라 上來는 愚之所判이니 據下疏鈔之義요 非强穿鑿也니 學者는 詳知니라 有云金網之言이 寄十向이나 而若但云種一箇金網善根이면 則有乖於得十地之義故로 金網之言이 有失이나 而順晋經而釋則 第十地가 種金網等多輪王善根故로 金網이 無失이라 亦晋經得金網等云云者는 如今經하야 晋經을 亦可言金網等云云이며 亦可晋經白淨下所等數가 不知止於何位러니 今得金網之言하야 所等數가 仍此明顯故로 云亦晋經云云이라.

19上02 金網之言便是第十地者는 以此想知上來所釋金網之言이 似非十地니 有失於諸經之立名故로 順於晋經及瓔珞等經하야 屬於十向이나 而委曲釋之하야 云無失이 明也라 今則直就今經之義故로 云便是十地也라 一輪王有多善根(19上03)者는 下鈔云從九地已還乃至十住를 爲十地所化分齊는 比前如恒河故로 能化善根도 亦爾也라.

19下03 俱字는 恐衍이라.

19下06 法眼의 法字는 作慧라. 根欲二字는 境界二字也라. 慧眼의 慧는

作法이라 慧眼은 但見事니 與五眼中法眼同하고 法眼與五眼中慧眼同이니 以同見理故也며 亦見事하니 以實相이 通事理故也라.

19下08 生死上에 落出字라 此十眼은 見記九卷初三丈이라.

20上02 不離의 離는 作雜이라.

20上03 深은 作染字라.

20上09 慈氏云云은 見官字卷八丈上九行이라.

20下04 郎은 作胡라.

20下04 普賢生의 生字는 下疏에 行字나 而見註釋則生字가 可也라.

20下05 [甲本]註에 初는 出凡身一生에 得廣劫果義니 凡身一生이 能至等覺位故라 由普賢下는 如何凡身一生에 能至等覺고 互融故라하니라 懶老는 此中云二義로 出所以니 初義는 克就善財가 事明하니 謂善財가 凡身生位로 上歷位하야 至此等覺者는 盖由普賢과 生位가 互融故라 後義는 通約普賢과 生位하야 明證普賢과 生位가 法爾互融하니 今善財凡身이 能如是者도 普賢과 生位가 互融故也라.

20下06 入地二字는 恐未來二字라 以三生說이 賢首所判이로대 而第三에 以未來沒同果海로 爲證入故也요 若淸凉意면 則不約未來하고 卽於今生에 普賢身中頓證法界로 爲證入生이나 而約圓敎면 則初住以上으로 爲證入生하고 約別敎면 則初地以上으로 爲證入生이라 然則此中證入生은 約淸凉意어니와 而以別敎로 看則不改亦得이라 則能者는 下經二能字上에 皆有則字하니 記本鈔應有故也라.

20下09 二說者는 初義는 卽下疏義요 後義는 不知誰解나 無乃貞元疏義耶아.

20下10 大威光等者는 見來字卷下全篇이니 一生歷事四佛者는 實則一生歷事三佛하고 轉報生天하야 遇第四佛이어늘 而從多하야 通云一生事四佛也니 以佛壽促而人壽長故로 威光의 一生에 事三佛也라.

21上04 又得一切法聚云云의 又字는 作所謂二字라.

21下06 初劫之中云云者는 以經初云最初莊嚴劫中에 有十須彌如來出興於世云云故也라.

22上02 註에 此二望佛果云云者는 見聞生이 爲五品弟子位요 解行生이 爲十信位故로 爲遠因也인 則證入生은 十住初位也니 此約圓教어니와 若終教면 則以十信三賢爲解行生하고 以十地의 初地로 爲證入生也라 有云解行生이 具攝十住乃至等覺이어늘 以此爲遠因하고 而別以等覺으로 爲近因者는 等覺位中에 有因果二邊하니 以因邊으론 攝於解行하고 以果邊으론 爲遠因云云이라하니 恐非也라.

22上09 見聞位配順解脫分者는 今以圓教故로 五品位로 配順解脫分하고 若始教면 則以三賢으로 爲順解脫分善根하고 以四加行으로 爲順決擇分善根也라 解脫分은 指佛果하고 決擇은 指初地見道也니 兩順字는 皆指當位也라.

22下03 沒同果海者는 因相永沒하야 同於果海則以佛果로 爲證入生故로 清涼이 更伸一理하야 以今生의 住初地證入으로 爲證入生하고 而不必要沒同果海也라 此上은 見羽字卷中十二丈下三行이라.

## 會玄記 第七卷

01上04 權은 作獲이라. 爾時世尊云云은 見潛字卷初二十六丈下七行이니 大悲爲身과 大悲爲門이라 此二義는 今鈔無하니 略引故로 不引耶아 傳寫時脫耶아 未可定也라.※

※甲本; …下疏往檢潛字卷二丈上三行하라.

02上03 普賢開發云云은 見羽字卷初二丈上一行이라.

02上06 演說云云者는 若釋者인댄 應云微塵中에 出興次第와 成壞次第를 能示現하는 法句를 演說이니 法句字가 在云云中이요 此爲十種法句中의 演說初法句也라.

03上05 安得上에 準下鈔此中컨대 落不得能入四字하니 當具云不因佛光이면 不得能入하고 不得能入하면 安得所入이리요하라.

03上08 [甲本]知其虛實者는 象이 自知虛實而行하고 自徹源底而渡也라.

03下06 [甲本]未會者는 見羽字卷上篇三十七丈上八行과 三十九丈下一行이라.

03下10 前之六信可不退者는 六은 恐五니 以第六名不退則前之五信이 爲退나 而今約可不退故로 入法界也라 第六이 不退則後四는 例當不退也라 故로 但擧前五也라 上은 講說이나 愚는 更有一義하니 謂修前五信時는 則爲退나 而進入第六位已上則前五所修之信이 皆不退라 故로 初入第六을 偏名不退也라 前五信者는 謂初信·二念·三進·四慧·五定也니 初位는 但修信하고 二位는 齊修信念이요 三位는 齊修信念進하고 乃至(07下03)五位는 齊修信念進慧定하고 至第六位하면 此五가 皆堅固不退也라 故로 前五信이 在前五位時에 未得不退라가 至第六位에 得之라 故로 此中에 通約前六位하야 云前之六信可不退라하면 則不改라도 可也라.

04上02 出家時魔宮震者는 魔는 在第六天하니 比丘出家時에 飛行夜叉가 唱言某處某人이 出家라하면 其聲及於四天王하고 四天王의 唱言이 及於忉利天하고 忉利天의 唱言이 及於夜摩天하고 乃至第五天의 唱言이 及於第六天故로 魔宮震之하니 以一人出家에 轉轉敎化하야 損其眷屬故라 然이나 有三度怖魔하니 謂出家와 發菩提心과 成道時也니 楞嚴文句也라.

04上03 淨持의 間에 下鈔則 有戒字而無亦得也라.

04下10 攝上二字는 前却이라.

05上01 下經云云은 見羽字卷上三十九丈上一行이라.

05上05 與願之의 之字는 衍也라.

05下06 [甲本]況我身耶者는 文殊身也니 謂佛身도 非遠이니 菩薩之身을 豈難得耶아니라.

05下07 疏有三義는 見羽字卷四十一丈上六行이라 彼疏科經分二니 初에

得三昧云云下는 自分이요 爾時文殊云云下는 二.勝進이라 初中에 二니 初는 別明一定이요 二에 又卽成就十千下는 通顯多門이라 初中에 二니 初는 明所得定體요 二에 得此三昧故下는 別明定用이라.

06上02 十轉法輪者는 此諸十種法은 下疏에 不釋이나 而今記主가 牒列十法輪과 十說法과 十辨才하니 此三名目은 見於下經故로 依而列名하고 十神通은 可知故로 不列하고 十敎戒則應列이나 而記主도 亦不見故로 不列也라 亦可貞元疏中에 具列故로 依而列之나 而但隨難列之하고 其餘는 在貞元疏故로 嫌煩推彼而不列也라.

## 懸談

44下01 ※十劫事下 亦悉見의 見은 憶念二字라.

※甲本; 十劫事下 悉見二字는 能憶念之訛略也라.

## 會玄記

06下03 [甲本]貞元疏云神境漏盡等義在結中者는 此貞元疏가 釋新經法界品四十卷經하니 新經은 應有結文故로 指之耶아 集玄記가 就今經하야 配餘二通也라 若寂照意인댄 又卽下云云에 此又卽之下文은 乃疏文也요 寂照는 雖同下疏나 而豈可但引下疏하고 而自無一言耶아 又記之文勢가 上依集玄하니 若寂照意云云이 旣上明集玄而配二通인댄 則亦應明寂照之所配二通이어늘 而今只有下疏하고 而元無配二通之言하니 必寂照意下에 闕寂照之言이라 而今又卽下云云은 乃記主가 引下疏하야 釋今鈔也니 智者는 思之니라 又上集玄云聞開六成十故로 有十通者는 釋鈔中一三昧中有十通之言也라 懶老云集玄은 依貞元疏釋하고 寂照는 依今現行疏也라하더라.

06下04 義在結中者는 以下의 通顯多聞으로 爲結也라 集玄은 因彼疏此言하야 分配二通也요 文殊下는 是勝進이라 非結이나 而集玄도

亦以結見之며 或彼疏는 但以通顯多門으로 爲結則通顯多門中에 俱有二通이나 而今集玄은 不順彼疏故로 如是配也라.

06下10 寂照意下에 恐闕文이요 又即下는 乃下疏也라 上에 分配十通은 以釋鈔中一三昧中有十通之言也라 有云集玄은 依貞元疏釋하고 寂照는 依今疏釋故로 寂照意下에 不脫文云云이라하나 愚云 集玄이 依貞元疏하야 釋十通은 可也어니와 寂照가 依今疏釋은 不可하니 以今疏는 無十通之言이어니 何以今疏로 釋十通耶아 思之니라.

07上02 [甲本]十千菩提心云云의 相은 亦下疏에 不釋하니 今記主가 依貞元疏而釋耶아 或見他經論而釋耶아.

07下02 下疏云云은 見羽字上卷三十五丈下六行이라.

07下03 可入證故의 上은 疏요 下皆記詞와 信終入證이 即十住의 初住니 以此로 知證入生이 爲初住也라.

07下03 六千位雖居十信見聞生攝云云은 以此尤明見聞生이 五品位也라 若十信이 定是見聞生則那云雖居也리오 意謂雖居十信解行位나 而居信未久라 尙未定則亦有可退之義故로 當見聞生也나 二義當解行生(07下05)者는 約六千이 位居十信이라 不退之義故로 當解行生이라 故로 上引貞元疏(03下10)에 云前之六信이 可不退云云이니 前六의 不退則後四는 居然不退也라 然이나 此는 圓教十信이라 已攝五位法則非局十信故로 次(07下06)云若唯位居十信이면 即同權教云云이라하니라.

08上06 [甲本]問準此云云者는 準此컨대 超權이 盖經文則但攝五品이라 只解行生이니 何有證入之義耶아 答意則可知로대 而住初證入時에 頓證妙覺故로 非唯攝等覺也라.

08下08 不壞相者는 上六千이 約圓融門하야 配證入生하니 攝位究竟이나 而今不壞行布相故로 當發心位也라.

08下09 旣指如發心品者는 發心品中에 明初發心住에 便成正覺하니 而今旣指彼하니 亦同彼하야 初心에 成正覺故로 攝位究竟也라.

09上01 即一眞法界云云者는 上은 疏요 此下는 記也라.

09上03 東爲群方下는 皆疏也라.

09上04 十信二字는 註也라.

09上05 [甲本]表當起萬行者는 林義也요 莊嚴摧伏者는 莊嚴幢義也니 以幢是摧邪故라.

09上07 歸眞之眞字는 宗字也라.

09下01 三賢二字는 註也라.※

※甲本; …往檢羽字卷下篇一丈下十行이라.

09下07 悉具下에 落能作二字라.

09下10 下疏云云은 見羽字下卷初八丈下四行이라.

10下02 [甲本]智照無二相者는 記中에 郞悟在懷가 卽智字義니라.

10下02 究竟에 懷하야 行等에 智라 懸吐라 行卽寄位修行이요 等者는 等取會緣入實과 攝德成因也요 無前後者는 信智無二也요 ※無明昧等(10下03)者는 染淨無二也니 等者는 等取境智無二와 智斷無二와 理事無二也라 上은 皆下疏니 見羽字上卷三十丈下一行이라. 其猶下는 記니 若依此疏釋之인대 應云智로 照에 無二한 相也니 謂以智로 照前行等하면 無諸二相이니 此智가 不離初信故로 與信無二하니 境卽智故로 此智가 與境無二하니 所斷惑이 卽智故로 與斷無二하니 由澄理事無二義故也라 故로 理事가 無二하고 無明昧之相故로 染淨이 無二也라 此種無二는 見官字下卷初丈下二行이라 或云智로 無二를 照라하며 或云智와 照가 無二라하나 皆不如上解也라.

※甲本; 更無前後明昧等者는 無二之義니 信智無二故로 云無前後也요 染淨無二故로 云無明昧也라 下本文鈔에 顯多箇無二니 可檢羽字卷下篇이라.

10下04 信解雙絶者는 善財如是反照則智滿不離信心故로 初見之에 信文殊伸右手也라.

10下06 般若故上은 皆下疏요 言過下는 記也라.

11上03 橫一의 一은 衍이라.

11下07 [甲本]今約通明者는 上別明則但初四十一人名寄位修行이나 而今約通明五十三友하야 皆云 寄位也라 下南求(12上08)云今亦約

通義者는 對此하야 云亦也라 別則唯地前爲南求나 而亦約通義하야 皆云 南求也라.

11下08 [甲本]上句始見云云者는 上句가 雖通諸位나 而對下句의 終見普賢하야 云始見云云也라 懶老云上句는 卽指前段이요 下句는 卽知此段이니 二段이 皆約善財의 善友事而難分異相故로 辨云上句는 始見文殊로 爲主하고 下句는 終見普賢으로 爲主어니와 若約此段하야 分上下인대 終見普賢은 可云이나 而上句豈獨始見文殊耶리오 云云이라하더라.

11下09 疏主云云은 見羽字卷三丈下七行이라 下疏云五中에 初則通이요 次一과 後二는 地前表之하고 中道義는 地後表之하고 亦通地前이라.

11下09 ※地上無方者는 如言此會中有某하고 菩提場中有某云云等이 不正云北等故也라. 地後兼二者는 如解脫長者가 指無勝軍하고 無勝軍이 指最寂靜等이 皆正云南이나 而餘友指處는 不正云南故也라.

※甲本; 地上無方者는 地上知識은 無正方所故也라 懶老云地上無方者는 皆無南故라 兼二者는 或有南或無南故라하니라.

12上07 地後는 業用이 有無無礙者는 下疏正云地後는 顯於業用廣大니 不同地中이라하야늘 今은 義引也라.

12上07 [甲本]地後業用之業字는 作兼也라.

12下05 旣是의 旣는 作卽爲父母守護者는 以是女故로 爲父母之所守護也라 此但守護二字로 爲名太子儲備이라 守護國地四字가 皆名이나 而依主夫之事로 爲名이요 非六釋中依主也라.

12下09 此云大術下는 鈔云 幻術이니 上下有異故며 或云一處誤也라 愚가 見成道記하니 云大術이라하고 以摩耶로 亦云大術이며 亦云幻術故라하니 前後互擧가 非誤也요 又下鈔에 但約摩耶云幻術이라하고 此中에 但約摩訶摩耶하야 云大術이라하니 摩訶字는 是大也요 摩耶字는 具云幻術이요 略云術也라.

13上03 解脫長者는 具云堅固解脫長者니 此中에 略擧어니와 或改堅固는 非也라.

13上03 無勝君의 君은 作軍이라.

13上05 幻智智의 下智는 衍이라.

13上08 註에 如是而行者는 牒鈔八行의 如是而行乃至或有云云也라.

13下02 次第下는 方云善財가 於普賢毛孔刹中이어나 或於一刹에 經於一劫云云이나 如法性故라 以上은 疏也요 斯則下는 鈔也라.

13下04 此彼相卽故五字는 疏也요 卽事云云下는 鈔也라.

14上08 神州의 神字는 衍이라.

14下02 合顯因也라 者는 準下疏컨대 此中에 文略하니 應云合이라 佛智는 合大經이니 卽顯因也요 衆生身心과 及妄想은 合塵이요 令其下는 合出經益物이니 卽成果爲益이라 言顯因者는 顯因中에 有果智也요 成果爲益者는 諸佛이 見衆生妄想因中에 有果智故로 出現成果하야 爲衆生也라.

14下04 下疏云云은 見海字上卷三十六丈下五行이니 明普遍諸心五字는 科名也라.

14下05 ※此徵의 此는 作次字니 下疏具云次徵이요 後釋云云(六行)이요 衆生身心卽佛所證者는 此約理而言이니 卽同教義라.

※甲本; 故此徵釋云不離者는 有二義云以彼二義로 分配하사 今鈔의 顯因과 成果益은 科名也라 初義는 衆生身心卽佛所證之理니 理攝一切故로 亦攝衆生身心也라하니 此之身心은 卽顯因也요 後義則衆生身心이 全卽佛菩提果故로 云成果爲益也라 然이나 彼則亦有果佛이 在此因人之內하야 成佛之義나 而此記意則不必如此하고 但約因人成果之義也라.

14下06 全卽菩提性者는 衆生之心全이 卽菩提果性이니 此約事事無碍圓教義라 顯因也三字는 當在菩提性故下니 以顯衆生因中의 菩提果性故也라.

14下06 念念與此菩提之性相應云云者는 念念은 卽衆生念念也요 相應은 諸佛이 相應於衆生情中菩提故로 衆生念念에 諸佛이 常成正覺也라 此上一段을 細詳則多有脫誤어늘 諸大講師가 皆不言하니 盖未之詳也라 又顯因과 成果者는 愚는 謂하노니 衆生情念因中에 諸佛成果也어니와 若約記主인댄 以顯因二字를 與成果二字로 隔斷配之하니 則應云諸佛이 顯衆生因中有果호려하야 出現成果

하야 爲益也라 諸方多云顯因人成果之義者는 不順出現品本經義也니 思之可知라.

15上08 經文의 文은 作云字라.

16上04 又出現의 又字는 恐謂字며 或故字라.

16上09 註에 北金東銀等者는 如次黃白青紅이니 見通載라 卽同其色自常不變者는 山色이 同鳥獸等色이나 而自山色은 常不變也라 餘說은 皆非也라.

16上10 [甲本]卽同其色者는 山色與彼鳥獸等色也요 自常不變者는 山色이 雖同彼나 而不變自色也라 懶老云鳥獸等色이 皆其方色이로대 而自四方色은 常自不變云云이라하니라 註金等者는 如此配黃白青紅이니 此則通載所配也라.

## 懸談

48下10 [甲本]鈔著明者는 着也明也之義가 可也라.

## 會玄記

16下03 註에 波利質多者는 下鈔云波利는 此云徧이며 亦云周匝이요 質多羅는 此云間錯莊嚴이니 謂此山의 衆色雜花가 周匝莊嚴이 是諸天衆遊樂之所也라.

16下06 註에 九山은 見光字卷五十二丈上一行이니 準下疏鈔컨대 九山中에 第三은 卽俱舍七金山中에 第三持軸이요 九中第四는 卽七中第五善見이요 九中第九는 義同七中四竭地洛迦로대 俱無翻이요 餘皆同이라 九中旣加雪香二山인대 應除七中象鼻也라.

16下07 [甲本]今並下에 落落字라.

16下10 註에 名檐의 間에 恐落此云二字라. 木이라 樹니 吐也니 山形이 似彼木故也라.

17上02 恒迦의 恒은 作怛이라. 註에 以形의 以字는 作山字라.

17上06 註에 三百一十二는 但擧大數니 其實三百一十二半也라.

17下01 三은 作五요 七은 作一이라.

17下04 陶甄者는 陶는 融也요 甄은 明也라.

17下06 [甲本]龍樹樹字通唐梵者는 義淨云云은 證通梵이요 別傳云云은 證通唐也라.

17下09 今從此者는 從別傳及天台之意에 二字가 皆唐也라.

18上03 所譯之所字는 作初라.

18上06 永隆은 高宗年號요 證聖은 則天年號라.

18下06 ※自幸之義例此可知者는 淸涼之自幸으로 例컨대 應失而得며 又記主之自幸을 例淸涼하야 可知라.

※甲本; 自幸例知者는 淸涼之自幸也요 懶老云例明記主自幸이니 亦得聞此經故也라하니라.

19上01 正法欲滅下는 恐落由說八敬四字요 否則上若不의 不字는 衍이라.

19上04 致和는 定宗年號라.

◉校者註; 致和는 元天順帝之年(1328)이라.

19下07 解脫下에 落多聞二字라.

20上01 多羅下에 恐落此云幡竿四字라 有云名義集云正音은 掣多羅요 此云土田이라하니 土田은 不知何物耶아 覆鉢柱頭를 云土田耶아.

◉校者註; 刹之此云土田者는 或譯國土하니 何經不知何物耶오하노라.

20上04 ※竿上에 落刹字요 又此行에 下者字는 作音이요 無字는 作武니 卽望字는 去聲也요 下無妨反則平聲也라. 出望의 望은 作亡이라.

※甲本; 竿字上에 落刹字며 又望者의 者는 作音이니 望字는 上下訓釋이 皆去聲也요 無字는 武字也요 或上反切은 平聲이요 下反切은 去聲也라 此則字彙之義나 而若此鈔中義인대 應是平聲이니 平仄如是故也라 出望의 望字는 亡字也라 今取後音者도 取平聲訓也라.

20下07 張楷는 口吐露故로 學此成市云露市라.

21下04 [甲本]周易法의 法字는 註字也라.

21下10 是故不爲의 爲字는 入字也라.

22上09 俱彰의 俱는 作具라.

22上09 略有六對는 記有二釋이니 初則略字가 指二義之釋이 對下十義하야 云略也언정 非謂六對가 是略也니 謂此七字略하고 有六對也라 後則謂下則雖作五對나 而仍釋之故요 今則但作對而不釋故로 略이라 故로 云與下互有具闕(22下02)이라 然이나 以愚觀之컨대 二釋이 皆未洽也라 今有六對하고 下有五對하니 去其重出者하고 合上下則乃十對나 而今但明六故로 云略有六也라 有云此問意는 凡以略有의 略字로 對下廣釋而難也어늘 但以六對로 望下五對하야 難於科中略釋名題之略字云云은 未敢聞命也라.

22下09 下疏云云은 見荒字卷四十一丈이니 雜集中前六과 與瑜伽中前五와 及第七이 如次相同이나 而第七業卽瑜伽第六時니 以盡未來時에 建立佛事로 以爲業故라.

23下01 註에 上是下云云者는 謂此六對는 下對開合中文也라 此七大性은 下具彰義類中文也라.

## 懸談

52下08 不可以擬甚深妙의 甚字는 恐其字也라.

53下10 若見樹花當願衆生云云者는 樹花則當喩於萬行이나 而其發願이 在果故로 今引證於功德也라.

## 會玄記

25上06 如像嚴飾金本體無二者는 謂以像으로 嚴飾於金에 像與金本體는 無二也니 像은 喩能飾萬行하고 金은 喩所飾大方廣也라.

25上10 行卽의 卽은 作非라.

25下08 三句四句皆約行者는 盖飾法成人을 皆以行爲能이나 而飾法之行은 本有와 修生也라.

25下10 義味之의 之는 恐衍이라.

26下08 [甲本]入見已上等覺은 菩薩이 有無漏智故로 云智正覺이며 亦有

五八有漏故로 云世間이니 一人之上에 有漏無漏相違也요 取其有爲相違하야 釋若能有之人則亦是持業釋이니 思之니라.

27上03 [甲本]以位在等覺已還者는 釋次上衆生世間卽主之義也니 以天王龍王等位在等覺已還則亦是衆生故로 云衆生卽主也라.

27上04 智正覺世間下에 落之主智正覺世間卽主九字也라. 依主持業은 通指上三主也라.※

※甲本; …於中에 器世間主는 唯依主요 餘二主는 通於二釋이나 而今衆生則文有二釋하니 而智正覺則二釋俱隱하니 恐記文脫也라 應云智正覺世間之主와 智正覺世間卽主云云也니 其義可知로대 而今依主의 主는 土字之誤耶아 若約依主依土通用하면 則主字도 亦無妨也라.

27上10 [甲本]三重能所者는 他出二意云一은 自諸世間主가 得別法門으로 爲一重하고 自嚴以下爲兩重하고 二는 諸世間云云은 但擧能하고 自嚴以下自有三重云云이나 而記主가 旣牒自嚴以下에 此有三重云云인댄 則二意中에 第一義는 恐非라.

27下06 用當諸經序分者에 前解爲勝正者는 愚는 謂하노니 後解爲正이니 以有三義故라 一은 若指疏序면 則應云經中이 序分이라하고 不云諸經也어늘 今云諸經者는 以此經初品으로 望諸經則當序分也라 二는 上鈔(01上05)에 旣以此序와 及歸敬請加二段으로 爲序分인댄 則今不應唯指此序也라 三은 疏序已竟故로 結指此序하야 當於序分則如下說者는 指何爲餘耶아 今에 以雙結二目코는 以初品當序니라 而餘如下說者는 通二義하니 一은 經二目이 猶未盡釋故로 指餘在下第九釋題中也라 二는 今但結初品故로 餘三十八品大義와 及此品在初之意가 在下部類品會總明攝前中說하며 又記主가 鈔本云 諸經序品이 尤顯此初品當諸經序品也니 如法華初品을 謂之序品則餘亦應初有序品이나 而今經則不云序品而云妙嚴品故로 今에 指當彼序品也니 學者는 思之니라.

天字卷은 竟하다.

# 地字卷

# 華嚴經懸談

# 地字卷

## 會玄記　第八卷

01上03　歸敬二義가 皆通身意則二相無別이나 而今云二相不同(01上05)者는 以歸則易爲요 敬則難行故며 又敬은 一時不能敬餘故로 歸通敬局하니 二相不同也라.

01下01　[甲本]同別有異者는 論則同敎요 今經則別也라.

01下08　[甲本]註에 動身思와 發語思者는 身口二業이 皆由於意故로 亦皆云思는 思에 有意故也라.

02上02　世界二字는 作極三이라.

02下01　不爾何言亦耶者는 此義는 謂非別一義故로 云亦이라 若別義인대 應云又也라.※

※甲本; …然이나 別義處에도 亦云亦者多하니 盖一往之談也요 又所見不同也라.

02下01　[甲本]上二字自利者는 記主臺本에 無字字故로 有此二釋이어니와 今旣有字字니 但應後釋也라.

◉校者註; 記主意則此二字는 指圓明二字也라하노라.

02下03　卽是上에 落利他二字라.

02下04　[甲本]倣同先跡者는 如先佛之跡而來也라.

02下05　果從因得者는 明行足三字는 皆因也니 明은 般若之智明也며

行은 六度之行也며 足者行之喩也라.※

※甲·乙·丙·本…亦云滿足則非喩也라.

◉校者註; 竊謂甲本之意가 符於果從因得句也라하노라.

03下02 四字는 衍이니 稱法界者는 一一功德이 稱理卽理法界也라.

03下03 [甲本]二依之果者는 二轉依果也니 轉所知依菩提하고 轉煩惱依涅槃也라.

04上06 百四十種功德者有二釋者는 彼本은 欠下四字故로 有二釋也나 若今鈔면 則有下四字하니 但初釋也라 然이나 後釋에 旣有依據인대 則恐今本之下四字가 衍也라.

04下01 註에 自所依에 無餘永滅者는 大明法數云所依法身也라하니라.

04下04 三不護者는 惡心·名聞·利養 此三을 不護也라.

04下10 遐霏의 霏는 作霔라.

05上09 云字는 作于라. 二身의 二字는 當在智光上이니 此는 毘盧遮那三釋의 初二釋은 見月字卷十八丈上三行하고 後一釋은 見列字卷初三丈上八行하라.

05上09 [甲本]身智能所者는 身智中에 皆有能所하니 身光이 爲能하고 盡空塵道가 爲所하고 智光이 爲能하고 眞俗法界가 爲所也라.

05下05 新新生者는 隨緣也요 染淨不動은 不變也라.

05下06 此亦眞應合論者는 上光明遍照와 種種障盡二義가 皆卽眞卽應故로 對上此二義하면 今第三廣大生息이 亦眞應合論也라 然이나 二義中修成一義가 具眞應也니 以廣大生息三義가 如次是恩智斷三德三身故也라※ 或可此廣大生息二義中에 初修成이 眞應合論이라 故로 此本性釋中에 云亦眞應合論也니 如藏識包含云云은 應身也요 本覺云云은 眞身也요 新新云云과 染淨不動은 眞也라 此雖在纏이나 而在纏中에 亦具眞應也라 有云此亦眞應合論은 記詞也니 對上身智合論하야 云亦也云云이라 然이나 亦不洽하니 後必再詳이라

※甲本 …上三義中에 前二義中眞應之言은 下鈔有之나 而第三義中眞應之言은 下鈔無故로 記主가 出此第三義中眞應하야 云亦也라.

## 懸談

02上10 鈔에 悲智廣深故五字는 恐衍也라.

## 會玄記

06上04 本師亦然者는 愚는 謂하노니 上塵剎法界之言이 貫此本師라 非但諸佛則非是影略也라 又下法寶中에 不云依處亦然하고 又法不自弘이라 由人弘之故로 云所住와 所流云云이니 謂佛所住와 佛所流也인 則佛之依處가 卽法之依處故로 不別言依處也라 而上科中에 初三句는 歸佛이요 次二는 歸法云云과 及初三句中에 初二는 諸佛이요 後一은 本師云云은 此總略說也요 不爲細分也라 記主가 以此科段으로 爲主故로 云影略也라.

◉校者註；記中所示科圖에 頗有難解故로 如是揭之耳라.

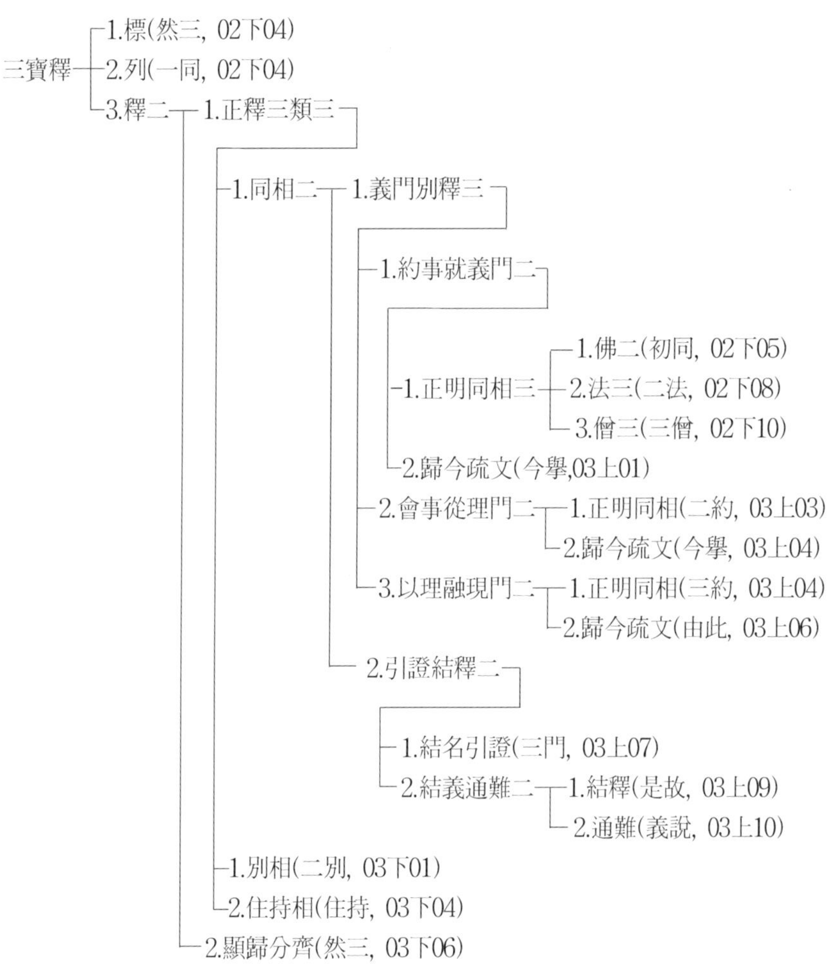


06下08 科圖中에 同相別相字는 當相換하라. 且別의 且字는 作二字라.

06下08 同相中에 有三義하니 如次是筆削記刊定記等中의 觀行本性融通之三種同體也니 詳之可知라 彼記三種을 當引此記以釋이 可也라 諸方이 不知故로 今會之也라.

07上05 不知佛以何爲體之佛은 指佛體之佛(07上04)也요 非謂覺照之佛也라.

07上06 引唯識云云者는 準下鈔컨대 應云引唯識의 釋此即無漏界하야 云호대 此謂此前二轉依云云이 可也어늘 今文은 義不成也라.

◉校者註; 唯識에 云호대 果는 界라하니 吐則竊謂有何不可耶아하노라.

07上07 [甲本]非漏가 隨增者는 猶言無漏也라.

07下02 之有之字는 作又字※라.

※甲本; …無之亦可라.

07下06 六法者는 五戒에 加非時食이니 ※見五分律과 及緇門註하라.

※甲本; …出五分律二十九卷初五丈하고 見註緇門上卷八十丈이라.

◉校者註; 又有, 1)染心相觸 2)盜人四錢 3)畜養生命 4)小一妄語 5)非時食飮 6)飮人酒等六法也라.

07下06 [甲本]第二篇罪者는 僧殘罪也니 此可通懺悔니 而第一篇殺盜淫妄四波羅夷罪는 不通懺悔也라 此一篇二篇은 皆律中罪之深淺篇名也라.

08上01 唯約下에 落佛字라. 上僧二字는 前却이라.

## 懸談

03上03 兩重相依者는 佛住於理則佛爲能依하고 理爲所依也요 敎從佛流則敎爲能依하고 佛爲所依也인 則敎依於佛하고 佛依於理故로 兩重相依也요 或云能住所住能依所依兩重相依者는 非也라.

03上03 二約會事從理門者는 所流之言이 有異於前하니 前則佛之所流어니와 今則眞性之所流也라.

## 會玄記

◉校者註; 甲本, 08下04, 理融의 間에도 落義字云이라.

08下09 理融의 間에 落義字라.

09上04 義證의 義字는 恐兼字也라.

09下02 徧語의 徧은 作偏이라.

09下03 住持三寶二解中에 初解는 同別眞三寶之所住持也니 以所得으로 名이요 又解則能住持同別三寶也니 就能得하야 名也요 又初解는 眞持於假故로 假依眞而住也요 又解則假持於眞故로 眞依假而住也니 深細思之면 則二義皆得也라.

09下04 [甲本]舍利云云者는 準下疏鈔컨대 則卽作力持身과 與形像이 是佛也라하니라.

09下09 [甲本]乃從其表者는 假像하야 表眞佛故로 所表眞佛前에 得罪也라.

10上01 第一門唯除人天者는 人天이 不知以事就義故也라. 餘四乘의 四字는 恐三字라 第二第三門은 除小除權하니 並可知라.

## 懸談

03下01 鈔에 二別相者卽如前科者는 前云初三句는 歸佛이요 次二句는 歸法云云也니 卽三寶가 各不相是故로 云別相也인 則但分三寶가 則爲別相이어늘 而有隨五教深淺不同故로 云別相者는 非也요 但約小乘教도 亦有別相也요 餘四教는 一一各有別相也라.

## 會玄記

10下01 [甲本]不但普賢者는 釋莫不皆爾니 非但普賢一人이 其數難思라 海會菩薩이 一一皆數難量也라 然則鈔中에 住普賢位와 莫不皆爾아 懸吐라.

11上01 下地所學義邊爲法寶者는 佛之果가 爲等覺以下之所學故로 云果法也요 僧之行도 亦各自有下地菩薩의 爲所學故로 云行法也라.

11下06 通上開合總有十意者는 論疏의 荷恩德과 行願鈔의 知恩德을 開之故로 爲十이나 而愚意則合之爲九也라 今鈔에 大分爲三意하고 細分爲十意나 而與論疏와 行願鈔를 合爲十意에는 有同有異니 謂今鈔에 初一은 卽行願鈔之第一也요 第二意中에 有四

義나 而初意는 論之第六意也요 後三義는 記中에 不指則彼十中에 所無也라 愚는 謂하노니 後三도 亦論之第六也라하노니 以後三도 亦然하야 能辨大事故로 合爲第二意也라 亦可記意가 亦居中指之니 上該初意하고 下該後三也라 第三意中에 有五意하야 具彼十之五意하니※1) 如記第二意卽彼之爲儀式과 第三意彼之表有稟承과 第四意彼之請加護와 第五意彼之隨順先聖也라 彼十中에 荷恩德과 知恩德과 表尊勝之三意는 今鈔無也라※2) 故로 彼此가 皆爲十也요 又記主가 以示學有宗句로 屬第二意나 而愚恐屬第三意也니 以鈔中의 佛滅度云云四句로 爲儀式之意가 顯也요 示學有宗下三句는 皆可爲有稟承故也라.

※1)甲本; 初意如記하고 第二意卽彼之爲儀式과 第三意彼之表有稟承과 第四意彼之請加護와 第五意彼之隨順先聖也라 彼十中에 荷恩德과 知恩德과 表尊勝之三意는 今鈔無也라 若第二意中에 指第六意之記文하고 以不指彼三意看하면 則今鈔中에 生善根하고 離生死하야 得涅槃之三意는 彼十中無也라.

12上02 [甲本]智論云佛如良醫云云은 證四意中初意也라 故不增減者則三寶外에 不增減也니 謂佛是醫이요 法是藥이요 僧是看病者則此三闕一不可故로 不減하고 此三外에 更有無用故로 不增이라.

12上05 無漏者의 者字는 作諸라.

12上08 初二句의 二는 作三이라.

12下05 然上句云云의 然字는 今鈔에 無나 有無에 無妨이라 彼或衍이며 此或落耶아.

12下07 一毛度空者는 度는 音이 道니 以尺量之也라 孟子云度然後에 知長短이라하니라.

12下08 八種喩者는 隨順世諦하야 從小至大而喩를 謂之順喩하고 從大至小는 謂之逆喩也라 現은 謂擧目前現事也라. ※非喩는 謂假設爲喩니 非實事也라 先은 謂先喩後法이요 後는 謂先法後喩也요 先後는 謂先後가 皆喩明也요 遍謂遍說喩也니 見大明法數라.

※甲本; 非喩喩者는 雖云以毛度空이라하나 元無此事也니 如金剛經中에 日三時에 施河沙身命等이 皆非喩喩也라.

12下09 [甲本]註에 八遍喩者는 法之先中後가 皆喩故로 云遍이니 更寬於第七先後喩也라.

13上01 分別의 別은 作明이라.

13上07 此約諸位普賢註에 地前諸位者는 愚有疑焉이니 以下疏云位後則果後普賢이요 位中則等覺普賢이라하니 準此컨대 則位前은 乃等覺位前이니 卽通約地前地上也어늘 若但約地前諸位면 則闕地上也라 且隣極亞聖之言에 極者는 等覺位極也요 聖者는 十地聖人也니 則十地가 隣於極하고 三賢은 亞於聖也라. ※儒家도亦以顏曾으로 謂之亞聖也라 記主之意는 則以十地로 爲亞聖이요而三賢은 隣極於亞聖也라 以下疏云但發普賢心者云云故로 但以地前釋之也라 愚恐下疏之言이 但擧最初發心者하야 以例上位菩薩也어니와 謂但發普賢心이면 則得普賢之名이어늘 況地上大菩薩이 非普賢耶리오 上記云等覺位名普賢位云云則位前位中位後之三位字가 皆指等覺位也라.

※丙本; …儒家亦以顏曾等賢人…

13上10 德同의 同은 作周라.

14上02 類는 作纇라.

14上08 博하니 弘通인댄 時라 述이리오 敍之인대 懸吐라.

14下10 註에 旣名의 名은 作明이라.

15上07 [甲本]未는 作末이라.

15下02 昔可尙也의 昔者는 指五百比丘와 三十二菩薩等也라.

15下03 第六鈔之六字는 諸方에서 準今現行本하야 改以五字나 而愚는謂하노니 此指單鈔四十卷之次也일새 不改可也라 下(15下08)第六도亦然이라.

16上05 心證의 間에 恐落如字라. 我如의 間에 脫定心二字라.

16下09 [甲本]生公擯在虎丘者는 生公이 講涅槃經에 至闡提無佛性處하야曰此는 經來未盡而然이언정 豈闡提無佛性耶아하니 因發此言하고被相宗諸師之所擯出也라.

16下10 解分의 分은 作紛이라.

17下05 自立頓敎者는 謂分敎中에 刊定等은 不立頓敎하고 清凉은 依

賢首하야 四教外에 別立頓教하야 收南北禪宗이라 故로 宇字卷 鈔云南北禪宗이 不出頓教라하니 有云此經이 立爲頓教者는 非也라.

17下07 一教者는 通指諸部教中一教요 非以義分教之教也라.

## 懸談

07上01 鈔今皆反此일새 故製此疏로대 觀하야 行이라 其言이나 其理케하야 旨하야 門호대 禪門하고 玄趣하야 旨하고 心이라 域하고 面하야 門케하야 言으로 解하야 隱하니 懸吐라.

### 會玄記

19上02 雷同下에 落故字라.

19上04 亦不看他顔面하고 別覓一句一偈하야 云云者는 此乃依人하야 教外別覓一句하야 謂是忘機之禪旨故로 云亦不也니 以卽教意하야 明禪旨也라 又不隨他言語와 他顔面하고 聞其禪法하고 別覓教中一偈一句하야 謂是忘機之禪旨라 然則懸吐應云顔面하고라.

## 懸談

07上06 疏文에 懸解者는 謂大理之言을 疏文이 分明解釋하야 令人易了를 謂之懸解라 有云文前總彰大意故로 懸解라하니라.

### 會玄記

19下04 如下具示者는 記三十八卷三十二丈이라.

20上03 立四教云云은 見黃字卷六十三丈上七行이라.

21上07 質勝文云云者는 本註에 云野는 卽野人이니 言鄙略也라.

21上08 史는 掌文이니 言多聞習事而誠或不足也라. 彬彬은 猶班班也라.

## 懸談

08下06 鈔에 在言有異但引彼疏須觀所釋은 謂但引彼疏하야 欲引而釋唐經故也라 有云在言有異하니 云云須觀所釋이니 謂但引彼疏하야 要須觀其所釋同不同而已恐非也라.

## 會玄記

21下05 經當得佛云云은 見律字卷初六丈上一行이니 體性平等四字는 作無上菩提四字라.

21下09 註에 淨行의 淨字는 作梵字라. 晋經과 梵本者는 梵本卽唐經之梵本也라.

## 會玄記 第九卷

01上06 一十二字는 前却이라.

01下03 註에 始起의 起는 作超라.

01下08 問明品云云은 見收字卷二十六丈上三行이라.

01下10 執은 作勢라.

02上01 註에 後十의 十은 作七이라. 此根煩惱와 隨煩惱를 皆云隨者는 隨逐衆生하야 令心心所로 隨順染法故로 皆云隨라하니 謂隨하는 貪等이라.※

※甲本; …則與註中에 隨字는 不同也라.

02上02 [甲本]疏云者는 卽出回向品雨字卷하니 鈔云十行品者는 當誤也라.

02上02 三倒는 見雨字卷四十七丈下四行이라.

02上07 二十一種功德은 見致字卷初二十九丈上四行이라. 無礙의 礙는 作障이라.

02上09 對淸의 淸은 作治라.

02下10 下言二字는 衍이라 此離世間品은 見鹹字卷十七丈이라.

03上01 下의 三十字는 當作二十九며 或可增數云三十이라.

03上01 [甲本]四有三十問答者는 約減數十云也라 亦有他意하니 往檢鹹字卷十七丈下二行하라.

03上10 不解一句者는 初發心一句가 乃十信初信이어늘 而刊定이 誤以爲十住初發心故로 此十信을 判以十住也라 上은 講說이니 不解一句를 以初發心一句로 見之니 諸方이 皆如是也어니와 愚意는 不以初發心一句로 見之니라 謂刊定이 於此一品經文에 都不識一句니 何者오 以判六段經에 盡皆錯之所以는 由其不識初一句니 而此中의 不解一句를 於一品의 一句도 不解로 看之호니 文勢爲勝이며 亦破之之辭가 有力也라.

03下01 十眼은 見淡字卷初二十四丈下五行이라.

03下01 [甲本]肉眼註에 疏鈔云者는 當檢淡字卷二十五丈下하라.

03下02 註에 彼見麤近明前障內色이라하고 今見一切色이라하니 已通의 通은 作過라.

03下03 [甲本]註에 人天趣別者는 在人謂肉眼이요 在天謂天眼也라.

03下03 註에 今見心通性相者는 彼但見細等色相하고 而不見性이어늘 今則衆生心字가 通性相故로 異彼也라.

03下04 衆生下에 落諸根二字라.

03下05 [甲本]註에 此明能見者는 對彼論不見하야 云能見也라.

04上01 一切眼下에 落見普門法界故六字라.

04上09 [甲本]就中者는 就能具行中也라.

04下04 十忍은 見李字中卷初丈下五行이라.

04下08 十忍二字는 註라.

05上03 註에 無垢下에 落一字라.

05上07 通順理事者는 與無生料揀하니 以無生이 但順理故라. 順忍下에 落屬字라.

05上08 [甲本]三中의 間에 落忍字라.

05下01 離世間品은 見鹹字下卷二十丈下四行이라.

## 懸談

10上03 鈔에 會六通於五忍者는 於字는 與字義로 同이니 謂以十通으로 會彼六通하고 以十忍으로 會彼五忍也라 下三智三身도 亦然이라.

### 會玄記

06上08 經云云은 見薑字上卷二十六丈上四行이라.

06下03 共相下에 落無礙而轉四字라.

## 懸談

10上06 鈔에 如來知見과 力과 畏와 味에 云云은 方便品에 具云如來知見이 廣大深遠하고 無量無礙하야 力無所畏云云深入無際하야 成就一切未曾有法이라하야늘 疏釋云知見은 卽智也라 若取法華玄宗인댄 知見하사 所知라하니 者는 先所出內은 卽領知寶物般若時也니 謂二乘窮子가 於般若經中에 已知寶物出納故로 於法華中에 但亦有佛知見也라 見黃字卷四十一丈下二行이라.

### 會玄記

06下10 傍求의 求는 作來라.

## 懸談

10下02 [甲乙本]鈔에 先所出內의 內는 音이 納이니 云云者는 領知寶物은 般若

時也니 謂二乘窮子가 於般若經中에 已知寶物出內故로 於法華中에 但示等有佛知見也라.

## 會玄記

07上01 略於初地에 有二意하니 一은 餘地는 以所配十度로 立名이나 而今初歡喜名은 約證眞而立也요 二는 餘地는 或以當地中加行立名이나 而初地加行은 在地前故로 不取加行也라.

◉校者註; 07上10, 弘決은 荊漢湛然著止觀補行傳弘決이니 見新修大藏經46책253쪽中段四行이라.

07下01 通云八禪或云八定者는 謂八禪與八定之言이 唐梵이 有異나 義則同也요 他處云四禪八定者는 禪通靜慮하고 定唯約靜也어니와 今云禪那는 此云靜慮則禪字는 靜也요 那字는 慮也라 故로 云八禪이 與八定으로 同也니 以靜卽定也라 他處四禪八定者는 從略云禪이라하나 其實具禪那故로 四禪이 通靜慮也라 唯識(三行)云 成就勝定과 持하야 光故라하니 定하야 光하고 法하야 法等이라懸吐라.

07下05 四地道品은 見號字卷二十丈下五行이라.

## 懸談

10下07 鈔에 星羅十門月滿三觀者는 十門이 不相通호미 如星光之不相照也요 三觀則通攝十門호미 如月光之通於衆星也라 故로 十門은 喩星하고 三觀은 喩月也라. 緣覺을 謂之中乘者는 菩薩爲上乘하고 聲聞爲下乘故也라 今十二因緣三觀中에 初則同聲聞이요 二則同菩薩이요 三則同如來故로 非緣覺之所觀十二因緣也라.

## 會玄記

09上02 以功用後邊이 勝前諸地하며 後無功用을 以此能成故로 亦勝也者는 以第七地가 是功用後邊故로 勝前六地하고 後三地無功用을 以第七地가 能成故로 亦勝後三地라 故로 下經科云前上地勝이라하니 前은 卽前六地요 上은 卽後三地也니 言勝後三地는 以此地功用으로 成彼無功用故로 云勝이언정 非行體가 勝也라.

09上04 勸修如來云云으로 至下邊假以爲言(下四行)은 皆下疏니見稱字卷三十五丈及三十九丈也라.

09上07 問이 有二節하니 從始至取滅須勸은 第一節也요 頗有一人云云은 第二節也라 答이 有二節하니 初節有四義를 可知라.

09下01 [甲本]發起始行無厭上求者는 第八地菩薩도 猶上求어늘 況始行初心菩薩이 豈厭上求耶아.

09下03 但有下는 答이니 第二節이 三이니 初는 有無勸取寂者요 二에 又設下는 假設以明이요 三에 爲顯下는 結上不勸之損이라. 諸佛作七勸修의 修는 作橋라.

◉校者註; 檢稱字卷三十九丈下九行則佛作勸橋라하니 橋는 勸之喩也必矣니 何故오 次上에 謂此深奧法流之處에 必不諸佛作七勸橋故로 云故라.

09下06 智冥於理下는 記詞也라.

09下10 下經文의 文은 作云字니 見夜字後卷五丈下十行이라.

10上01 經文은 至如來法藏止하고 以委下는 記詞也라.

10上06 圓敎의 敎는 作數라.

10上08 通根後者는 義無礙名의 所以니 通於差別과 及無差別하니 理知差別은 卽後得智요 無心照理는 卽根本智也라.

◉校者註; 11上01, 兎章者…卽十忍品如幻忍中引者는 檢李字中卷二十五丈上疏則兎有作一馬句而已어늘 今云鬼라하니 未審臺本有異耶아 或依探玄記耶아.

11上08　此引攝論云云은 見李字卷十三丈이라.
11上10　[甲本]註에 亦字는 恐衍也며 或鈔字耶아.
11下01　註에 謂見의 間에 落定中二字라.
11下01　身映日等而有影故者는 別喩菩薩現身하니 日月은 喩菩薩悲智하고 身은 喩物機等이니 如註所明이라.
11下02　而弄影多端云云下는 通喩諸識이니 形端影正과 形曲影斜로 以況八識이 依身有異하고 亦喩七識이 依第八하야 對境差別也라.
11下04　散地는 卽非定地也라.
11下06　※註에 又如問明의 又字는 當在鏡像上이라.
※甲本; 註中에 又如의 又字는 本鈔에 無也라.
11下08　下疏云云은 見霜字卷下三十丈上十行이라.
12上06　六行과 七行의 無相의 相은 作性이라.
12下09　前後因果者는 以此平等因果가 五周中第三也라.※
※甲本; …又差別因果는 自有前後나 則前後가 皆前也라.
13上02　卽은 作初라. 華嚴의 嚴은 衍也라.
13上07　下涅槃下에 落疏字라 引此言者는 釋成上四聖所述이니 不獨維摩之義也라.
13下07　[甲本]不剋下에 負者二字는 懶老云恐衍也라하니라.
13下09　經云云은 見寒字初卷五十二丈下五行이라.
13下10　※虛空下에 經則有雲字라.
※甲本; 空而의 間에 落雲字云云이나 不落도 亦可하니 下梵本에 無雲字故라 雖寒字卷本文에 有之라도 彼處도 亦衍也라 然更檢可也라.
14上03　僧怛의 間에 落塞字라.
14上04　虛空天宮者는 下疏(同行)云空居天宮이라.
14上07　下圓은 作圍라.
14下05　唐經云云은 見陽字卷十六丈下十行이라.

## 懸談

12上01 [甲本]鈔에 一朝至此者는 初則譯人이 一朝至此하야 誤累聖敎之境耶아요 後則苑公이 一朝至此하야 毁破先師也라.

## 會玄記

14下09 不斷中流者의 斷中流三字는 是無인 則不一字는 是不住之義也라. ※言斷中流(17上01)者는 斷絶兩岸之中流也요 不住中流是離無(17上01)者는 不住是離也라 中流는 是無也니 以離有之中流라 故로 中流가 卽是無也라 故로 云生死無處를 名斷中流也라 問이라 上云不趣二處是離有者인댄 不趣此岸은 離生死之有也요 不趣彼岸은 離涅槃之有故로 云不趣二處가 是離有인 則應云生死涅槃無處를 名斷中流어늘 何故로 但云生死無處를 名斷中流耶아 答이라 據實則生死涅槃二邊이 俱無가 是中流로대 而順於經中法合云生死中流라 故로 但云生死無處名斷中流也라 有云 言斷中流者의 斷字는 卽法中住字義니 謂若中流에 不流而住면 則斷이니 斷은 無也라 若流而不住면 則不斷故로 不住가 無也라하니 然則中流가 不是無也요 住字가 含無義하니 卽生死中流之言은 生死가 卽中流也라 然則不住生死中流之言이 與不住生死로 何異也오 上不住生死가 旣云離有인댄 此不住生死中流를 何云離無也리오 此不住의 住字는 含於無義故요 不住生死中流之言이 離無者인대 上不住의 住字도 亦含無義하야 不住生死之言을 亦云離無也라하리니 有此相違라 故로 愚는 云하노니 不字는 是無住義요 斷字는 屬於中流하야 中流가 含無義라 故로 不住生死中流之言이 不住於生死斷無之中流요 非謂不住於生死卽中流也라 下賢首釋에 不斷을 以不住同釋也요 或可遠公釋中에 不斷을 不住로 同見이라도 中流字가 含於無義니 以離二邊中이라 故로 生死中流言은 生死空無之中流也니 與賢首의 生

死卽中流로 不同也라.

※甲本; …懶老云生死無處名斷中流者는 斷字는 卽法中住字意니 謂若中流가 不流而住면 則斷이니 斷則無也요 若流而不住면 則不斷故로 不住無也云云이라하더라.

15上03 不住此岸中流의 此字는 下鈔에 作北也라.

15上04 若爾南岸亦得何以不言云云者는 旣云中無別體約岸分인댄 則亦可南岸中流어늘 法合中에 何以不言涅槃中流耶아. 由所度生下는 通釋이니 可知也인 則北是幽暗之處故로 喩生死하고 南是明正之方故로 喩涅槃也라 雪老는 以南岸爲生死하고 北岸爲涅槃이니 以經中에 先言不至此岸이라하고 疏中(陽/18上05)에 先云不住南岸云云하니 次第相同也어니와 若以南岸爲彼岸이면 則不順經次也니 南是生長之方故로 喩生死之用이요 北是凝寂之體故로 喩涅槃彼岸也라하니라 愚는 謂하노니 此言順於經次하며 又生死爲南하고 涅槃爲北之義가 善成이요 而今賢首도 吐云亦得說不住北岸中流之言이라하니 若約法合이면 則不住生死中流也라 故로 難云中無別體約岸分之라한 則旣言北岸生死故로 涅槃南岸도 亦得也라 若南岸是生死면 則經中에 元是生死中流어니 何云亦得也리오 今北岸生死가 元是經中에 現言故로 對此하야 南岸涅槃도 亦得이어늘 何以不言也리오 楞嚴經中에 迷南爲北하니 喩中에 南喩眞性하고 北喩妄識인 則南爲涅槃하고 北爲生死가 亦有據也라 且以明暗配之도 亦爲善成也라 又初順經之次에는 以南爲生死 北爲涅槃이러니 及釋中流處에는 以北爲生死하고 以南爲涅槃者는 欲顯南北이 通於二義也라.

15下01 能依�處云云은 能依는 船師요 所依는 河水也라 嚐字는 作聲이니 應是同字也요 善文下는 落義字라.

15下03 註에 梵本의 梵字는 作經字라. 及其下에 落問字라.

15下04 南岸과 中間의 處自別故者는 亦得言北岸과 中間의 處가 自別也라 諸人은 又以此言으로 證其南岸爲生死也라하나 然이나 愚는 恐南字是兩字誤也니 旣生死中流爲存二岸인대 則應云兩岸과 中間의 處가 自別也리니 盖若有離此生死하고 證彼涅槃之見이면

則取捨가 宛然이라 故로 不絶生死也니 如有僧이 問大珠和尙호대 如何是大涅槃이닛고 珠云不造生死業이 是大涅槃이니라 僧云 如何是生死業이닛고 珠云求大涅槃이 是生死業云云이 正同此也로다.

15下06 涅槃中流…泯二岸者는 無生死涅槃可離可證이니 以生死本空하고 涅槃本有故也라.

15下08 今此喩中云云者는 上은 通明二種中流어니와 今就經文하야 正釋不住生死等三句로대 而言喩者는 約通相言也니 其實은 釋合中三句也라 初二句는 可知요 悲智唯是一心下는 釋第三句不住生死中流也라 故로 但云爾(十行)者는 有二義하니 一은 旣生死中流가 存二岸인댄 則經中에 應云生死涅槃中流로대 而不住生死時卽不住涅槃故로 雖不言涅槃이나 已含不生涅槃故로 但云不住生死中流也인 則與上二種中流中의 初生死中流之言으로 不同하니 上則存二岸之見故로 云生死요 非對涅槃之生死也어니와 今則擧生死一邊하야 影攝涅槃一邊인 則但生死一邊也가 與上寬狹不同이라 二는 上旣擧二種中流나 而經中에 但擧生死中流하야 以明不住故로 釋顯此義也니 謂悲智唯是一心云云下는 明不住生死不住涅槃이니 不存二岸故로 但云不住生死中流也라 以涅槃中流則是藥故로 不云不住也니 則經中에 不住生死中流는 卽上二種中流之初一也니 兩中流가 正同也라 準下鈔컨대 則問者가 以生死中流로 但爲生死一邊故로 有違云云이라 故로 刊定答意가 雖云生死中流라도 乃存二岸之中流요 非一邊也라 故로 但云生死나 而其實은 具二岸也라 故로 無違也라 此後義爲正이니 以上云卽準此文有二種中流云云에 此文은 指合中不住生死中流文故也요 經中의 生死中流之言은 以存二岸中流見之也라 故로 淸涼이 破云不住生死中流則爲住於涅槃中流也라 不順於喩中不住之言也니 以喩中不住中流之言을 不論此彼中流하고 皆不住也라 此는 ※盖不許二種中流也라.

※甲本; …盖不許二種中流也하니 中流가 但一이어니 豈有二耶아.

16上01 [甲本]註에 由不의 間에 落不住故三字라.

16上03 於는 作喩라.

16上05 含은 作合이라.

16上06 菩薩二字는 作三賢이니 淸凉이 以發心之後와 成佛之前爲中流인 則竪論中流也요 古人之以生死涅槃二法之中으로 爲中流者는 乃橫論中流也니 思之니라.

16上10 然猶의 猶字는 無義니 恐衍이라.

16上10 三釋今經云云의 釋字를 屬下讀之로 爲便則三字下에 恐落師字也라 生死中流一句가 各別則其初二句는 三釋이 皆同也라 皆大智故로 不住生死니 以生死本空故며 而生死는 通於二生死也라 大悲故로 不住涅槃이니 爲欲利他하야 入生死故로 不住涅槃이라 涅槃은 通於性淨圓淨涅槃이니 不局於果涅槃이라 此意는 三師가 皆同이로대 其不住生死中流一句則賢首는 謂中無別體로대 約岸分之면 則中流도 亦是生死此岸之中流며 亦是涅槃彼岸之中流나 而以所度生이 在此故로 但云生死中流나 其實亦不住涅槃中流라 此中流之生死涅槃이 與初二句生死涅槃으로 無異也라하고 刊定則亦立二種中流하니 而存二岸으로 爲生死中流하야 云不住也요 亡二岸으로 爲涅槃中流어니와 此則可住也라 故로 此中流之生死涅槃이 與初二句生死로 不同이라 又賢首는 二皆不住요 刊定은 一住一不住也요 淸凉釋은 可知也니 此三釋이 各別也라.

16下03 係蹄는 以繩爲環하야 拘引獸足而捉也요 蹯은 足掌也라. 斷其節者는 斷其臂節也라 故로 鈔云不得不斬者는 斬其手也요 非謂斷其蛇也라 唐詩에 亦云毒蛇一螫手면 壯士卽解腕이라하니라.

◉校者註; 16下05, 出曜經第五卷愛品文也라.

## 懸談

12下04 鈔에 初中後善은 記主가 以瑜伽義로 釋之라 然이나 彼以聽聞時와 修行時와 究竟離苦로 爲初中後니 似不合於經文始末也라 愚는 恐涅

槃經中의 上語亦善하고 中語亦善하고 下語亦善云云이 約序正流通三分하야 爲上中下三善이니 今初中後善之言으로 指彼上中下三善則正合於一經始末也니 恐非瑜伽之義也라하노라.

## 會玄記

18上07 圭峯云經文浩博云云者는 釋前八이 爲義門之義也라 故로 圓覺經懸談에 列十門하고 亦以前八로 爲義門也라.

## 懸談

14上06 疏에 非以一緣非以一事此二句는 皆貫下如來出現而得成就也니 謂非以一緣으로 如來出現이요 亦非以一事로 如來出現也니 乃以多緣多事로 如來出現也라.

## 會玄記

18下04 [甲本]受之以屯云云者는 註云屯은 剛柔始交故로 爲物之始生也라하니라.

18下05 [甲本]受以蒙者는 次下云蒙者는 物之稚也라. 過物者는 註云行過乎恭하고 禮過乎儉이면 可以矯世勵俗하야 有所濟也라하니라.

18下06 [甲本]未濟者는 王弼註云有爲而能濟者는 以已窮物者也니 物窮則乖하고 功德極則亂이니 其可濟乎인저하니 故로 以未濟云云也라.

19上01 ※正月八日成道者는 有云名義集에 引周書異記하야 云周穆王二年癸未二月初八日이 佛年三十成道라하니 後人判云 當今之十二月初八日이라 盖周以子月로 爲歲首故로 周之二月은 當今之以寅爲首之十二月云云이라하니 據此컨대 則正月之正字는 作二字라 故로 他處에 或云二月八日成道라하나 愚가 前云佛之成道는 隨機見有異라하노니 或云臘月八日成道라하며 或云二月八

日成道라하니 如三七思惟와 四七思惟等之例矣라 及見此言하야는 未可詳定也로다.

※甲本; 正月八日者는 他處에 或云臘月이라하며 或云二月이라하나 而二月云云之處가 多하니 正字는 二字之誤耶아 或云周는 以子月爲歲首故로 臘月이 卽二月云云이라하니 此釋은 雖依 名義集所辨之나 名義集도 亦誤辨也라 名義는 又以二月十五日이요 涅槃에도 例此하야 亦爲臘月十五日하니 豈不見가 圓覺經序卷에 引涅槃云二月春陽之月이라 衆生이 多着常想故며 常中에 現無常之義故로 二月入滅云云則以此觀之컨대 名義集之辨이 非也라 諸方이 不識此意하야 多依名義集之所判이니 所謂過歲之誤也라 愚意則或云二月과 或云臘月이 但所見이 異也라하노라.

19下03 ※餘三可知者는 或云三字는 文字의 誤也나 三字도 亦得이니 以鈔中에 佛與智並通所說之言이 是餘三義也요 若欲釋之인대 如前已說故로 但云餘三可知라.

※甲本; 餘三可知者는 鈔中에 佛及智가 並通能所說이나 而今釋佛身爲所說故로 云餘佛身과 及佛智로 爲能所說之三이니 卽同上三轉勢故로 云可知요 非四轉勢之三也라.

19下04 [甲本]貼意釋의 貼은 與接으로 音과 意가 皆同也라.

19下10 非以一緣은 具多니 懸吐라.

20上01 出現爲果者는 對能起之十因等하야 爲果也니 一大事因緣도 亦是出現之因이나 而是佛知見故로 但一與十因緣等深淺逈異也라.

20下03 [甲本]疏鈔者는 菜字下卷十八丈上四行이니 鈔字는 衍也라.

20下05 [甲本]如是의 是字는 衍也라.

20下07 此卽下로 至盡故는 本疏則在上演法力下也라.

20下08 問約云云은 上은 皆下疏요 此下는 記詞也라.

21上09 [甲本]答此云云者는 譬如讚人云此人外에 更無餘人이라하면 但欲讚此人爲勝故로 云更無餘人이언정 而非實無餘人也라.

21上10 爲勝이언정 也니 故라 懸吐라.

21下01 不可準例難者는 不可準例法爾之總이 不待別因하야 而難於餘九之別也라.

21下07 云은 作文이라. 先鈔後疏者는 記釋中에 先牒鈔釋하고 後牒疏釋

也요 非謂疏鈔大文中先書鈔後之疏也라 以記中에 釋儀가 常時先疏後鈔故也라.

21下09 見聞下에 落說有字라.

22上08 [甲本]今云爾者는 爾는 然也니 指疏中何以法爾轉耶아 宿因深故之言也라 此言似乎藉宿因하야사 方能法爾故로 今牒之而之니 明其法爾는 非藉宿因也라.

22下04 註에 此上通用一段疏文者는 謂上答中에 具疏中釋成深廣一段之義니 詳之可知라.

23上06 創躡二字는 註也라. 玄蹤之義四字中에 玄蹤二字는 註也요 之義二字는 大文으로 書之可也라.

23下03 [甲本]由行願得圓滿下는 準下의 由前行願得圓滿故云云컨대 則此中에 應有故字어니와 雖無라도 無妨也라.

## 會玄記 第十卷

02上04 機感下下에 恐落此卽字라.

02上06 十方法慧同白佛言者는 今鈔에 有脫有誤하니 可知라.

◉校者註; 本項을 準玄記컨대 慧自間에 當有同字가 可也라.

02上10 ※末世今信의 今字는 令字也라. 願力二字는 當上下라. 深愧의 愧는 荷也니 皆下疏(13下08)也라.

※甲本; 後益末世者는 顯益證成科中에 有二하니 先은 益現世요 二는 今之所引也라. 今字는 作令이라. 願字는 在於力字下也니 上下無妨而義則有異也라. 若願字가 在於下면 則屬今疏主요 而不屬佛也라. 愧字의 義는 荷也요 或云改以懷字나 不如前也라.

02下03 [甲本]以此爲能起云云者는 用爲能起하고 體爲所起也라 自體는 此經自體也라 然則爲本之用으로 爲因하야 牽起此經自體故로 說此經也니 體用因果가 皆屬此經也라.

02下03 牽起自體의 自體는 卽經也라.

03上09 [甲本]補註中破者는 不知自家之意而破清凉也라.

03上10 [甲本]呼爲乳者는 以華嚴呼爲乳也라. 意不在淡者는 盖乳初則淡也나 炙爲醍醐則濃也요 以華嚴喩乳之意는 不在於其淡이요 而在於乳之爲初爲本也니 若喩其淡이면 則此經은 淺而不爲本也라.

03下01 [甲本]如牛新生者는 謂新生犢이요 而非謂牛之自新生也라 若同法合이면 則爲牛之自生而是爲分喩也라. 嗽는 音이 朔이니 吮也라.

03下08 疏鈔云云見芥字卷三十九丈下六行이라.

03下10 [甲本]阿含菩薩常聞者는 合上照卑則照高也라.

04上02 高源況聲聞者는 如淨名云高陸地에는 不生蓮華하고 卑濕淤泥에乃生此花라하니 卑濕은 喩在家菩薩하니 如淨名과 龐老等이라.

04上08 緣覺下에는 恐落聲聞二字라.

04上10 [甲本]又先說云云者는 上則無善凡夫로 爲三聚中邪定이나 而今則以廣慧二乘으로 爲三聚中邪定也라.

04下01 [甲本]其先下는 明正定不重之義니 可知라.

04下03 但願의 願은 顯字也라.

04下09 三中一者는 卽頓敎니 以說三之時에 遇上機하야 頓說故也라. 三後一者는 終敎니 以說三之後에 會三爲一故也니 如法華等也라 有云 以始終頓次第觀之인대 三中一은 終敎니 以會三之一故也요 三後一은 頓敎니 三外別說一故也라.

05上03 三乘人所得者는 記二十七卷에 引探玄記二十七卷九丈下初行에云終頓이 通三乘人趣入之一乘故로 亦云三乘敎요 圓敎는 直顯本法이라 不通二乘이니 唯是一乘이라하니라.

05上07 義取出現云云은 今鈔에 落義字라.

05上09 ※此約云云十二字는 記詞요 餘皆下鈔라.

※甲本; 此約等十二字는 記詞也요 上의 下鈔云等文은 往檢芥字卷四十丈하라.

05上10 前互의 間에 落後字라.

05下03 言其大格者는 猶言大綱이니 經中先照菩薩下에 無權菩薩而直云緣覺則所捨는 但二乘이요 而非三乘故로 云大格也나 其實은

華嚴後에 不遮說權大乘也라.

05下04 兼有大乘者는 以正定聚中에 有權大乘과 及三中一과 三後一故로 云兼有權大乘也라.

05下07 唯聞의 聞은 作明이라.

◉校者註; 05下09, 義如前釋은 指第四卷二十二丈下라.

06上01 ※不約濃淡者는 若約濃淡이면 則濃之醍醐가 歸淡之乳也로대 無此理故로 但約先後也요 又華嚴之乳는 純醍醐則亦濃也니 以濃歸濃이 不違라.

※丙本; 不約濃淡者는 五味中에 華嚴은 如初淡乳味요 法華는 如醍醐味니 若約濃淡이면 則濃之醍醐가 歸淡之乳也니 濃味之勝이 歸淡味之劣이라 無此理故로 但約先後也요 又華嚴之乳는 純醍醐則亦濃也니 以濃歸濃不違也라.

◉校者註; 06下04, 前已引釋은 第二卷二十丈也라.

06下10 法義의 義는 作美字라. 能德之能은 作欲字라.

06下10 ※一因云云者는 本文具云一切佛이 同得勝能이 即是一佛勝能이니 何以故오 諸佛이 同一法身으로 爲體故라 諸佛勝能이 無量故로 一佛勝能도 亦無量이니 故로 喜也라.

※甲本; 一因下는 略長行이니 自能無量故로 生喜니 一切同覺了法身하며 一切佛同得勝能하니 一切佛勝能이 即是一佛勝能이라 何以故오 諸佛이 同一法身으로 爲體故로 諸佛勝能이 無量하고 一佛勝能도 亦無量이라 二因作事立故로 生喜하니 一佛所作利益衆生事가 是諸佛正事라 若諸佛已證自界면 則成立此正事하나니 由見證自界하야 作正事立일새 是故로 生喜라. 三因法美下는 如上所引이요 四는 因欲成故로 生喜는 所欲成이니 所欲成이 如佛所思하야 無不成就하니 謂淨土及大集等事라 五는 因功德成故로 生喜는 功德成者는 謂十力四無畏等一切如來不共法이 無不圓滿云云이라.

07上01 作事立者는 一佛所作利益衆生事가 是諸佛作事니 成立此作事故로 喜也라. 欲成者는 如佛所欲을 無不成就니 謂淨土及大集等事也라. 德成者는 十力四無畏等一切不共功德等也라.

◉校者註; 07上04, 後既不許의 後는 指黃字卷二十三丈~二十四丈也라.

07下02　既不指云云의 旣字는 今鈔에 作若하니 若字가 勝也라.

07下07　※十門儀式은 見字字卷七十六丈上十行이라.

※甲本; 下有十門儀式者는 見字字卷이니 謂十門中에 但取一義而言則 無量義經中義도 亦十門中一義니 彼亦一義요 此亦一義니 何以彼義로 難此義耶아.

08上07　[甲本]使臣으로 不制其辭者는 謂臨時變通이니 難以預制其辭之義也라.

08下05　[甲本]刖足註에 蒔蘭(09上01)의 蒔字는 種義也라.

09上02　二行五行의 郡字는 皆群字라.

09上06　春池喩經과 及水上泡經은 皆涅槃經也라.

09下06　樹行의 行은 形字라.

## 懸談

23上06　體相相卽의 下相字는 恐衍이니 但云約體相卽이 可也니 以對約用互在故也라.下體相의 相도 例然이라 故로 記(12上05)에 但云約體相卽이라하니라.

## 會玄記

09下09　其相卽相入相在者는 今鈔의 然卽(23上09)間에 落其相二字也라.(記同行)下云之言은 通二하니 一은 相在二字가 在相卽相入之下故로 云下也요 二는 指下宇字卷鈔文이니 彼破刊定之相入德外에 別立相在德하야 云相在가 卽相入云云故也라.

10上01　[甲乙本]科云約用互在故卽一多相容者는 以一入多하고 多入一故로 云互在也라 若微細門인댄 則但多入一之義故로 非也라.

10上02　[甲本]理實分圓交互具二百五十六句者는 若疏文六句配看이면 則六句中一二句는 各一句故로 爲二句요 第三句正內現依中에 有四句하니 謂圓正中에 現圓依하고 圓正中에 現分依하고 分正

中에 現分依하고 又現圓依故로 爲四句요 第四句中에 有四句하니 例上可知라 然則上四句中에 合有十句하고 第五句中에 有八句하니 謂分依內에 有分依分正과 圓依圓正과 分依圓正과 圓正分依故로 分依內에 有四句요 圓依內에도 亦例上有四句故로 有八句요 第六正內에 現正依도 亦有八句하야 五六句에 合有十六句하고 通前四句中에 十句하야 合爲二十六句하니 二百五十六句內에 此疏中有二十六句也라.

## 懸談

23下01 鈔中에 刹中有刹下에 應云身中有佛而略不言也라.

## 會玄記

11下04 唯識云云而屬佛刹者는 本文云佛法이로대 而法卽土故로 云刹이라하니 則義引也라.

11下08 三句故字者는 今鈔에 落初句故字라.

12上07 [甲本]二門同時云云者는 記主가 疏鈔外에 進現也라.

12上10 言一道云云者는 彼序에 百城詢友一道棲身이라하니 圭山이 應作彼鈔也라.

12下01 [甲本]一唯向南者는 善財가 南巡百城配地位故也라 懶老云向南之南字는 果字之誤也라하니라.

12下02 [甲本]卽行願鈔는 是圭山所作也라.

## 懸談

25下10 [甲本]疏에 若無此位行無成故者는 行能成位故로 無位則行無所成之益也요 非謂位是能成이요 行是所成也라.

## 會玄記

12下10 ※註에 行卽頓修四字는 連書大文也라.

※甲本; 註에 行卽頓修는 以大文連見也요 非註也라 懶老云此頓修는 對下位則隨成未成而有階漸也니 卽屬運心頓修也云云이라하니라.

◉校者註; 準行願鈔컨대 行卽頓悟는 不必連於丈文이요 成位間에 應加言因言果요 位分因果四字는 如行卽頓修하야 脚註處理가 可也라.

13上08 註에 行願의 願은 滿字라.

13上09 註에 定心의 定字는 空字라.

13下02 註에 敎生下에 落解字라 嘗字는 作當字也라 上十住列名은 見成字卷初十七丈上七行이요 下十行列名은 見調字卷初七丈上十行也라.

13下04 註에 三世의 世는 作施字라 於中에 三施因果云云은 隨相釋이요 始入下는 離相釋이라 言悅自他者는 因中施故로 悅他요 果獲財富故로 悅自也라.

14上04 註에 無爲의 爲는 違字也라.

14上05 註에 善相의 相은 作根하고 無盡得의 得은 作德이라.

14下03 ※譬如의 譬는 作蔽요 虛字는 衍이라 本疏云雲有三義하니 一은 含水義요 二는 覆空義요 三은 注雨義라 今註에 有三義하니 初含水義는 可知요 蔽如空麤重은 卽覆空義라 言如空者는 法喩雙擧니 如는 卽眞如요 麤重은 卽煩惱所知二障이니 謂大法智가 能蔽眞如上의 二障惑也요 充滿法界는 卽注雨義也니 謂身雲徧滿하야 雨法雨故也라.

※甲本; 第十法雲地註에 譬는 作蔽니 謂智雲覆蔽如空之麤重煩惱云云이니 往檢帝字卷下篇初丈上七行이라.

15上06 [甲本]具足四句者는 一.因 二.果 三.雙存 四.俱泯이라.

◉校者註; 15上07, 疏一의 疏는 應作鈔니 指鈔二十六丈下九行之文이 無矣라.

◉校者註; 15上07, 十廻向疏는 在生字卷三丈上五行하이라.

15下08 理行內相應者는 五重中에 理與行이 彼此相應이니 謂理理相應과 行行相應이요 非理行互相應也라.

15下08 [甲本]內相의 內字는 恐互字라 懶老云不錯無妨하니 旣具理行인댄 則與理相應故로 云內相應也云云이라하니라.

15下10 但名의 名은 當作明이라.

16上01 ※下疏云云은 律字卷初八丈下一行이니 疏正云並就因位滿說이니 如普賢云云이 大分同佛이라 猶未是佛인대 此中亦爾라하니 釋曰上에 別明位滿成佛故로 此總結云並就因位滿說이라하고 若普賢云云은 引例하야 以顯位滿成佛이 但約等覺因滿說이요 非究竟果位也라 然則十地位滿에 含於等覺故也라 合等覺云云下는 皆記詞라.

※甲本; 下疏者는 出律字卷初八丈下一行이니 言因滿位者는 彼云因位滿이라하고 心佛之心은 彼中에 無니 應衍也라.

16上06 故第十住云云은 今鈔(27上07)에 落故字라.※

※甲本; …蓋以三賢이 如次히 似於十地故로 第十住가 同十地也니 有故字然後에 語勢가 善成也라.

16上07 滿中의 中은 衍也라.

16上09 ※其住向云云者는 以住向之第十이 皆非智故也라.

※甲本; 住向二位의 第十이 不與行地智同者는 以住向之第十이 皆非智故也라.

16下01 或可下는 但擧五重中二重이요 不必以初爲證相似하고 後爲證行相似也라.

16下03 海幢比丘云云은 見翔字卷上二十九丈下四行이라.

16下07 三乘의 三은 二字라.

◉校者註; 16下09, 頂上下에 恐脫出諸佛三字라.

## 懸談

27上04 鈔에 灌頂住後卽明佛者는 佛是等覺佛也라 彼則等覺後에 明灌頂이나 而今灌頂後에 明佛은 逆彼次也라.

27上04 鈔에 唯約理行圓融云云은 前卽總辨相攝이요 後卽五位互攝也라.

## 會玄記

17下10 分別心未忘云云은 此答이 與問으로 不相稱合하니 愚恐有誤也라하노라 若以不誤로 見之면 則上問中에 謂旣全收一切名成佛인댄 則後更修進一切位耶아 答云雖謂全收一切나 而此住初에 分別心을 未忘이면 何能收一切位耶아하니 則未收一切故로 須更修進也니 如上所說 收一切者는 乃方便門也요 非實義也云云이면 此義는 僅通上問意로대 而以上所說圓融으로 爲方便門者가 未安이요 而故下作句云云之引證이 不成也니 以下作句는 則分別都忘故也라 故로 愚恐此中에 落一問一答也니 此答은 非答上問也라 上이 以後更修進與否로 發問則應答云雖全收一切나 而更爲修進云云이라하고 則更引他說하야 難호대 住初에는 未忘分別이로다할새 故今鈔答云分別心未忘이면 何能收一切耶리오하니라 如上所說者는 指問者所引他說이요 非謂上住初全收一切也라. 故下作句者는 下十玄門作句中에 皆有行起解絶之句하니 引此하야 以證分別心都忘也라 盖傳寫時에 此中問答이 煩重故로 越見一重也니 學者는 詳之니라.

上은 皆講說이요 以愚詳之컨대 初義도 似不成하고 第二義에 引他說하야 難住初云云도 亦未安일새 愚敢釋之호대 而亦有二義하니 一은 以不誤見之니 謂答意云若菩薩이 住初證了하고 以爲但一位가 攝一切位라하야 欲進後位하야 更擬修行則乃分別心이라 若分別心이 未忘이면 何能收一切位耶아 如上所說攝位之言은 乃方便爲門也라 其於證者之境에 何有攝位之念也리오하리라 故

로 下十玄門作句에 初는 以相卽爲句하고 後句云行起解絶이라하니 絶上相卽之解也어늘 況住初實證에 有攝位之心耶아 以其無攝位之心故로 能攝一切位也라 然則無念頓證하고 任運修行에 自有階降하야 不無後後位也니라.

二는 以誤見之니 亦有二重問答하니 初重問答은 如上講說하고 第二重問意는 云호대 旣住初에 全收一切하고 而更爲後修進인대 則豈非分別心未忘也리오하니 答意云호대 若分別心未忘이면 何能收一切리오 如上所說攝位之言이 方便爲門이요 其實證者云云은 如初解也라.

上講說에 以圓融으로 爲方便門者가 未安云云者는 似未察이니 旣玄門作句에 行起解絶하야 絶其相卽之解하니 相卽이 豈非圓融也리오 然이나 行起則絶之가 盖圓融法體라 不是方便이라 但圓融之說이 與解爲方便으로 爲分別故로 絶之然後에 實證圓融法體也니라 有云分別忘하야사 而收一切하야 而成佛故로 不假修進也라하나 如上所說은 指行布門也라.

作句云云者는 作玄門觀에 行起解絶하야사 方得觀成이어든 況實證에 未忘分別耶아하니라 故로 分別忘하야사 而收一切하야 成佛故로 不復更修也云云이라 若據此意면 則初住證了에 元不復修어늘 他處云 初發心時에 便成正覺한 然後에 三賢十地로 次第修證之言은 都是虛設也라.

◉校者註; 18上01, 況實證耶는 鉢柄記에 少有言及이나 而未分曉故로 更加備忘인대 九行所謂全收一切는 是方便이라 故로 於此에 更云行起解絶이라 故로 初心正覺云者는 猶是方便이요 非實證也라하니 故曰況實證耶아 하니라.

18上03 宗說不同者는 此約圓宗所說故로 三賢에 已有證也니 不應局於權宗也라.

18下02 五行의 行은 作位字라.

18下04 與三賢等相梯明攝者는 如初信攝初住하고 乃至攝初地云云也라 指玄則十信도 亦梯梯攝三賢十地也라 故로 云五位十番梯梯別

攝也라.※

※甲本; …彼是初門融攝(19上04)者는 初總辨相攝也라.

19上05 第十梯信望第十梯果者는 十信中의 第十梯果也인 則能望所望이 似乎無異나 而能望之第十信은 但擧自位也요 所望之第十梯는 果니 上五果를 合爲一果之究竟也니 以五位滿果로 各相融攝이면 則第十信이 卽第十地也요 五果가 一一相攝故로 爲一果也니 今第十信攝이 與第十地果로 無異之第十梯果也라 故로 能望所望이 同是一位나 而因果義分일새 故로 得相攝也라.

19下02 兼前의 兼字는 恐衍이라. 次上前二唯約法說者는 此引證三節中前二也요 此前二者는 指上正釋之二也라 上正釋二門이 旣含法時二義故로 今引證中에 初二節은 如次證上二門之法하고 此第二(三?)節은 兼證上二門之時也니 ※以此一節이 通證上二故로 云兼證也라.

※甲本; …以此一節이 兼前證二故로 云兼證也라 故兼前二義之兼字는 衍也라.

19下06 總初後者는 初後皆總也니 以四十二位之初와 四十二位之後니 以總約地位也요 別初後者는 如十信則但十信之初와 十信之後也요 十住等도 皆爾니 以別約一位하야 以明初後也라.

19下09 然此所證前之二義者는 謂此二義가 是證前二門故로 云所證前之二義也니 所字는 非能所之所字也라 寂照는 於此二義中에 後義는 則四十二位之異位故로 以總辨相攝으로 見之하고 初義는 則亦總辨中에 開出故로 二義가 皆證前初一義也라 然則後義를 不證故로 云有缺漏(20上03)也라 指玄은 雖皆證二義나 而與記意次第로 不同을 可知라 寂照는 雖次第가 與記主로 同이나 而但初義는 以總辨中에 開出而不以五位見故로 爲異也라.

20下05 後引證有隔越者는 後四十二字之證은 乃是證總辨相攝이나 而今指玄은 以當位云云으로 爲總辨則隔異位云云之一節하야 而擧引證也요 言唯證者는 對四十二位하야 云唯證也라. 能引證經者는 此梵行品是能證之經也라. 言不該四十二位者는 此異位가 是四十二位인 則實爲該也로대 而今指玄이 以異位爲五位하고

以上當位로 但四十二位中開出一位故로 二義之中에 俱無四十二位也라. 有以後引證과 及能引證이 同이라하니 以四十二字門으로 見之하야 云此四十二字引證이 有二失하니 初는 有隔越之失하고 二는 謂汝指玄이 究竟成佛을 以五位로 見之하고 以四十二字門으로 證之則雖免隔越之失이나 使四十二字로 不該四十二位之失을 未免也云云이라.

21上01 不證爲正者는 然이나 此三節은 皆科云引證則以不證으로 見之가 亦難也라 若得意觀之면 諸師之言이 各是白璧黃金이라.

21上06 且有具字하니 具一切地也로대 亦可證互攝義며 或通證二門之以初攝後者者는 初則雖有具字나 以唯證五位互攝으로 見之하고 後義則通證二門之初後也요 非唯證五位之初後也라 然이나 下疏明文若此者는 下疏에 旣具四十二位인댄 則但證總辨相攝이 可也요 證五位及通證二門이 皆非也라.

21上07 通直의 直은 恐衍也라.※

※甲本; …或不衍也니 以文體가 容用爾故也라.

21上08 明又의 又는 作文字가 可也라.

21上10 前二의 二는 當作三이니 以指鈔中의 上來總有三義故也라.

21下01 影顯示者는 十信을 影顯故로 爲五十二也라.

21下10 例는 作列이라.

22上04 梵行品云云은 見歲字卷上三十八丈下九行이라.

22下01 得疾의 得字는 衍也며 或上下也라.

22下07 從初信心云云은 上은 皆下疏요 此下는 皆鈔釋開發之言이라.

22下09 何謂云云은 皆下疏也라.

23上08 自他有三義하니 初에 見夫心性云云은 卽性外皆他요 自亦不存云云은 兼顯以心爲自謂自心不存이니 豈心外取法하며 豈唯定之云云은 自心爲自하고 他人爲他라.

23上10 不取下에 落則字라.

23下03 十地品云云은 見崑字上卷五十一丈上一行이라.

23下07 含多德上에 恐脫顯字라.

24上02 由此諸緣云云의 八字는 恐衍也니 以貞元疏에 唯約普賢位하야 以明六相則此等言은 不緊也라 上은 講說이라 愚는 恐由成下十一字는 皆註라.

24上03 要欲의 欲字는 恐衍이라.※

※甲本; …或可要字不衍也라.

24上03 ※互不相作者는 以信等이 不作自位故로 其成普賢位也라.

※甲本; 由信等互不相作者는 以信等이 不作自位故로 共成普賢位也라 故로 下壞相則信等守信自位故로 普賢位가 壞也라.

24上06 [甲本]下鈔云云者는 見麗字卷五十五丈下三行以下라.

## 會玄記　第十一卷

01上06 君子는 又有一釋이니 謂君之子는 卽尊稱也니 如王孫公孫之例也라.

01下02 又爲其章句者의 爲는 作也요 章句는 註疏也라.

# 懸談

30上09 [甲本]鈔에 今引證此니라 者는 懶老云出引證之義也니 意云今引彼而證此는 其求爲可知와 及所能立이 皆是行故也라.

## 會玄記

02上06 [甲本]十住云云은 見成字卷下五十丈上九行이라.

02下05 經云欲疾云云은 見重字卷下十一丈下四行이라.

03上03 [甲本]下疏者는 見重字卷下十一丈下六行하라.

03上03 後五十展轉依初十者는 謂住十種法이 得十種清淨하고 住此清淨이 得十種廣大智하고 住此智가 得十種普入이라 餘例知故로 云展轉展轉也라.

03上06 ※則一切의 則字는 卽字也라.

※甲本; 一行則의 則字는 或是卽字耶아 又移在上의 通一間이 爲可也로다.

03上07 經云佛子云云은 見重字卷下七丈上九行이라.

03上07 [甲本]我不見은 起嗔心者下에 釋之하라.

03上10 [甲本]種性下에 落障字라.

03下01 百萬의 萬下鈔疏에 千字也요 違起의 起는 作害라.

03下02 旣一惑成百萬云云으로 至重說은 皆記詞요 雖標云云으로 至猶是略明은 皆下疏也라.

03下04 [甲本]註는 大文也라 能障이라하니 此釋非不云云으로 乃至是知通障云云히 如是連綴看則文勢可合也라.

03下04 是知通障云云은 上具云此釋非不有理니 如賊心求法이 豈獨障地리요 是知通障云云이니 今闕上文故로 語勢不成也라.

◉校者註; 此段이 與次上段甲本文으로 同貫이니 盖文出於重字卷普賢行品十一丈上三行而必欲符會之當否는 私所未救保라.

03下05 信尙不起者는 如初十門이 障十信行則信尙不起하야늘 況起諸位耶아할새 故로 障信時에 早已通障諸位라 不可局配障信也라 餘位도 皆然이라.

03下06 ※問上之斷惑云云下는 皆記詞也라.

※甲本; 略明已上은 皆疏文也니 見重字卷十丈下七行以後하라.

03下08 約位斷의 斷은 恐衍이라.

04上01 [甲本]約法은 鈔中의 約法이요 顯行은 疏中의 顯行也라 然則鈔文中의 普賢品偈와 妙嚴品兩段經中에 初는 約經中所依圓融之時하야 而顯疏中能依行之圓融也요 後는 約經中法門之圓融하야 而顯疏中行門之圓融也라.

04上05 妙覺位是所求라 無障이며 非行故라 吐라.※

※甲本; …無惑障也며 亦非行故로 除之也라.

04上06 [甲本]起信云云者는 今疏에 元無則是賢首舊疏耶아 此文은 至於後三行單行下而止也니 此釋은 默老之說也라.

04上06 一體의 體는 衍也라.

04下04 大願爲主者는 有局於悲爲油하고 願爲炷之例하야 此主字를 改以炷字는 非也니 謂今發大心하야 以大願爲主宰也라.

04下08 造境卽中無不眞實者는 釋四諦之諦字也라.

05上04 一切佛下에 落則字니 一切成等以上은 皆貞元疏也라.

05上05 然此深義者는 深字下에 恐落心字며 又上貞元疏는 以無作四諦로 釋四弘爲深玄之義則不落心字也요 以今鈔三心으로 釋行布로대 而貞元疏則乃是圓融行之願故로 云然也라 上의 圓融과 今疏鈔의 此兼約願說은 指貞元疏也라.

05上05 ※雖約行의 雖字는 恐惟字라.

※甲本; 雖字는 嘿老는 改以惟字나 而師主云不改亦得이라하니라.

05下05 悲願二心無齊는 廣多無際也요 直心無齊는 絶際無際也라.

05下10 度而는 悲心也요 修而는 願心也요 無度無修는 直心也라.※

※甲本; …故三心具矣라.

06上01 智法의 法은 衍也라.

06上10 [甲本]優波尼沙陀分者는 此云近小며 又極小也라.

06下01 [甲本]第一喩의 喩字는 衍也라.

06下04 十者二字는 衍也니 恐有一字로대 或落也라.※

※甲本; …嘿老則不改하고 而十門間에 落一字云爾이라하니 見律字卷初三丈後하라.

07上03 註에 行經數里云云은 本文具云數里行次에 見諸細虫코는 思衆生多라 難可化度라하야 便退大心云云하니 見崑字卷初十丈下八行이라.

07上04 過與의 過는 拈也니 拈頌云 過淨甁來하라하니라.

07下01 亦依菩提者는 有云若將此文하야 答初問則下引論云皆由佛出之言이 相違하고 又與初答으로 無別하며 或依菩提心四字를 改以依佛出三字則似可也云云이라하나 愚는 謂하노니 雖改依佛出이나 與初答無異하니 以若據本인대 亦從發心成道하야 說二乘法하면 二乘이 出也니 則二乘이 從發心出이라 與初答義로 何別哉아 然則如之何而可也오 盖初義則泛言二乘法하고 又泛言發心이나 此中則依一乘發心하며 又於一乘에 說二乘法하니

別加一乘字홈이 與初로 異也라 又旣依一乘發心인댄 則一乘이 是所依發心處요 今於一乘發心處에 說二乘法故로 云二乘이 亦依發心出也라 下引論文은 通證上義也라 上云依發心出은 盖據本而言也로대 而親從佛上出也라 故로 此所引이 與上文으로 不相違也라.

08上01 驚은 作警이라. 美靑松上에 落如字라.

08上08 淨行品疏云 五字는 恐註며 或問字는 在疏字下라 夫妙行云云으로 至無礙耶는 皆彼疏也라.

08下06 爲實無心體極가 懸吐也라.

08下10 圭山云云으로 至何門可逃는 見圓覺六卷四十丈及四十三丈이라.

09上04 ※無得杜順云云者는 盖爲師者가 或有逆行飮酒食肉홈이 如杜順誌公之類나 爲弟子者는 愼勿效其逆行也요 致飽乃至(六行記)의 至는 恐止요 據所食(九行記)者는 據其所食之數也라.

※甲本; 無得杜順和尙食肉이라하야 便乃食肉하라 食臭屍어니 不食가 懸吐하라 杜順和尙도 亦食死尸故로 爲如是責他時人也라.

09上09 [甲本]據所食者는 據其所食之數也니 懶老云口之阿禁?을 云據也라하더라.

09下05 故言故兜率云云의 上故字는 或衍이며 或不衍이니 謂以偈上二句之言으로 證成上不修眞法生死輪轉之義故로 云故言也니 故字는 所以也라.

09下10 不唯但具性功德者는 揀同敎也라.

10下07 註에 先覺後不覺云云은 連上而非字하야 讀之니 皆元文也라.

11上03 而名의 而字는 衍也라※

※甲本; …名相下有之字也라.

11上03 如外無智者는 上簸三法하야 成如智하고 此下는 如智도 亦空이니 此句는 智空이요 下句는 如空也라.

11上03 [甲本]言智體卽如者는 謂智外無如요 非謂此句가 成上智空也라.

11上10 如前睡夢之人云云은 但喩眞體合이요 而不喩正智生者니 其警之令寤卽正智生也인 則眞體合時에 早已正智生也라 故로 不喩也라.

11下04 如前作夢云云으로 至本就者는 喩上의 眞本은 約性也요 覺故正智云云은 喩上深源이니 約智也요 如作夢云云下는 喩上反此니 卽眞本이 約智也라.

11下06 覺如하면 行盡源成者는 喩上深源이니 約性也니 以如가 卽性也요※ 餘說紛紜이나 不煩이라.

※甲本; …懶老云如前作夢下는 初明眞本下二句로대 而先直約喩以明初句하고 覺時下는 還約法以明下句也라 其覺時之覺을 若約夢覺이면 則亦似約喩나 而次下覺故之覺字와 及覺如之覺字를 約法則順하고 約夢覺則義似未便이라 而又此覺時之覺으로 欲謂與下二覺으로 法喩異라도 亦難矣라하나 愚는 謂하노니 皆法說이니 詳詳하라 覺故下는 明深源下의 二句로대 而此則明初句中先法後喩요 覺如下는 又唯約法하야 以明下句也니 謂覺於眞如而行盡源成也云云하노라 乃至乍看則似有錯漏나 而細看則謂之錯漏도 亦難故로 但依文하야 强商量故로 不覺如是切切하노라.

12上07 [甲本]此但知有佛性云云者는 以所化衆生이 但知佛性이나 未見未證故로 例知能化之敎도 亦但指示人하야 而令知요 未令見證也라.

12上10 [甲本]銓은 作詮이라.

12下03 言顯現之言下云云者는 鈔(四行)의 對於開義之言을 以開示二字로 對用之也니 謂疏中悟入顯現은 卽悟入과 開示也라 故로 (記,12上09)云第二義에 具四義也라하니라.

12下05 或衆生下는 疏中의 悟入顯現之言이 對開顯하야 云顯現也라 顯現則深이요 開顯則淺也라 此後義則第二義는 但悟入二義요 非具開示也라 上은 講說이라 愚는 謂하노니 第二義에 二釋이 皆具開示悟入四字하니 謂鈔에 旣云使其修行이 義通開示則顯現之言을 雖不開示로 對用이라도 早已具四義也라 故로 上記에 釋使其修行에 已配開示二字也어늘 講說이 於修行中에 不見開示하고 但顯現中의 初義를 以開示對로 見之하야 第二義에 具四義云云하니 未知其意何哉로다.

## 懸談

33下09 [甲本]鈔에 破塵引文中에 衆生心之心字를 懶老云當作身字라하더라.

## 會玄記

13上05 科圖에 因緣家의 家는 作字라.

13上08 意字는 衍也라.

13上09 但釋知見大事云云者는 大乘法師는 但釋知見大事로대 而其中에 亦以義로 配屬四義也라 如又云爲此云云으로 至下邊第九行이 皆彼疏也니 註所配는 卽曲配四義也라.

13下01 眞如下에 落所詮二字라 爲義의 間에 恐落事字라.

13下02 眞境下에 恐落俱爲道理四字요 又恐俱名爲事義五字와 及俱爲道理四字니 皆註라 元文은 但應云眞如는 所詮所證義理境界요 證智는 能證能知義理境界라하나니 卽能證云云이 何以知其爲註也오 上云但釋知見大事며 亦可約義曲配云云之言이 元文則應無하고 事物等言이 但註中에 配屬而已故也며 如下依本後釋中에 但註中에 配屬하고 而元文則無之例也라.

13下02 能所知見者는 能證之智는 爲能知見也요 所證之理는 爲所知見也인 則理智並名知見하고 不分知字見字也요 第二釋則分知見二字하고 配根後二智하야 不該理나 而其性이 卽理也요 第三釋則上根後二智가 皆屬菩提하고 其性은 卽涅槃也라.

14上08 能生逑의 逑은 作法字라. 生了六對에 初三對는 約世間法하고 後三對는 約出世間하야 以因望果說이라 於中에 初則生因은 卽緣也요 了因은 卽因也라 後二對則二皆緣也라.

14下04 又云下는 正因則因이요 緣因則不言可知也라.

14下05 酵는 酒也라. 暖은 暖氣也라.

14下06 僧名和合者는 指上諸衆生之梵音也라.

14下08 僧有佛性者는 十二因緣和合中에 有佛性也요 註에 此就能生

者는 望當生法하야 生了二因이 俱爲能生也라 言以因望果者는 其中의 阿耨菩提가 是果故也라.

14下10 有親疎故者는 結上二義니 謂緣因卽了因者는 疎了因也니 上所謂六度波羅密과 及八正道等이 是也라.

15上02 了因未必者는 親了因也니 卽智慧佛性也라.

15上05 註에 爲性의 爲字는 衍也라.

15上09 註에 明은 作名이라 然이나 此記文은 見餘字卷二十丈下二行等이라.

15下01 是中道者는 現陰이 滅하고 中陰이 生에 而現陰이 終不變爲中陰故로 現陰非常이며 又現陰이 雖不至後나 而能生後則現陰이 非斷이며 又中陰亦非常非斷故로 云五蘊相續卽是中道佛性이니 以能生佛果故라.

15下08 [甲本]註에 了之智所了者는 了因은 是能了也요 所了는 是正因也라 了因卽所了者則以般若之因緣卽是了因爲能了也라.

16上04 前解以能生通緣因者는 能生卽五蘊이라 乃正因이나 而今五蘊身上發心修行故로 云通緣因也니 以發心修行이 卽緣因故也라.

16上08 證也上에 落引字라.

16上10 ※準下鈔者는 見宇字卷十五丈上九行이라.

16下02 此中後意의 後字는 作初字라. 影略者는 此略果下에 略生了對也라.

18上01 [甲本]註에 恐要의 恐字는 猶擬意也요 非悚懼也라.

18上02 ※下鈔云云은 見盈字卷下十二丈下九行하라.

※甲本; 略釋如下者下鈔云古有多釋云云者는 下鈔의 鈔字는 恐疏字誤也니 以下疏中에 引此二釋故也며 又今鈔中에 略釋如下者는 指下疏가 可也라 以下鈔則未及作故也요 又古有多釋之言은 下疏鈔中에 並無하니 無乃疏鈔며 又有異本耶아. 鈔中指者는 鈔中云 廣釋如別略釋如下云云之言이 是爲指也요 如下者는 通於二處하니 初는 法華論과 嘉祥疏則盈字卷鈔也요 清凉略釋과 及南北二宗所釋은 收字卷鈔也요 又清凉略釋者는 盖鈔中略釋如下之言이 記主도 亦未定故로 初以盈字卷疏中二釋爲略釋하고 今必以收字卷中에 清凉

自釋과 及南北二宗爲略釋이 而盈字卷中에 雖是古釋이나 而清涼이 引用則亦是清涼意故로 云上二處略釋이 皆鈔主意云云也라 鈔中에 所指도 亦並指二處釋故로 記中二處釋具引也라.

18上02 [甲本]法華論則從深至淺也요 嘉祥疏則從淺至深也라.

18上03 一切智下에 落一智字니 一切智卽根本智也요 下智字는 卽後得智也라 根本智는 卽知也요 後得智는 卽見也인 則佛知見也요 知見相卽菩提요 知見性卽涅槃故로 云雙開菩提涅槃이라.

18下01 然此天台云云으로 至清涼前은 皆記詞也라.

18下02 非開의 開는 恐闢이라. 所化人開悟의 悟는 恐示字라.

19上01 清涼云云은 見收字卷下五十九丈下六行이라.

19上03 見一心云云者는 下鈔에 無一字나 而愚는 恐一字是也요 見字는 衍也라.

19下01 上二各是一理者는 南北釋義也라.

19下06 發心品云云은 見律字上卷十二丈上七行이라.

20上02 下疏者는 見律字卷十二丈下一行也라.

20上04 菩提下에 落心字라.

20上07 千不可說或減或增者는 如發心經中에 過千不可說云云故로 增也라 故로 云及此中也니 如大威光太子가 人壽二劫時에 歷一生事三佛하며 又再生事一佛則二生內에 經三劫故로 云減也라.

20下03 不以長時云云者는 以多劫卽一念故요 不以速證云云者는 以一念이 卽多劫故라.

20下04 [甲本]起信은 定三祇故로 以遲速爲權하나 此宗은 反此也라.

20下06 疏云下는 見海字卷下三十丈上六行이요 呑服의 服은 少字라.

20下08 註에 多喩下에 落一喩字라.

20下10 下疏云云者는 見海字卷下三十九丈下五行이라.

21上04 謂佛法界者는 本文具云生如來家者는 謂佛法界云云이라.

21上10 當淨二字는 前却이라.

22上04 無虛의 無字는 作物字니 無心於萬物이면 則爲神靜也라 故로 得也요 萬物未嘗無인 則未能物虛故로 失也라.

22上04 三乘望理爲一念云云者는 頓教義也니 如節要所言也요 終頓으로 望圓教則皆三乘教也라.

22上09 下疏云云은 見聞字卷四十六丈下六行이라. 餘略不說者는 謂信受解說讚歎等을 略而未說也라.

22上10 卽如說云云은 記詞也라.

22下04 [甲本]益字例知者는 謂能益名益인대 見聞之益이요 所益名益인대 見聞卽益이니 依主와 持業이 如次라 下九가 皆有二量하니 依主持業二釋也라.

22下04 望果聞因者는 望所起之教果하야 云聞이니 能起因也요 以因不是教라 不可云聞而云聞者는 但望教果하야 云聞也라 有云望見聞益等은 果요 聞法爾等은 因이라한 者는 恐非也라.

22下07 註에 第八示眞法을 不與彼相配者는 應淸凉新加어나 而略不言耶아.

23上03 [甲本]互通少分二義者는 謂能所二義也니 謂多約於能則通於少分所也요 多約於所則通於少分能也라.

23上04 二世의 世는 衍也라.

24上01 註에 頓起의 起는 恐超字라.

24下05 不爾何處의 處는 或作故字니 謂法爾가 不是總者인대 何故로 此中에 更明法爾云云으로 爲總耶아 以指前總中이 明法爾爲總也라 又不改도 亦得이니 謂前疏鈔에 顯法爾因하야 直談法性하고 不待別因홈이 不是總者인대 何處(故)로 更明法爾하야 爲總고할새 而此中에 指之也라.

## 會玄記 第十二卷

01上03 第五徧益喩合中에 有意根이나 而喩中에 無意根者는 下疏에 不言意니 謂喩則以樹故로 雖益前五之身根이나 而不能薰成意根之益也일새 與合中如來로 不同也라.

02上01 答此는 上下也라.※

※甲本; …或云如文也라.

02上04 註에 因不輕云云菩薩行이니 者는 出謗不輕이 爲謗行法之所以也니 謂不輕이 禮四衆云汝等이 皆有佛性修菩薩行故로 四衆이 因此謗之也라.

02上05 自는 作字라.

02上10 賢首品云云은 見閏字卷四十四丈下七行이라.

02下03 [甲本]註에 中一間에 落具字라.

02下05 [甲本]上皆所作이니 總說皆難者는 總說上信受讚說智所作이 皆爲甚難也라.

02下07 [甲本]下疏者는 致字卷下三十三丈上初行에 見이라.

03上07 [甲本]疏云 云云은 見重字中卷初十二丈이라.

03上08 [甲本]運三業을 等衆生界하야 者는 所懺之過가 等似於衆生界也요 非謂能懺之衆生數也라.

03上09 懺悔云云은 見重字卷中十二丈上三行이라.

03下03 猶如獵者云云은 皆釋上惡心徧布之鈔也요 餘는 皆下疏也라.

04上01 已吐却噉者는 懺罪는 如已吐하고 復相續은 則如却噉也라.

04上02 備過의 備는 準本컨대 補字라.

04上07 我知是法云云者는 意謂我知非有非無之法코는 則不造罪也니 以罪性이 雖非有나 罪相則非無하야 受報無差也라.

04上07 雖悟理云云者는 謂雖悟罪性非有之理나 而不知罪相非無故로 不息業하고 而云欲懺悔인대 有何益也리오.

04上08 餘衆獲益은 下疏科經也라.

04上09 ※經具云三字는 衍也라. 以三昧云云은 連上獲益하야 皆下疏요 此則釋妨이니 妨云此土의 兜率天鼓說法이 云何益及百千刹耶오할새 故로 通云三昧는 卽毘盧遮那菩薩의 離垢三昧也라.

※甲本; 經具二字는 作下疏二字也라.

04上10 大益者는 鈔云大盖라하니 盖는 誤也라.

04下02 喩四禪無八災者는 鈔(38下05)中에 但云第四禪이나 而今通擧四禪者는 以入第四禪則亦無前三禪之災也니 以前不離後하고 後能離前故也라.※

※甲本; 八災는 註中에 具見이라.

04下05 謂惑의 間에 準本컨대 落了字라.

◉校者註; 04下06, 中若間에 脫之成은 爲理와 爲事가 六字也니 見海字卷上二十五丈下二行이라.

05上09 註에 廣鈔는 卽圓覺經廣鈔어니와 現今의 略鈔普覺章末에도 亦有之라.

05上10 註에 ※已成의 已字는 作以字라.

※甲本; 已成의 已字는 卽是以字也며 或改以나 而不改도 亦得也라 他處에 以已字로 通用也라. 此廣鈔者는 圭山의 圓覺經廣鈔也라.

05下01 註에 佛勝下에 落已字요 衆生劣下에 落我字요 約性의 間에 落理字라.

05下02 註에 究竟解行이니 懸吐라 記隨門不同云云者는 下鈔에 列四門하니 一은 約性이요 二는 約相이요 三은 性相交徹이요 四는 以性融相이라 今成佛門은 卽以性融相故로 一成一切成也라.

◉校者註; 此中所謂下鈔는 指海字卷中二十六丈下三行也라.

05下10 聞香見蓋理合第二重云云者는 以聞香見蓋는 同是第一重天子之所益故요 遇光은 是第二重天子之所益故也라.

06上05 鈔云의 云은 作文이라. 上下影顯者는 上則影見蓋가 爲第三重之能益하고 但以第一重之所益으로 見故로 屬於第二重也요 下則影見蓋가 爲第一重之所益하고 但以第三遇光之能益으로 見故로 攝在於第三重也라.

06上08 會今二字는 上下也라.

06下09 下疏鈔云云은 見律字卷十四丈下四行이라.

## 懸談

40上05 鈔에 佛神力者는 諸佛也요 世尊本願力은 卽毘盧本師也라 此二로

望說主菩薩컨대 皆緣이로대 而今以本佛爲因者는 雖菩薩說經이나 而代本師說則菩薩說이 ※卽佛說故로 本師願力이 爲自因也라.

※甲本; …卽本師之說也라 故로 本師願力으로 爲自因也라.

## 會玄記

07下03 依時等十緣有二釋에 初는 可知요 後는 相連釋이니 謂依한 時와 依한 處等也라.

08上05 [甲本]見寶塔者는 卽品名이라.

08下01 神通三世者는 以現在識으로 能知過未之事故로 云神通이니 如佛能知過未久遠劫事가 是神通也라 唯識三世도 亦以現在로 知過未나 而此則以因果로 比對而知요 非如佛之見過未를 如現在故로 非神通이요 而乃識上所起故로 云唯識三世也라.

08下03 道理三世者는 現在一念上에 隨前後念하야 引起道理也라. 註에 凡은 作比라.

09上02 法界品云云은 見帝字上卷十四丈上一行이라.

09上06 遠字와 及越字는 皆衍이라.

10上06 註에 今鈔全依疏書者는 盖記本鈔가 如是也라 今鈔則但後二가 依疏也라.

09上08 註에 前三의 三은 二라.

## 懸談

41下05 [甲本]無三世라 刹那에 安有云云 懸吐라.

## 會玄記

10上09 今就此界云云은 通七重은 且約娑婆也요 起處之時在此下는 通上一念等이 偏一切也라.

10下04 非處爲處等이로대皆義無方者는 以明不明無方故로 今時中에 明之하고 後處中에 不明也며 或可處中에 影顯示也요 非無其義也라.

10下09 二師義一云者는 準下(23下10)컨대 會解也라.

◉校者註; 依處鈔中問明異類云云은 在五十一上四行也라.

11上01 依處下에 圈은 衍也라.

11上06 無後相對者는 此中에 無徧刹種故也라. 十異者는 十은 當作四라. 至後當會者는 後依處記中(24上01)에 有四異也라 (10下10)助正之言은 至無後相對故(11上06)니라.

◉校者註; 此改十爲四는 竊謂不改가 可니 四十九丈上十行에 有十異故라.

## 懸談

43上10 [甲本]不同하니 時亦同時云云 懸吐라.

## 會玄記

11下05 短劫攝長劫下에 應云彼攝此亦然而略不言也라.

12上04 法界無差別이라하니 上二句는 經文也요 故劫卽云云下는 皆記釋也니 旣華藏世界가 與法界之理로 無別故로 據理而言컨대 劫卽非劫云云也라.

12下10 今詳二解前釋近宗者는 愚詳旨歸컨대 後釋爲是라 蓋旨歸는 於此說時中에 有二難하니 初則上法爾中引來하고 後則今又此一部云云이 全是也라 上法爾中의 二難은 但就旨歸의 初難하야 曲分二也어늘 今記主가 以又此一部下로 通上法爾中에 再難者는 恐不然也라 以旨歸는 於初義中에 擧如觀牖隙之喩한 然後에사 方云又復此一部是無邊云云이라하니 豈非法爾外에 別是一義耶아 詳旨歸則可知也라 助正與記主가 豈不見旨리요만은 而今如是云者는 應一時之誤也리며 或見旨歸가 各不同耶아.※

※甲本; …懶老云寂照는 唯約答初難而看也니 謂疏則指法爾中의 答初難文이요 鈔則答初難外에 更約此意하야 答初難이나 而不同前法爾中答義故로 云勿濫前一義라하니 以前法爾中答

則以無始終中에 隨見聞而有始終으로 答之라 此鈔中答則以就現文看이면 則似有始終이나 而其實은 結通無盡故로 無始終云云이라하더라.

13上04 四分律中에 云六七日이라하나 而今引律文中에 但五七者는 應九行의 復坐樹下에 落七日字라 不然則下尼拘樹下에 落七日字也라 準下五分컨대 則尼拘樹下에 有七日三昧之言하고 而又四分五分이 皆尼拘가 在最後요 而作是念之言이 皆同則尼拘樹下에 必落也라.

13下04 一思의 一은 衍也라.

13下05 [甲本]過七日者는 卽上跏趺七日之七日也요 非跏趺七日之外更有七日之七日也라.

14上05 ※第十四者는 準本則乃十卷也라.

※甲本; 五分律第十四者는 詳本律則乃十五卷也니 記筆誤矣라.

14下07 彼更問云云者는 本文에 具云若此多劫에 常恒說者인댄 何故云云은 同記所引하고 旣爾云云者는 本文에 無問辭하고 但有答하니 文云 又復以此初時로 旣攝多劫일새 是故로 示現涅槃도 亦在此中하고 以攝化威儀中의 涅槃도 亦是云云이라.

15上01 而住上에 落依眞二字라.

15上05 二種의 種은 重字也라.

15上07 卽下疏云云은 出上塵刹四句所以也라.

15上07 [甲本]兼字는 恐非字也라 依本도 亦小通이라 懶老云 義兼初一重者는 上則指配所當二四句하고 今明初一句則但可義兼이라하니 無卽入義故라.

15上08 初一重四句無卽入故者는 出上義兼之所以니 謂旣無卽入故로 但兼而非正也요 第二重四句云云은 通妨이니 妨云初重四句는 雖無卽入이나 而第二重四句가 有卽入故로 初兼後正이 爲鈔中所指通局交徹二四句也어늘 上何故로 又言所例中塵刹耶아할새 故로 通云第二重四句는 但明刹卽入하고 以塵例刹하야 方有刹塵卽入故로 正爲此疏文義也라.

15上08 [甲本]例는 作刹이라.

15上10 [甲本]以牒의 牒字는 恐衍也라.

17上02 以身在欲界云云者는 以身字로 有以梵王身이며 或欲界人天身이라하야 兩楹疑之나 愚는 謂하노니 何是疑哉리오 蓋問云螺髻는 是初禪王이니 應例色界云云故로 今答云雖是初禪王이나 以今身在欲界佛會中할새 當以欲界勝天으로 言之라 若言初禪天宮云云이면 則身字가 正是梵王身이어늘 有何疑也리오.

17上06 豈眞의 眞은 作直이라.

17上09 見佛本云云上은 下疏也요 此下는 鈔也라 金色上에 落見字라.

17下03 [甲本]淨穢無礙初重四句云云者는 淨穢無礙가 有兩重云云故也라.

17下06 前一四句以本刹末刹相望成四句鈔文을 記主가 作科나 而有所未安하니 如初는 理事別說이요 後는 理事相望云云이라하나 理事相望이 豈非別說耶아 初後二科中에 皆前三은 事요 後一은 理也어늘 豈可以別說과 與相望으로 分二耶아 又前二句可知以前은 則通明本末之義라 非釋疏文也요 自前二句以下가 方釋疏文也로대 而前二는 可知故로 不釋이어늘 而今記는 以通明本末로 作前二句之釋이라하니 此等이 皆一時之誤也라 故로 愚는 敢別作科文云이라.

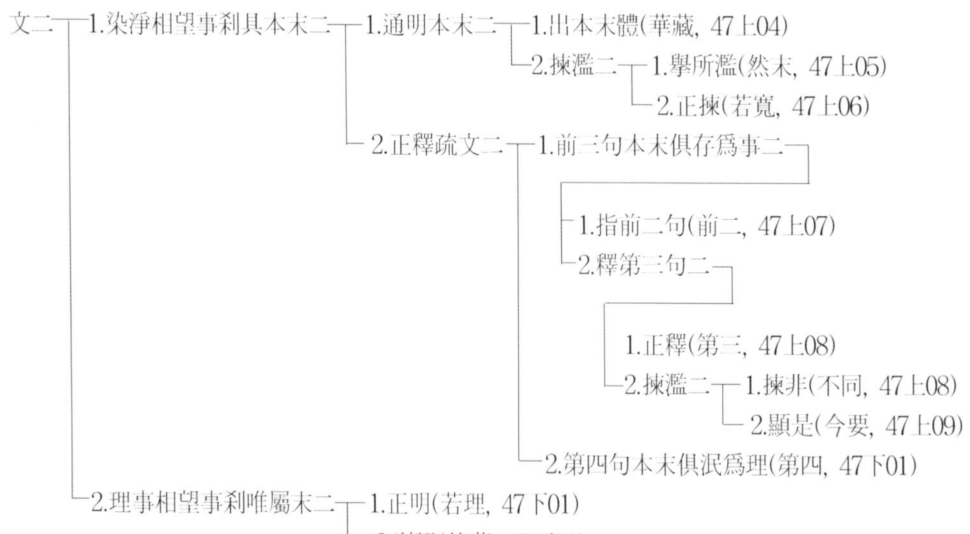

# 懸談

47下02 鈔에 理事相望中引華藏品者는 證華藏淨刹로 爲末之義也니 以偈云法界等無別則不可不所等之法界理로 爲本故로 華藏淨土로 爲末也라 盖此中에 染淨이 皆末이나 而染之爲末은 易知라 而又上科中에 已明爲末故로 不引證하고 而淨則上科中에 爲本이나 而今返爲末故로 引文하야 以證爲末之義而已니 不必所引四句相望하야 以證理事無礙也니 以所證中에 但云事爲末하고 理爲本이로대 而不言無礙故也라 盖此染淨二四句中에 此初四句는 但擧染淨하고 而後四句中에 正明無礙也라 又記主가 通證染淨本末云云에 言通證者는 通證上二種本末이 皆約染淨이요 而不唯證後一本末也라 然이나 此偈中에 華藏爲染之義가 不顯이어늘 況所引中에도 亦不言華藏爲染耶아할새 故로 愚는 謂하노니 但證華藏淨土가 望法界하면 爲末之義也라.

## 會玄記

19上09 七處下에 落徧十方三字라.

◉校者註; 鈔/49上02, 如前은 指上二十三丈下二行謂第六經云云以下所引文也니 或爲檢而未及者하야 附之하노니 庶無責好事而已라.

19下08 註에 平漫四句者는 謂一은 或局이니 唯一塵故요 二는 或通이니 該一切刹故요 三은 或俱니 卽塵徧刹故요 四는 或泯이니 二相盡故라 云云이라 然이나 詳疏文勢컨대 則上能例中에 但約刹以明四句하니 則此所例塵中에도 亦應約唯塵以明四句故로 疏云又以一塵例刹도 亦有四句云云이라 其言이 似乎唯約塵以明四句나 不必以塵望刹하야 論四句也라 若以唯塵明四句인댄 應云一은 或局이니 一塵故요 二는 或通이니 一切塵故요 三은 或俱니 卽一塵이 徧一切塵故요 四는 或泯이니 二相盡故나 此約平漫이니 相攝四句는 例知니 然則此以塵例刹中에 含唯約塵及塵刹相望之二義어늘 記中에는 前中闕唯約塵義也라.

19下10 於中現者는 準本則於中間에 有其字하고 現字는 衍也라.

20上01 此經이라하니 十方의 婆로 懸吐니 卽取下는 記詞也라.

20上02 各亦同前云云者는 有云同前一一塵處에 皆有彼刹(此上同前也)하고 於刹內에 攝自同類云云이나 而文義가 不現하니 愚는 謂하노니 塵攝刹義는 與前同이로대 而彼는 但攝刹하고 此攝刹海하니 前後寬狹이 有異也라 然이나 亦有異하니 若旨歸十名이 從狹至寬者인댄 第七歸華藏은 但一刹海也요 此第六中에는 已攝無邊刹海라하면 似前寬後狹也니 未詳이라.

20上06 卽此前鈔云事盡理顯云云之言은 乃次下鈔의 旨歸文云也라 故로 多卽字요 前字는 爲下字라 愚는 謂하노니 若然則雖略無拂淨相之言이 不合也라 故로 愚는 謂하노니 卽此前鈔云云之言이 乃釋鈔中卽前染淨無礙之言也로대 而有誤落處니 謂事盡의 事字는 作相字요 染相의 間에 落淨字也라 然則指前染淨無礙後四句中鈔後一約相盡理顯之言(鈔/47下08)也니 謂前鈔相盡理顯之言이 是染淨相盡也라.

20上07 雖略無拂淨相云云은 謂前鈔則染淨二相이 皆盡이나 而旨歸則但染相盡也라 故로 對今鈔컨대 旨歸에는 無拂淨相也라 若此前鈔를 改以此下鈔하면 則雖略云云之言이 不合也라 然이나 詳旨歸之言이면 則但拂前六刹之染相하야 以歸華藏淨刹則若不理顯하면 染安得爲淨이리오 故로 云理顯而淨相則不拂也라하니라 故로 鈔에 但云染相盡이라하고 不云染淨二相都盡也라한 則鈔中의 卽前染淨無礙者는 指前染淨後四句中第二句也요 不指後一句也라 以第二句는 明卽染相而淨相盡也니 卽染而淨故로 云染淨無礙也요 不必以後句의 二相都盡으로 爲染淨無礙어늘 而記主가 以後一句로 見이라 故로 旨歸之文도 亦以拂淨相으로 見之也라 且此十重之處는 自狹至寬하고 自染至淨이니 若淨土亦無면 則於何說經耶아 智者는 詳之니라.

20上08 今疏加第五云云은 亦記主가 通難이니 難云旣不立歸華藏인대 則何以立遍華藏耶아할새 故로 云歸華藏이라하면 則約華藏同眞도 亦無淨相之義也리라 今則但取華藏淨土之事相하고 不約同眞故로 異也云云이라하니 此亦記主가 就自所見也요 疏主意則但

歸與遍이 異하니 華藏則皆同約事相也로대 以歸則攝染而歸淨이요 遍則非但遍於前六染이라 亦遍於淨也니 非攝前六하야 爲淨也라 故로 別立遍華藏也라 問이라 歸華藏도 亦約事相則 何以鈔云事盡理現耶아 答이라 以攝染歸淨이 非約理則不能故로 云理現也라 其事盡者도 亦但約染事之盡也요 不約淨事也니 所謂不壞事而顯理也요 非華藏淨事도 亦泯也니 學者는 詳之니라.

20下01 取捨離合者는 四五六은 皆離也요 七은 合也요 三八은 取也요 彼之七八은 捨也라 有云捨는 與上으로 同하고 取中에 有한 七은 合이요 三八은 離也라하더라. 言排次者는 有云排次下에 落不同二字며 或排字가 非字也라 愚云排는 排却이니 猶前却也라.

◉校者註; 20下01, 爲配對之하야 圖示以付하노라.

別明處異開合不同(記/12, 20上09)

| | 疏 | 旨歸 |
|---|---|---|
| | 1)此閻浮提 | 1)閻浮 |
| | 2)周百億 | 2)周百億 |
| 取 | 3)遍異類 | 3)盡十方 |
| 離 | 4)遍刹種 | 4)遍塵道 |
| 離 | 5)遍華藏 | 5)通異界 |
| 離 | 6)遍餘種 | 6)該塵刹 |
| 合 | 7)遍前六類 | 7)歸華藏 |
| 取 | 8)盡虛空 | 8)重攝刹 |
| | 9)猶帝網 | 9)猶帝網 |
| | 10)餘佛同 | 10)餘佛同 |

21上02 他界中有七處者는 有云例顯他界니 旣此界七處가 周法界인댄 則他界中에 各有七處도 亦周法界라 愚는 謂하노니 但此界七處가 周法界故로 他界에도 皆有七處하야 而爲能遍也요 非此界七處가 周法界外에 又有他處에 七處周法界也라.

21下02 光明覺云云은 見往字上卷十一丈下三行以下라.

21下04 註에 四邊面各五萬云云은 面之高下量也니 非正面之量也라 若四邊正面合則爲一周圍而此五萬云云을 四分合之라도 太不

及周圍三十六億云云之量也라.

◉校者註; 此中에 不說南洲者는 古云現前目覩故라하니라.

21下06 欲界上에 落二十八天者五字也라.

21下08 [甲本]三靜字는 作淨字라.

22上01 黃帝三等數에 下等十十變者는 十一이 爲十이요 十十이 爲百이요 十百이 爲千也라 自千已上에 方用中等이니 言百百變者는 百千이 爲萬이요 百萬이 爲億이라 自億以上方用上等言倍倍變者는 俱胝俱胝가 爲那由他니 俱胝는 億也요 那由他는 兆也며 又小等은 通於中上이니 謂十千爲萬하고 十萬爲億云云이라 中等은 亦通上等하니 謂百億爲兆하고 百兆가 爲京等也라 上等은 不通中下하니 不言百百이 爲千하며 千千이 爲萬故也라.

22上02 [甲本]百小千方爲一萬者는 十百之千을 謂之小千이라하고 此千을 爲一積至千則謂之中千이라하고 此中千을 爲一積至千則爲大千也라.

22上02 註에 若約小數云云等은 非註也니 以大文連書호미 可也라.

22上04 小數有億의 有字는 作百이라.

22上09 百萬二禪之百字는 當作十이라. 若約小等數면 則爲百萬이나 而旣百億初禪이 用中等數인대 則此亦用中數하야 謂之十萬이라호미 可也라 然이나 此三千世界가 中等則百億이요 小數則萬億이니 及此百億初禪과 十萬二禪云云之數하야는 學者가 多未算知故로 今圖示하야 使一時에 見之케하노라.

| | | | | | | | | |
|---|---|---|---|---|---|---|---|---|
| 初禪 | 一十百 | 千小 | 十千小數萬 | 百千爲萬十萬爲億 | 十萬十億 | 百萬爲億百億 | 十億千億 | 百億萬億 |
| 二禪 | | 一 | 十 | 百 | 千 | 十千萬 | 百千十萬 | 十萬百萬 |
| 三禪 | | | | | 一 | 十 | 百 | 千 |
| 四禪 | | | | | | | | 一 |

觀此건대 則三千世界를 合爲百億之義요 十萬二禪之義는 可知也라.※

※甲本; 言三千大千者는 疊言也요 大千은 自具三千이니 言三千者는 小中大三也요 非一二三也라.

22下05 或萬의 或字는 衍이라.

23上02 圖表에 一小千世界輪圍山中有一千四洲者는 違上光明品疏하니 盖輪圍山이 有三하니 一大輪圍는 但一也니 圍大千界이요 二는 中輪圍山이 有千하니 圍中千界니 以中千界가 有千故로 輪圍山도 亦千也요 三은 小輪圍山이 有百億하니 圍一四洲也라 故로 上疏云一四天下가 一小鐵圍라하니 以四洲百億故며 輪圍도 亦百億也라 故로 光明品에 百億輪圍는 指此小輪圍也라하야는 今記主가 一小千輪圍云云은 卽圍小千界也라 據理컨대 則大千中千이 旣各有圍인댄 小千도 亦應有圍也나 上疏則小千은 無圍하고 一一四洲에 有圍也라 若小千有圍면 則小輪圍가 當有十萬也라 記主則別有所據耶아 下疏則無此義也라.

23下01 此一의 一字는 當作下字也라 此則佛爲能遍하고 樹形等爲所遍也라.

23下05 [甲本]多一不可說者는 準下經컨대 則二不可說이 皆無하고 而鈔云 結有不可說不可說異類云云은 恐鈔文의 傳寫之誤라 記主가 云호대 經正云有不可說云云은 正是最中刹種所持云云이라하니 亦未穩也라 此二十形異類는 通指一切種이요 非最中種이니 而亦無不可說之言故也라.

24下01 註에 顯刹種問答者는 應云異類言이 雖通刹種하나 言總意別이니 唯取大小刹異類也라 有云刹種言이 雖總이라도 意則別取最中刹種이라하니 非也라.

## 會玄記　第十三

01上04 第八經云云은 見寒字上卷四十五丈下十行이라 說有之有字와 及其最中之其字는 本文에 皆此字라.

01上10 註에 所含種子者는 以香海로 爲藏識海면 則藏識之所含也니 以藏識이 集諸種故也라.

01下03 八方은 恐此上二字라.

01下08 象齒者는 下疏云鴈齒也라하고 有云非鴈鳥之齒이라 別有鴈齒之

物하니 下狹上闊也라하니라.

◉校者註; 鴈齒는 大漢和辭典鴈齒條에 如鴈行之列이라하다.

02上01　二十層圖中最下十一畫는 卽十一種風輪이라 風輪圖上海는 卽大香水海니 名이 普光摩尼香水海라하고 海有華는 卽大蓮花니 名種種光明蕊香幢이라하니 此乃華藏刹海也라 華上에 又有小蓮花를 名一切香摩尼王이니 此乃刹種이 持二十重也라 大花小花之間에 有大地하고 大地上에 有十不可說小香水海하고 此小香水海에 有花하야 持刹種이나 今圖中에 無大地及小海也라 二十層佛名은 準下經컨대 則三四佛名이 相換하고 又十六十七佛名이 相換이요 又第七佛名의 功德二字는 衍이요 法字下에 落海字라 最下層의 清淨眼佛에 有十箇小環이 圍之者는 無乃右旋十海耶아.

02下07　十方二字는 恐衍이라 下經에 無十方之言이로대 且以義求之하면 八方이 可也어늘 安有上下方之二十重耶아 或記主意에 四方橫布者가 有十處故로 云十方耶아.

02下09　河遶는 本文具云右旋圍繞라 皆上의 間에 落有字也라.

03上06　事中은 上下也라.

04下01　皆是의 是는 作有라.

04下03　上下二十重亦有列不列者는 來字卷中에 但列第一과 及與娑婆齊等之第十三과 及最上第二十重이요 而其餘는 皆不列也라 據實皆二十重云云은 此言도 亦不緊也라 經은 從略超間이나 以列則乃二十重之義가 昭然也어늘 何云據實云云也리오 若經中無此義면 則當云據實也리라.

04下06　還讀次東下十種者는 先讀差別方하고 次法界橋하고 次從十方變化하야 至變化行하고 次從諸佛護念하야 至於寶焰燈하고 次見白環乃至近輪圍山하야 終至常放光明하고 次南下十種等은 皆例此讀之니라 第三右旋下十種中에 第九普現化種右邊에 落乃至近輪圍山六字하고 第五右旋下는 十種中第九普現光明種右邊에 無乃至云云之言하니 此則經文이 闕也로대 據實有之라.

05上02 [甲本]十方十億者는 一方一億故로 十方十億也라.

05上05 遍於의 遍字는 兼字也라.

05下07 狹如의 如는 於也나 或不須改於라.

06上04 第十例餘佛同則具四法界云云之言이 不好也니 以餘佛同이 亦但如此佛이 有前九遍處也요 非餘佛이 總合前九也어늘 豈謂具四法界而爲能遍也리오 愚는 謂하노니 餘佛具四法界之言이 無病하니 何者오 上에 旣明此佛九處에 有四法界故로 餘佛도 例同而亦有九處하야 具四法界也라 若記意以此佛의 九處로 爲別하고 餘佛의 同으로 爲總하야 一時總具四法界라하나 而不如此佛之從狹至寬이니 則實爲不好也라.

◉校者註; 06上06, 此上의 上은 有云指上第八及第十이라하니 似隨也요 七行의 下疏는 指此卷鈔五十六丈下四行에 所云也必矣라.

06上09 答有二義는 皆未合也니 前後皆云說處有十者는 以此中列十處中에 雖有第十餘佛同이나 而總相言之云十處也요 不必自他通收하며 亦不分總別也라.

06下04 [甲本]且是一相者는 但約他明不書之顯과 不顯之隱故也며 或此中隱顯은 對他義理하야 云且是云云이라 然이나 此는 異體隱顯이요 彼는 同體隱顯也라.

06下04 義分齊云云者는 宙字卷三十七丈下三行云若攝他他現이면 卽相入門이요 若攝他他盡이면 乃相卽門이요 若攝他他不盡不現이면 卽隱顯門云云이라하니 釋曰彼則揀二門而別立隱顯門이나 此中에는 相卽門도 亦爲隱顯門故로 彼是一相之言也라 餘說이 紛紜이나 皆非也라.

# 懸談

54上09 [甲本]鈔에 以十住攝於餘位者는 以十住가 能成餘位故로 能攝也요 所成餘位는 皆卽於十住故로 餘位는 廢已하야 同他十住也라 故로 以相

卽으로 言之에 餘位는 能卽이요 十住는 所卽也라 廣鈔에 乖圓徧者는 主伴이 皆徧故로 爲圓徧也나 旣主伴無礙인댄 則主徧伴時에 伴亦徧主故로 圓徧義成也라 問中에 約相見則乖徧義하고 約不相見則乖主伴故로 今明相見이 以成主伴義나 而亦約相見하야 明徧義也니 以問則相見이 乖徧義나 而此答則見不見이 皆不乖徧故로 今約相見하야 俱成主伴義及徧義 也라.

54下04 鈔에 鏡中之影者는 東鏡中之影이니 影卽西鏡也라.

54下07 鈔에 無力彼攝의 彼는 作被며 或彼之所攝이면 不改도 亦得也라.

## 會玄記

08上04 [甲本]餘佛不必初閻浮者는 餘佛之世界名이 各異故也라.

08上05 理出文外者는 餘佛說處가 若如此佛이면 則理出文外也니 謂不成理也라 又餘佛世界之名을 不可知故로 出此疏文之外也니 如云義在文外也라. 上은 講說이니 但約餘佛而言이요 愚는 謂하노니 遮那亦且約此界之言은 意云非唯餘佛不必初閻浮等이라 遮那도 亦不必定約比界也인 則此理가 出於疏文之外也니 通約餘佛此佛而言也라 言遮那不必定約此界者는 謂徧法界에 同時演說이면 則何必此界爲初耶아.

※甲本; 理出文外者는 約又餘佛下而言也니 謂餘佛說處가 若如此佛이면 則理出文外也니 謂不成理也요 又餘佛世界之名을 不可知故로 出此疏之文外也니 如云意在文外也라. 理出文外者는 約又餘佛下而言也니 謂盖餘佛이 豈必一向以遮那가 說初閻浮로 爲說處耶아 此遮那도 亦豈一向以此界當說經處耶아 但是且約也라 此等理는 疏文中에 不說故로 云理出文外也라.

08上07 今具의 具는 作且라.

08上08 亦偏의 偏은 作徧이라 擧一處의 處는 恐衍이라.

08上09 具前下에 恐落別別十時四字라.

08下09 若如의 間에 落望字라.

08下10 註에 此相違釋者는 智正覺은 無漏也요 世間은 有漏也일새니라

上은 講說이니 以衆生世間으로 爲持業釋하고 以智正覺世間으로 爲相違釋이라하나 愚는 謂하노니 疏文의 普賢衆生之言이 初義는 持業釋이요 後는 相違釋也라하노라.

地字卷은 竟하다.

# 玄字卷

# 玄字卷

09上03 且對下執迹云云者는 既對多端하야 云莫二인댄 則非是定一故라. 下云一身云云은 言下云一身云云者는 次疏云執迹多端一身多身云云이면 則一身亦在執迹中也라.

09上10 普賢三昧品云云者는 見列字卷三十五丈下五行이라.※

※甲本; 普賢三昧者는 往檢往字卷三十五丈과 列字卷三十五丈下하라.

09下05 玆字上에 脫泯字하고 玆字下에 脫五字라.

09下06 註에 道具의 具는 作共이라.※

※甲本; …入은 作八字니 謂四禪四空也라 言卽의 言字는 恐衍이라 道共者는 謂無漏道로 所共之戒也요 無表戒者는 初受時에 有壇場軌則故로 有表而持時에 內持故無表也라.

09下07 [甲本]註에 盡智無生智者는 煩惱已盡故로 云盡智요 無三有生分故로 曰無生智라.

09下07 [甲本]註에 五解脫知見者는 此則雙約離縛木證理增也니 解脫은 約離縛增이요 知見은 約證理增故也라.

09下08 [甲本]自利上에 落及字라.

09下09 收以上에 落此法身三字라.

10上01 唯此는 上下요 下十身의 身은 衍이라.

10上02 若融間에 落據字也라 上十身中에 前八은 權同敎一乘也요 第九는 揀權之實別敎一乘也요 第十은 融權之實故로 云若據云云이라.

10上03 ※隨義隱顯云云者는 有云上諸經論에 隨義而互有隱顯者를 不可一處에 累安多身故也라하나 愚는 謂하노니 隨諸經論의 立身之義가 互有隱顯일새 疏中에 不可一時累安故로 列有前後하니 達者는 尋此疏文十身之別名하고 無生局見하며 或尋諸經論文하고 無生局見也라.

※甲本; 隨義隱顯者는 有處에는 顯初身義하고 隱餘九身하니 餘身은

例之컨대 隱顯이 隨根이라 不可一處에 累安多身也라하더라.

10下03 ※何以故三字와 次下二故字는 準本컨대 皆無하니 無乃記主가 添加하야 令文易解耶아.

※甲本; 何以故三字와 及次下二故字는 本文에 皆無하니 無乃記主가 以義添補耶아하니 此는 懶老記中意也라.

10下05 [甲本]卽今의 今字는 令字也라.

11上04 [甲本]初二句云云者는 記主此釋이 恐未穩便하니 愚意則鈔中에 謂若下四句는 正明依本起末과 攝末歸本二意하고 若三下二句는 釋成上二義로 看之가 似好라.

11上06 下二句喩依本起末者는 愚恐此二句가 釋上二句攝末歸本之義라.

11下04 下疏云云은 見往字卷下二十七丈下一行이라.

11下05 無所從의 無字는 衍이니 以一身多身이 從衆生分別心起故라.

11下08 [甲本]云云自他者는 云云은 如此之意也니 謂如此差別顯身이 自於他衆生也어늘 於佛何預此事也오.

11下09 下疏云云은 見收字卷五十九丈上一行이라.

11下10 八識心王俱不可知者는 彼鈔云深妙玄奧難知相故로 云不可知라.

12上03 現相品云云은 見宿字卷下三十三丈下九行이라.

12上04 本住의 住는 作性이라.

12上05 體無上에 落無差別者四字라.

12上06 無異故下는 彼云此則無礙智身이 不依一切하야 離諸分別이 是無差別이라.

12上06 註에 體故二字는 作謂共二字라.

12下04 下疏云云은 見宿字下卷四十七丈上一行이라.

12下05 釋疑難者는 難云旣以法爲身인댄 淸淨如空이어늘 何緣現이며 無色等인댄 云何令人悟於虛空고 答有三義하니 今略明之니라.

## 懸談

03上02 鈔에 見相修成者는 見佛八相修成이니 或恐見字는 八字之誤耶아.

## 會玄記

13上05 人天同類者는 盖鈔本異耶아.

◉校者註; 此謂鈔本異耶는 鈔云人見同類故耶아.

13上10 [甲本]唯釋佛云云者는 不乖三之三字는 法報化之三故로 失揀光明中眞應化之意也요 又不乖此之揀異者는 經論兩處의 所釋四義가 不出此之揀別也니 如云理不出此之義也라.

13下05 如는 作始라.

◉校者註; 科圖難解故出指文以便對校

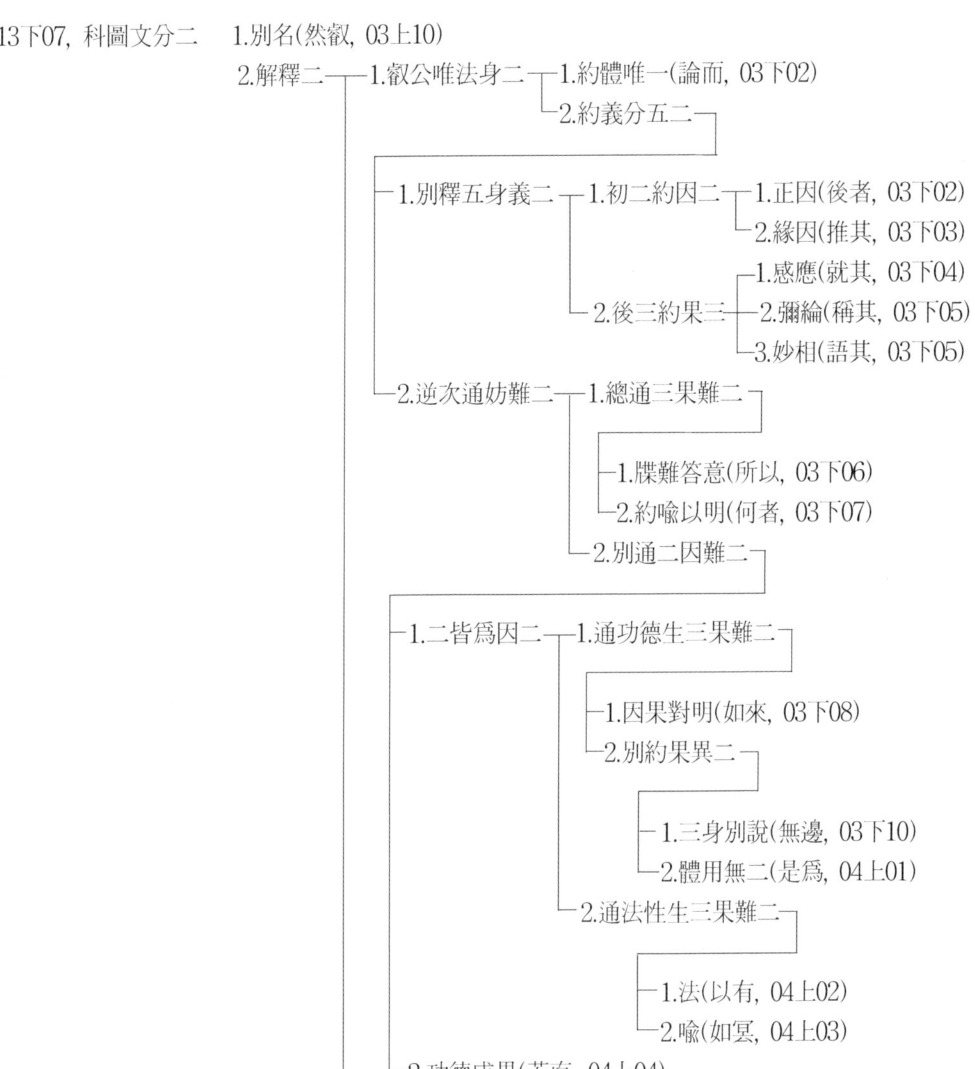


※ 五身

1.法性生身　2.功德法身　3.變化法身　4.實相法身　5.虛空法身

13下08 ※叡公科中에 列名下然又의 又는 叡字也라.

※甲本; 叡公云云 鈔記中分科가 多有未安이나 而不能詳究일새 故

須依之也라 科中에 釋三身의 三字는 五字也요 二身別說의 二字는 作二이요 且指文云功德二字를 改以無邊二字라.

14上02 二身別說의 二字는 三字也라 功德二字는 恐無邊二字也라 然이나 此分科는 多有未安이나 而不能詳究일새 故依之니라.

14下01 本有之法性者는 今鈔에는 無有字나 記本鈔에는 有之耶아 然이나 無之爲勝也라.

14下05 三就其下三云云은 上三字는 恐衍하며 或二字니 以對初二約因之科故라.

## 懸談

03下07 鈔에 何者三有之形云云은 記에 以應化喩로 釋之라 然이나 愚는 謂하노니 上云所以能妙極無相云云者가 總擧後三身하고 而就機而明者는 但釋應化身이요 何者下는 徵釋後三身이라 於中에 三有云云은 反以擧例니 謂三有衆生之形은 隨業而化故로 有萬殊之差어니와 如來法身은 是功德之果故로 果如功德因하야 無邊無相等也라 上은 講說이라 愚는 謂하노니 能妙極無相云云은 據後二身하야 難釋第三身하고 如來法身云云下는 約第二身하야 對釋後三身이라 初中에 二니 初는 牒難總答이요 何者下는 徵釋이라 釋意云三有之形을 隨其所業勝劣而化故로 佛有受用應化等精麤大小之差也인 則釋上就機而明之義가 不是約喩며 亦非擧例也라.

## 會玄記

15上02 ※註에 準叡公云云者는 謂叡公은 約喩中에 有精麤大小故로 變化身이 通於受用變化하고 淸凉則變化身이 唯屬化身故也라.

※甲本; 準叡公通他受用者는 淸凉은 以初二로 爲報身故로 應化는 唯以化身으로 釋之요 叡公은 以初二로 爲因而不立報身故로 應化法身이 通他受用自受用則攝應化法身中也라.

15下02 [甲本]體外無用云云者는 懶老云體外無用則體非無요 用非有요 用外無體則體는 非有요 用은 非無故라하더라.

# 懸談

04上02 鈔에 以有此身爲萬化之本云云은 記云通法性生三果難이라하나 而文義未顯也라.

## 會玄記

15下04 約第一身通難中答意云 法性因은 唯生一法身이나 而此所生法身이 爲萬化之本故로 亦有變化等이니 等者는 等取報身也라 ※上은 講說이라 愚는 謂하노니 等取實相法身과 虛空法身也라.

※甲本; …懶老云 等字는 似約變化等三身故로 云等이나 而然이나 上旣以曦光一로 又喩法身인댄 則此는 應爲變化之喩니 然則無乃以變化一身中에 自有差別多身故로 云等耶아 上云變化等者는 若以都結로 看則不妨云約變化等三身故로 云等이나 而若以此等字로 爲例면 則亦不妨云唯結萬化하야 云變化等하고 而約變化中差別多身故로 云等也云云이라하더라.

16上09 [甲本]三身云云之言은 應是會解之言이나 而以記主의 談으로 見之亦可라.

16下10 天王二字는 衍이라.

◉校者註; 天王二字를 存亦無妨이니 彼經本文에 有故라.

17上05 [甲本]疏云舍那者는 記本異耶아 此疏는 遮字로다 以記意로 看則必舍字之誤也라.

17上08 ※共計의 計는 恐許니 準通載云劫初時에 衆人이 議立一有德爲王하니 以衆所許故로 謂之衆許王云云則此共許王의 是衆許之義니 卽法數에 所謂衆集置王也라.

◉校者註; 劫初王名이 三滿多요 三滿多는 此云平等이니 然則此共計者는 或恐三滿多之異譯耶아.

※甲本; 共計王云云者는 自初로 至淨飯王히 共合計數也라.

17下10 眞應盡具一多云云者는 問이라 應身이 具一多는 可知니 如一化

身이 現多化身故어니와 眞身이 具一多義는 云何오 答이라 今對應일새 而眞身은 法報合稱也니 就法身邊하야는 爲一하고 就報身邊하야는 具多也라.

18上02 ※齊佛體用者는 以歎諸菩薩故로 云齊佛이라.

※甲本; 齊佛體用者는 此明菩薩體用故로 齊佛云云也니 見宿字卷下篇四十六丈上三行이라.

18上04 應持不能窮其頂者의 應持는 佛之乳母니 第九地菩薩也라 佛初生時에 應持가 抱置膝上而不能見其頂也라.

18上06 非近非遠云云者는 目連이 欲知佛音止處하야 至十方世界호대 則如在耳邊이라홈이 是非近也요 身子가 對之而不聞者는 非遠也니 以佛音이 甚小하야 不至座前人之耳邊호미 如蠅蚋等聲故로 云至近非遠也라.※

※甲本; …或局於非自非他之例니 以目連云云으로 爲非遠하고 以身子云云으로 爲非近也라.

18下10 [甲本]東臺의 東字는 中字也라.

19上06 臺或의 間에 落多人所見四字하고 ※或北의 間에 落在字하고 北臺下에 落見字라.

◉校者註; 本疏文이 在往字下卷三丈上二行以下하니 對檢之則見中臺下에 加多人所見亦在西臺見九字하고 削"或北臺"三字則庶無頗也라.

※甲本; …或作亦字며 其下에 落在字하고 北은 作西字하고 臺字下에 落見字하고 暮見의 間에 落皆字라.

19上10 鈔中의 鈔는 作疏요. 第九의 九는 作五라.※

※甲本; …往檢往字卷下初三丈하라.

19下03 [甲本]義如前引者는 懸談二卷十五丈下九行이요. 次行에 亦如前引者는 懸談二卷二十七丈(記十卷十六丈下邊)也라.

20上01 諸有上에 落隨字라.

20上03 下疏鈔云云은 見官字卷下四十九丈上七行이라.

◉校者註; 20上04, 具攝의 具는 本疏에 作同하니 文義尤便이라.

20上05 自在轉의 轉은 衍이라 此下는 皆論文을 配於經句하니 皆可知나

而於中에 眞如淸淨自內證은 無配屬處故로 下鈔에 不配經句라.

20上06 無有世間喩能喩는 卽經一切三界無倫匹也요 非諸尋伺所行處는 卽經以出世間言語道也니라.

20上07 卽爲無爲無二相者는 下鈔則但云爲二爲相이라함은 恐下鈔가 落也라 上은 講說이니 以上云無二相이 卽爲와 無爲의 無二相으로 見之하고 有卽의 有字를 連上故字하니 應懸吐호대 無所有故로 空이요… 是有故로 有라 愚는 準下鈔所引論文勢컨대 則各故字로 爲一句하니 此中에 應云無所有故며 是有故라 又下鈔에 爲無爲가 脫漏홈이 必也로대 而詳其文則無二相이 有三義하니 一은 有無無二相이요 二는 爲無爲가 無二相이요 三은 異一性無二相이니 若配此經인댄 正當有無無二相故로 下鈔云正是初義(官字卷下/50上09)也라 然則有卽爲云云八字는 衍也라 若記意로 釋上無二相 dsleos 云有卽爲無가 爲無二相이라하면 則不衍이라도 亦得이니 以有無相卽故로 非有非無로 爲無二相也니 學者는 詳之니라.

20上08 無依相의 無字는 轉字也라.

20上10 [甲本]相續은 化身不斷報身也라.

20下01 二句는 當上下라.

20下07 光明覺品云云은 見往字上卷二十三丈上八行이라.

21上01 註에 遣句二字는 上下라.

21上07 不獲의 獲은 護字也라.

◉校者註; ·記/21上10, 下說의 下는 古云指黃字卷十八丈下七行云이라하더라.
·21下04, 如前敎迹의 如前은 指天字卷三十三丈上三行이라.

21下05 下疏云云은 見稱字卷五十三丈上四行이라.

21下05 顯智의 智는 知字라.

21下05 [甲本]三身合者는 聲聞緣覺菩薩合爲一段故也라.

21下06 應具의 間에 落各字라.

21下07 [甲本]衆生身의 身은 衍也라.

21下08 [甲本]非는 作無也요 註에 云衆의 間에 落初字也라.

21下09 [甲本]註에 界就의 間에 落卽字也라.

22上03 註에 又重重現下는 釋普入及方網言이니 塵能受刹하고 刹以塵成하며 亦能受刹하야 重重皆入을 名普入이라하니라 旣交絡八九하야 方入東인댄 東入西時에 帶餘方入하고 西入南에 帶東하야 諸方入故로 成重重也라.

22上04 [甲本]註에 地如의 間에 落中字라.

22上08 盡菩의 間에 落一字라.

22下02 註에 隨意得生의 得字는 俱字也라.

22下05 [甲本]註에 性圓의 間에 落淨字라.

22下07 註에 兩重十身一一圓融者는 通非圓宗難이니 難云旣是唯識四智인댄 此非圓宗云云故로 通之也라.

22下08 [甲本]註에 身則의 間에 落是字니 本鈔云智身은 通於四也云云也라.

22下08 註에 妙觀察智亦通四身者는 通觀四故로 通四身也라.

23上01 [甲本]註에 疏智의 間에 落六知二字하고 三初의 間에 落類字라.

23上03 註에 ※小乘十一智의 一字는 衍이라 言十智者는 法四諦와 類四諦와 他心世俗과 及盡無生也라.

※甲本; 一字는 衍이니 見稱字卷五十八丈上七行이라.

23上04 中乘七十七者는 十二因緣은 除無明支하고 餘十一支가 各有七故라 見珠字卷三十二丈上八行이라.

◉校者註; 往檢六地疏則云於三世法에 各有推因과 審因故成六이니 此皆眞實智요 第七은 法性智니 前所未攝한 諸緣起法故라하다.

23上04 [甲本]無礙의 礙는 作量字라.

23上05 註에 新薰性智의 智는 衍이라.

23上07 [甲本]註에 疏知의 間에 七字가 落也라. 大文과 與註中에 或多誤落하니 檢本文과 記하라 云然猶有未安커든 或雖無其字나 而義成則不必改引也니 檢引詳之니라.

23上08 註에 平等相卽是法은 是法의 間에 落理字라.

23上09　註에 揀理異事皆世諸門攝者는 遮難이니 難云若平等인댄 應第一義智所知어늘 何以俗智로 知之오할새 故로 此通也라 世諸의 諸는 作諦라.

23上10　[甲本]化生의 間에 落衆字也라.

23下02　註에 所顯聖迹說深淺者는 小乘人空은 如兎之足이요 中乘修習은 如馬之足이요 大乘二空은 深徹底호미 如像之足이라 言功德等異者는 小乘은 三生이요 中乘은 百劫이요 菩薩은 三祇也라.

23下03　[甲本]註에 之也二字는 衍이라.

23下04　[甲本]註에 疏知의 間에 八字가 落也라.

23下04　註에 文有六相下에 落一字라.

23下04　[甲本]註에 相無의 間에 一字落也요 無量의 間에 落分字也라.

23下06　[甲本]註에 故不의 間에 落謂字也라.

24上01　前引은 指玄記第五卷十八丈下面이라.

24上02　然此十佛與下云云은 見鹹字卷初三十八丈下四行이라.

24上07　心佛下에 落依唯識故四字라.

24上08　雖光明亦能攝伏者는 以威勢身을 論에 名光明身故로 云雖光明云云이라.

24下03　十種見佛은 見鱗字卷初六丈上五行이라.

24下10　深入涅槃者는 得無住涅槃하야 能建大事也요 深入生死云云者는 悟生死性이 卽性淨涅槃故知示滅이 非眞滅稱性常在故라.

25上01　[甲本]眞六의 間에 落滅字라.

25上01　法身充滿於法界者는 如智契合具德法身故로 充滿於法界하니 法界는 卽所滿이요 下는 約法性하야 名身故로 云佛體라.

25上06　[甲本]亦은 作依字也라.

25上08　然無着云云者는 上釋十見은 海東疏意요 此下는 今疏가 直就當經釋이라.

25下01　一切善處之善字는 作生字라.

26下04　望은 作聖이라.

26下09　各은 作名이라.

27下05 又離世間品云云은 見鱗字卷下初四丈이라 經中에 詣道場成正覺上에 落在母胎中四字나 而今에 人不知其落하야 反以此鈔로 爲衍이니 迷之甚矣어늘 豈可以成正覺을 屬於苦行하야 不別爲一相耶아 童子와 王宮은 可合爲一相하고 出家와 苦行은 亦可合爲一相이어니와 成道一相은 不可屬於苦行也니 以義相不同하고 時亦別故라.

27下06 下疏云初一通顯地位는 次八은 明所現七相이니 以住胎는 屬於能現故며 童子는 屬處王宮故라.

27下06 後一總結多門云云에 以住胎로 屬能現云云者는 釋上七相所以요 童子와 處宮者는 釋上次八之所以也니 以經句則爲九相이로대 而云次八者는 以童子와 王宮을 合爲一相故로 爲八也라 今記主가 更加一意하야 云或出家와 苦行을 合一故로 云八也인 則中間八相之言을 以兩楹釋之則而爲所現七相者는 結上八相이 不出所現七相也니 以除能現인 住胎故也니 謂經中間九句中에 童子와 王宮이 是一相이요 出家와 苦行이 是一相故로 爲七也라 ※ 上은 講說이나 若如是看之면 則於疏於記가 皆有疑焉이니 何者오 若疏主가 中間九句를 以所現七相으로 見之면 則何不釋中九爲七之所以하고 但合童子王宮하야 爲一相하야 以釋次八相之所以也오 若順經中十微細之言하야 除初一後一한 然後에 中間을 欲以八數로 見之하야 童子·屬王宮하야 以爲次八者인댄 如他處經句가 雖增數至於十一이라도 就疏釋中에는 別列句數하고 不合二爲一也어늘 而此獨然乎아 又記主가 若疏外에 出家苦行을 合爲一相하야 以釋中八者인댄 童子와 王宮은 完是二相이니 則爲所現七相之言이 無根也라 然則疏記相兼이면 可見中九爲七之義어니와 若疏記別見이면 各不明爲七之義也인 則疏主와 記主가 未免有失也라 若以下經의 漏落으로 爲是하고 此中所引으로 爲衍者인댄 尤不可也니 何者오 以下疏에 列八相하야 云一.入胎요 二.住胎요 三.初生이요 四.處王宮이요 五.出家요 六.成道요 七.轉法이요 八.涅槃이라하니 今云住天이 卽初入胎也요 住胎는 爲能

現故로 不列也라 如愚之意인댄 疏主는 當初具釋次八하니 八應是九字며 又應有出家屬苦行之言也어늘 後人이 不知經句漏落하야 定爲中間八句하고 反以疏文爲衍하야 改九爲八하고 又拔去出家屬苦行之言也요 記主는 依其具本하야 引之로대 而中間八相之言을 或後人이 改九爲八也니 諸方이 皆不分是非하고 率爾過之라 故로 如是煩言也라.

※甲本; …今則以中間九相으로 爲八故로 疏主가 但合童子王宮하야 爲一相니 以此二가 同時故로 合也라 苦行과 出家를 合爲一相은 如上二를 合爲一相故로 云或也니 以此가 二則時亦別也며 或云今記中에 云童子屬王宮者는 向上釋八相所以요 或出家屬苦行者는 向下釋則爲所現七相所以나 而成正覺則依下經屬於苦行云云하니 乍看則似然而非也라 記主가 列七相하야 云四苦行五成正覺云云則何以成正覺屬於苦行耶아 又出家苦行合爲一故로 爲七하고 開爲二故로 爲八則八相中에 無住胎하고 而違下疏除住胎故로 爲七之言也라 故로 今記云 中間八相者는 非通說之八相也로대 但指下經中所引八相이니 雖八乃通說八相中七相也라 下疏에 列通說八相하야 云一.入胎요 二.住胎요 三.出胎初生이요 四.處王宮이요 五.出家요 六.成道요 七.轉法輪이요 八.涅槃이라 今註云住天卽初入胎也요 住胎爲能現故로 不列이니 故爲七也요 又疏主가 合童子處王宮爲一相하야 以爲中間八이나 而記主가 或出家苦行으로 爲一相하야 以爲中八者는 若以所現七相言之면 則中間九句中에 童子句와 處宮句는 可合於爲一이요 出家句와 苦行句는 可合爲一하야 爲七相也라 今에 順經中十句之言하야 除初一後一하고 以中間九句로 爲八相이나 而疏主는 合前開後하고 記主는 合後開前하야 明八相也니 出鱗字卷下初四丈이라.

28下03 註에 名寂의 寂은 作法이라.

28下04 鈔는 作疏라.

28下05 下字는 衍也라 若記本에 牒疏文者는 皆依本이 可也라.

28下06 [甲本]所起所現者는 所起는 卽是所現이니 文體容爾하고 此爲能依而略不言也라 同以第三爲依하고 第四爲起의 三四兩字는 上下也며 或依起二字가 上下도 亦可也니 謂正依下明此三爲起하고 四爲依之言이 皆約所也인 則疏中의 依起之言에 依는 約所

依하고 起는 約所起也라.

29上03 三四字는 當相換이라.

## 懸談

12下08 疏에 無心頓現이나 上吐는 初義요 下吐는 後義也라 初義는 無心이 寂也요 頓現은 用也인 則四字는 指上第三寂用無礙하고 後義는 無心은 指海印定하고 頓現은 指上寂用無礙也라.

## 會玄記

29上04 定時歸의 歸는 衍이요 四行의 所依名依와 及五行의 所起名起는 皆註也라.

29上05 前別此總者는 前初義則無心은 是寂이요 頓現은 是用이니 不過第三一義故로 別也요 後義則無心海印은 總定이요 頓現은 含寂用故四字하니 已具三四二門故로 總也며 又前은 但起字요 後는 具依起二字也인 則前別此總者는 指鈔中二釋也요 非指三四二門하야 爲前後也니 不同上總別異故之言也라 會解則三四가 皆寂用이나 而但三則先用後寂이요 四則先寂後用故로 爲異云云이라하니 準此컨대 則前別此總之言은 約三四도 亦得이나 以會解則三四가 皆爲寂用故로 相濫也라 故로 今總別로 分之하야 明不相濫也라 上은 講說이라 愚云前別此總之言은 雖不對會解之言이라도 定約三別四總이니 以下云不爾寂用無礙豈不依定之言이 反釋三別四總之義也니 思之니라.

29上06 是此第二意者는 以第一意則同今記故로 不言也요 (七行註에)非解依起二字로 爲兩解者는 有云會解가 以鈔中의 初義로 爲釋依字하고 後義로 爲釋起字라하나 愚는 謂不然이라하노니 初義則依가 屬第四하고 起가 屬第三이요 後義則依起二字가 俱屬第四니 以依定起用을 專以第四門見故라 今記則依於海印定에 卽起第三

寂用無礙之用故며 亦依는 屬第四하고 起는 屬第三也라.

29上07 [甲本]註에 非解依起者는 會解도 亦以鈔中의 初解로 爲釋依字하고 後解로 爲釋起字故로 又破也라.

29上07 [甲本]言不爾者는 若云前別此總이면 則旣上下總別이 有殊라 不可前을 但云歸寂호대 而亦有起用義요 此를 亦不可但云起用호대 亦有歸寂義호리며 若不總別不同爾인댄 寂用無礙는 則似無起用義故로 如是破也라.

29下02 欲顯下에 落法字라.

29下04 第五經云云은 見辰字卷十二丈上三行이라.

29下07 塵習雙亡者는 塵字가 已具攝二障인댄 習則餘習也라.

29下08 約因卽止觀云云者는 本疏云約用則止觀云云이라하나 彼用字는 恐因字之誤也라.

30上03 無邊下에 落相字라.

## 懸談

◉校者註; 懸談/13下05, 妙嚴品은 現相品이니 文在宿字卷四十九丈下七行이라.

14上01 [甲本]第六鈔에 有多箇法界合成一身者는 若云分圓異면 則諸分이 旣各遍法界故로 此多法界를 皆總合然後에 方成一身이 不可하고 祇以一分所遍法界로 爲一身也라 然이나 分圓無礙故로 一分遍處에 一切가 遍호대 而卽全身遍也라.

## 會玄記

30上08 [甲本]釋以不生則如理而含者는 經云究竟無生滅이 是釋以不生이니 不生이 理也라.

◉校者註; 本項疏는 在海字上卷三十四丈九行以下니 爲順檢者揚之라.

30上09 [甲本]具遍攝二義者는 上能現이 即攝義也라.

30下05 [甲本]非因果者는 若云因毛하야 顯佛圓이면 則亦是因果無礙라 而似濫第七이라할새 故로 揀云但取圓分이라하니라.

30下10 勝因의 因은 作音이라.

31上01 自他下에 恐落因果二字也라.

31上03 [甲本]轉變下에 落一變字라.

31上08 [甲本]旣云未來諸佛者는 破集玄이요 及諸佛神變者는 破助正也라.

31上10 勝處니 故라하니라 者는 海慧下에 恐落讚諸二字니 以本偈疏에 但有能入云하고 無海慧之言이나 而旣一段經에 海慧가 說偈하야 讚諸佛菩薩故로 此中에 義引而漏落이라 若無讚諸二字면 似海慧菩薩이 能入勝處라 然이나 非自入也니 詳經可知也라.

31上10 ※修淨의 間에 恐落度字니 下疏에 雖無나 有之可也라.

※甲本; 修淨國者는 下疏에 落修因之因字나 而記主도 亦不知故로 只如是引來也라.

## 懸談

14上06 及下間에 準旨歸컨대 落行字라 曾者에 以及字로 連下經看之호대 而常有疑러니 及見脫行字하야는 其喜를 可言가.

# 會玄記　第十四卷

## 懸談

15上09 佛亦如是者는 是字는 指如來藏作衆生이요 非指海波也라.※

※甲本; …然則佛亦如是之佛이 非如來藏之佛也니 是眞佛身也라.

## 會玄記

01下09 旱灘의 旱은 陸也니 出祖庭錄이라.

02上02 他果在我云云은 事事無碍니 別敎意요 因人自有佛性은 理事無碍니 同敎意也라.

02上04 [甲本]疏云者는 引兩處疏也니 初是長行中의 釋名疏니 出月字卷下篇三十丈下五行과 盈字卷下篇十五丈上九行과 十九丈兩處疏也라.

02上09 [甲本]前總彰大意中法界無不包亦無能所包者는 (懸談/1下5)上大義鈔中에 如無不包云云의 如字는 法界也니 旣無不包故로 此無能所包之義亦包也라.

03上04 [甲本]卽非情四義中에 今鈔에 落第四義하니 以下의 深廣에 有此第四義之言일새 後人이 傳寫之時에 脫耶아 或不知而拔去耶아 深廣中에는 卽云若虛空故深云云이 可也요 蘊界入等四字는 衍也라.

03上08 四蘊界入等云云者는 今鈔에 落第四義以下하고 深廣中에 有此第四義之言故로 後人이 誤以爲重疊而拔去也요 或傳寫時脫也라.

03上10 初身의 身은 恐義字라.

03下03 三義中에 初는 約理對悟요 二는 以理對事니 生是事也요 三은 心境合說이라.

03下04 更何所入下는 本文云飜迷至悟故로 證入이라하나 見收字卷五十五丈上八行이라.

04上03 卽身의 身은 作深이라.

04下02 若如上引配論意者는 見記十三卷二十二丈下邊이니 云世出世間自在云云에 世卽化身이요 出世는 報身也라.

04下06 本佛의 間에 落性字라.

05上09 會起信唯識等記中에 作科가 未穩하니 以會唯識을 自賢首釋中開出故也라 賢首가 何曾會唯識고 又詳鈔大科하니 云一會起信

唯識이라하니 卽疏主의 會釋也요 非賢首會也라 又次記에 云唯識已下는 卽疏主가 對賢首起信하야 會唯識云云이라하니 則記主도 亦知疏主之會釋이로대 而今科가 如此者는 一時之誤耶아 抑後人이 傳寫之誤耶아 今率愚가 科之云호대 鈔文이 三이니 一.起信明餘報요 二.唯識明自報요 三.今疏會攝報라 初中에 二니 初는 起信本文이요 二는 引彼疏釋이 又二니 初는 約他論明二報요 二는 問答別會他報니 初問後答이라 答中의 小科는 如記하고 二.引唯識에 三이니 初는 標唯識意요 二는 指爲他報요 三은 出唯識意也라 大科第三會今疏는 可知라.

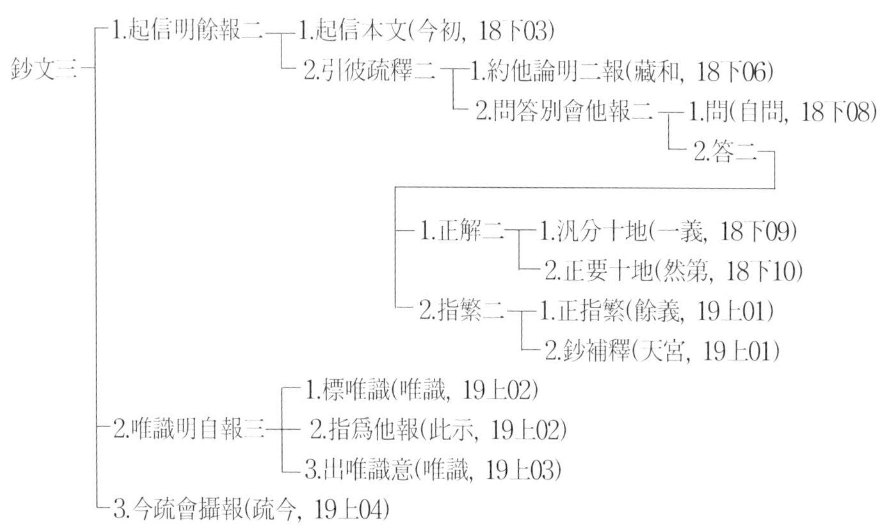


【釋初大師에 三이니 初는 釋來意요 二는 釋本意요 三은 引證이라 初中에 四니 初는 標요 二는 釋이라 釋中에 三이니 初는 敍學習義요 二는 明求人義요 三은 正明狂義라 又二니 初는 求少年이요 二는 常不滿이 又二니 初는 逢虞大師而常不滿心이요 二는 見永童兒而每以爲歎이요 第三은 欲暢佛法이요 第四는 兼欲外典이라 本意文이 二니 如記요 引證이 又二니 初는 如善星比丘요 二는 如練約達多라.】

◉校者註; 此段科記는 未知何據而有나 臺本에 有之故로 姑整之而揭하야 以待後日之高眼焉하노라.

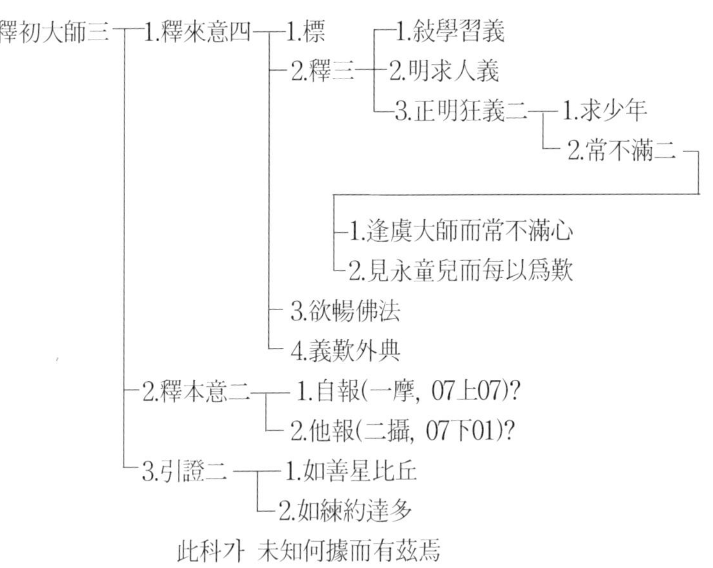


06上07 疏云鈔云者는 起信疏與鈔也라 然이나 與今現行記와 多不同하니 盖筆削前之記也라.

06上10 色界十七天者는 常途云十八이라하나 而今云十七者는 無想天을 合於廣果天也며 或云十九天者는 初禪四天이 別立梵身天故라.

06下04 自在天身量云云者는 色究竟天中에 別開自在天故也라.

06下04 十地菩薩爲大自在天者는 若自在外에 別開大自在면 則身量倍增者는 乃六萬四千이요 而色究竟中에 有三天也라 若指上自在하야 爲大自在면 則倍增之言이 對色究竟一萬六千하야 以三萬二千으로 爲倍增也라 筆削記云十地菩薩이 示爲自在云云이요 而無大字니 則無別大自在天上에 三萬二千之自在意卽大自在也라 言亦者는 對餘人生者하야 云亦也라.※

※甲本; …懶老云 此究竟天은 統則一天이로대 而義開三天하니 例如初禪中三天이니 色究竟卽約王之所居니 如梵王天이라 是故로 身量이 各不同也라.

06下04 [甲本]菩薩爲의 間에 落示字라.

07上07 摩醯首羅는 此云大自在也라 智處者는 初則智卽處니 乃攝報智也요 後則智卽處니 乃一切種智也라.※

※甲本; …往檢水字卷三十丈上十行이라.

08上05 [甲本]此問意則 以鈔中에 第十地菩薩寄가 當此天이니 卽於彼身示成菩提云云則未有轉彼菩薩身하고 成菩提之義故로 於此問答也라.

08上08 第十種의 種은 作重이라.

08上09 能化下에 落故字라.

08下05 全은 作今이니 現行鈔則筆削記也라. 二乘人報의 報는 作執이라.

08下08 色界의 界는 準本則衍이라.

09上05 兩點點은 準此今鈔컨대 多一云字라.

09上10 三段如科者는 會唯識大科二하고 而第二中에 又有二故로 云三段也라.

09下02 定色界後者는 決定色界後天에 引生無漏也니 以自在天色界之最後天故也라 上則標也라.

09下02 彼必生在云云은 釋引生無漏之義也라 彼字는 本論에 後字나 然이나 不如彼字라.

09下03 頓悟異生者는 不入小乘하고 直往菩薩이며 亦悲增也라.

09下04 方受變易身者는 以悲增이 八地라야 方伏俱生煩惱故로 於此變易身에서 望智增之初地受하야 云方受也라하니 以十地前에 我執異生性障이 未能永斷故로 亦受異生之名이라.

09下09 今鈔云云은 鈔는 恐疏字며 又亦字也라.

10上02 十地經通下에 落者字라.

10上06 ※亦不必作이라하야늘 何定彼天成佛也리오.

※甲本; 亦不必作이라하야늘 何定彼天成佛者는 謂旣云多作則亦不必作彼天王이라하야늘 何定彼天成佛耶아.

10上07 縱於의 縱字는 作後字也라 此云又設居云云과 及後於彼天云云之言은 卽上摩醯首羅智處二義中의 後義也라.

10上09 唯識三者는 三師가 於唯識起信等處에 皆如是釋故라.

# 懸談

19下01 鈔에 度三十二恒河沙國者는 比極樂尤遠也니 以極樂은 但去此十萬億國故라 然이나 此二淨土가 皆不出華藏海最中刹種中第十三層也니 以第十三層中에 有十三佛刹微塵數世界가 圍繞則三十二恒沙는 猶是太小也라.

## 會玄記

11上02 自懸毁害者는 自懸於樹하고 毁傷其身也라. 婦言의 婦字는 作歸라.

◉校者註; 懸字를 豫로 解之如何며 婦字는 依見도 亦無妨이리라.

11上10 註에 寶滿二字는 前却이니 大明法數에 云舍那라하고 華言으로는 淨滿故라.

11下05 第二重他報者는 約梵網經則是第一重也니 恐誤也어니와 若通說則自受用爲第一重也인 則不誤也라 上은 講說이라 愚는 謂하노니 十地에 能化佛이 有十重이어든 他報則此是第二地의 能化佛故로 云第二重他報也라.

11下07 此經述者는 今鈔(20下06)에 普賢蓮華上에 落此三字也라.

12下04 三地應云百千葉이어늘 而今鈔에 云萬葉者는 以百千爲中等數故也인 則不誤也라.

12下09 此中總有三例者는 今鈔에 釋曰云云(鈔/21下07)上에 有二例하고 釋曰下는 第三이나 而鈔文이 有脫故로 三例가 不顯也라 盖依此解(鈔/21下07)者下에 應云體相二大를 俱名法身이어니와 今以不空之藏云云則 第三例中에 結成第二例也요 今以下는 正明第三義也라 言依此解者는 上은 賢首가 旣以用大中에 配報化二身인댄 則體相二大爲法身은 不言可知也요 今에 淸凉은 以不空相大가 修成하야사 方顯故로 非法身이라 而乃自受用報身也요

用大中報는 他受用故(鈔/21下08)者는 此縱成他報也요 顯勝名報(鈔/21下08)者는 此는 奪이며 亦唯化也니 以顯勝故로 名報인 則其實은 化也라 故로 奪其報身之義也라 又上賢首釋中에 以不空藏爲相大者는 以空藏으로 屬體大를 居然可知也라.

13上02 隨勝業約自體大用者는 與下有本云(卽今本也)三字로 有異하니 勝字는 染字요 約字는 幻字요 體字는 然字也라 有本에 旣有彼鈔釋인댄 則有本이 爲是어늘 記主는 胡不言耶아.

13上06 言體相二大俱名法身者此八字는 當在依此解者之下로대 而今鈔에 落也라 有云此言은 牒上記中次賢首體相二大云云之言이요 而非牒鈔也니 以鈔中에 無此言故云云이라하니 天愛何知不爲怪也오.

13下02 [甲本]揀權下에 落權外二字니 此는 懶老意也라.

13下07 絶思方說亦通未證者는 初則欲心冥法體故로 入定이나 則未入定人도 亦能比量心冥故라 第二明(冥?)證者는 方說故로 入定하고 證者는 方說이 是絶思方說이나 而未證者도 亦能絶思量而說故라 第三欲顯法非思量故로 入定也라 故로 上三이 小異나 而同是入定意故로 大同也라.

14上02 第二表顯者는 此第二中에도 亦云非證云云則似乎遮顯而以非證不說之言이 顯證者라사 能說이요 非遮證者니 不同第三의 非思量之遮思量也라 故로 二爲表하고 三爲遮也라.

14上04 然上三義卽十地論意者는 以鈔則但以第一로 爲十地論故로 云然也라 然이나 彼論中에 有第一義之言하며 亦有第三義나 而却在第一義言之前也라 無第二義之言則恐(然上의)上字는 第字之誤也요 卽字는 作亦字하면 則義便也라 或可以後釋前則雖無第二나 以第三으로 釋第二故로 通云上三也라.

14上07 [甲本]則은 作令이라.

14下07 前字含二義者는 目前之機와 及現前之理也라.

## 懸談

23上03 上靜鑑者는 靜字는 衍也라.

## 會玄記

14下09 隔斷甚分明者는 鈔文中에 約四字하야 分配三意가 分明也라.

14下09 分離鈔文者는 證法體三字를 分爲二意故也라.

15上01 大段之前者는 前鈔列六意나 而今에 取六中四也요 非六段次第之前四也라 若約次第면 則第六을 不可云前故也라.

15上08 對下進顯一義之亦故云亦者는 今鈔에 落上亦字나 應云亦明非證不說也라.

15下01 靜鑑二字兩用者는 靜字는 兩用於第三第四也요 鑑字는 兩用於第一第四也라 彼旣兩用인댄 此中에 申二解가 又何妨也리오.

15下07 又云正受云云으로 以至十行의 正思故는 皆元曉法師의 釋金剛三昧經疏也라.

15下09 之는 作非라.

15下10 引은 作別字也라.

16上09 無量心의 心字는 衍이라.

16上10 [甲本]註에 下二準思者는 今鈔의 第五會中에 落菩薩二字也라.

16下03 智光은 應云證智라.

17上02 如來自住云云은 見果字上卷初十丈下三行이라.

17上05 此就云云六字는 記詞요 餘上下는 皆下疏也라.

17上06 ※所以云云下는 皆約此位의 等覺하야 釋이 三이니 初는 徵說意요 二에 爲顯下는 顯意總明이요 三에 菩薩地下는 釋刹那無際라 於中에 二니 初는 明刹那義니 以等覺도 尙有刹那나 未至其際요 二에 若以下는 釋成際義니 謂刹那盡處를 名之爲際也라.

※甲本; 所以下는 上은 就佛釋하고 此는 就所說法釋也니 當檢果字卷十丈下三行이라.

約此位等覺釋三
- 1.徵說意(所以, 17上06)
- 2.顯意總明(爲顯, 17上06)
- 3.釋刹那無際二
  - 1.明刹那義(菩薩, 17上07)
  - 2.釋成際義(若以, 17上08)

17下04　經說二千行云云은 記詞요 餘는 皆下疏也니 見鹹字上卷十二丈下一行이라.

17下04　[甲本]具因果者는 懶老云二千行卽是因이나 而一一行이 徹因果故로 云具因果라하니 此是本疏之意耶아 未檢本文也나 而經中에 具明六位之因과 八相之果故로 云具因果耶此非講談故如是記之하노라.

17下07　而無盡의 而字는 衍이라.

17下09　正信의 信은 作位라.

18上02　※外凡의 外는 作內라 有云他處에 十信을 云外凡者는 約未入劫也라 今約三賢의 未入聖流하야 云外凡也라.

※甲本; 外凡의 外는 作內라 懶老云外凡者는 他處云十信은 外凡이요 三賢은 內凡이라하니 此約三只修而說也니 十信은 未入劫修故로 外凡이요 三賢은 一僧只修라 已入劫數일새 云內凡이나 而今應約未入聖流義하야 却云外凡也라하더라.

18上03　以況圓融十信者는 擧行布의 三賢之世間하야 以況圓融十信之出世니 言況者는 擧況이요 非比況也라 下鈔(18下04)云約相名世間云云者는 相則行布요 性則圓融也라.

18下02　三定中說如第九會者는 彼會中에 佛은 入定이나 而無說하고 菩薩은 不入定이나 而有說이어늘 今言定中說者는 合佛菩薩而言也라 例此則第七會不入定不須加(18下04)者가 亦合佛菩薩而言也니 以菩薩은 不入定이요 佛則不須加也라.

18下03　四不入說如此信中及第七者는 上鈔云第七如來自住刹那際三昧라하나 而今云不入者는 說主菩薩이 不入也라.

18下04　又入爲受加彼不須加者는 下疏鈔에 並不言不須加所以하고 或有說處어늘 而未能記得耶아 今以義求之컨대 第九會는 非唯菩薩이라 亦有佛說이니 以因從果故로 不須加也요 又此會說等妙二覺이 卽是佛位故로 不受佛加也라.

18下05　說在行者는 說時에 亦說入定之行故로 說後入定은 卽如說而行也라.

18下05　將起行의 行은 作後라※

※甲本; …謂說前會後에 入定者는 將起後會也라.

18下07　與前不同者는 前則約眞應하야 明無相與相하고 今則從法性無相하야 以現佛身相故로 異也라.

19下04　六種震動은 見辰字下卷三十九丈下六行이라.

20上01　散亂上에 落不字라.

20上05　[甲本]疏云者는 亦檢辰字卷十四丈이라.

20上05　有多義者는 謂色相云云으로 至無性이 一也요 從法云云은 二也요 能現云云은 三也요 應用云云은 四也요 而能云云은 五也요 重重云云은 六也라.

20上08　現相品五相者는 今鈔二十五丈上初行의 瓔珞雲下에 落此五字也라 有云八行의 現相品下에 落五相二字라하나 彼但明第一會에 放二光之義也어늘 何明五相고 不思而之也로다.

◉校者註; 檢宿字上卷二丈下一行以下則釋品名호대 如來에 有五相하고 現相에 有五相云云이라하니 似不要摘示指文이라하노라.

20下01　白毫出衆은 見宿字上卷二丈下十行이라.

20下02　下疏云云은 見芥字卷五丈이라.※

※甲本 …初釋則別有此菩薩이요 有釋則文殊也라.

20下07　佛出現行의 行은 衍이라.

20下10　[甲本]疏云者는 此中에 恐落鈔字라 然則言衆齒故四字는 鈔가 出疏中의 面門卽口之所以也요 若不落鈔字면 則言衆齒等言은 今鈔中牒文也라 然則齒故의 故字는 放字之誤也라.

20下10　故字는 有云作放이라하나 非也라.

21上01　遐舒下에 落者字라.

21上02　註에 上表敎遍者는 指敎道遐舒也라. 從佛口生云云故로 根勝也라.

21上03　約齒義明者는 齒는 能咀嚼故也라.

21上04 ※齒有의 有는 作表니 謂佛齒가 四十故로 表四十問也라.

※甲本; 齒有四十問之有字는 表字也니 出宿字上卷三十六丈下五行이라.

21上06 於道不住邪正二邊六字는 疏也요 正因云云十字는 鈔也라.

21上07 ※於人不執下에 落因果二邊四字니 此는 疏也요 因果交徹故는 鈔也라.

※甲本; 不執下에 落因果二邊四字也요 不落하야도 亦通하니 出宿字卷下篇十九丈下二行이라.

21上08 於教云云은 疏也요 相待云云은 鈔也요 於諦云云은 疏也요 二諦云云은 鈔也요 於化云云은 疏也요 權實云云鈔也요 故佛云云은 疏也니 見宿字卷下十九丈下二行也라.

21下04 表行下에 落依字라.

21下04 膝輪云云은 見致字卷下初六丈上九行이라.

21下05 ※屈伸進退者는 屈則退요 伸則進也니 謂退回所修之因하야 進向所趣之果也라.

21下06 大智照極云云者는 上은 皆下疏也요 此下는 記詞也라 於中에 初釋屈伸有二義는 可知라.

21下08 又悲智相導云云下는 釋無住니 於中에 悲智相導故或屈或伸者는 躡前也요 皆不云云은 正釋無住也라 然이나 法喩相間而釋하니 若別明者인대 喩則或屈或伸이 皆不離身故로 無住也요 法則悲智相導하야 並向實際故로 無住也며 又悲智相導故로 或屈或伸已上은 皆釋屈伸하고 皆不離身云云은 釋無住也라 然則屈伸이 有三義釋也라.

21下09 [甲本]並向實際者는 此上悲智中에 悲則衆生廻向이요 智則菩提廻向이니 上二皆無住之行故로 爲實際廻向也라.

21下09 出現下에 落眉間二字라.

22上01 表所下에 恐落詮字라 然이나 下疏에 無也니 見芥字卷初五丈上十行이라.

22上03 [甲本]道傳의 間에 落口字耶아 以傳의 間에도 亦落口字耶아 請詳之니라 此牒鈔文이 與今鈔文으로 不同하니 鈔本이 異耶아 此는 亦

非講談故로 有此註脚이라.

22上03 以傳의 間에 恐落口字라.

22上06 [甲本]令尋智光下는 當檢羽字卷初五丈上七行이라.

22上08 起後是同者는 同前後放光이니 以同是起敎之緣故也라.

22上08 慶前是異者는 以動地等이 是慶前이로대 而此放光은 但起後요 無慶前之義※故로 異也라.

※甲本; …故動地等이 與放光으로 異也라.

22上09 如來現相四字는 科名이요 顯說云云으로 至現通은 疏也요 今義云云은 記詞也라.

◉校者註; 22下04, 前疏는 指地字卷三十二丈下二行也라.

22下07 註에 疏上鈔者는 謂釋疏之鈔故로 云疏上에 鈔也라.

23上03 佛法卽寶者는 初則以慧爲寶니 則佛法無能喩也라.

23下03 正智二字는 上下也라.

23下04 [甲本]然又云云者는 此云三乘은 異於常途에 以聲聞緣覺菩薩로 爲三乘故로 如是出所以하니 佛聲聞菩薩로 爲三乘故也라.

## 會玄記 第十五卷

01上06 [甲本]分三世下에 落間字니 本文에는 衍也라 無間字도 可也니 何者오 時中分三世면 時卽三世也니 過現未等也라.

01上07 三世各三世間則有九種總一切說卽是十義者는 與今疏十義로 不同也니 詳之可知라.※

※甲本; …檢重字下卷三十六丈下六行이라.

01上09 問下明三世佛說等者는 指今鈔(27下09)過去佛說云云也니 對上之七說並通三世之言하야 云下也요 非爲下經疏但上七種上에 帶三世故로 但爲上之七種이어늘 何有十也리오.

01上10 若於七外下는 縱成十義하고 奪其三世無說義也라 答意云若不言三世면 則但爲一時之說이라 無恒說之義故로 別七之上에 加總三世也라 時中에 取法이 於義異故로 上七法外에 取三世時하야

爲十也라.※

※甲本; …七種者는 上五와 此中微塵毛孔二가 合爲七也니 或有不如是云云故로 强謂之라.

01下04 疏云人法云云은 見潛字上卷初七丈下四行이라. 於中若爾云云(六行)으로 至已名爲說은 記詞也요 餘는 皆疏也라.

01下07 ※五無障礙者는 有五義하니 一은 前四를 爲融一味요 二는 四相歷然故로 云一異無障이요 三은 一異雙存이요 四는 一異雙亡故로 云存亡無礙요 五는 自在圓融이니 謂欲一則一이요 欲異則異等也라.

※甲本; 合前等者는 此中에 具五義하니 一則四相爲一味요 異則四相이 各別이니 此是一異가 二義나 一異雙存이 爲存이요 一異雙泯이 爲亡이라 此則存亡二義요 圓融則總融一異存亡也라 此爲一義合爲五義니 見潛字卷上篇初七丈下六行이라.

01下09 十重居宅者는 如下彌勒十重樓閣等也라.

02上02 五熱者는 四邊火聚의 頭上에 加日故로 五熱也라.※

※甲本; …出翔字卷下二十三丈下六行이라.

02上08 ※下疏云云은 見官字下卷初二丈上三行이라.

02上10 註에 ※表法如前者는 見記七卷十丈이라.

※甲本; 註에 表法如前者는 序寄位南求記中也라.

02下02 賢首下에 落云字라.

02下03 ※刊定二字는 作淸凉二字라.

※甲本; 刊定破云者는 準下疏컨대 則乃淸凉破也니 今記가 誤也라.

02下05 成數의 成字는 作滅이라.

02下05 此前除遍友者는 謂此彌勒前也라.

02下06 ※各有主伴者는 前友之所指示邊은 爲主也요 指示後友邊은 爲伴也라.

※甲本; 各有主伴者는 其各善友가 爲善財說法義邊은 主요 指示他友邊은 伴也라 此는 懶老意也라.

02下07 ※而是伴友者는 下疏에 是는 作示하니 恐下疏가 誤也라.

※甲本; 遍友非主友者는 以遍友之前友를 不稱名某하고 某指示遍友故로 非主友나 而遍友則指示後友衆藝故로 爲伴友也라 以五十三友가 一一前友는 指示一一後友也라 懶老云 遍友는

自不說法而但指他하니 爲伴이요 不爲主也라.

02下08 摩耶處蓮華法德等者는 摩耶는 初有寶眼主城神一人이나 而此不指者는 何也오 蓮華法德과 及妙光明則元是一處中二人也니 應此二人을 合爲一하고 開寶眼하야 爲三人이 可也로대 而今不爾者는 恐後人見數有四하니 誤拔寶眼也라.

03上02 自釋者는 刊定自釋也라 然이나 淸凉의 此破가 恐違於刊定之自釋意也라 若以刊定意면 則百十之言은 以減數十으로 見之라 故로 至童子童女處하야 已經百十則後文殊爲餘之義故로 得成也라 今欲破者는 但云 汝旣更加空天等五人하야 爲百八인대 則何不加不動處의 二人하야 爲百十하고 而以減數十으로 見之耶아 如此破之하면 則刊定이 結舌이어니와 若以違餘城之言으로 破하면 則刊定이 不伏也리라.

03上05 取更의 間에 落前字라.

03上06 ※餘亦의 間에 落義字也라 準下疏컨대 俱會三釋故로 上(03上05)標云 若會通者인댄 三釋이 皆得一種이라하나 此中에는 但引會刊定之文也라 次疏에 會賢首云 其餘已之言은 但是譯者之意라 故로 晋經에는 無已字하고 則通取前後하야도 於義無妨이라 會第一師云 設經來未盡者라도 亦百一十이라하니 從後倒會故로 先會刊定하고 次會賢首等也라.

※甲本; 則餘下에 落義字니 出官字上卷初四丈下十行이라.

03下03 疏云者는 見日字上卷三十七丈上五行이니 三義로 釋獅子座하니 一.事相釋이요 二.表法釋이요 三.因行釋이라.

03下04 [甲本]之法下에 落故字也라.

03下05 說者下에 恐落何答二字하니 不然則上의 問字가 衍也라.

04上01 妙嚴品疏者는 見月字卷初丈上八行이라.

04上01 [甲本]菩薩下에 恐落互字라.

04上08 [甲本]座出菩薩等顯容持者는 以座는 能容持菩薩故로 能出菩薩也라.

04上08 容持二字는 本疏에 奇特二字也라

04上09 [甲本]證法은 恐衍也라.

04下01 起는 作助라.

04下07 之는 作已라.

04下08 隨和者는 隨候及卞和也라.

04下08 由夷者는 伯夷及許由也라.

04下08 ※適足은 猶只足也라.

※甲本; 適足之適字는 或云釋辭 가는 데마다

04下09 自點은 謂徒自點汚也라.

04下09 能說下에 恐落者字라.

05上04 令說의 令字는 作今이라.

05上07 答智의 智는 衍이라.

05下03 註에 ※兩相字는 皆根字니 仍是大文이요 非註也라.

※甲本; 兩相字는 皆根字나 機字도 亦得이라.

05下07 何別及因緣不同之言은 準下答意컨대 則皆通二義하니 一는 因中의 正果와 及果位가 何別관대 而分不同이며 緣中의 依主及加者가 何別이관대 而分不同耶아 此則問二因之不同과 及二緣之不同也라 故로 (05下07)云因緣不同也요 二는 合問因中之二와 及緣中之二하야 何別이관대 而分因緣不同耶아하니 謂初二는 何以爲因하고 後二는 何以爲緣耶오하니라 答中에 (05下09)所以分之는 答初義요 親故疎故云云은 答後義也라.

06上03 仁者下에 恐落愛也二字니 以經書註云仁者愛之理心之德也라하며 或云落德也二字라.

06上06 悽悽等言은 皆紫玉精歌나 而今鈔에 脫也라 應在五性通焉之下也라.

06上09 現相品者는 見宿字上卷初七丈下八行이라.

06下01 示現의 現은 作相이라.

06下09 共은 作供이라.

06下10 在文唯四者는 一五六九也라.

◉校者註; 註/07上02, 下疏는 指宿字上卷五丈上二行以下라.

07上04 ※第七當會答者는 有二義하니 一은 對上六會가 不同今第七一

會答故로 云當會라하니 而不言一會者는 由此會亦有因故로 不言一會也요 二는 不對上六하고 但第七會中에 當於因圓하야 即明果滿하니 與因同會故로 云當會니라. 下二(第八,第九會)當會者는 皆當於問會하야 便答故로 云當會라하니라.

※甲本; 當會者는 一은 猶云一會也니 對上因之六會하야 云當會也요 二는 因當會也니 以第七會中에 所有答因故라 第八第九가 皆問하고 當會答也니 不同上第七當會之言也라.

07上10 當根善根은 即是因收로대 以內有根과 外陳言請이 其義稍疎故로 善根屬於因하고 言請은 屬於緣也인 則此請中은 亦當根請也요 如來請則通於請者와 加者하니 如記可知라.

◉校者註; 07下02·6·7行의 疏는 皆玉字卷五十二.三丈이라.

07下09 [甲本]爲常之常字는 或云懷字之誤라.

07下10 故以의 以字는 衍이라.

08上02 故如의 間에 恐落云字라.

08上06 略故無加를 別爲一義인대 云云者는 上則略無加句를 連上不異前故하야 合爲一義故로 今則別爲一義하야 以經文이 缺略故요 無加也니 上則影略也라.

## 懸談

31下04 [甲本]疏中에 如第九會者는 私意則兩用이 爲可니 若連上讀之면 則不俟加니 如第九會요 懸吐니 佛自說處를 指之故요 若連下讀之면 如第九會에 因人云云懸吐니 此는 因人說處를 指之之辭也라 然이나 但連上讀之爲可로대 功用前義하라.

## 會玄記

08下04 十地經云者는 見出五十五丈이라.

08下08 [甲本]方便寄法者는 或云方便故로 寄法也라하나 待檢本文컨대 而

寄法者는 或寄十度며 或寄世出世間二乘等也라.

08下08 ※此復二義者는 上證智를 兩用하야 對於方便及寄法故로 有二義也라.

※甲本; 此復二義者는 上은 證智로 爲果分하고 方便으로 爲因分之義에 復有二義也인 則上總明하고 此別釋也라.

08下10 詮表相對者는 詮은 因也요 表는 果也니 以果는 是因詮之所表故라. 守字는 作寄니 謂初三地는 寄世間이요 次三은 寄二乘及禪支等이 是寄法也라.

09上02 [甲本]迹處之空不異太虛者는 十地證智는 如鳥跡下空이요 究竟佛果는 如太虛也인 則地相之因은 如空處之鳥跡也라.

09上03 以勝의 以字는 作殊字라.

09上04 [甲本]是則迹處之空隨於云云은 辨普賢因分之可說也니 謂以究竟佛果로 望普賢因則十地中의 證智와 與地相이 皆爲普賢因也라 故로 地智도 亦如地相에 有說義也니 以皆是因分攝故也라.

09上04 [甲本]亦有說下에 落義字也니 往檢出字卷五十五丈下七行이라.

09上05 有說下에 落義字라.

09上05 [甲本]若諸佛云云의 若字와 七行의 可說爾의 爾字는 指疏中若爾字也라.※

※甲本; …若爾는 愚는 謂하노니 若爾二字가 牒攝前疏中三義也라.

09上09 [甲本]躡迹相翻例難者는 前三義를 躡之하야 反例而難也라.

09下03 疏云者는 見柰字上卷初三丈上八行이라.

09下06 壤澗의 間에 落溝字也라.

09下06 小乘六十已至無數者는 如黃帝算法이 百千萬億等之數가 至六十箇也요 非謂五十之次의 六十也니 第六十數外에 更無他數요 非謂阿僧祇之次하야 云無數也니 以阿僧祇의 無數則六十中의 第五十二故也라 今經則阿僧祇는 當第一百五也라.

09下07 [甲本]百三十之三字는 二字也라.

10上01 二品의 二는 作三이라.

10上02 ※好用劣相者는 以足下光故로 劣也라.

※甲本; 好用劣相者는 以足下光故로 劣相이나 而三重頓圓故로 劣相之用도 亦難思어늘 況勝相耶아.

10上05 [甲本]相待意答者는 因果가 旣相對得名故로 果外無因하고 因外無果라 以因果相對意로 拂因果之相이갈하야 答也라.

◉校者註; 10上08, 下疏는 指成字上卷八丈과 麗字卷三十八丈上也라.

10下01 ※不同俱有因者는 六因中의 有俱有因이니 與果同時故로 云俱有라하니 如地水火風四大가 互爲因果에 謂水는 因火하야 得名則水는 果也요 火는 因也요 火는 因水하야 得名則火는 果也요 水는 因也인 則同時에 互爲因果也라 加定則非同時故로 不同也라 有云爲因不成者는 經文의 正意는 定爲加分之因이어늘 而若云加定一時라하면 則不可云定爲加因故로 破云爲因不成이라하니 此言局也라하더라 愚意云加定互爲因이니 如云汝能入是三昧가 此是諸佛加於汝니 則加爲定因也며 又散心으로는 不受加요 入定然後受加니 則定爲加因也인 則因必在先하고 果必在後어늘 古人이 通云一時故로 爲因之義不成也라.

※甲本; 通云云云으로 乃至不同俱有因者는 六因中의 有俱有因이니 與果同時일새 云俱有因也이나 以加定則不可同時故로 云不同也라 懶老云通云加定一時者는 刊定則但知前後加가 同是一顯加故로 如是答也라 然이나 經文正意는 定爲加分之因이어늘 而若云加定一時면 則不可云定爲加因故로 次難破云 爲因不成이니라 恐彼救云有俱有因하니 不妨一時而爲因이로다할새 又轉破云定與加則先後之相을 分明可分故로 不可云同俱有因義라하니라 如俱舍論中에 明俱有因義하야 云地水火風이 互爲因果故로 爲俱有因義라하니 此乃四大同時로대 而因地而得水名하고 因水而得火名等이요 又因水而得地名하고 因火而得水名等故也라 約喩蓮花하야 爲俱有因인댄 花開處에 仍含果故라하니 上皆懶老記中言也라.

## 懸談

34下01 [甲本]普賢雖入三昧無有加分者는 經文缺略故無加分也라.

◉校者註; 35上01, 敎起因緣竟五字는 想是疏文이니 然則行首를 上之可也라.

## 會玄記

11上07 顯無下에 落冥加二字也라. 自說의 說은 作入字라.

11上09 有本者는 卽今鈔也라.

11下02 故知此示 下開發云云者는 謂此鈔의 普賢文殊有說無定云云이下法界品中의 承力故가 是今所云法界品無顯有冥之義를 示也어늘 豈可言第七第二耶아.

11下05 中은 作由라. 未入定緣缺者는 入定이 爲顯加之緣이어늘 而今未入定故로 緣缺也라.

11下07 [甲本]通義別義者는 冥則不分定不定而常有故로 云通이요 顯則唯於入定中에 有故로 云別也라.

**[甲本]敎起因緣終**

## 懸談

35上10 [甲本]**第二藏敎所攝** 鈔에 此方有二者는 以梁攝論도 世親所釋故로 云二也라.

35下06 鈔에 下廣顯論所明者는 彼論에 攝一切所應知云云下에 所應知義는 不釋하고 而但列十勝相하니 此十勝相이 論中에 所明之義를 廣顯也라 故로 記(12上08)云此中에 十相正標論中義云云이라 上은 講說어니와 愚는 謂하노니 論所明者는 釋論中에 廣顯本論所明十相義也라 記(同上)云正標論中所釋義者는 謂釋論中에 初列本論十相之名하고 次釋十相之義故로 初列十相이 卽標次下所釋義也라 然則論所明은 本論所明也요 論所釋은 釋論所釋也니 上의 講說로 以一義見之니라 又論所明者는 揀非經律이니 疏云一切所知義는 通於三藏하고 鈔中의

十相은 非經律所明이요 但論中所明也라 故로 記(同上)云正標論中釋義라 非該二三藏也라하니라.

## 會玄記

11下10 依止勝相者는 賴耶가 是染淨法之所依止也라.

12上02 彼入因果者는 彼唯識性에 能入하는 因果니 謂六度爲因하야 引出世果故로 卽此因果가 能入唯識性也라 此十相釋義는 見記三十九卷初五丈이라.

12上06 十相皆言應知云云者는 乃全同鈔文이나 應은 彼鈔則無此言일새 故로 記中에 別爲釋之라 又此言은 卽彼論中言也니 以今鈔與記가 皆同引也라.※

※甲本; …懶老云疏中一切所應知者는 通故로 與疏論으로 揀別也라.

12上08 非該二三藏者는 講云彼論問中에 云彼三及二云云則此答中에 應該二三藏이로대 而今但標論藏所釋故로 不該二三藏也라하고 愚는 謂하노니 疏中에 所引問與答이 通於二三藏也니 卽攝一切所應知義가 該於二三藏也요 鈔中에 所明十相所應知者는 但標論所釋故로 非該二三藏也니 以此十相이 不是釋上答中一切所應知義故也라.

## 懸談

36下03 [甲本]鈔에 唐三藏譯者는 懶老云上云梵語라하고 今更云 譯者는 蓋修多羅等은 但依梵語之字하야 飜故로 亦可云梵語며 亦可云譯이요 云經云線則 正唯譯이요 而非梵語也니 他皆類此云云이라.

## 會玄記

12下03 [甲本]唯識疏亦云線華云云은 證上正飜名線之義也라.

12下04 [甲本]多同此譯者는 線譯也라.

12下07 身篤의 身은 音이 干이요 (次行)月有千名의 千字는 恐十字也라.

◉校者註; 身毒의 篤의 身을 音干者는 對干毒之言而然也라.

## 懸談

37下07　一·敵對飜名失者는 謂敵飜名이면 非失也라하니 與二三失로 不同也라 若欲同者인댄 應云經非敵對翻이 失也라.

37下07　總別不分者는 以不立後重總別故也라.

38上09　鈔에 修多羅等爲別者는 修多羅字가 通於修多羅藏과 及修多羅部也요 等字도 亦兩用이니 謂等取餘二藏하며 又等取餘十一部也라 修多羅爲總者도 亦通藏部之二라.

38上10　應頌等의 等字는 貫上毘柰耶니 謂擧毘柰耶하야 等取論藏하고 擧應頌하야 等取餘十一部也니 此所謂猶似難見也라.

38下01　修多羅가 依藏部中總相業用者는 通約三藏十二部中이 皆有契理合機之義하야 立修多羅藏과 修多羅部也라.

38下04　涅槃云云者는 證修多羅部가 通餘十一之義니 以經中에 自序分으로 至流通分히 於中에 有餘十一部義나 而皆名修多羅故라.

39上10　鈔에 今謂下에 十二部中修多羅가 通十一及三藏者는 通十一은 可知어니와 及三藏者는 以三藏中에 各有十二分이나 而三藏中에 契理合機之義가 皆屬當藏十二分中修多羅故니 此十二分中의 修多羅가 非但通餘十一이라 亦通三藏也라 有十二部則有後重總別이 可也로대 而但刊定이 不能言及三藏故로 云以通爲局也라.

## 會玄記

13下08　涅槃云佛說十二部經이 出修多羅하고 修多羅가 出方等若云云은 旣通擧十二部가 但出一修多羅者는 以十二部가 皆修多羅故也니 豈非修多羅가 爲本爲總也리오.※

※甲本; …或可十二部修多羅等을 出也等者는 餘二藏을 等取也니

修多羅는 證爲總也요 十二部中의 修多羅는 本通餘十一部及三藏之義를 證耶아 未定也로다.

14上02 本通餘三藏하야사 對彼名別云云者는 上云修多羅爲本也니 以修多羅가 本通三藏故로 爲總이요 餘十一은 不通三藏故로 爲別이어늘 今汝修多羅가 不通故로 不得爲總則餘十一이 對何爲別也오할새 故로 云別不成云云이라 然이나 愚는 謂하노니 此後重總別이 以通爲局之失은 可矣어니와 總別亦不成者는 恐大過也라 愚는 謂하노니 刊定이 雖不及三藏이나 但約修多羅가 通餘十一之義하야 亦爲總也요 餘十一則一一不通餘十一故로 爲別也니 例如六塵中에 初色塵은 爲總也요 餘五爲別也라.

14下01 ※問餘二藏中有契合義否者는 問意云餘二藏中에 有契合義면 則屬修多羅藏故로 修多羅藏이 爲總하고 餘二藏이 爲別也인 則更有一重總別이 何妨也리오 答意는 可知라.

※甲本; 餘二藏中有契合義云云乃至修多羅分通之者는 上所謂十二分中의 修多羅는 通餘十一과 及三藏者也라 故로 此餘二藏의 契合義는 屬於十二分中修多羅하고 不屬於修多羅藏也니 此는 鈔中에 問答也라.

14下05 餘二藏不例者는 以修多羅藏則名是修多羅故로 通自藏中十二分이니 十二分에 皆有契合義일새 則云修多羅故어니와 餘二藏則名不是修多羅故로 不能通於各自藏中十二分也니 以調伏及對法則 十二分中에 不必皆有故로 不可以調伏對法之名으로 通自藏中十二分也라.

14下05 皆通當藏者는 望所通十二部云皆也라.

14下06 [甲本]第三問答의 答中에 今以修多羅通之者는 謂修多羅藏이 皆通當藏中十二分이니 言皆者는 望所通十二하야 云皆也인 則修多羅藏으로 爲總하고 十二分으로 爲別之義가 得成이나 而無可攝屬處也라 若欲攝於十二分中總別인대 以云修多羅藏이 通十二分云云故로 不可也어늘 豈總約藏名하고 別約部名耶아 不成三藏總別이 如記可知하며 或云此總別로 爲十二分中의 總別耶아 爲三藏中의 總別耶아 若十二分中에 總別則以修多羅名으로 爲總別은 可也라 今以修多羅名이 通於十二分中總別故로 云義

不成也라 今則三藏中의 後重總別立之義가 破也인 則修多羅藏名으로 不爲總故로 不通餘二藏也라.

15上01 問三藏不出總十二分云云者는 上來問答은 皆明三藏中不得立後重總別故但有一重總別義하고 此問答은 明十二分中修多羅分이 非但通餘十一이라 亦及三藏之義也라.

15上02 問中十二分下에 恐落修多羅分四字也니 謂三藏은 不出十二分則 擧十二分時에 已攝三藏意也라 修多羅分이 前已通餘十一分하니 何要更通三藏也리오하니 言前者는 指刊定前云修多羅分이 通餘十一故也며 又約清涼言中에 云通十一及三藏云云則 對及於三藏之言하야 以通十一로 爲前也라 ※答意는 可知라.

※甲本; …答意則通十一時에 已通三藏은 實如來難이로대 而但佛教則藏部之二故로 今二種을 具擧할새 故로 云通十一及三藏也라.

15上07 [甲本]一敵三非者는 聖教一爲敵對하고 餘三은 皆非也라.

## 懸談

40上10 鈔에 本論云攝大乘論云者는 下云字는 恐衍이며 或者字也니라.

40下04 揀濫不盡者는 以大乘으로 揀小乘이나 而大乘中에도 亦有凡夫故로 言聖教라하야 以揀凡夫論也니 大乘見道前은 皆凡夫也라.

## 會玄記

15上09 ※揀盡二字는 上下也라.

※甲本; 欲揀盡濫者는 應云欲揀濫盡이나 而此記誤耶아 或云但揀盡二字는 前却也니 隨意取之하라.

15下01 鄭人名綏者는 楞嚴疏에는 名緩兩處中一則誤也라.

15下08 經各의 各字는 名字요 而與經으로 上下也라.

17上03 [甲本]故下引論釋貫穿唯約貫穿法相者는 指下(43上01/疏)世親攝論云貫穿依故法故等文也라.

17上06 此引梁攝論者는 此는 作次라.

◉校者註; 17上07, 準前第二의 第二는 指懸談第二卷(地字卷)四十丈上四行以鈔라.

17上09 此之三義不出因緣者는 謂鈔中에 三義니 初義의 文則緣也요 次則具因緣이요 三說經意則因也라 故로 云不出因緣也라.※

※甲本; …今又立者는 以此三義가 俱爲經家所貫之法也라.

17下01 無盡下에 落故字니 三故字가 如次釋發心品三義也니 下云利生과 行行과 開顯云云이 亦如次指此三義也라.

17下08 [甲本]或二諦通所依體者는 謂二諦가 通依第一義諦하야 爲體也라. 體不離義故者는 不離二諦也라.

◉校者註; 17下09, 八諦四重은 見圓覺經序三十三丈上二行空有迭彰中하니 圖表則如下라.

八諦四重前後相望說

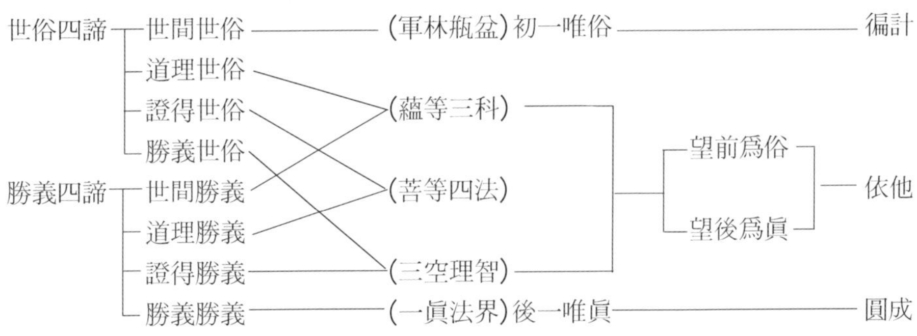


17下10 光明覺鈔者는 見往字卷下十三丈이라.

18上03 爲麤下에 落不可見有對五字라.※

※甲本; …懶老云 可見有對者는 卽靑黃等色이니 此是可見有對礙故요 不可見無對者는 卽意所知過去落謝塵이니 此旣落謝故로 不可見이라 然이나 今意中追思則皆無對礙而來現故라 又不可見下의 上二色은 唯麤唯細하고 今明不可見有對는 則通麤細하니 此約五根하야 名色이니 謂眼等五淨根도 亦不

可見其形質故로 不可見이라 然이나 唯眼은 見하고 不能聞하고耳는 唯聞하고 不能見等이나 而有對礙故로 云有對也니라 然이나 此引文이 取義略引하니 不可但見本文하야 以謂此中有闕漏云云이라.

18上06 意相의 間에 落識字라.

18上09 記는 作五라.

18上10 言種族者는 十八爲同類因이니 各生自類等類果故로 是法이 生한 本也라.

18下02 心所長處者는 本文具云所生長門處라.

18下04 [甲本]說處者는 說十二處하니 十二處色이 多故十二中十半爲色一半爲心라 爲色心俱愚者는 說十八界하니 十八界心色이 俱多故十八中十半色七半心也라 次根三樂의 三은 可知라. 說三不同(六行)者는 愚心等과 樂者가 其三也요 三科之三은 非也라.

18下06 十二因緣에 皆有義及體나 而此中에 或俱言義와 及體며 或單言義하며 單言體요 無明則單言體니 發業이 是義也라.

18下09 種子니 約當生云云者는 今以大乘一重因果故로 識等五支가 皆約種子니 而識支가 種子時에 無了別義故로 約當生現行位하야 云了別也라하니라.

18下09 [甲本]下四支義準此者는 下四支가 各皆種子나 而四支義則約現行位也라 故로 云準此識支也라하니 卽取第八識云云識支之體也라.

18下10 卽取第八識云云은 識支之體也니 名色支中에 心種子는 卽名色之體也요 名色之名은 卽義也라 故로 不言體義也라.

19上02 六處之中에 六識生滅之處云云은 卽義也니 體則六根當體也라 故不別言也라.

19上02 觸支中에 觸對前境云云이 是義也요 體則如文이라.

19上03 六識一分異熟無言說觸者는 言說二字는 作記字也라 言一分者는 前六識이 通三性이나 而但約無記邊하야 爲異熟生故로 云一分也라 以第八識則 全是無記故也라.※

※甲本; 懶老云前六識이 是有記나 而亦有一分極劣無記故라 言異熟者는 第八識으로 爲無記故로 爲異熟識이나 而前六識도

亦得名異熟者는 此亦約一分無記故로 得異熟名이니 蓋異熟名이 因通善惡이나 果唯無記故로 云異熟故라 云云하더라.

19上04 [甲本]受支中에 俱明義與體는 可知라.

19上05 愛支中耽染於境云云은 卽義也라.

19上06 通取現行能所生種子者는 種子二字를 移安于現行下也니 謂種子는 能生이요 現行은 所生也라 上識等五支가 唯取種子하고 下取有生等三支는 唯取現行이나 而此愛則通取現種也라 初無明行二支도 亦唯現行也라.

19上07 十有支中에 識等五現行果法事는 卽體也요 能有未來生支는 是義也라.

19上08 三界所有者는 三界는 恐五支二字之誤니 以有是現在業而五支身上所造也요 三界則不當也라 或二支之誤니 是愛取二支之所有故라※ 上은 講說이라 愚는 謂하노니 不改도 亦得이니 謂五現行果法事가 是當來三界田中所有일새 名有라 然則有支는 是現在業이나 而能有當來三界田中의 五現行苦芽故로 名有也인 則擧所有하야 顯能有也라.

※甲本; …又三界二字를 不改도 亦可라 然則有支當體則業이나 而招當來三有之果故로 云所有名有也라 果法이니 界라 有요 懸吐니 後解爲勝하니 勿用前解也니라.

19下04 註에 等思識也四字는 註也요 餘는 皆元文也라.※

※乙本; …依止는 卽身也니 下皆準之也라.

19下07 [乙本]意思之意字는 恐衍也라.

◉校者註; 意字를 識字로 看之則何要改之乎아하노라.

19下07 思食의 食은 作識이라.

19下07 是故의 是字는 衍也라.

20上02 諸天受取施下에 落諸餘有情四字라 愚는 謂하노니 不落도 亦得이니 謂諸天이 受取하야 施於佛이어든 意許諸餘有情이 由此因故로 懸吐也라. 彼諸有情(三行)者는 上能施有情也라.

20上02 [甲本]佛意許諸有情者는 卽上諸天所施之有情也라. 彼諸有情(三行)者는 上能施有情也니 謂佛受不食하시고 許施諸餘有情故로

前施之有情이 速證菩提也라 懶老云諸天受等者는 諸天이 受取하야 以施於佛所意許之諸有情也라 云云이라.

◉校者註; 20上06, 問思食이 何別고 答이라 思食은 以意로 思食하면 自然潤身이요 識食은 不如是하야 識之存이 即爲生命이라 無別이니 盖取食爲保命義而言故也라 是聞於講老者故로 贅記數字하야 以備失路客耳로라.

20下04 八解脫은 見淡字卷下三十丈上三行이라 八中에 初二는 如次是初禪二禪이요 第三은 卽第四禪이요 次四는 卽四無色也라 第八은 卽滅受定也라 問이라 何以第三禪은 無解脫고 答이라 第三禪中에 無眼識所引欲色貪故며 自他妙樂所亂故로 無解脫也라 問이라 第三第八이 皆同名身作證具足住는 何也오 答이라 八中에 此二가 勝故며 二界邊故로 得身證名이니 謂第三은 唯取淨相하야 令惑不起故로 勝也요 第八은 以無心故로 勝也라 又第三은 色界의 最後邊이요 第八은 無色界의 最後邊故로 二相이 同也라.

20下06 外觀色者는 下疏云觀外色云云이라하니 下疏로 爲正也요 註에 謂於下에 落身字라.

20下08 第三解脫註中에 名爲의 爲는 作淨이라. 身中에 身字는 講云 衍이라. 證得下에 落名身作證四字라 愚는 謂하노니 身字는 不衍이可也니 謂此淨解脫을 身中證得일새 名身作證이요 具足圓滿하야 得住此定일새 名具足住라.

21上02 [乙本]未發云云은 發眞無漏慧則諸業自滅이어늘 不能코 作觀斷業이 是背捨也라.

21上04 [乙本]譬如云云은 馬는 喩前色觀하고 陣은 喩前貪想이 用觀破貪이러니 今則更制觀心하야 令其自在也라.

21上04 能破前陣은 喩上의 勝於境界하고 自制其馬는 喩上의 勝於煩惱니 以勝境之心이 自作煩惱故라 又智論은 自是別義니 不必喩上也라 又能破前陣으로 喩前勝於境界煩惱하나 而自制其馬로 亦破能勝上二之心也라.

21上10 靑觀二字는 恐衍이라.

◉校者註; 21下06, 上如前은 指玄記第九卷七丈下六丈以下요 下如前은 同上十丈上二行以下라.

21下08 [乙本]密所者는 應云密意也라. 三性等이 卽顯了者는 凡夫가 易解了故也라.

21下09 普賢三昧鈔는 見列字卷三十丈上四行이라.

21下10 等覺二字는 上下也라.

## 懸談

44上06 [乙本]如說一切皆空云云은 但出密意說也니 說一切皆空이 此就第一義說이라 就佛則顯이나 而凡夫不解하고 而無俗諦之故로 爲密意說也라.

◉校者註; 44下01, 十二部는 見十藏品騰字卷二十六丈以下라.

## 會玄記

22上01 資根의 根은 作糧이라.

22上02 ※意等者는 本論云字等이라 大明法數에 亦云字等이니 謂諸佛名字等이니 以同名佛故요 二는 語等이니 謂六十四種梵音이 無別故며 三身業이니 謂法身及色相好가 無異故요 四는 法等이니 謂三十七菩提分法이 無異故라 ※今記의 云眞實三字는 恐註也라.

※甲本; 意等者의 意字는 當字字는 本論云字等이니 謂佛字等也라.

22上09 ※別義意趣者는 事佛호대 而於法에 解義言則敎相이나 意在證相故로 云別義也라.

※甲本; 三別義意趣者는 逢事恒沙佛하야 於大乘法에사 方能解義言니 則敎相이로대 而意在證相故로 云別義也라.

22下03 [乙本]得成何心者는 施外餘心이니 卽餘勝行也라.

◉校者註; 22下09, 四悉壇은 見署字上卷四十四丈上九行과 收字卷二十七丈上二行以下也라.

23上02 ※五衆者는 五蘊也라.

※甲本; 緣和合故로 有無別性이라하니 吐也라 人亦如是五衆者의 衆은 蘊也라.

※乙本; 五衆者는 卽五蘊也니 謂人이 五蘊和合故로 有요 而無別人也라.

23上03 [乙本]或聽不聽者는 如雜業故로 雜生이라한 一法을 斷見人은 聽이로대 而常見者는 或不聽也라.

23上04 無人의 人字는 當在常見下也라. ※

※甲本; 此中에 多略하니 具如諸經會要라.

23上08 [乙本]分別令稱云云은 世是次第義요 界是分別義耶아.

23上10 單說有下에 落是字라.

23下01 義等二字는 恐上下也라.

23下01 [甲本]無方者는 如云無定也니 上之諸說이 不同은 顯義無方也라.

23下01 [乙本]義等無方者는 上諸義가 皆得하야 而無方之謂也라.

23下07 其表의 表는 作義라.

23下07 [甲本]註는 大文也요 而表字는 作義也라.

23下08 ※前義云云八字는 衍라.

※甲本; 前義故是次義利故八字는 恐衍이라 若以出所以로 看하면 則不衍도 亦得也라.

※乙本; 是前義故라하나 前은 義故라하고 是次는 義利故라하니 吐也라.

23下09 [甲本]經云者는 洪字卷四十丈下二行中具引하니라. 不誦의 誦은 與頌字로 同하니 不頌長行之偈也요 乃孤起頌也라.

◉校者註; 24上02, 十藏品疏는 指騰字卷三十六丈下末行이니 下無盡藏中也라.

24上07 [乙本]總爲別本者는 別乃餘十一分也라 二別相者는 謂就總相中에 分出應頌等十一部하고 其十一中에 所不收者는 則阿難結集時에 長行綴葺之文이 是也니 望總相則可謂別相이나 而亦不收於十一中하고 還攝於總相修多羅故로 以修多羅로 名之玄別相修多羅也라.

24上10 ※略相於彼別相十二分者는 上別相修多羅及餘十一分을 合爲別相十二分也라.

※甲本; 三略相於別相十二分者는 十二分中에 修多羅의 別相이요

已上明之나 而餘十一分도 亦云別相者는 望總相修多羅하야 云別也라.

※乙本; 彼別相者는 此餘十二分을 別別擧數故로 云別相이니 如對總相之別相也라 略相者는 於彼佛正說十一分中에 初總標者가 是略相也니 佛但略標故로 不可定以十一分으로 名之하고 後廣釋에사 方可謂別名之하야 云只夜等故라 然이나 亦攝在總修多羅中故로 以修多羅로 名而云略相修多羅也라.

24下03 [乙本]別相無聖教者는 聖教中에 無別相之謂也요 亦乖正理者는 亦無此理也라. 違雜集者는 此師則以佛正說로 爲長行綴緝하고 不知是結集者之長行綴緝故로 云長行綴緝이 卽略說所應說義而不知綴緝與略說이 爲二義而破之라 然則長行綴緝에 略說所應說義라하니 吐也라. (25上03)清凉救中則以長行綴緝으로 爲結集者의 所綴緝하고 又綴緝與略說이 爲二義而救之니라. (25上08)言長行이라하야 揀偈頌者는 經中에 具有長行偈頌이어늘 若總相則不可言長行이라하야 以揀偈頌이어늘 而旣揀偈頌인댄 則正順別相之義故라. 註에 此成別相은 欲顯示菩提心功德故의 文은 卽上所引大功德已之次文也라 然이나 其略相之言은 非獨約結集의 略標라 亦約正說中略標故로 異於別相中이니 非約結集時의 綴緝也니라.

25上07 [甲本]清凉破中에 若長行綴緝卽是總相修多羅者는 上刊定云長行綴緝(略說所應說義者)卽是云云의 略者는 卽是總說之異名云云이라하니 則以長行綴緝으로 卽爲總相故로 今牒而破之也라 此의 又遠公云云之文은 當檢騰字卷二十七丈上二行이라.

25下03 但開雜集別義以成後二者는 以雜集은 此言이 通於二義故니 一은 長行綴緝이 卽是略說云云則但是別一相也라 故로 圓覺經鈔中에도 亦但云別相也라하니라 二는 長行綴緝과 及略說云云則爲別略二相也라 故로 遠公이 開此別相하야 爲別略二相也라.

25下04 問有總相云云者는 上은 皆下鈔요 此下問答은 皆記詞라.

25下06 十二分中修多羅通三相三藏中修多羅局總相者를 記中에 問答以明이어니와 而愚도 有一義하니 謂十二分則就一部經中하야 ※有

方廣等餘十一이나 而餘十一所不攝者는 亦在總相修多羅中故로 亦名修多羅라하고 而對總相하야 云別相略相等이니 以總相則通攝餘十一이나 而別相則不攝於餘十一하고 略相則餘十一中에 初略標之言也라 故로 十二分中의 修多羅가 具三相也요 三藏則 就十二分上하야 分其部帙也니 以經中의 十二分을 合名하야 爲經藏하고 律中의 十二分을 合名하야 爲律藏等故라 其修多羅藏은 但通取總相一部經하야 云修多羅藏이요 而不可一一別取其中別相略相等義也라 故로 云唯局總相也라 此言은 與記로 異하니 思之니라.

※丙丁本; …分十二部義가 各別이로대 而修多羅에 具三相者는 總看一部則 爲總相修多羅요 就一部經中하야는 有方廣等餘十一…

25下10 ※但是少分者는 三藏中의 修多羅藏이 非但局於總相이라 其總相을 望十二分中修多羅의 總相컨대 則但是少分이니 以彼總則三藏中總也요 此總은 但當藏中總相故로 少分也라 故로 下云乃狹於十二分中總相이니 言總意別云云이라하니 謂二處가 皆言總相故로 言則總同也로대 而意則寬狹有別也라.

※乙本; 少分者는 促約經藏中所有契合之義故로 云少分이니 若十二分中修多羅는 通約義하야 而該三藏中契合義故로 此但於其中少分也라.

26上02 [乙本]故十藏鈔下는 退老之意로는 連上文(25下08)의 名局故不通二藏之文이라하니 虛心思之니라.

26上03 此約義該者는 謂餘二藏中에 有修多羅호대 但約義而該也요 非以名該也니 以名是調伏對法故라 旣名不相該故로 不可以經藏으로 爲總하고 餘二藏爲別也라 故로 云何須更立兩重總別이리오하니라.

26上05 [乙本]仍狹如의 如字는 於字의 誤也라.

26下07 意通上義로대 文唯止惡等者는 謂疏意則通於止善作惡과 作善止惡이나 而疏文則 唯約止惡作善일새 云通於止作也라※ 上은 講說이라 愚는 謂하노니 意字와 文字는 恐上下也니 謂今疏止作之文은 通於止善作惡과 及止惡作善이나 而意則唯止惡作善이니 以調練通於止作故라 故로 此止作은 唯局止惡作善也인 則止

作之言이 言總意別也라.

※甲本; …蓋疏中에 通於止作之言은 唯以止惡作善으로 見之也요 不取止善作惡也라.

26下10 ※不取如律者는 六律六呂는 卽陰陽之義也라.

※乙本; 律呂者는 律은 陽也요 呂는 陰也라.

27上01 ※陶虞者는 皐陶와 漠虞니 皆舜之臣也라.

※乙本; 陶虞所造者는 風俗이니 通言皐陶와 漠虞가 造律이라하니 卽舜世人也라.

27上02 爾雅云 律은 法也라하니 今에 落律字라.

27上02 [乙本]法也者는 卽律字의 訓也요 法律下는 卽記詞也라.雖通釋犯不犯等이나 正意는 卽令人으로 知而不犯也라.

27上03 擧此下에 恐落犯字니 謂上言犯不犯等도 亦擧하야 此犯者로 令知不犯也라.

27上03 ※此正依素律師者는 疏毘奈耶翻爲調伏이 正依素律師니 以刊定則 義翻調伏하고 正翻爲律故로 揀之하야 云正依素律師也라.

※甲本; 此正依素律師者는 刊定則以調伏爲義翻하고 以律로 爲正翻이나 而此疏則 以調伏爲正翻者는 依素律師故也라.

27上07 [甲本]不淹時序云云者는 不過多年爲上首也며 或云不拘年臘次第而爲上首也니라 云云이라.

27上10 嗣徵의 徵은 作徽字라. 又控의 控은 作撰이라. 四分記의 記字는 作疏라.

27下02 顔魯公者는 顔眞卿也니 唐玄宗時人이요 今則太宗故로 相去百年也라.

27下07 聖僧은 僧天이니 謂有三住하니 梵住(悲等四無量心)와 聖住(空無相無願三解脫也)와 天住(四種靜慮也)니 見致字卷二十四丈이라

## 懸談

46上02 [乙本]鈔母論者는 東塔中所引也라.

## 會玄記

28上09 ※從滅의 間에 落所字라.

※乙本; 從滅得名者는 從能滅得名也라.

28下03 四分律者는 本出曇無德部하니 初分은 明比丘法이요 二分은 明比丘尼法과 及受戒說戒法이요 三分은 明安居自恣等法이요 四分은 明房舍等法也라.

28下03 [甲本]二種毘尼者는 犯毘尼則約藥立名이니 卽是七滅諍이요 諍毘尼則 約病立名也니 卽是四諍也라.

28下03 有犯毘尼者는 雖云有犯이라하나 以毘尼爲主하야 爲能治之七毘尼也라. 有諍毘尼者는 雖云毘尼라하나 以有諍爲主하야 爲所治之四諍也라.

28下07 [乙本]滅諍也之滅字가 爲毘尼義也라.

28下07 [乙本]註에 示滅七種者는 釋七字義니 所滅은 實四나 而隨能滅之七하야 亦曰七種義也라 若示字는 亦字誤書인댄 緣中七事가 爲七種犯也라.

28下10 註에 二五德者는 一은 自恣五德이니 謂一은 不愛요 二는 不嗔이요 三은 不怖요 四는 不癡요 五는 知自恣未自恣라 二는 擧罪五德이니 一은 知時不以非時요 二는 如實不以虛妄이요 三은 有利不以無利요 四는 柔軟不以麤獷이요 五는 慈心不以嗔恚라.

29上01 擧彼의 擧는 恐與字라.

29上04 羯磨者는 此云作法辦事니 謂作法하야 辨其罪相也라.

29上08 [甲本]緣中者는 緣起也니 謂七毘尼戒所起之緣事也라.

29下01 [甲本]現前毘尼中言人不現前者는 錯着人之不現前處에 獨自任意作滅擯等也니 滅擯者는 擯出不與衆會也라.

29下03 [甲本]不應云云은 責陀夷之詞也라. 不應人云云은 責不現前處에 作羯磨之人之詞也라 大意는 其人現前處에 詳詰其曲直虛實한 然後에 作呵責等羯磨가 爲可也라.

29下04 呵責云云九字는 恐註也라.

29下05 [甲本]謂諸의 謂字는 或云爲字之誤也라.

29下07 [甲本]知僧事者는 如今立繩之任也라.

29下09 親於衆中者는 謂六群이 親於大衆中에 以淫事誣諍也가 或云以淫事誣諍曰汝行淫事라하야 親於大衆也라. 處는 作虛라.

30上01 反結의 結은 作詰이라.※

※甲本; 詰問六衆者는 佛令反詰問六衆케하니 六衆이 還答言無罪者는 前以私嫌誣諍이나 而今於佛前不可容誣故로 如是以實對也며 或六字를 改以大字則大衆如是答也라.

30上02 [甲本]應白四羯磨者는 私意則白於四羯磨也로대 而或云六衆中에 妄擧人過之失을 白於大衆이나 而一番白二番白으로 乃至四番白故로 云白四也니 如是白四後에 仍與憶念法호대 自今以後에 詳細憶念하야 果有罪則擧露於大衆前이 可也라하니 此說은 考本之談耶아 若非考本之談하면 則未敢聞命이니 白四之文字가 似爲曲巧故也라.

30上06 三種痴者는 懶老云檢四分律則痴是狂痴라. 常憶의 常은 作或字라. 言憶來者는 云說戒時로 或憶說戒來며 或不憶說戒而不來等이 盖由狂痴하야 如是不定也라.

30上07 與不痴者는 謂病差後에 不痴라 此不痴時에 可以相應於僧之淸淨也라.※

※甲本; …而得添僧數故로 因制此法이니 足則添也니라 云云이라.

30上10 國僧의 間에 落爲字라.

30下07 多人語緣中에 諍法不定이어든 應行籌하야 今作除字非也 取多人語也라.

30下07 行籌時有三云云에 覆藏者는 以物覆藏籌也라.※

※甲本; …懶老云行除者는 行籌除諍이니 謂黑白籌表如法人과 非如法人하야 而取其多人知法者語하야 除滅故라.

30下08 耳語者는 附耳而勸勉也라. 向如法人하야 顯露行에는(今落行字) 貴望云云은 出五分律하니 有云以黑白籌로 表如法人이니 謂上座가 或如法人이며 或非法人이어든 若向如法上座면 則顯露行籌니 謂上座가 旣如法人故로 應捉可捉之籌니 貴望餘人도 亦如上座하야 但捉可捉之籌일새 顯露行也요 若向非上座면 則旣是非

法人故로 應捉不可捉之籌이니 恐餘人이 亦隨之하야 俱捉不可捉之籌故로 覆藏而行也라. 耳語者는 亦上座가 非法人故로 耳語行籌也니 謂向餘比丘하야 耳語云汝上座가 已捉籌하니 汝亦捉籌云云이라하나 若無所據면 則恐非也라 愚는 意云行籌者는 欲取多人語也니 謂上座一人이 於大衆前에 各以所言으로 書於籌上이어든 收籌則可知多人之言이 同不同이니 以多分同으로 爲主하야 除其諍法之說也라. 言顯露行者는 如法之人의 所書之籌를 顯露於衆人이니 欲衆人이 隨之하야 亦如如法人書之也니 覆藏耳語等은 例此可知也라.

30下09 言六의 言字는 上註中의 字也니 謂此滅言諍也라.

31上04 [甲本]如草覆地者는 鬪諍數起하면 諍人도 亦多하야 其事轉衆하야 推其源本이 難可知處하니 如難草하야 難可定理故로 置之하고 更不諍論之之謂也라.

31上06 [乙本]言行來者는 自修行以來之謂也라.

31下01 ※癡慢上에 落嗔字라.

※甲本; 等癡의 間에 應脫嗔字니 上은 皆懶老之記詞也라.

31下06 功强於彼者는 彼戒經也라.

31下08 無破戒熱은 離惡因也요 無三惡道熱은 離惡果也니 旣離惡因惡果인댄 則應得善因善果니 故로 此冷言이 通於因果니 冷則淸凉義也라 探玄은 但約因云淸凉이니 以離三業過非之惡因故也라.

31下09 又素律師下에 有三義하니 初는 約因云淸凉이요 後二는 皆約果云淸凉也라 問이라 疏云離熱惱得淸凉果니 淸凉之言이 但是果也어늘 鈔中에 那云因果得名耶오 答이라 疏文이 影略이니 謂離熱惱因時에 得淸凉因也요 得淸凉果時에 離熱惱果故也라.

32上01 [乙本]又究竟下는 上은 就因釋이요 下는 就果言也라.

32上03 [乙本]定共道共者는 上有漏定으로 共俱之戒는 與無漏道로 共俱之戒故라.

32上04 [乙本]俱하는 思上하야 吐也라.

32上07 [乙本]戒依의 依字는 止於思下하라.

32上08 [甲本]言立定道戒者는 據其定道之名컨대 則似道戒則非定이나 而據本疏所述컨대 則皆依定中에 止身語惡上하야 立而但以有無漏之異耳니라 此亦懶老記中詞也라.

32上09 [乙本]此名下出所以니 隨心轉者는 謂定道戒者가 隨現行心而轉故以現行思로 爲體는 可爾어니와 種子는 不可爲體故라 然則定道之戒는 小乘의 四諦八定中에 以有니 八定時에 自有防非功能故로 就此名戒언정 無別戒體之種也라.

32上09 ※隨心轉故現行思는 可爾어니와 云云者는 定道二戒가 皆隨心而轉起則心是現行心也요 非心之種子故로 種子가 不爾也라.※

※甲本; …懶老云隨有漏心하야 轉名定道之謂也니 種子則 但俱戒體故로 云爾라 云云이라.

32上10 ※[甲本]爲色所由由此戒之勢力云云者는 明戒爲假色之所由也니 言假色者는 戒是無表色故也라.

※乙本; 爲色所有者는 戒是假有之色而定中에 止身語意之言이 顯此假色이 爲色之所有也며 亦可爲色所有四字를 亦作註書則 意尤顯이니 然則所有는 吐也라.

32下01 [甲本]別解脫戒有二義하니 初는 對他名別이요 後는 當相名別也라.

32下02 [乙本]心所熏種이라 吐也니 此則請受戒法하야 熏種於心故로 以種子로 爲體니라.

32下04 三種戒者는 定共道共別解脫戒也니 前二는 現行이요 後一은 種子故로 云種現不同也라 言雖者는 約種現不同하야 雖能辨異나 而何以共取思하야 使三種難分耶아 云云之意故로 置雖字也라.※

※甲本; …別字는 有三義故로 記中에 俱釋二義나 而解脫則但一義로 俱通上二別之義故로 記中에 但有一釋也라 遺敎經中에는 以戒가 卽是隨順解脫果요 非謂因中에 隨順於果故로 唯從果也라 疏意도 亦然相續經則解脫은 指五分法身과 及涅槃果故로 戒爲隨順之因也라 故로 雙從因果也라하니라.

32下05 [乙本]思之一法者는 上二戒는 可知而別解脫中에 是防非發善이 是思力也라. 力最勝者는 非對體라 但歎勝之談이니 思力이 勝하야 能成戒故라.

32下06 有餘勝能復立別名者는 餘勝能이 不知何勝能也오 愚는 恐別字는

解脫二字之誤也라 然이나 此疏中云云者는 釋疏中第二意하야 以揀濫故로 置然字也인 則別解脫이 有二義하니 初待他名別也라.

32下07 [乙本]別名者는 指解脫也라.

32下09 三業諸過云云은 正釋鈔文이니 以上則牒擧鈔文하야 而先敍源由하야 以釋別意하고 至此正釋鈔文하야 以明解脫義라.

33上04 [甲本]解脫名前解自體名云云者는 前의 別解脫은 以戒自體로 爲解脫이라 非果解脫也요 後의 隨順解脫은 以果로 爲解脫故로 望戒爲他也라 懶老云唯從果者는 梵語波羅等五字가 正是解脫名이요 非是戒나 而但戒是隨順彼解脫之果故로 以戒로 得波羅木叉名이니 然則其翻은 爲隨順解脫之言에 隨順二字則但約義說이라 非謂梵語니 梵語五字中에 初三字는 是隨順義요 後二字는 是解脫故로 云唯從果也라.

33上05 遺敎經下證唯從果者는 以遺敎經中은 戒가 卽是隨順解脫果요 非謂因中에 隨順於果也니 疏意도 亦然이라 相續經則解脫은 指五分法身과 及涅槃果故로 戒爲隨順之因也라 故로 雙從因果也라. 上은 講說이라 ※有云波羅木叉五字는 唯是解脫이요 非戒也로대 而戒能隨順故로 戒를 亦波羅提木叉則波羅提則從他解脫果하야 以名戒也라 故로 云唯從果得名也라 相續經에 解脫을 云木叉則波羅提는 應是隨順故로 云雙從因果得名이라하나 愚意는 上二解와 及記解가 皆未安하니 從當詳之니라.

33上05 [乙本]唯從果者는 梵語波羅等五字가 正是解脫名이라 非是戒而但戒가 是隨順解脫之果故로 以戒가 得波羅提木叉名이니 然則其飜爲隨順解脫之名이 隨順二字則但約義說이요 非謂梵語五字中에 初三字는 是隨順義요 後二字는 是解脫故로 云唯從果也라.

33上06 [甲本]雙從因果者는 若據其解脫之梵語를 但指木叉則波羅提三字는 自當隨順之梵語故니 然則隨順二字도 亦是名故로 雙從因果故名也라.

33上07 此經故의 故字는 恐衍이라.

33下01 ※性遮並護者는 性罪遮罪也니 如殺盜淫等이 佛雖不遮라 自性이

卽罪也요 如飮酒非時食等은 因佛禁遮니 犯則有罪也라.

※乙本; 性遮並護者는 性戒遮戒니 見下四丈下하라.

33下02 刊定初二名도 亦是佛戒律이나 而異於疏中四異名故로 云四異名外에 更有異名也라.

33下06 止作下에 落身則二字니 行住坐臥가 皆不如法故로 止而不行也요 下之四儀는 反上故로 皆應作也라.

33下08 不風邪言者는 風은 諷也니 謂邪를 未能諷喩之言也며 或不是風度之邪言也라.

34上01 1)※離衣畜長等者는 離於衣鉢之側하야 畜餘長物也니 依鉢之餘의 他物은 皆長物也라.

※乙本; 離衣畜長者는 二戒名이니 離衣는 謂離衣鉢而行住也요 畜長은 長餘也니 有三長하니 謂衣之餘鉢之餘財之餘也라.

34上02 [乙本]應行의 行字는 作字也라.

34上05 示는 作亦이라.

34上07 式叉摩那는 緇門註云此云學法女라하고 四分云十八童女가 應二歲에 學其六法及比丘尼威儀云云이라하니 六法者는 五戒에 加非時食也라.

34上09 [乙本]各示의 各字는 略字也라.

34上10 [乙本]止樹의 樹字는 立의 義也라.

34下03 [乙本]註에 五七不同云云者는 出五七之所以니 盖偸蘭中諸罪가 有其罪名과 罪體와 及其罪之究竟果가 與餘五篇中所攝諸罪로 相同者며 又有其三義가 與餘五篇罪로 不同者하니 其但立五篇者는 略偸蘭也라 盖緣偸蘭이 具有三義則於五篇外에 無別體故로 合入五中而不別立故요 其不具三義則別開偸蘭하야 立爲六聚故로 方入聚攝이라하니라 餘義可知也라.

34下04 不其의 其는 作具라 盖上所列六名이 具三義則名篇이요 不具三義則名聚而又分六七也라하니 ※此講說이요 有云盖偸蘭中의 諸罪가 有罪名罪體와 及罪究竟果하야 與五篇所攝諸罪로 有同者와 不同者하니 同者는 於五篇外에 無別體故로 合入五中하야 不別立名故로 五篇中無偸蘭也요 不同者는 別開偸蘭하야 爲六聚故로

云入聚攝云云이라하고 愚意云具三義入五中者는 如六聚中에 除偸蘭하고 餘五가 與五篇으로 名均하니 五篇六聚中에 同名波羅夷며 乃至同名吉羅故라 旣名同인댄 則體與究竟이 亦應均也라 故로 入於五中也요 不具三義者는 卽偸蘭也니 不入五中故로 五篇中에 無偸蘭名也요 入於聚攝故로 六聚中에 皆有偸蘭名也라 然則偸蘭은 但局於聚也라 餘則通於篇及聚也라. 五分云一은 波羅夷니 有四요 二僧殘이니 有十三이요 三은 偸蘭卽不定法이니 有二요 四는 波逸提니 有百二十一이니 初三十은 捨墮法이요 後九十一은 單提法也요 五는 波羅提提捨尼니 卽悔過法이니 有四요 六은 突吉羅니 卽應當學法이니 有百也라하니 合有二百四十四요 兼七滅諍이면 通有二百五十一이나 而擧大數하야 通云比丘二百五十戒也라 又波逸提가 五分云百二十一이나 而餘處多云初三十後九十則但有百二十也라 故로 合於二百五十戒之言也라 上約比丘而言也어니와 若約比丘尼者인댄 波羅夷가 有八하고 波逸提가 二百八也요 波羅提八也요 突吉羅가 百也요 及七滅諍이면 合有三百四十八이며 又具則五百也니 見緇門註하라.

※甲本; …懶老云此註는 出五七不同之所以니 盖偸蘭中의 諸罪에 有其罪名과 罪體와 及罪之究竟果호대 與餘五篇中所攝諸罪로 相同者故며 又有其三義가 與餘五篇罪로 不同者하니 其但立五篇者는 略偸蘭也니라 盖緣偸蘭이 具有三義則於五篇外에 無別體故로 合入五中而不別立故요 其不具三義者는 則別開偸蘭하야 立爲六聚故로 云入聚攝이라하니 餘義可知云云이라.

34下07 二種僧數者는 謂大僧二十及大尼二十也라.

◉校者註; 34下10, 善見論은 具則善見毘婆沙論十八卷이니 五世紀頃摩竭陀論師佛이 於錫蘭에서 爲釋上座部律藏而述者也라 北齊(489)求那跋摩가 方畢하니 1~4卷은 律藏의 結果와 阿育王의 스리랑카傳佛敎事實이 있고 五卷부터 끝까지는 二衆의 戒律을 譯釋하니 爲有欲尋者而添云云이라.

35上01 [甲本]謂僧前者는 前은 是初也니 謂僧이 前爲作罪者하야 與覆藏羯磨而不露罪名이니 初欲怒結이면 終不可不恨故로 末後에 與出罪而作法除滅也니라.

35上02 [甲本]從境立名者는 從對治境하야 立名也니 此懶老之談也라.

35上04 [乙本]證字는 與正字로 同也라.

35上05 [甲本]毘尼母云者는 證上殘餘之行也라.

35上05 [乙本]又云有餘云云은 上則以殘除義로 釋之요 此下는 以殘餘義로 釋也라.

35上07 ※強爲波利婆沙者는 此云罪過對他說也라.

◉校者註; 波利婆沙는 此云別住니 見日本織田佛教辭典也라.
※乙本; 波利婆沙者는 詳唐言而應是早救之義也라.

35上08 偸蘭名大遮言云云者는 大明法數에 引善見云호대 偸蘭云은 大요 遮是華言이니 謂大障善道云云이라 據此인대 華梵雙擧하야 云偸蘭遮也니 今記略引也라.

35上10 又飜爲大罪云云下는 皆唯就梵名釋之니 以遮亦梵故也라.

35下01 解蘭의 間에 落偸字也라.

35下03 罪通正從云云者는 正則如正殺盜等也요 從者는 將欲殺盜時의 方便也라 問이라 若正殺盜等인댄 豈非波羅夷耶아 答이라 故下云 通該六聚也라 輕重者는 上의 正則重이요 從則輕也며 又初의 不定體는 重이요 第二의 不定體는 輕也라.

35下03 [乙本]正從者는 如正殺等이 爲正이니 卽下重也요 將欲殺時의 方便이 爲從이니 卽上輕也라.

35下04 1)※並合偸蘭者는 雖通正從輕重이나 而合爲一偸蘭也라. 或在上下者는 2)※六中則以輕從重하야 在於第三하고 七中則以重從輕하야 在於第五故로 云上下也라.

1)※乙本; 並合偸蘭者는 旣罪通正從인댄 則應開爲二커나 而合爲一之謂也라. 或在上下者는 六聚中則爲第三이니 此據正罪中邊而立也요 七聚則爲第五니 此據從罪輕邊而立也라.

2)※甲本; 或在上下者는 六聚則爲第三이니 此據正罪重邊而在上也요 七聚則爲第五니 此據從罪輕邊而在下也라.

35下04 [甲本]四波逸提者는 若具云尼薩耆波逸提니 尼薩耆는 此云捨니라.

35下05 ※燒煮覆障者는 八熱이 通爲燒煮하고 八寒黑暗이 通爲覆障也라.

35下06 貪慢心이 强한이는 制하야 捨入僧者는 謂捨財하야 入於僧用也라 故로 云尼薩耆也者는 以尼薩耆는 此云捨故也니 若不捨則墮於地獄故며 亦云波逸提니 波逸提는 此云墮故也라 故로 初三十을 具云尼薩耆波逸提라하고 後九十은 但云波逸提니 以無物可捨故로 不云尼薩耆也라 若犯此罪면 當墮地獄故로 但云波逸提也라.

35下08 單悔別人者는 講云上因時事外의 別人也라하고 愚云上三十은 同因財事而起故로 悔時에도 亦同捨財하야 入於僧用이요 不必別別悔之어니와 此九十은 人人別起故로 悔時에도 亦單悔別別人所作也라 上三十·九十等은 準緇門註니라.

※乙本; 燒煮는 八熱也요 覆藏者는 八寒也라 波逸提者는 是云尼薩耆波逸提니 尼薩耆는 此云捨也라.

35下05 [甲本]四分에 僧有等者는 四分註云大僧所墮事가 總有百二十種이라하니 男僧曰大僧也라.

35下06 [甲本]分取三十等者는 第四篇中所攝罪百二十內의 三十은 同是因財事而生犯이니 若强除貪慢心하야 捨其財而入于僧用이면 ※則或免罪요 若不捨면 則墮地獄也니라 餘之九十은 一一各有其罪狀故로 至於悔時하야 單單別悔而其人各別故로 云單悔別人이라하니 然則此中의 墮罪三十과 與九十이 相同이나 而其九十則無物可捨故로 三十罪는 通波逸提尼薩耆요 九十罪는 唯波逸提云云이라 此上은 皆懶老記之詞也라.

※乙本; …則或免罪나 而若不捨면 則當墮地獄也라 餘之九十은 一一別其罪狀故로 至於悔時에도 亦單單別悔而其人各別故로 云以單悔別人이라하니 此中墮罪가 三十與九十이 相同而其本則 無物可捨故로 三十罪는 通波逸提尼薩耆하고 九十罪는 波逸提也라.

35下08 舊飜捨墮者는 墮字는 恐衍이라.

36上01 聚也의 聚는 作惡하고 作者의 者는 作也字라.

36上02 [乙本]應當學者는 薩婆多論이라 問이라 何此獨名應當學고 答이라 餘戒는 易持罪衆이요 此戒는 難持易犯이라 常須念學故로 不列罪名하고 但言應當學이라하니라.

36上06 然二不定者는 卽第三偸蘭也라 第一不定은 於波羅夷 僧殘 波逸提三法中不定也라 第三不定은 除上波羅夷等하고 於餘二中不定也니 下(次次行)所謂三罪二罪也요 所犯之境則通該六聚也라 故로 上(35下03)云 罪通正從云云은 罪體中에 略擧生疑不信之突吉羅故로 影略三罪二罪也라 (八行)七滅諍中에 罪亦通有者는 二不定罪가 通有也요 或云六聚에 罪通有나 而六聚中에 初聚不通懺悔라 此七滅諍은 皆通懺滅故로 前義爲正也라 有云二不定云云者는 此中出六聚中에 不列二不定之所以也라 初不定者는 四分云若比丘與女人이 獨在屛處障處可作淫處坐하야 作醜惡論等也요 後不定者는 比丘가 與女人으로 在顯露處不可作淫處坐하야 作非法語等이 皆未必定作罪故로 云不定이요 旣通於六聚故로 六聚外에 不別列이며 又生疑不信이 與突吉羅로 同律故로 不別列이라 又影三罪云云(八行)者는 初不定中有屛處等三罪也요 後不定中有顯露等二罪也니 據律文컨대 則但列云初不定後不定이요 不別列三罪二罪故로 如是會也라.

36上08 七滅諍下는 出六聚中不攝七滅諍之所以니 盖六聚가 正約比丘戒어늘 而七滅諍은 卽僧尼通戒故며 亦不攝之謂也云云이라 ※ 愚는 不見律文일새 未敢詳定이나 而上有云六聚가 但正比丘戒者는 非也니 盖五篇과 及六七聚가 通於五衆故也라.

※甲本; …此는 懶老記詞也며 又七滅諍中罪도 亦通有者는 二不定罪가 通有也니 此는 講談也라.

36下01 下諸罪下에 恐落所等二字라 言能所等者는 如無知故로 作諸罪則諸罪가 皆無知之類也요 乃至不敬故로 作諸罪則諸罪가 皆不敬之類也라.

36下08 [甲本]二師異說者는 初師意則罪之輕重間에 但由自意樂而自陳所犯故로 由意樂이요 不由他人擧罪而治罰故로 云不由治罰이라

하니 然則如何오 但如昔所受律儀法이며 或誠心懺悔故로 云如昔律儀라하니라.

36下10 ※通相者는 通於輕重也니 以第二師則約輕罪는 責心卽滅故也라.

※甲本; 言通相者는 通約身口意所犯輕重罪故也라 第二師意則 約但起心念之罪而言也니 此罪는 但是意犯故로 但可責心일새 故由意樂이요 不須治罰故로 云不由治罰云云이라 此意는 對前則是別相이니 但約意犯之輕罪故也라.

37上07 時受持三字는 恐對治二字라.

37上08 [甲本]先治輕等者는 此는 治輕이요 次出離中에사 方治意호대 而有次第故로 後釋이 近宗이라.

37上10 篇은 作聚라.

37上10 [甲本]提舍尼者는 約第五篇而論也라.

37下06 [乙本]謂等所制有罪云云은 謂先不料揀分別而但平等制하야 云邪婬是罪며 畜長衣是罪云云이나 則後有妨害於餘事故로 復開許之之謂也라 註中에 後阿難者는 阿難이 得衣하야 欲奉迦葉이나 而迦葉常行頭陀故로 時에 不在佛會中이라 恐犯長衣戒하야 白佛한대 佛言하사대 何時還고 白言十日云還이니다 佛言하사대 十日前은 不犯이요 十日後는 云犯不淨戒라하시니라 (九行)亦如律中云云은 此中의 亦字文勢인대 上註文을 亦作行文看이니 若不對上文이면 何云亦耶아.

37下08 註에 十日方還者는 阿難이 欲施衣迦葉이나 而以迦葉이 出去하야 十日方還일새 則不得趁施故로 恐犯不淨施也라 故로 開云過十日하야사 方犯十日則不犯也라하시니.

◉校者註; 此中의 僧과 別人은 私謂僧團과 個人이라하노라.

38上02 別人不得用者는 供養僧之外의 別人也라.※

※甲本; …懶老云 供給僧男者는 若施奴僕之主人이 言호대 施於供給僧男之淨人하야 而使供給僧男이어든 淨人으로는 受하고 若施其別人인댄 不可受之之謂也라 特言僧男者는 爲揀僧尼니 若使奴僕으로 供給僧尼면 則男女混處而恐犯淫罪故라 若施淨人下에 還許하고 若施淨人하야 而若具料理之僧이면 則

雖別人이라도 亦可受之謂也니 謂料理財物하야 以給常住之計者也云云이라 爲僧得也者는 若供三寶면 則雖僧이라도 亦得也라 講云奴僕中에 若人云云者는 若人施供給僧之男子淨人이면 則受하고 別人則不得受也니 以淨人者는 如今廚中飯頭等人也라 若施淨人이로대 者는 牒前之施淨人이요 而若料理僧云云者는 謂雖淨人外의 別人이라도 若欲料理僧者는 應受奴僕也니 言料理僧者는 廚中作務之外에 別有他事於僧者也라.

38上03 [乙本]除供佛云云은 除許供佛等이나 爲僧인대 種植이 亦得也라.

38上04 此後의 間에 恐落穀字라.

38上05 奴僕中若人施供給僧之男子의 淨人則受하고 別人則不受니 以淨人者는 如今廚中에 飯頭熟頭也라.

◉校者註; 此中의 別人은 私謂所用의 別人이니 卽剩餘人也라.

38上05 [乙本]施供給僧男淨人者는 施淨人於供給僧男之謂耶아 若施別人云云은 供給僧之外에 餘人耶아 若施淨人호대 若料理僧故인대 別人이라도 得受者는 若施淨人호대 若料理僧故로 而別人이라도 則得受耶아 若餘別人則不受故라 然則上下淨人은 皆所施之奴僕也라 特言僧男者는 揀僧尼耶아 料理僧故者는 料理財物하야 以給常住者耶아 然이나 此一段諸說云云은 後更詳之니라.

38上06 若施淨人이로대 者는 牒前之施淨人而若料理僧云云者는 謂雖淨人外에 別人이라도 若欲料理僧者인댄 應受也라 言料理僧者는 廚中作務外에 別有他事可以承事於僧者也라 有云施於供給僧男之淨人하야 使供給僧男인대 淨人則受하고 若施他人이면 則不受也라 言僧男者는 揀僧尼云云則淨人別人을 以所施之人으로 見之也라.

38上09 [乙本]別立等者는 鈔中에 謂僧和合이라가 吐也라.

38下01 如今堂儀者는 僧堂儀式也라 先犯罪人者는 上衆旣制已犯必有罪者也라 上旣制戒故로 有罪나 而今還捨所制故로 先制時의 犯罪人이 今得離罪也라.

38下03 佛聽曠野中云云者는 聽字를 釋於以解小界而去니 言布薩日者는

此云淨住며 又云長養淨이니 謂比丘는 半月半月式에 結制하고 朝朝暮暮에 憶念所犯而對治則長養戒法하야 淨其破戒之過也라.

38下03 [甲本]言布薩日者는 此云淨住也며 又長養淨也라 佛往野中하실새 多比丘가 當於布薩日하면 應和合當下道하야 集一處云云으로 乃至以解小界而去를 聽許也라 布薩日은 謂比丘는 半月이어나 或結制에 朝朝暮暮히 憶念所犯罪而對治則長養戒法之淨其破戒하야 云過也라.

38下03 [乙本]布薩日者는 此云淨住니 謂說戒淨身口意하야 如戒而住故라 言下道者는 若行路中에 逢此布薩日이면 則當下於所行道하야 移避異處하야 和合說戒也니 是以律中에 又云移異處하야 結小界라하니라.

38下05 還作의 作은 恐衍也라.

38下06 轉根은 未詳이라.

38下09 此云集施云云者는 盈字卷鈔에 但云此云集施니 謂集法義하야 施他誦持라한 則此中의 又集總散云云은 皆記主가 加之니 應註書가 可也라.

38下10 又散의 又字는 衍也라.

40上07 [乙本]不具分罪者는 約偸蘭과 吉罪二篇也니 是彼第二篇而不是分罪故로 云彼也라.

40上10 [乙本]或欲磨觸者는 或以婬欲之心으로 磨觸之謂也라 故로 磨觸者는 故意磨觸之謂也라.

40下01 [乙本]註에 不成僧殘者는 但爲僧殘方便이요 不全成僧殘之謂也니 僧殘則是具分이요 偸蘭則不具分故라.

40下02 ※[甲本]註에 然偸蘭下는 出偸蘭이 唯爲第二一篇의 方便하고 吉羅는 通爲第二와 第四二篇의 方便之所以也라 下律鈔가 引證此意也라 彼字는 作波라.

※乙本; 然偸蘭等者는 偸蘭則在第三而但爲第二篇之方便故로 但爲一方便이요 吉羅則第六而爲第二第四篇之方便故로 爲方便이니 大抵六聚가 從重至輕하니 偸蘭이 旣在第三인댄 則

稍重於第四故로 不可云重爲輕之方便也요 吉羅則在末而最輕故로 亦可爲第二篇之方便이며 亦可爲第四篇之方便也라. 故律鈔下는 證成吉羅罪가 亦爲第四의 方便이라 彼字는 當作波字也라.

40下02 註에 三十九下에 落十字也라.

40下05 戒者의 者는 作中이요 與鈔文下에 落同如二字라.※

※乙本; …鈔文은 今鈔文也라.

40下06 註에 問性罪是小罪云何是大者는 謂性罪로 應爲大罪어늘 而今云小罪라하니 何者가 是大罪耶오 故로 答云此雖性罪나 望四波羅夷性罪之大하야 云小罪也인 則四波羅夷가 卽大罪也라.

40下09 隨及의 隨字는 作惑이니 卽根本惑也요 下惑等流는 卽隨惑也라.

40下10 [乙本]染汚業增長者는 業習氣也요 與此俱有者는 與此三因으로 俱也라.

41上01 異此三因者는 上性罪中惡業所攝과 或由云云과 復於云云이 爲三因也라.

41上02 [乙本]過犯이니 吐也라 此中下는 反上三因이니 可知也라.

41上02 此中下에 恐落無三業之言也니 以此中下에 一一飜上三因故也라.

41上04 三業과 煩惱等俱의 俱는 恐流字니 上則初二因也요 念念相續은 第三因也라.

41上10 ※次大의 次는 作以요 中은 恐名字也라.

※甲本; 次大乘律의 次字는 作以字니 此土에 不傳大乘律故也라.

※乙本; 次大乘의 次字는 以字의 誤也라 律中의 中字는 名字의 誤也라 意云大乘律中名은 因此土에 多缺故로 引小之謂也라.

41下04 今性是體性故名相者는 上則體與性이 寬狹不同이나 今則性卽是體性故며 亦如體가 寬하야 通於性相也요 非性主於內之性也라 故로 性亦名相也라 故로 疏中에 云相者性也니 卽上標云體性有同有異也라.

41下06 生滅下에 落無生二字也라.

## 懸談

49上08 鈔에 滅諦之相卽體相者는 此相은 卽體之相이라 非據於外之相也라 故로 以滅諦之理로 云相也라 然則性亦二義니 謂一은 同體之性은 寬也요 二는 主內之性은 狹也라 相亦二義하니 一卽體之相이요 二는 據外之相이니 記는 明性之初義하고 鈔는 言相之初義也라.

## 會玄記 第十六卷

01上07 [乙本]故雖下는 記詞니 但顯一邊答則觀諦는 非仰求故로 不名對向을 可知也라.

01上10 總說無漏五蘊名爲對法者는 約佛菩薩의 出世五蘊故로 云無漏五蘊也요 約總說別者는 以慧及相應心所等이 皆在五蘊中故로 云五蘊이 爲總이나 而今取五蘊中慧故로 說別也니 ※總五蘊으로 還爲隨行也라 或云無漏五蘊者는 無漏는 指淨慧하고 五蘊은 指隨行也라 雖總別無漏와 及五蘊이나 而別取無漏慧故로 云說別也라하니 此離釋無漏五蘊也라 非也니라.

※乙本; …淨慧니 五蘊은 吐也라.

01下04 ※不爾因果智云云者는 賢首則唯以果智로 觀故요 今淸凉은 因果智가 以四諦爲境이요 非唯果智之境也라 又賢首는 唯約果智로 觀하야 證四諦中滅諦하니 則亦約果나 而淸凉은 通約四諦하야 爲因果智之所現境也라 故로 云豈非境耶아 云云이어니와 以賢首則不約境故也라.

※乙本; 不爾者는 此意通難이니 謂果智로 證涅槃은 可曰對境이어니와 何以通因果智로 對四諦를 云對境耶아 故로 反以責答也라.

01下06 此是通相之意者는 若約持自性爲法之義면 則慧亦有持自性之義故로 爲法이니 此가 持也라 今方能所對則慧但能對요 非爲所對之法也라 此則別義니 今取此別義하고 不取通相也라.

01下08 [乙本]慧依於法等者는 此有二釋이니 應名法論이로대 이라 이니 慧依法 이어니와 慧爲其主일새니 兩吐看也니 慧依於法은 上句요 慧爲其主는 下句也라.

02上01 上句出法論者는 上則慧依於法이라 慧爲其主니 二句가 皆爲慧論所以로대 而今則爲二論所以니 卽懸吐가 有異하니 可知라.

02上08 [乙本]初地等者는 出水字卷十七丈中이라.

02下04 更求者는 本云 更相이나 而求字도 亦得이라.

03上01 有十二字는 恐衍이나 而不衍도 亦得이라.

03上04 引論의 論字는 喩字也라.

03上10 [乙本]應供의 供字는 恭字也라.

03下02 一捨言取意者는 下云捨者取意云云하니 恐下文이 誤也니 謂言則雖云我不善論이나 而意則不如是也라 故로 捨其言코 取其意也라 懶老云捨言者는 正標初名이요 取意者는 此捨言中論이 極廣일새 但取意引故며 亦標云取意니 吐云捨言取意리라 云云이라.

03下08 [乙本]言或의 間에 落論字也라.

03下08 論出離者는 三種으로 觀察하니 則與論不興論間에 出離過失故也라.

04上01 謂自下에 落觀字라.

04下02 白節之白字는 準本則無라.

04下04 [乙本]神通願力云云은 迦旃延子는 以神通力으로 宣告遠近而使送所聞而來也라하니라.

04下04 毘達下에 落磨字라.

04下08 相開之開는 本文에 關字也라.

04下09 別字는 作則이요 置結間에 本有慧字라.

05上01 士人之士字는 作士也라.

05上02 言先儀者는 猶言先輩也라.

05上09 ※言若依後義者는 有是菩薩說이 卽是也라.

※乙本; …雖菩薩說이나 而以本統末則亦佛說耳라 疏以敎與義에 爲本爲母者는 論이 以敎與義로 爲本母也니 論依經之敎

義而有故라 亦可以論之能詮教가 與所詮義에 爲本母也니 非教則無所詮義也라.

## 懸談

51下01 鈔에 誰問誰答者는 鈔가 徵問婆娑論中問答之人也라.

## 會玄記

05下02 [乙本]古起信疏者는 賢首疏를 圭峰未隨科註疏之前也라.

05下06 福慧俱일새 詮生立素呾纜者는 戒定福故也라. 詮生者는 能詮也라.

05下07 安淨의 淨은 作靜이요 手許의 手는 作毛니 考本文則手字也라.

05下08 [乙本]羅刹은 海中鬼요 浮囊은 渡海之具니 囊之四邊에 插羽하야 以防水也라 羅刹이 意在觀人故로 乞浮囊也니 以喩愛見之欲의 害戒行이 如乞浮囊호대 而以乞之全分으로 喩犯五篇罪하니 於中에 手字는 毛字也라.

06上06 答戒定俱福類詮生이니 並調伏者의 此二句는 答上律藏具戒定二字之義요 下二句는 答論藏但慧不得俱定之意也니 以定則福이요 慧則智也라 福慧가 旣殊故로 不得合爲一藏也라 答定散雖殊云云은 此二句는 約二所以하야 明戒定合爲一藏義니 一은 戒定俱是福類요 二는 戒定俱不能斷惑故로 合爲調伏藏也라 下二句는 約二所以하야 明福慧를 開爲二藏之義也니 一은 慧有擇法觀空之義하고 福有專注一境之用故로 云專擇異요 二는 慧有斷惑之義하고 福無斷惑之用故로 云有差也라.

06上06 [乙本]福類일새 詮生이 吐也라 生詮二字는 前却也라.

06上09 [乙本]專擇의 擇字는 揀字也니 慧有揀擇이나 而定無此義하고 又慧有斷惑이나 而定無此義故로 爲異也라.

06下03 修行이 法爾者는 三學이 從淺至深히 約修行하야 法이 當然也며 爾는 然也라.

06下08 成由言說故名所詮者는 旣言成辨이라 非但詮說則不可云所詮이나 而以成辨이 由於言說故로 云所詮也라.

06下09 兼餘詮二者는 當云兼詮餘二也인 則易知上에 落經字也라 毘尼兼三及下論兼三者는 應皆云兼三이나 而通約正詮一兼詮餘二也하야 云三也라.

06下10 [乙本]則字上에 落經字也라.

07上05 縱始의 始字는 作如라.

07下03 有餘下에 落無餘二字也라.

07下04 ※行者次位者는 小乘卽是小乘行也며 或改以四諦也라.

※乙本; 次位者는 指二三位니 以初位는 見道요 後第四位는 果故也라.

08上01 欲顯行願深大者는 亦通難이니 難云旣佛菩薩合爲一藏이어늘 何不從果名而從因耶오할새 故로 此通也라.

08上02 [乙本]大乘中亦有三云云은 大乘은 深必該淺이요 小乘은 淺不至深故로 但自乘也라.

08上03 [乙本]大乘中得有三藏者는 三乘三藏은 非經律論三藏也라.

08上08 由昔下에 落求字也라.

08下02 人天下에 落七字라.

08下02 [乙本]反七反字不如無也라.

◉校者註; 懸記則反字上에 落七字라하고 本項則反字가 衍이라하나 侫意則反七하야 反이 滿則으로 釋詞則如何오하나라.

08下03 藉現事緣云云者는 因現事하야 覺十二緣하야 而得道果也라 懶老云 此約四諦法이니 盖上之緣覺聲聞이 旣本是緣覺行故로 雖有聲聞名이나 而亦聞十二因緣法이니 此乃本是聲聞行故로 後雖得緣覺名이나 而亦緣四諦現行事法하야 而覺故라 然則緣覺之名이 非獨謂覺十二緣故로 云緣覺이라 通謂體現行事緣故로 云緣覺聲聞之名이 非獨謂聞說四諦而悟故로 云聲聞이라 通云依聲而悟故로 云聲聞也니 思之하라 云云하니라.

08下09 四阿含者는 增一阿含者는 從一法增至十一法이요 二中阿含

者는 爲優婆塞優婆尼天子天女等說故로 云雜也니 出五分律이라.

◉校者註; 通說에 增一阿含經은 從一至七히 法數漸增之短文集也요 中阿含은 中篇文章也요 張阿含은 長篇文集也요 雜阿含은 上三을 雜而說故라하야늘 此中所說은 相去相當也라하노라. 抑看懸記則爲優婆塞云云이 屬於釋雜阿含하니 意謂本項이 轉寫有誤라하노라.

09上05 [乙本]懸委當佛者는 懸은 預也니 以根未熟에 勢難卽今自度故로 初思委付未來佛而使將度라가 更慮賒晩하야 自度之謂也라.

09下03 別以下와 及五行의 說以下와 皆落小字라.

09下05 ※言約一相說者는 若十二部가 各有二相이면 則一則大요 一則小故로 大小가 皆俱十二어니와 而今約一相은 而九部則 約一小相하고 三部則約一大相故로 今小乘中에 除彼三也라.

※乙本; 今約一相者는 各據十二하야 各有二相則於中에 一相則通小하고 一相則是大故로 大小가 皆有十二나 而今於三部中에는 唯約大邊一相故로 云小乘則無此三部也니 以乘의 間에 落小字也라.

09下06 餘如此說者는 此는 當作次니 次下(10下09)記中에 廣釋十二分也라.

10上04 [乙本]此約同敎者는 同別之言이 有二義하니 一은 以終頓敎로 爲同敎하니 三乘同學故요 唯約華嚴圓敎로 爲別敎하니 爲唯一乘而不共二乘故라 二는 就華嚴中하야 自有二義하니 謂華嚴中에 有同頓同實義邊은 名爲同敎요 別顯一乘圓融義邊은 逈異頓實故로 爲別敎니 今約後義니 盖通爲修多羅中所攝義邊으로 與終頓義로 同故라.

10上06 [乙本]三藏是敎者는 此約三藏部帙之敎故로 異敎攝中의 敎也라.

10上07 [乙本]三藏名通權實云云은 此中에 取實三藏而言이니 此經이 具三藏하야 同頓同實邊으로 爲彼三藏의 所攝也니라 今以此經無盡義로 揀同敎之三藏하고 取別敎義인대 唯十藏이 攝此니 十藏이 具無盡義故라 然則上의 能所攝은 皆爲同敎요 此中의 能所攝은 皆爲別敎니라.

10上09 註에 ※自他準說者는 就自經中하야 以十藏品으로 爲能攝之他하고 全部經으로 爲所攝之自也라.

※乙本; 註에 自他準說者는 應云以無盡之義로 揀他取自인대 唯信等十藏이 攝此經也라.

10下04 問三藏能詮云云者는 此問答은 釋疏中의 教義融故(54上09)로 一句也와 或可下明十藏攝此之言이 非以十藏之義로 爲能攝也요 以詮十藏義之能詮으로 爲能攝也니 乃以教로 攝教也요 非以義로 攝教也라하나 不必如上問答也라 故로 云以義揀教라하니 以其所詮之義로 揀能攝之教也라.

玄字卷은 竟하다.

# 黃字卷

# 黃字卷

10下09 通相十二分者는 通相有二義하니 一은 此十二分이 大小乘中에 通有故로 云通相이요 二는 望下諸宗하야 各別立而云通也라. 下疏者는 檢騰字卷二十六丈下하라.

10下10 一唯修多羅의 一唯는 上下也라 言唯一者는 十二部가 各有二相이로대 而唯修多羅一部則或二或三이 異於餘十一故로 云唯也요 或二者는 總相別相也요 此二에 加略相則爲三也요 十二가 各二相者는 以一一이 有大小二相也라. 二.祇夜 三.授記 四.伽陀 六.自說 此四는 先小後大요 餘는 皆先大後小나 而初修多羅의 總相別相二相은 則難定大小니 應小乘이 唯總一相이요 大乘은 具總別二相也라 或可大小가 皆具二相也라 十二分各二相의 記釋은 易知어니와 今亦不解하고 但僧伽吒經(12下05)法喩六事中에 第五打擔人者는 卽負擔之人也니 似同於第三身이나 而身則所擔之物也요 人則能擔之人也라 雖身則人也라 似無別人이나 而今人이 云此身是苦요 老子도 亦云吾有大患은 以有身也라하니 有人與身이 異也라.

11上02 [乙本]不了義者는 但長行에 說未盡故로 云不了요 非揀權敎之不了也라.

11上06 [乙本]已知二字는 前却也라.

11下04 [乙本]三家五請者는 解脫月三請과 大衆一請과 證法一請也라.

11下07 [乙本]所化로 重故며 慈悲케하야 請友니 吐也라.

12下04 [乙本]二蘊者는 合五蘊爲二니 合後四하야 爲心蘊故라.

12下07 [乙本]註中에 打擔者는 打는 猶言負也니 卽負擔之人也라.

12下08 雜集通說者는 以今則有深淺二義나 而雜集則不分二義하고 但通說爲人而本意明了故로 說譬喩也라.

13上02 註에 此下料揀者는 有二種料揀하니 初는 十二分을 自互相望하야

料揀有無요 後는 十二分을 望於大小乘하야 料揀通局也라 其互無互有之意도 亦思之可知라 通局中에 涅槃則明大乘九部하고 法華則明小乘九部나 而然이나 涅槃에도 亦云小乘九部라하니 如上鈔半字者는 謂九部也라.

13上06 [乙本]註에 餘義準思者는 本生은 除本事及記別하고 餘皆有之意也라.

13上10 瑜伽等論說聲聞無方廣者는 恐落等字니 謂等取記別自說也인則小乘九部之義也요 若聲聞에 但無方廣一部면 則小乘에 有十一部也라.

13下01 [乙本]方廣故之故字는 恐衍이나 而或恐敎字의 誤耶아.

13下04 今疏云通相十二分敎亦分大小나 對下隨人云云者는 亦分大小則似非通相이로대 而對各立之敎하야 云通相也라.

13下04 [乙本]敎故라하고 今疏云亦分大小라하니 吐也라. 隨人各立者는 立敎人이니 三時五時等이라.

13下05 於十二中雖大小乘增減云云者는 此通大小가 各九部之義也니故로 增減은 大乘之減이 卽小乘之增也요 小乘之減이 卽大乘之增이면 則互爲增減也라 懶老云小乘則減記別自說方廣하고 大乘則減因緣譬喩論議故로 云不同이라하나 而皆唯減而兼言增者는 盖通言也云云이라.

13下05 [乙本]增減不同者는 若約九部인대 大小不同하니 大乘中但有九者는 依因緣·比喩·論議三部中의 小相이 於大乘中에 無故로 爲減이요 約受記·自說·方廣三部中의 大相이 於大乘中에 有故로 爲增也라 小乘中但有九者는 約受記等三部中의 大相이 於小乘中에 無故로 爲減이요 依因緣等三部中의 小相이 於小乘中의 有故로 爲增也니 以所謂大小相對하야 論增減不同者也라 然이나 此十二部가 各有二相而授記·自說·方廣三部와 因緣比喩論議三部는 各一相이 分通大小而約六部는 各其二相일새 俱通大小也니라.

13下06 ※聖敎의 自分이나 但是通相之義者는 大小가 實通有十二分也요

又雖大小九部增減不同이나 亦聖教自分이니 但通相之義라 其實은 大小通有十二分也라 此後義則但是通相之言은 但約九部하야 爲通相이니 以大乘九部는 大乘中의 通相이요 小乘九部는 小乘中의 通相也나 其實은 大小通有十二云云이라 然則但是通相과 與通有之通으로 寬狹不同이라.

※乙本; 此增減不同이 亦聖教中에 佛自分之謂也라.

13下06 涅槃中但有九者依三部之小相者는 以小相者는 以十二部가 各有大小二相而涅槃則九部는 唯大一相이요 三部는 小一相也요 法華則九部는 唯小一相이요 三部는 唯大一相也라.

13下07 [乙本]但有九等은 約通相則大中通有小相하고 小中通有大相이로대 彼二經은 各三義가 不相通으로 除之하고 但約九部也라.

14上04 ※法雲智光略明深廣者는 今鈔는 即但云其廣이라홈이 似乎標以深釋以廣也니 互相影略也요 記主는 以智光無際로 爲深이라 然이나 智光無際도 亦不妨云廣也인 則二本中에 一本은 後人之所改也라 若今鈔가 誤면 則記本이 是也라.

※ 乙本; 略明深廣者는 仍此하야 即知今鈔의 其廣之其字誤也라.

14上06 [乙本]所受處는 佛也요 唯此能受는 十地菩薩也라.

14上07 唯此能受者는 此指第十地也라.

14下03 從自受名者는 既第十地菩薩도 亦能雲雨說法인댄 則法雲地名은 亦從自菩薩也요 不約所受處也라.

## 懸談

01下01 [乙本]教海는 深廣이로대 語深이요 智光은 略明深廣하니 吐也라.

## 會玄記

14上06 下疏云從所受云云은 見光字卷三十三丈이라.

14下04 悟說勝義之說字는 衍也니 檢呂字卷下篇七丈上六行이라.

15上01 後熱月兼得此方孟夏後半者는 以熱際가 從正月十六日로 至五

月十五日則合有四月이니 謂正月後半과 二月前半은 爲初熱月이요 乃至四月後半과 五月前半은 爲後熱月이라 故로 云兼得孟夏니 後半의 孟夏는 卽四月也라 故로 正飜은 後熱月이니 就天竺也요 義飜은 孟夏月이니 就此方也라.

15上03 註에 四辨八音具如前者는 四辨은 在九卷初十丈하고 八音은 在四卷十二丈이라.

15上07 故經云者는 出李字卷下篇初八丈下十行이라. 疏云者는 則鈔所引偈之長行疏也라.

15上10 如來藏의 藏字는 衍이라.

15下02 令聞下에 落如字라.

16上05 今雖言衆生所感者는 恐落爲字也니 謂今雖言衆生이 爲所感이나 其實은 目衆生之能感하야 云所感也라.

◉校者註; 16下08, 卽無變과 卽之變은 釋鈔中의 無變之變(02下05)句호대 兩用而釋之者也라.

17上02 又高遠故叵窮者는 疏中에 初二句는 深故叵窮이요 後二句는 廣故로 叵窮이니 以釋標中에 深廣叵窮故요 鈔中에 亦以深廣之義로 釋之하고 末後에 擧大海高峰之喩하야 以明高遠叵窮故로 云又也라.

17上06 濁如不信合信故不濁者는 唯此一이 明其法合也라.

17上09 大法明下에 落等字며 或照字니 謂明與照二가 是三慧所知之性故요 雨一은 作故也라.

17下01 與地雨雨者는 地字라도 亦得이로대 而下十地疏와 及論이 皆作他字하나 義則同也라.

17下02 能安受文故下에 恐落等字니 謂等取攝取義故니 持彼文義也라.

◉校者註; 準懸談則文故間에 落等者라하니 與此有異나 懸解가 恰好라.

18下02 下一字는 恐十字라.

18下07 證字는 與正으로 同看이니 善淨法輪은 人天敎요 方便法輪은 三乘敎요 眞實法輪은 法華經이요 無餘法輪은 涅槃經也라.

18下08　註에 少則得者는 少則得也요 多則見惑之謂也라.

19上05　道流出史官者는 司馬遷이 爲史官時에 亦述道流하니 贊永의 所謂馬史躋道在九流之上者也라.

19上07　縱橫註中에 受命而不受詞니 謂出使於他國에 但宜受國王之命이요 而不受王之所敎之詞也요 至彼國하야 若有吉則賀요 有凶則弔니 唯在使者는 當時縱橫處變而已어니 何能如王之所敎詞乎아 是故로 詞則不受也니 如上第十卷初八丈上膠柱何甚註也라.

20上04　爲諸之爲는 作又字라.

20下01　前四下에 落四字라.

21上01　依他法上無餘性釋中(五行)大乘初敎者는 立相始敎也니 以三性이 條然不同故也라.

21上08　下疏者는 出成字卷下篇初九丈이라.

21上08　初後二性不生不滅是無常者는 依他起則生滅이 是無常故로 今記에는 不引也요 圓成不生滅是無常者는 以圓成이 是無常法之眞實性故也라.

21上10　此有二義者는 於中에 若依他無性處가 卽顯性이면 是實敎義也어니와 若依他空이 卽是圓成이면 無別圓成일새 無別圓成故로 爲破相敎也니 此但約圓成之體하야 明二義也라.

21下05　非謂有無常이니 吐라.

21下07　生空釋中終歸의 歸字도 亦得이나 而下鈔엔 作苟字라.

21下09　眞體復何在云云者는 無生滅法之眞實理體也니라. ※不在者는 諸法이 旣不定生인댄 則眞體도 亦不在滅이니 推之無所在處가 是爲理也니 此是諸法無常中空也라.

※甲本; 不在者는 諸法이 旣不定生인댄 則眞體도 亦不在生諸法하고 旣不定滅인댄 則眞體도 亦不在滅이니 推之컨대 無所在處가 是爲理也니 此是諸法無常中의 實義也라.

22上03　菴提遮經中에 是爲無常의 無字는 衍也라.

22上07　隨緣不變의 不字는 衍이요 變字下에 落易字라.

22上08　是生滅義者는 下鈔云則生滅是常義也라하나 若此中釋義인댄 謂

生滅相盡云云九字는 相徹於性也요 不生云云은 由上相徹性義故로 不生滅之常法이 爲無常之義가 得成下隨緣變易云云之義를 準此可知라. 又性卽相故云云者는 上則性相相成이요 今則性相相卽故로 爲異也라.

22上09 互奪互成者는 此性卽相相卽性句中에 有此兩義나 而懶老云互成者는 約上交徹義요 互奪者는 約此相卽義云云이라.

22下09 皆是此宗一義所收는 諸法이 皆無常一義中에 收也라 若以義爲門이면 則無我一義所收也라.

23上01 餘若의 若字는 作苦라.

23上06 中論四句를 如此各配四敎나 而今則四敎의 一一에 皆有四句하니 而見이 不同也라.

24上04 空之間에 或云落無字라하나 而私意로는 卽離二字는 上下가 似好니 上則約諸法當體卽空하야 顯非斷常이니 或云下의 四句中에 揀上第二句卽空之斷과 第三句假有之常하야 顯中也일새니라.

24上05 空非間에 落故字라.

24上09 此通敎云云者는 講意則此下를 亦別爲一義云云이라하나 而私意則上或云之義로 揀不取之義也니 此與初義로 同故也라.

25上06 卽是下에 落實字라.

25下02 法界者는 出火字卷中篇也니라.

25下03 皆因之皆字는 作昔也라.

25下08 可得之可字는 作何也라.

26上06 似枅音難의 難은 作鷄요 似圈의 似字는 誤作註라.

26上09 吸字下에 本則有者字라.

26下02 便爲의 爲는 作謂라 引此廣鈔者는 證齊響이 爲一音響也라.

27上02 今猶半縱者는 縱其通者하야 不分故也니 若全奪則通者도 亦分也라.

27上09 旣佛間에 落會字라.

27下02 開除開發者는 法華前에 無方便之言故로 三乘敎를 立而不除하며 爲權之義가 亦隱而不發矣러니 今明法華爲一實故로 前三乘方

便之義가 始開而除之하고 爲權之義도 亦顯發也라.

28下10 虛假義顯者는 以佛應無病苦나 而今에 佛亦病苦故로 虛假之義가 尤顯也라.

29上03 隨根異故者는 有人은 觀身不淨하고 有人은 觀身元空也라.

29上06 有爲之有字는 衍也라.

29上07 本倒之淨은 凡夫가 計身爲淨者也니 卽此空行之所治也요 實德之淨은 佛四德中의 淨德이니 卽能治空行者也라.

29下01 註에 本倒實德皆通空有者는 本倒淨은 就凡夫執情하야 爲有요 望實德하야 爲空也요 實德淨은 則離妄染故로 爲空이요 眞體常住故로 爲有也라.

29下06 所謂下至則名爲空空屬生死無常者는 約空具四義中에 但牒初一義者니 以初一義가 爲權行中의 無我故로 屬生死無常也요 餘三義則 空彼權行하야 顯實行故로 空非生死也라 然이나 此初一義가 雖明權行中의 無我나 亦密顯眞我하고 而亦約正解脫하야 明無我하니 則亦非生死也라 故로 云生死無常中에 密顯常等也라.

29下07 故次鈔云云者는 證其空屬生死無常也니 以云正解脫故也라 有爲法을 謂之一切法하고 無爲法을 謂之非一切法也라.

31上06 我無는 上下也라.

31上07 諸想下에 落謂苦想三字也라.

31上09 正解脫中空彼無我空彼苦云云者는 經中의 空이요 餘三義則文顯이로대 而空無我義則不顯也니 以空中四義中에 能明無我할새 而不言空無我故也라 然이나 旣密顯眞我故로 亦云空彼無我也라하니라.

31下06 馬是喩依者는 喩於所依也니 以法으로 喩於馬故로 馬是喩之所依也라.

31下07 喩體者는 直顯馬體에 有三義也니 因明論中에 宗與喩가 皆有體之二也라.

32上07 註에 別作一義答者는 觀鈔文勢컨대 則似非別作一義니 謂亦應

具說我樂淨等이로대 이며 含在正解脫中云云也라 然이나 記主는 以別義見之니 卽下吐義也라. 遮表不分同彰八行者는 上則遮中有實四行하고 表中亦有實四行이나 而今則表中에 但有常一行故로 遮表合有實四行이며 又遮中에 有權四行故로 云遮表同彰八行也라.

32下01 是則此正解脫中具彰八行者는 釋鈔(10下07)中是則此中具彰八行之言也라 此中之言은 謂之正解脫中也니 約顯文則約空具四義中의 初一義하야 顯權行中無我一義하고 後三義則但遮權行之苦와 不淨과 無常三義니 遮權之時에 顯實三行則但權一實三之四行이로대 今云具八者는 具約所遮所顯也니 如涅槃疏義에 前四는 彰權隱實이요 後一은 彰實隱權이나 而記主云五中에 皆有權實하며 亦約所隱者하야 云有也니 今亦如是하야 通約所遮所顯하야 云八行也라 初無我則不言遮無我之義하니 已如上說也라. ◎雪老云前者는 異於此說이러니 今聞호니 亦同此說故로 不錄也라 又有一義하니 鈔之此中之言은 亦可通指此經也요 不必約此正解脫中也니 謂涅槃疏義則但見權四實一하야 合爲五나 而今則此經中에 具權四實四하야 合爲八行也라 如此解之가 亦異涅槃疏義也니 以涅槃疏義則第四解脫空中에 密顯實四行하고 第五中에 又顯一實하야 可與遮顯實四로 同是實行故로 合爲實四行하고 竝上權四行하야 爲八行也라 如此解之라도 亦異涅槃疏義也니 以涅槃疏意則第四解脫空中에는 但以一權行으로 見之어니와 今則一權行中에 密顯實四行을 合爲五行也라 故로 云密語也라하니 逈異彼疏也라. ◎懶老云此一段鈔文이 稍隱故로 致使鈔文記繁且難하니 而初學者가 未免望洋之歎矣일새 遂先撮鈔記하야 總顯文義하고 記文則隨難하야 一一釋之호리라 而謂喩則以法之苦空無我로 爲次하고 法中에 總具五義나 而前三은 約三寶하야 明修하니 卽權三行故요 若順喩次第인대 第三을 合器하야 說於空이나 而今에는 順三修로 爲次故로 立空義하야 却爲第四하니 良以空으로 爲證인댄 而以宜在於修後의 次故요 又與

前標中에 鹽器水馬爲次나 而法之苦空無常無我之次第로 別者는 亦順三寶次第故라 又此中에 旣約三寶하야 明修故로 於權四行中에 但說三하고 略一空行也니라 是故로 記에 釋此三修文竟하고 仍引十住鈔하야 以證略不說空也니라 然이나 記主는 至第四解脫義(29下06)中하야 釋云호대 至則名爲空은 空屬生死無常이라하니 有看此釋하고 而云호대 旣云空屬生死則乃是權行中의 空義가 充前一空行數어늘 記主가 若以此로 爲權行中空이라하야 而充前一空行이면 則初에 何引十住鈔하야 以證略不說空하야 而自語相違耶아 似難聞命矣로다 愚는 謂하노니 前三은 約三寶하야 明權三修하고 而略不說空이요 第四義는 約解脫空하야 明證於中自具權實八行이나 而不可云證中權行으로 充前修中權行數故로 且則名爲空이라하니 雖空屬生死하야 爲權行이나 而爲無我名空이요 非空行名空이라 但於中具八行而文互影也니라 盖顯文則 初明無我而密顯眞我하고 (鈔/09下10)亦名不動下는 如次空於苦不淨無常三權行하야 密顯三實德의 樂淨常하고 而後旣空苦等三行코는 而密顯樂等實德之影故라 是故로 鈔釋云解脫中空無我苦不淨及無常이라하니 此豈非看次文에 有互影而亦云空義耶아 若據顯文이면 則應云空我니 雖文有互影이나 而解脫空이 旣爲證인대 則正義가 在於空彼四權하고 而顯實四德故로 鈔但顯此意也라 云云하니 此上은 皆懶老記詞로대 而欲一篇全覽故로 忘煩引之하고 而不能引隨文別釋之文耳니라.

33上05 入息爲一하고 出息爲二之出入字는 上下也요 或可出入先後無在故로 上則先出後入이요 今則先入後出也라.

33上07 上之二義者는 前二義也라 順數時에 具上二義則逆數時에도 亦具二義也니 謂出息爲十하고 入息爲九하고 乃至出息爲二하고 入息爲一也요 又卽將出入息合爲第十이며 又將出入二息合爲第九也라.

34上01 顯因異果者는 法華則約小乘之果故로 云得也요 今則數息이 是小乘之因行故로 云不得也라 修數息觀하고 只得小乘之果故로

不得大乘果의 一日之價也요 得小乘果然後에 將此小果로 望大果則 爲一日之果價也라 或云小乘因이 異大乘果故라하니라.

34上01 負擔貨遷者는 貨此處之有物하야 遷他無處之謂也라 然이나 貨는 恐貿字之誤也라 合法相과 小乘하야 云三乘也라 破相도 亦在三乘中이나 而淸凉이 以破相之空을 攝於法性中故로 順其旨하야 但以法相으로 爲三乘也라.

34上06 捨權取實者는 但明通上之義也니 若具明通下면 則亦云捨偏取圓하고 捨遲取速也라.

34上08 一乘三乘等準知者는 恐此言이 率爾也니 上捨權取實이 卽是一乘三乘의 取捨故也라 應云空有偏圓取捨는 準知云云也라.

34上09 三生六十劫者는 約聲聞中遲速也니 三生은 速也요 六十劫은 遲也라.

四生一百劫者는 約緣覺之遲速也니 言三生四生者는 有三釋하니 見下二十二卷十丈上邊也라 言六十劫一百劫者는 雖不見釋處나 應約成住壞空之大劫하야 以數六十等也니 以聲聞의 八萬劫六萬劫等의 入定과 及三祇劫이 皆約大劫하야 以數故也라.

34上10 修行長劫者는 三祇劫也라 三乘遲者는 卽上의 大爲遲長劫修行故는 記主가 不指하고 但指一乘速하니 龍女是也라.

34下01 又破相名遲者는 望下始終하야 名速也라.

34下05 或隨의 隨字는 亦通而恐墮字之誤也라.

34下09 義是의 是는 作如니 卽前十一卷二十丈記也라.

35上03 五味之差는 引涅槃經이나 而遠公疏中에 具云以佛로 合牛하니 卽應身이요 以十二部로 合乳云云하고 以修多羅로 合酪云云이어늘 今記에 以方等經云云과 以大涅槃云云語가 彼疏에는 具有合喩之言故로 各用以字어니와 而今記에는 不引合喩之言故로 以字의 語勢가 似不穩暢也니 恐三箇以字는 皆次字也라.

35下05 註에 天台所用轉變者는 五味之說을 非但如是配合이라 或有異配之處나 多約此說故也라 或云天台分敎에 或用華嚴日照之喩며 或用法華窮子之喩며 或用涅槃五味之喩故로 云不定云云이라.

35下07 般若又是何敎者는 般若는 應是空敎나 而遠公則以方等爲空敎故로 云般若는 又是何敎耶아하니라 南師가 以熟酥合般若之敎로爲法華者는 涅槃經文이 以熟酥合於般若어늘 今爲法華故로 違也요 天台가 以修多羅로 爲小乘者는 修多羅로 合酪이나 而今以酪으로 爲阿含故로 云修多羅로 爲小乘也라 然이나 大乘이 豈無修多羅耶아.

35下08 涅槃爲法華者는 經中에 涅槃으로 合醍醐어늘 而今에 以醍醐로爲法華涅槃이라하니 涅槃은 可也어니와 法華는 何也오 故로 爲不順也라.

35下09 淸涼釋云者는 當檢宿字卷下篇二十五丈以下라.

◉校者註; 剋實則同卷二十七丈上六行也라.

39下09 佛自揀此經異於小乘者는 今所引經次前云是大乘方等經典云云故로 已揀小乘이라 則從牛出乳가 是大乘이어늘 遠公은 以乳로喩十二部經하야 爲小乘하니 非也라하니 此는 揀遠公의 解也라.

35下10 若爾何成五味者는 謂若依遠公義면 則約小乘敎하야사 方得如此合於五味어늘 而今拔去小乘則能合之敎數가 不足故로 何成五味耶아 答義는 不必約遠公의 約大小理事하야 以配五敎也요但約此涅槃中의 能所詮이 從微至著하야 以配五敎也니 謂初十二部經은 卽此經之能詮之敎也요 從能詮하야 出契理合機之修多羅하야 顯出眞理홈이 爲方等云云이며 乃至大涅槃極果라하면則配合五味가 足矣也라.

36上04 然今文者下는 鈔釋則不配敎어늘 而今云佛自分者는 亦是配敎호대 而同於諸師故로 云無多失也니라.

36上06 各是一意者는 淸涼은 當義로 爲主하고 諸師는 配敎로 爲主故로云各是一意耳라.

36上08 若以此爲極則三時自立者는 謂旣約五性인대 則三時가 自立이니何者오 約五性하야 立三時敎也니 謂第一時의 五性은 俱不成佛이니 太不及也요 第二時의 五性은 俱成佛이니 太過也요 第三時의五性中三分半은 不成佛하고 一分半이라야 方成佛故라하니 無過

不及이라 爲中道也라.

36下02 姓托跋者는 史記에는 謂拓跋이니 盖托拓이 同是一字故也라.

36下07 萬夾의 夾卽筴字也니 與策으로 同하고 一筴이면 則一策也라.

36下10 應是流支云云者는 謂流支가 自亦不能定하고 有時云佛音에 具異라하고 有時云但隨機異라하야 互說이 不同故로 今且敍佛音具異一邊也라.

37上02 亦若後秦의 若字는 作名이라.

37上03 鳩摩羅什此云童壽者는 童年에 有耆德之智故로 云童壽니 而但鳩摩羅三字가 爲梵語之名也요 什字는 此人이 善文什故로 更加什字則 什字는 非本名也라 什은 音汁이나 而擧世가 皆以拾音으로 呼之하니 不可改也라 然이나 今以四字는 皆爲梵音이니 亦未詳定이라.

◉校者註; 鳩摩羅什之原語가 kumarajiva則四卷皆名이 似是也라.

38下03 疏云者는 一則十中第九요 二則四五二義요 三則第一이요 四則第六이요 五則第三이요 六則七八九十四義也니라 如敎迹中是也니 四卷十一丈則法喩次第不越次而一一第次配合也라.

◉校者註; 此中六句所配十喩는 上邊四行經云以下所引이요 懸談記所配는 玄記四卷十一丈所引十喩故로 所論이 不同也라.

39上02 註에 棄蹢其子者는 應云棄其謫子也니 蹢은 住足不能行也라.

39上03 註에 門者下에 落不以二字니 大文所謂不以完也라. 以形全者는 能行故로 不必常坐守門이나 而蹢者는 不能行故로 常坐守門也라 然則渠之子가 謫故로 合於守門之任也어늘 以已子守門이 爲不是라하고도 而自以爲是也라 大文不其求의 不字는 衍也라.

39上07 註에 因子의 子는 作于字也라 楚人寄以謫閽者는 林注云 楚人이 寄於外國而以謫故로 爲閽者라하고 今註云救謫守門之家者는 謂於守門之家에 代爲守門하고 受其價하야 以救其謫病也라 林注云蹢하야 閽하는 者라하고 今注云閽에 謫하는 者가 吐也라.

39上08 子虛와 上林은 皆司馬相如의 所作賦也라.

39上10 曾不蔕芥者는 胸中若無一芥子也니 胸中者는 齊地之胸也라.
39下02 听은 與訢同이니 卽欣也라.

## 會玄記　第十七卷

02上02 軍은 作渾이라.
02上05 但은 作且라.
02上06 高公의 間에 準通載컨대 有平字라.
02下09 衆聖不救者는 雖諸佛聖人이라도 不能救此報也라 或云次行의 上謂衆之衆聖也라.
02上07 使는 作事라.
02下01 遠은 作表니 遜이 遣表하야 讖의 留止를 求之也라.
02下03 續은 作績이라.
03上03 之滿之下에 落次阿含從本之五字也라. 待半之待는 作帶라. 形對는 對小乘而唯說大乘이요 帶者는 非唯明大乘이라 兼帶小乘而說이니 蓋要三乘同稟故也라.
03下03 靜志者는 或云古來에 皆云驛舍나 而愚謂하노니 寺名也라하노라.
03下05 執駿知其宗旨者는 駿與宗이 同音故也니 말갈기종字也라.
04上08 等取修慈云云者는 上華嚴等의 等字는 等取此修慈經이요 非等梵網經也라.
04下09 更進下에 落一字니 謂華嚴經中에 自指餘經의 隨機之義也라.
05上04 故名號品云云者는 謂今以隨機로 爲餘經者는 乃欲揀義라야 分曲平之異故로 指餘經이어니와 ※其實此經亦有隨機之義也라 次行의 分曲平之異者는 今約揀義하야 以隨機爲餘經者는 欲分曲平之異也요 非名號品이 是分曲平也라 或恐故名號云云으로 乃至調伏히 一行半文은 當在答字之上이라 然則文義가 穩便也라 或云此名號品은 證說餘處也云云이라.

※甲丙本; …其實此經亦有隨機之義故로 下名號品有隨機之義也인則此名號品云云者는 證此經亦有隨機之義也라.

05下06 日月燈은 如次配三智하며 亦般若解脫法身之三德을 如次配也라.

06上10 例如本末差別云云者는 謂彼中에 雖云始終具三이나 不妨其中에 華嚴이 常徧이니 則例如唯說三乘이나 亦不妨說華嚴也라 始終具三하야 終至涅槃히 亦唯三乘이나 懸吐가 如是也니 當檢宇字卷七十七丈이라.

07上05 報化는 當作法報라.

07下05 以少從多者는 但圓覺一經은 明法報不分하고 其餘多經者는 皆不明故로 以圓覺少分으로 亦從多分하야 云化身也라 又以十身揀者인댄 圓覺이 雖明法身이나 未爲十身故로 以今十身으로 揀彼經也라.

07上08 亦但教說不直明刹體者는 彼教說은 不明華藏刹體하고 但明本處니라 又但教說者는 或云但以教相으로 說其事土云云이라.

07下04 由八方의 由는 與猶로 同也라.

07下10 反顯是菩薩之器者는 凡夫發心이면 則爲菩薩故로 違於平道教가 唯被菩薩耶아할새 故로 彼破不當也라.

08下07 註에 一多二字屬上放光者는 指鈔中一多字也요 下(十行註)通局二字도 亦爾也라. (08下05)具如前引者는 往檢記第三卷二十一丈이라.

09上03 九句는 檢記十五卷初六丈이라.

09上06 多唯約平道說形對屈曲之彰其異者는 此下三七九之三段이 唯約平道說하니 不如此者는 卽知爲屈曲故로 形對屈曲也요 言多者는 以有三段故로 云多也라.

09上07 註에 曲之의 之字는 作而요 形은 形影也라.

09上07 成佛遲速異者는 此經遲速則念劫圓融과 長短自在故로 遲速無異어니와 彼則定遲定速故로 不同也라.

09上09 義如前引者는 十二卷二十四丈也라.

09下03 或屈曲中三祇是遲云云者는 上則三祇是實이요 應化是虛故로 不同平道之遲速皆實也어니와 今則三祇正遲요 應化正速故로

不同乎道之遲速無礙也라.

09下07 以時不同의 時字는 恐明字也라.

10上09 剛은 作網也라.

10下06 不具의 具는 作局이라.

10下07 大品說者는 下鈔則在菩薩之下하니 應一處則誤라 或可此四로 明料揀이 皆大品之言故로 在下在上에 無妨故로 記主와 下鈔가 互現也라하노라.

13上03 今我의 今字는 恐令字也라.

13上08 信相疑佛壽八十入滅者는 金光明經云信相菩薩이 作是思惟호대 釋迦短促하사 方八十年이라한대 于時所念忽然嚴淨하고 有四如來가 現前하사 告曰大海는 可知滴數요 須彌는 可知斤兩釋尊壽命은 不能算知며 不能生疑云云이라하니 盖其時에 佛年方八十故也라 但涅槃二字는 當作經文也니 謂金光明經也라. 却後三月云云故로 爲九十日說也라.

13下07 二種如來藏空智者는 智則不空藏也라.

13下09 心鏡鈔으로 至不改異也는 皆註也니 本文은 不離不脫不異不思議佛法하야 性德本具云云也라.

13下10 體常無邊의 邊은 作變이라.

14下05 今謂南中故略不指人名者는 今判南中所判이로대 而因便하야 兼敍北方所判故로 不指流支之名也라.

14下06 彼但云虎丘者는 虎字唐朝以前之名故로 淸凉이 避虎하야 云武也라.

14下09 以法有者는 此法執之有也요 次執實有能證云云之法者는 我空解礙之法也라 故로 與上異也라.

15上01 最後雙照와 一切衆生佛性云云(15上04)者는 雙照空有則非謂一切衆生佛性과 及闡提作佛을 雙照也라 然이나 玄義則云最後雙林에 明一切衆生云云이나 而上記의 此敍는 全是玄義中文云云이라하니 則恐今疏中의 雙字下에 落林字하고 照字는 明字之誤라하노라 然이나 而記主가 依疏文하야 牒云호대 最後雙照等者云云

이요 而不言落과 且誤하니 可怪也라 玄義가 旣別指雙林涅槃經하야 爲常住敎인댄 則法華는 乃屬無相이나 而今疏則齊至法華히 爲無相云云이라하니 齊至之言은 不約法華也라 故로 法華가 亦屬常住며 而最後雙照之言도 亦該法華라 不偏指涅槃也라 恐疏와 未是全敍玄義也인 則林字不落하고 照字는 不誤라.

15上05 大丘仲弓之後者는 穎川陳提의 字가 中弓이니 嘗爲大丘長也요 緱氏는 音丘之니 地名也요 素는 兄의 名也라.

15上07 㦬字는 懶怠之意也요 窮酷은 甚酷之意也니 謂少時에 懶且甚酷故로 携而守之也라.

15上08 東都恒者는 恒은 人名也요 或云臘月八日과 四月八日之日에 削髮之恒式故로 云恒度也라.

15上09 講延의 延은 作筵이라.

15上10 解籤의 籤은 如今長尺也니 有疑則書于長尺하야 後逢知者而解也라.

15下10 註에 永皆의 皆는 徽니 卽唐高宗의 年號也라.

◉校者註; 永徽는 AD650～655也라. 有記에 永貞이라하니 永貞은 唐順宗代而西紀805年이나 永貞은 單一年故로 …之末之言이 不當也라.

16上08 斷云能破云云者는 三藏之言也라.

16上09 脂那大乘天者는 西域이 指中原하야 云脂那라하고 亦云支那하며 亦云震旦이라하니 皆梵音楚夏요 此云多思惟也라.

16下03 並梵文之名字者는 恐或以親依는 眞諦之稱號요 而不爲名故也라.

16下04 太淸一年의 一字는 削記二字니 是也라 若一年則應云元年也라.

16下05 栖遑靡托者는 不安居之狀也니 他處云栖栖遑遑也라.

16下08 舊齒者는 有齒德之人也라.

16下10 帝欣의 帝字는 諦也라 下皆準之라.

17上05 情測下에 恐落絃字也라. 絃往造之絃字는 恐諦字之誤라. 水州의 州字는 恐洲라.

17上06 峻嶺濤湧者는 波濤之湧호미 如峻嶺也라.
17上07 船馬의 馬字는 焉字라. 水土의 土는 作上字라.
17上08 荷翦의 翦은 音이 榻이니 浮也며 飛也라.
17上09 勝壤者는 勝機之壤이며 亦云自機守保之地也나 而不如前解也라.
17下01 楊輦의 輦은 京輦也라. 顧望은 有物望之人也라.
18上08 見深密第四一品十紙者는 謂此經一卷이 現於深密第四中也요 或可見字는 是字之誤耶아 卽此의 一卷은 卽是深密第四卷也라.
18上09 卽於間에 恐落解字라.
18下04 自我之彼云云者는 皆引來海字卷上篇三十八丈以下니라.
18下09 如此의 此字는 次字也니 (18下08)運聖道云云二句는 皆行也요 或云運聖道云云은 行也요 起眞智云云은 果也라. 聲前者는 猶云聲下也니 與言後之義로 同也라.
19上08 論師下에 落云字也라.
20上03 卽雙下에 恐落轉字也라.
20上04 一法輪自性者는 亦海字卷鈔云二卽是教요 四卽理요 一三皆行이요 五卽是果라.
20上09 謂道間에 脫聖字라.
20下03 曰文者는 旻字之誤라.

◉校者註; 20下07, 敍玄定林柔此二師者는 檢法華玄義(新修藏經三十三卷8016,4)則云定林柔次二師라하고 檢佛光辭典(3734下編)南三北七條則(三)定林寺之僧柔慧次及道場寺慧觀云云이라하니 然則敍玄의 玄字는 云字요 定林은 寺名이요 柔는 僧柔요 此는 次의 誤니 慧次之下字가 明也라.

21下05 自誣已論者는 若以小乘에도 亦有空義로 見之면 則成實師가 不爲自誣어니와 若以小乘에는 一向有相이면 則論師之成立空義가 爲自誣也니 以自宗이 是有相이로대 而立空義故也인 則當判教者는 成自誣也요 又此自誣之自字가 與疏中自違成論之自字義니 思之可知니라.

◉校者註; 懸談記則目字로 義異라하니 此中에 恐闕異字耶아.

21下10 本은 作空이며 或云見本者는 卽見空故也라하니라.

22上04 二過者는 兩又字를 合爲一過故也라.

22下02 東西의 東字는 作南이라.

22下03 下空間에 落相字요 非滅下에 落故字니 此若不落이면 則上二行의 滅故의 故字도 亦衍也라.

22下05 空彼間에 落故字요 彼는 作行이라.

23上02 故應檢束의 檢束은 恐莫作二字어나 或可鈔中의 莫作二字도 檢束二字耶아 或可檢束則不作之義니 則以義로 指之也라.

23上04 無最者는 猶云無上也요 或云爲無二字는 前却이라. 註云卽是涅槃이니 更無有法이 勝於此故로 云最也라하니라.

23上09 入聚然者는 註云入聚落하야 乞食時에 亦如是故로 云然也라.

不違戾者는 勿以戾他하야 壞彼信敬호미 如蜂取味不壞色與香故라.

23上10 不觀作不作者는 亦勿觀人得失也라.

24上05 卽是佛性이라 如此遙指云云者는 在涅槃經中하야 指昔般若故로 云遙指也라.

24上08 因緣은 上下也라.

24上08 天台以前五度功德資發般若者는 以前五度가 能資發第六般若故로 從所發하야 亦名般若也라.

24上09 註에 三涅槃之三字는 在涅槃之下가 可也라.

## 懸談

26上09 鈔中에 卽中有遮有表는 中道에 有雙遮雙表하니 表는 卽照也(釋在玄記/25上08)라.

## 會玄記

25上08 二는 作三이니 謂第三(亦空亦假)第四(非空非假)之三四句也라.

25下03 般若下에 落如字也라.

25下04 各得下에 落一門二字也라.

26上03 藏釋迦之藏字는 準明義集컨대 則闍字也라.

◉校者註; 應檢織田佛敎辭典車匿條하라.

26上05 自恃王種者는 明義集에 引西域記하야 云釋種이라하니 據此則亦是釋種故로 云自恃王種이라하니라.

26上09 註에 邊字는 迦字라.

26上10 今以下에 恐落小乘二字라.

26下03 註에 非不의 非字는 作亦字라.

27上01 一名一實者는 金銀等의 各一名也나 而私意則金銀等이 皆具地水火風之一名一實故也라하노라.

27上03 金性下에 落一切衆生四字也라.

27上05 臥는 作以니 檢本文則亦臥字不改하라.

27上06 頗求者는 樹名也라.

27上08 無性下에 落以無性故四字也라.

27上09 義引二字는 註也니 若以大文看이면 則移在經云之上이나 而不如前義也라.

27下02 自時琉璃至十行等字는 皆註也라.

27下05 省定外氏者는 如今云昏定晨省之禮也니 問信於外家之行次也라.

27下07 殺舍夷者는 恐城名也며 或姓也요 佛六姓中一姓也라.

28上04 註에 恐不修行云云者는 若云定有則恐衆生不信有하야 爲虛妄故로 云亦有亦無也라.

28下03 通約大乘經論者는 大乘之經論也라. 對前小乘者는 前小乘四門亦通約小乘論而非唯持一經之義也라.

29上03 之는 作云이라. 皆轉敎法者는 般若經中에 使須菩提等聲聞弟子로 轉般若法也라.

29上05 不應在般若之後者는 天台는 以般若로 爲方等後나 而淨名則屬於方等部故也라.

29上07 以亂不의 亂字는 作難字라. 言追述者는 淨名經中에 追述昔時十二年前被呵之事也라.

◉校者註; 檢玄義第十卷上則追求前語以辭不堪이라 했으니 지난 일을 회상하면서 자신은 問病을 못가겠다고 사양한 것이라 했으니 然則文便이라. 又末行外片의 上鈔는 指二十七丈下三行文也라.

29下04 當來下의 若字는 本文에는 無라.

29下04 辟支佛應行經者는 二乘所應行之經也라.

29下05 佛應間에 亦有所字라.

29下05 次下更有破下에 落般字라.

29下07 不明佛性과 與下亦不明을 常或云皆阿云云이라하니 此言是耶아.

29下07 神通延壽云云者는 前者는 神通也요 後者는 延壽也요 又神通延壽를 經之前文云過恒沙라하고 後文則又倍恒沙云云也라.

29下10 伽耶城壽命云云으로 應佛壽命者는 上所引文則但法報二佛之壽命也어니와 此應佛壽命이 別有其文故로 今亦指之以明하니라.

30上02 三佛宛然常住義者는 旣三佛宛然인댄 則其中의 法佛壽가 是常住義也라.

30上09 後는 作彼라.

30下02 衆生佛性闡提作佛例如此難者는 謂若二諦攝인대 諸教가 同이니 彼二諦는 猶是衆生無佛性과 闡提不作佛이라 雙林二諦인달 何猶明佛性作佛이리오 若雙林二諦가 以照別理故로 得衆生佛性闡提作佛인대 別教所明二諦도 亦然이니 何獨不明佛性作佛云云也리오.

30下06 此則南中의 自立此義하야 收在不定教中이로대 今疏主가 以此破者는 恐南中의 不立小不定커늘 而圭山이 加之라.

31上03 大節會日者는 如今所謂四節明日也라. 相撲者는 如今脚戰之戲也라.

上(30上05)破五時는 圓覺經鈔(圓覺經第二卷二十丈下八行)云有違妨闕略之失云云은 如第一時에 亦有空義로대 而云有相이라하니 闕略之

失也요 第二時에 亦說有相이로대 而云空者는 亦闕略也요 第二時에 明常住로대 而今但云【空이라하니 此亦闕略之失也第三時에 明常住로대】 抑揚이라하니 亦闕略失이며 又抑揚이 亦通第二時로대 而今但云第三時라하면 則違妨也요 第四時에 亦明常住하니 則常住가 闕略也라 又同歸之名이 亦通涅槃이니 以會五性하야 歸一性故也요 第五時에 不明有小乘見이면 則闕略也라 圭山則立小不定하니 則無此失하고 而常住가 通於前敎로대 而唯云第五時라하면 則爲相違也라.

◉校者註; 準甲本則忽然缺文故補之니라.

## 會玄記 第十八卷

02上04 鑽龜易卜者는 明究陰陽下에 應有此言이나 而今(鈔)에 落也라.

02上06 維衛佛者는 毘波尸佛也라. 宮中供養者는 供養於此鉢前을 如佛也니 爲敬佛故也라.

02下05 責其法調者는 如今寺僧之應役也니 責은 求也라.

03下02 離胃者는 有處에 亦以提胃로 爲離胃하니 非是誤也와 是知提字는 就梵音하야 與離同音이라.

04上03 不爾何忽言其塔者는 若非七層揀別이면 則何忽言其塔也리오하니라.

04上05 密迹經則是大寶積中一會로대 而別行也요 淨名經도 亦是大寶積經中別行也라.

04上08 揀去不定有二意하니 初意則去는 棄也니 謂棄揀先大後小之不定者인댄 則先小後大의 剋定之意가 無失也요 二則去는 送也니 謂此先大後小不定者를 送于不定敎中故로 無先小後大의 剋定之失也라 此後意는 則剋定이면 則失也러니 旣立不定敎故로 無剋定失也요 初意則揀去不定이면 則剋定義가 得成하야 而無失也라.

05上02 註에 不定故의 故字는 敎字也라.

05上07 廬人의 廬는 地名而恐落一字며 或一字地名인대 不落也라.

◉校者註; · 準佛敎辭典과 織田佛敎辭典則盧는 長盧니 光統의 出生地也라하니라.

· 鈔/30上01,及記十八卷/05上08, 所載佛陀三藏(禪師)은 北魏孝文帝間(471~499)에 來中한 禪客으로서 或은 跋陀라고도 하니 이는 佛陀의 訛音일뿐 佛陀跋陀羅나 佛陀跋摩와 混同할 必要가 없으니 年條와 行績이 顯著하기 때문이다. 道房(記/06上06)은 그의 弟子이나 後日弟子로 上班하였고 勒那(記/05下02)는 勒那摩提니 그 무렵 來中하여 菩提流支와 함께 十地論과 法華 論等을 飜譯하다가 나중 見解가 달라져서 十地論을 譯出한 人物인데 慧光은 勒那繼統의 사람이다.

05上10 若受大戒者는 經論을 謂之大戒니 經論中에 有戒故也라하나 私意則以經論으로 爲大戒之處를 未見故로 戒字는 恐法字之誤也라.

05下02 寺主下에 落與字라 不爾則勒那三藏이 當時에 爲少林寺主故로 陀가 任之하야 令其譯十地也라. 命은 作分이라.

05下03 草創者는 四分律開釋에는 光이 爲首也니 草創은 註也라.

05下08 屬往의 屬字는 本作屢也라.

06上01 反蹋蹀堉者는 如今之兒童의 約草爲拳하야 置之足上而蹴也니 平地上은 易어니와 井欄上에 能作此戲하야 一連五百이 豈不難乎故로 云世戲有巧라하니라 功字는 作巧也라.

06上04 旣善聲論者는 陀가 善知聲論故로 聞此兒之頭聲而知可作其法器라 或可打頭하야 聞啼泣之聲而知也라.

06上05 註에 許後者는 今云十三이라하고 而前云十二也라함을 此에 會通也니 謂十二歲에는 出家하고 次許諾하니 而十三歲에 正出家也라.

06上06 此化之此字는 本作自字라. 得道之記者는 卽友之所記也라.

◉校者註; 06上08, 昌黎와 鉅鹿과 癭陶는 俱是地名이니 在河北省云이라.

06上09 墳索者는 三墳五索也니 書名也라.

◉校者註; 此中墳索의 索은 素요 五索의 五는 八이 可也니 三皇五帝之書云이라.

06上09 將處觀國羽儀廟廷者는 觀國은 太學館也니 如鳥之有羽하야 爲朝廷의 威儀也요 廟는 作朝라 又今之朝廷을 亦云廟堂則 廟亦得也라.

06上10 欻은 倏字也라.

06下04 小六時三字는 作十六特也라.

06下05 單敷의 單字는 不作重席也라.

06下07 所之의 之는 作迫字라.

06下09 抱肩者는 有神이 來嬈하야 抱師之肩하고 築師之腰也라 築은 壓觸也라.

06下09 項六의 六은 作上이니 謂鬼가 以氣로 噓其項上也라. 以死要心者는 謂致死不懼也.

07下01 更有一義如鈔中者는 非謂亦字가 更一義也라 從多分하야 三皆化儀之一意가 鈔中에 已顯故로 記主가 不釋而指也라.

07下02 二句疏文二釋中에 後釋爲正也라.

08上01 進顯一下에 落義字라.

08上01 答前義但置의 但은 作且니 謂前의 分爲二義는 且置하고 而以上達地前之人이 能分階佛境也어늘 何必分爲二義也리오.

08上04 六因者는 異熟因等流因俱有因等六因은 如俱舍하니 見法數요 四緣者는 因緣增上緣等可知라.

08上05 成論三假者는 名假·法假·受假也며 或因成假相續假相對假也니 見記二十六卷十二丈下一行이라.

08上08 交廣之間者는 交趾廣野之間也라.

08上10 咸由此者는 皆由內學之長也라.

08下05 明依四安樂云云은 準經者인댄 云安樂品은 第十四요 湧出品은 第十五也니 明依經安樂而持經安樂行後明湧出者는 依安樂而明湧出云云이라.

09上05 爲二上에 落易度二字也라.

09上06 餘如前釋者는 前法華鈔也며 或約今疏鈔也라. 三種法輪則前地字卷二十二丈上四行과 記十八卷七八也라.

## 懸談

34上06 鈔一約化儀二約化法者에 儀法二字는 當上下也니 以前三教中圓教의 一은 化法이요 頓漸의 二는 約化儀故也요 或云第一第二나 而難依此解也라.

## 會玄記

09下05 故如의 如字는 作知라.

10上03 先出經意下卽前鈔文者는 當指法華疏中에 爲於一類云云이로대 而今指鈔文하니 恐鈔字는 疏字之誤也요 或此鈔卽是釋疏文故로 指鈔文也라.

10上08 士字는 本傳無也라.

10下02 溱은 作湊라.

10下05 息慈者는 沙彌니 此云息慈息惡行慈라.

11上01 信宿은 再宿也라.

11上03 儀同陳郡云云者는 儀同은 官名이니 謂開府儀同三事也라.

11上06 兩宮者는 當時天子內外兩宮耶아 或云兩朝耶아.

11上07 蕭譯의 譯은 作繹이라.

11上08 文句云四衢道中云云으로 至下三行而坐는 皆文句中言也라.

11下01 名名의 下名은 作如라.

## 懸談

35上05 疏言四衢等者는 三乘人이 同觀四諦故로 三乘人을 謂之四衢之人이니 則三乘에 等賜白牛一乘之義也라.

## 會玄記

11下10 理出教外者는 理在教門之外故로 云門外也라.

12上01 但約敎說人者는 謂敎中說爲出三界나 而其實은 入見道後에 出界일새 敎說出界나 實未出界也라. 人은 作入이라.

12上05 具有福慧下에 落慧字라. 具其의 具字는 恐且字라.

12上09 若未間에 落爾字라 言若爾者는 攝上大品之言也니 大品云是乘이 從三界出故로 未出時에 已乘此乘하야 而爭出三界也라할새니라.

12上10 然但下答이니 謂未出時에 已乘此乘이 是因乘也라. 車在門外者는 是果乘일새 不相違也라.

12下05 天台引古釋者는 以上云舊解云云故也인 則上文이 皆文句中에 引舊解也라.

12下09 此盡無生是其滅體者는 滅諦之體也니 以滅諦는 定滅煩惱코 而得名故也라.

13上05 逹出五百由旬者는 三界及二乘으로 爲五百由旬也니 以二乘이 但出三界나 而今亦出於二乘故로 合爲五百也라.

13下01 但是界內敎者는 以此二敎가 皆斷煩惱障則煩惱發業隨生不出三界故로 云界內惑也니 卽約修斷之因하야 云界內敎라하고 若果則出三界故로 爲界外也라하니라.

13下04 同出分斷의 斷은 作段也라.

13下05 今通約一類從界內出至門外者는 謂今鈔(35下09)所言丈六權智爲牛車體者니 通約三乘中各一類之人이라 雖各修三乘이나 而自乘位之果則成佛果也라 故로 大小乘成佛에 通云牛車體나 而若小乘成小乘自果면 則屬羊鹿二車의 盡智無生智也라 上會解初但云丈六應佛通大小乘이라하고 而不別言淺智故로 云丈六與淺智를 不分也라 寂照則云成丈六佛身하야 而獲生空權智云云과 及般若中亦明二空果智深密四智等이 皆別說權智則 丈六與淺智를 分也요 助正도 亦分이니 可知也라.

13下08 唯廣鈔의 唯字는 作準이라.

14上01 註에 準此則有三種大乘下에 落小乘二字也라.

唯言初一影後二者는 鈔中에 言丈六權智라하나 而今三大乘中의

初大乘則有丈六權智之言하고 後二大乘則但有智言故로 云唯言初一影後二也라하니라.

14上05 評曰上之下에 落三字니 初師는 但言藏通二敎니 通敎但是破相大乘故로 云無法相大乘也요 次師는 鈔中에 無後二大乘故로 云缺略也요 後師는 約三身釋이 但是法相大乘也라.

14上07 光宅本義는 釋三中에 俱破法相也라.

14上07 今三師總取釋中初釋丈六中有前二師하고 後釋釋智中에 脫初師也니라 若不脫이면 則互爲影略也라.

14上08 通敎中揀小乘不成者는 以通敎則明小乘이 亦爲自乘成佛故로 揀他餘敎中에 言호대 小乘不成丈六佛也라.

14上09 亦通三義의 三字는 恐二字也니 以明二義故也라. 上(13下08)丈六文에 亦明二義故也니 對彼하야 云亦也라 若三字가 不誤면 則初師之義가 脫落이어나 而上의 丈六釋中에 亦脫一義니 以此云亦通三義之言으로 對上丈六通三義故也요 又亦通三義는 但約後二師之言也요 非約初師니 以初師의 丈六은 淺智不分故로 但初言丈六佛通大小乘이요 而元無淺智之言故也라 然則寂照之初에 小乘中說大乘이 以生空權智로 爲淺智之義는 鈔中에 現有故로 記中에 但指影後二義也라 助正之義도 亦是寂照之第三義也라 故로 後二師를 合爲三義也인 則丈六淺智는 合三師之義가 爲勝也라.

14下03 丈六權智等皆謂是實者는 三乘敎中을 皆謂也라.

15上10 故字는 作敎라.

15下03 第一周法說則方便品이요 第二周喩說則譬喩品也요 第三周因緣說則信解品也라.

16上05 註에 記深의 記는 作旣라. 後心의 心은 作必이라. (四行)欲廻云云者는 彌勒豈有疑리오 令未達者로 欲入實故也라.

16上07 言三人之心者는 四衆中에 彌勒一人이 發言이나 而其實通言三人之心也니 四衆中彌勒이 爲一衆故로 餘三衆則三人也요 或云三人은 三乘也라.

16下01 不同前喩者는 上鈔에 有索三車之說故로 此索一乘은 與前索三車不同也요 或云前字作後하니 以經次則後字可也나 而何必改也리오.

17上01 父少而子老等字는 今時世尊化湧出之過去菩薩故로 疑之也니 佛三身은 壽命長遠故로 能化爾許菩薩也라.

17上08 疑唯分別者는 疑是十分別中의 一數니 初地見道時에 斷十分別也라 故로 此에 有疑者는 地前菩薩也라.

17下06 華嚴圓覺等皆悉爲權者는 愚謂華嚴은 濫也라 光宅旣云臨門三車是前之三乘이라하니 則初不攝華嚴也요 疏主도 但約般若淨名等諸了義經하고 不約華嚴이어늘 而記主가 濫攝也라.

18下04 註에 彼宗不立四乘者는 以唯識宗은 以昔三中에 權大乘으로 爲實大乘故로 不立三乘外의 一乘也라.

18下10 科中通廢의 通字는 作歸字요 初會의 初는 作約字라.

19上02 言開의 開는 作若이라 下之二段超間科者는 愚謂前後無此例하니 應云 答中二니 初는 雙標二義하고 二는 雙釋二義니 可知라 言二義者는 取昔廢昔二義也라.

19下03 或은 作成이라.

19下10 大乘敎說之果는 此云大乘은 通指三乘也니 以次云皆是究竟佛果云云故也라 若但權大乘一인대 何得云皆也라 或恐大字는 三字之誤也라.

20上03 華嚴中說修因契果行相을 方名生解者는 以此分中에 亦有果로대 而望第九會證入之果하야 但是生解之因也라 故로 此三乘之果도 亦望一乘果하야 但是方便之因也라.

20上08 準前後說者는 前則上鈔釋歸廢二字가 約敎果也요 後則下의 廢昔歸一의 鈔也라.

◉校者註; 20下01, 註等字와 從字는 相換이 可也라.

20下03 彼疏云廢立者는 廢三立一也라.

20下05 開顯攝會爲會歸等三이 皆上字는 三也요 下字는 一也요 攝字는 衍也라.

21上06 三字는 作二字라 二義者는 行果二義也라.

22下02 抑揚時聽者는 時聽中菩薩을 揚之하고 聲聞을 抑之故로 云聲振三千也니 其實은 尙無微泣也라.

23上08 皆言第一者는 如神通第一과 說法第一也라.

23上10 三十心者는 三賢也라.

## 會玄記 第十九卷

01下09 註에 爲果二字는 作會行二字라 引中二字는 上下也라 二法二字는 作三字라.

01下10 準前科者는 前三十九丈上邊鈔云 先明會三爲一하고 後明會於昔三云云은 是分科나 而次云若約廢昔則으로 至約敎虛設果亦虛指云云은 是科下註故로 云前科也니 謂前分科中也요 非謂對此科云前科也라.

02上10 註에 前約敎亦會取者는 上(記十八卷/21上06)云敎上有二義하니 一은 局定義요 二는 爲因能詮義也라한대 此는 後義니 是會取義也라.

02下01 三乘故의 故字는 恐之字誤며 又恐敎字也라.

03上01 三點若並則不成伊云云中에 不言橫者는 以竝是橫故也라 故로 下(04上01)云同時爲橫亦名爲竝也라.

03下01 恐人悞作此解者는 誤作伊字解故로 以天目으로 轉喩也라.

03下05 二喩自互相違者는 若定一上則違於伊字喩하고 若定二上則違於天目喩故니 但取不可縱橫之義요 而不定一上二上也라.

03下05 梵書者下에 落品也요 眉間下에 落晶也요 二種의 二字는 三字也라.

03下10 不縱下에 恐落等字也라.

04上01 三字는 當在爲別下也라.

04上02 故經云若竝縱別則不成伊者는 證上(同初行)對縱爲橫對別爲竝之義也니 以竝橫은 但對縱對別故로 分竝橫이나 而其實은 一義也라 故로 經中에 但言竝縱別而不言橫也니 卽上(03上01)所引伊

字三點若竝이면 則不成伊요 縱亦不成云云의 經文이니 今以義總引也라.

04上02 一一異體爲別六字는 亦當在上一行爲別之下也라.

04上03 但不之但은 作俱라.

04上08 云點의 云字는 恐如字니 此上記文은 往檢海字卷下篇初七丈이라.

04下01 三意의 三字는 作二라 然이나 二義는 愚恐未安하니 疏鈔之義는 但一義也라.

04下03 二者彰今異昔四字는 恐衍也라.

04下03 故의 此圈은 衍也라.

05上02 乍觀謂字似重釋前義云云은 愚謂正是重釋前義니 謂昔時般若等經이 雖明實義나 不如法華之顯說故로 皆爲法華所會也라 故로 結云一乘三乘과 昔權今實云云은 但結今之一實이 異於昔三也어늘 何曾有結二義之義也리오 叡公云云도 亦證昔之般若等이 未免爲權之義也요 非證昔實也라 若顯昔實이 不及法華之義인대 鈔主가 何云(43下05)屬於法華也리오 又次鈔(44上04)云法華가 唯實非權이라하니 則顯昔實이 猶帶於權故로 云皆屬法華가 固其宜矣로다 然則法華가 何曾不會般若等經耶아 記主가 以今疏之今昔이 有異로 爲二義하니 一爲順之由요 一은 爲違之由라 然이나 上鈔云 會三爲一은 爲順之由요 會二爲一은 爲違之由라하나 而上疏若開權顯實이면 卽三是一云云下는 則皆明會三之順意也니 以會三中有會三爲一과 及會三歸一之二義하야 而皆是會三中義也라 故로 皆爲順由也니 盖疏主가 惜其不明昔實也라 故로 上具明違順이나 而今則明昔實의 不能兼權이면 則亦是對權故로 爲法華所屬也라 故로 結成云호대 於文有據하고 義亦極成云云이라하니 明其無違也라 上明有違者는 以光宅이 不言昔實故로 恐後人이 以般若等經으로 爲全是權敎也라할새 故로 疏主가 則先明般若가 爲昔時實하고 後明般若가 雖實이나 不能兼權故로 未免屬於法華하야 成四乘之義가 無失也니 學者는

詳之니라.

07上02 無上樹는 菩提樹也요 根生死者는 若無生死면 則不能發菩提心故로 生死가 爲菩提之根也라.

07上09 徐는作除니 卽八背捨와 八除入也라.

07上10 鋒은 作蜂이라.

07下07 此乃大品次第意者는 盖顗가 曾執大品次第義故로 到此一心具萬法圓頓處하야 生疑故로 云汝向所疑云云이라하니라 昔夏中一心頓發諸善은 卽是一心에 具萬法之義也라.

07下09 山似棲遑者는 棲棲遑遑紛作忙貌라. 烽警者는 賊起故로 烽火警之也니 猶言邊警也라.

07下10 近逝의 近은 作遠也라.

08上10 宿德所重의 重은 恐熏이라.

08下01 隣室者는 母親은 謂之隣室이라. 復用下는 本有後相二字라.

08下02 參王의 王은 作互라.

09上01 必淨六根者는 十信位也라.

09上04 四十餘人者는 傳云四千餘人也라.

11上01 如所說相者는 四諦之名相이니 如苦는 逼迫相也요 集은 和合相也云云이라.

11下04 等正八道의 正은 前却也가 卽後二義者는 後二下落敎字라.

## 懸談

45上05 四種下에 落四字也라.

## 會玄記

11下09 鈔言滅者의 滅字上에 恐落眞道二字也라.

12上01 眞者下의 下字는 恐衍이니 不衍則下字下에 落疏字라.

12下10 道無不二相者는 天台四敎儀中註에는 但云道不二相也라.

13上05 令三乘分達云云의 三字는 二字也라.

13下08 菩薩得知의 知는 作之也라.

14上02 同以言說道者는 以言間에 落無字하니 無言說理也라. 道는 觀智也라.

14上06 顯佛者는 上下也요 果頭佛者는 果卽是頭니 以果佛이 最在上故로 云頭라 (八行)但中者는 不具諸法不卽二諦故로 云但中也요 反上卽不但中也라.

14上09 別敎來接者는 通敎菩薩은 受接於別敎也요 圓敎의 來接도 亦爾也라 接者는 中道로 接眞諦也니 如金이 接鍮하야 二物相接也라.

14下01 餘不成者는 下(59下01)云餘三不成也라.

◉校者註; 15上04, 下鈔는 指淡字卷下二十一丈下四行以下라.

15上05 (鈔/48下02)乾慧地云云은 通敎十地니 一.乾慧地 二.性地 三.八人地 四.見地 五.薄地 六.離欲地 七.已辨地 八.辟支佛地 九.菩薩地 十.佛地

15上08 註에 治者二字는 上下也라 不然이면 者字는 着字也라.

15上09 註에 濫은 作藴이라.

15下03 註에 如以無常爲門修四念處者는 觀別境總이니 謂觀身無常觀愛無常 觀心無常觀法無常故로 云無常爲門也요 四念處가 皆無常上에 勤修則爲四正勤云云이요 乃至八正道則三十七品이 皆屬無常門也일새 苦空等一一이 皆攝三十七品이니 例知也라.

15下07 註에 對七方便하야 名第八이니 則順敎也라.

15下06 隨信行人隨法行人者는 見金字下卷二十一丈下邊이라.

15下08 註에 又從羅漢數之者는 逆數也니 四果四向故로 爲八人而逆數故로 須陀洹向爲第八人也라.

16上07 註에 非因計因者는 如牛狗戒가 非生天之因이어늘 而計爲因也라. 非道計道者는 非正道를 謂之正道也라.

16上09 註에 集諦不計非道爲道者는 以集諦는 世間之因故로 元不修道라 故로 豈有計非道爲道也리오 以修道諦出世間因時에 有計

非道爲道也라.

16下01 五簿地의 簿字는 與薄字로 同也라.

16下04 不起의 起는 作超요 設有能起의 起字와 及由二不起의 起字도 亦然이나 而由欲二字는 上下也라.

16下07 幷八十八使見之上八字는 作九니 謂見道所斷八十八使와 修道所斷五下分과 五上分을 合十故로 爲九十八也라.

16下08 不能侵習氣의 習氣者는 果習氣也라.

16下10 道觀雙流者는 道則所證理也요 觀則能證智也라 故로 云雙流요 或可空假之道觀을 雙流則雙字는 意指空假也라.

17上03 殘習者는 殘은 餘也니 卽果上餘習也라.

17上05 正習俱除者는 正使及殘習也니 正使는 卽正煩惱也라.

17上08 劫火炭灾俱盡者는 方朔雖賢劫灾罔辨之言이 不成이니 以元無劫灾故也라.

17下02 名雖有異者는 三乘之名이 各異也라.

17下03 名義不殊者는 地位之名義가 不殊也요 是名同義者는 三乘位가 同之義也니 此位同은 卽究竟同也라.

17下05 名有의 名字는 各字也라 (四行)非想一地九品者는 此는 俱舍義니 若智論則通約九地各有一無間故로 爲九無間也니 見下二十卷二十二丈下邊以下也라. 前八地或의 或은 作惑이라.

◉校者註; 17下08, 通義有八者는 鈔에 作通義雖八하니 不知孰是나 義則俱通也라.

19上05 二義天隔者는 天台則約行布가 隔別也니 約敎則始終敎也요 吾宗則對同敎하야 云別敎卽事事無礙圓(別)敎義也라.

19上08 五字釋云의 云字恐名字라.

19下05 圈은 衍也라.

20上04 上皆下疏鈔云의 云字는 不如文字也라.

20下08 何別下에 落答字라.

20下10 皆異의 異는 作具라 俗諦는 通理事하니 事唯事法故로 俗諦與事異也라.

21下02 假는 作暇라.

22上09 今欲別於二乘故로 但云法空과 及別教는 多約事故로 不言法空根本者는 似釋鈔文이나 而鈔中에 無此言하고 但自記中에 上云三智別下에 卽法空加行後得云云은 卽上自己之言을 解釋也라 不然則上法空加行後得之言이 卽玄義之言을 引用故解之耶아.

23上02 雙證知斷의 知字는 智字의 誤也라.

23下07 揀別二乘者는 二乘은 初無十信하고 後無等妙二位也라 問이라 二乘亦有十地耶아 答이라 二乘之第四見地以下는 卽大乘之十地也라.

23下10 取生後念者는 解脫道則金剛後一念也니 對金剛因하야 此가 釋後念之意也니 謂對金剛因하야 云後念也라.

## 會玄記　第二十卷

01上06 文禪師用一心者는 用一心三觀호대 依釋中論하니 中論은 卽龍樹所說이라 一心下에 恐落三觀二字하고 不落이라도 亦通이라.

01下01 次文의 文은 恐云이라

01下04 卽入은 上下也라.

01下07 權實의 實은 恐宜字也라.

02上05 所造四塵下에 恐落合成二字라.

02下08 此爲八微者는 異於上能所八微니 可知라.

03上03 卽成의 成은 作空이라.

## 懸談

53上04 遠離空有動靜의 動靜二字는 衍也라.

# 會玄記

04上03 玄藏의 藏은 作義라.

04上08 若無半字云云者는 反顯廢半明滿之義니 謂法華前에 以半字方便으로 調熟鈍根故로 至於法華時에 已熟이라 故로 廢半而明滿也라 又滿者는 對半하야 云滿이나 旣法華에 無半字로 調根之說故로 亦無滿名也니 例如四敎儀中에 云法華는 非頓非漸之說也라.

04下07 非는 恐謂字라.

05下05 不解脫의 脫은 衍也니 以眞隨妄故며 不解요 卽性故로 不縛也라.

06下04 ※餘略不指者는 但明十仙得果가 爲藏敎之義하고 不指十仙外의 餘三敎義也라 或云十仙中에 九是羅漢이니 可爲藏敎요 一發大心者는 應爲餘三敎로대 而鈔中에 以少從多하야 十人을 通皆云羅漢이라하야 但明藏敎一義하고 略不明一發大心者가 是三敎故로 云餘略不指云云이라하면 則十仙中自具四敎홈이 與第二解로 無異하니 以第二解는 十仙中의 自具四敎之言이 揀前解則不具四敎故也라.

※甲本; 餘略不指者는 鈔文에 只指藏敎之人하니 十仙果人이 是也요 不指三敎人故로 云略不指也라 寂照則十仙果人中에 自具四敎云云也라 私意(非上例의 私意니 上은 友也요 是는 我私意也)로는 餘略不指者는 十仙之中에 九는 皆羅漢이요 一은 發大心人이로대 而從多分하야 但指藏敎而然이니 發大心一人이 通爲三敎之義가 有로대 而略不指也라 故로 云餘三敎를 略而不指云云也라 此意는 非但易知라 亦順於鈔中의 證羅漢者는 具於四敎之言也라 初義則難見이요 亦鈔中의 者字는 難當(改則可也)文勢不便하니 所以十仙外에 執餘人하야 指三敎일새 故로 違於鈔中의 十仙者는 具四敎之言也니 二義隨取也라.

08上06 亦是漸也者는 上皆妙玄說也요 此下는 記詞也라 問이라 四敎儀與妙玄이 皆天台所作이어늘 何故로 漸敎之相이 有異耶아 答이라 有二意하니 一은 云天台之敎가 繁廣일새 後人이 鈔錄時에 必改之也라 故로 下記云荊溪禪以來로 但以法華爲非頓非漸云云이니

如今現行敎儀에 云호대 高麗沙門諦觀은 依廣本略錄云云이라할새 以此故知後人改也요 二는 云天台立敎則以阿含方等般若로 爲漸하고 以法華爲非頓非漸이러니 至於妙玄하야는 復以法華로 入於漸敎하니 則其意는 不以敎儀中의 立敎로 爲定也어늘 後人이 不知其意하고 但局於敎儀中의 立敎之言하야 但以法華로 爲非頓非漸也라.

08上07 [甲本]入은 作爾며 或不誤도 亦可라.

08下03 二儀의 儀는 義字의 誤也라.

08下07 [甲本]唯는 作雖也라.

08下10 [甲本]本質敎不定大定小者는 此約佛說明의 二根互聞不同故로 云本質也요 下則就機之互知故云影像이라.

09上01 互之의 之는 作知라.

09上09 名鈍의 鈍은 作頓이라.

09下01 ※止觀云者鈔本이 異也요 或可止觀下에 又有止觀云三字也라 上은 講說이요 愚謂하대 故云聞(鈔)에 當有止觀二字니 謂引止觀所云圓頓止觀하야 以證圓卽頓義也니 由此下는 鈔主가 據天台意하야 以明二經義也라 若此說이 元是止觀中言인대 義師가 何必破也리오.

※甲本; 止觀云者는 鈔本이 異也라 今鈔에 圓頓止觀由此云云者는 文不明顯하니 圓頓止觀四字를 屬上이면 而由此二字는 屬下也요 或可止觀下에 又有止觀云三字也라 又圓頓이라하니 止觀에 懸吐라 由此云云言이 悉是天台之義로대 而不明言之할새 淸凉이 發明言之어늘 天台의 後人이 不知其宗主之義妄稱淸凉新加也라.

◉校者註; 09下07, 義師는 檢日本續藏經目錄컨대 必是宋宗義也라하노라.

10下06 頓說下에 落漸이라.

11上05 稱字는 衍이라.

11上07 假設出意云云者는 鈔主가 立在天台邊하야 救刊定之破나 而亦未免過니 以雖不在已나 而爲過는 則未免也라 上은 講說이니

意云 濫涉之失不在於已之言이 救刊定之破나 而使天台도 亦未能無過也인 則此救者는 指上不在於已之言也라하니라 愚云此濫涉之失이 不在於已之言이 但假設하야 出彼立教之意요 不是作救詞하야 發明無過也니 何者오 若作救詞發明則救者도 亦未免過니 以難이 中故로 發明不得也라.

11下06 [甲本]大乘大字는 小字也라.

11下07 中宗은 上下也라.

## 懸談

56下07 [甲本]鈔에 若有云云은 上則鈔釋疏文也요 下則鈔가 躡疏起難也요 故今釋云云(九行)以下는 鈔中釋難也요 非鈔釋疏라 故로 云今釋云云也라 今釋云云을 若以釋疏文으로 看則上謂大小云云鈔에 已釋疏文하니 未免重疊之失也요 或謂大小以下鈔文은 若總顯大義면 則若有云云鈔는 疏前起難也라 故로 今釋云鈔는 正釋疏答難也라한 則上下가 非重疊也라 然이나 前解가 爲勝也라.

## 會玄記

12上01 不違至教에 初義則以此二論中에 無小乘之言者는 三藏은 元是小乘故로 不必以小乘字로 揀之則法華에 雖有小乘字나 小乘이 卽三藏이라 非揀之之辭故로 不違也요 後義則小乘이 雖非三藏이나 隨他大乘宗故로 云三藏이라 故로 亦不違也니 以非揀之故也라.

12上07 何不加於三藏之義云云者는 謂就三藏中하야 如戒定等義를 加之也어늘 何必特加小乘二字하야 以成文耶오하니라.

12下02 [甲本]餘者是不可見有對等者는 等取不可見無對色이로대 而鈔에 旣云五塵이라하야 則無可等取어늘 而總合言故로 云等耶아 聲香味觸四塵은 不可見有對요 法塵一은 獨爲不可見無對也라.

12下10 [甲本]多知의 知字는 恐諸字也요 不誤라도 亦得也라.

12下10 牛戒狗戒等은 見雲字卷初十丈이라.

13下02 註에 ※準前應知者는 前答狗戒中言을 準而知之也라 以先告曰下에 有答辭호미 如前狗戒로대 而不引故로 云準前也요 或可此四字는 卽是世尊答辭니 以世尊不欲繁說故로 令準知也라 下雲字卷鈔則云準前狗戒云云이라하니 此는 後言이 應是也라.

※甲本; 準前應知者는 前答狗戒中에 云若無缺犯當生狗中云云等言을 準而知之라하시니 以告曰下에 有釋答호미 如前狗戒라…

14上04 [甲本]旣有斷常故起斷見云云者는 雖云斷常이나 以斷爲主故로 云撥無因果요 下正慧中에 雖云斷常이나 以常見으로 爲主故로 云必有因果云云이라하니 常見故로 有因果요 斷見故로 無因果니라 或因滅에 斷果가 生故로 常이니 則以斷常見故로 有因果也라.

15上02 受時未有僧者는 謂五比丘가 見諦受戒時에 無僧故로 唯五人得戒라하니라 若見諦後면 則有他僧故로 不可云唯五人得戒也라.

15上03 ※唯初非後者는 初解가 雖約見諦나 而亦見諦의 初요 而非後니 以後에는 有僧故로 不合於唯五人의 得戒時에 未有他僧也라.

※甲本; 唯初非後者는 約此得時하야 分初後也요 非約二解하야 分初後也니 以此時中에 亦分初後하야 初時得戒요 非後時得也라 後已有僧故者는 旣有僧故로 從僧得戒也라.

15上06 八敬得은 亦唯約愛道와 及眷屬得戒時也라 其後則有他尼故로 不合云唯愛道等得八敬也라 上은 講說이어니와 愚意云已後不得戒於佛이니 以有他尼故로 從彼得戒也요 上受時未有僧(二行)者는 謂受時에 未有他僧故로 得戒於佛也요 已後則有僧故로 不得戒於佛也라.

15上07 [甲本]已後不得以有尼故者는 亦有尼故로 從尼得戒라 不可得戒於佛也라.

15上04 十僧五僧者는 卽羯磨僧數也니 如比丘는 但僧十數爲師하니 卽三師七證也요 尼則僧十人과 尼十人인 二衆處에 得戒也라.

15下01 有表無表者는 小乘則唯身口二業이 具表無表하고 唯識意則無表로대 旣依表上假立일새 則三業이 皆有表라 故로 三業이 皆有

無表也라 俱舍云無表는 雖以色爲性호미 如有表業이나 而非表示하야 令他了知故로 名無表也라 一師云表色有變礙云云은 此卽雜心師의 所立이니 彼論主가 不許요 第二師는 卽有宗義니 論主가 許之※니 見歲字卷三十丈과 又玄記二十卷十五丈이라.

※甲本; …所依大種者는 無表戒之所依身口니 卽是四大種의 有色也라 此師는 從所依四大之色하야 能依無表之業도 亦名爲色이라할새 故로 許之요 第一師는 從表色을 名無表니 則表業도 亦身口上에 有表之業也라 非變礙之色이라할새 故不許也라.

15下04 戒有七種者는 身三口四也니 若但有表면 則善心之戒가 至惡無記中하야는 卽失之어니와 而以無表戒는 則善惡之間에 無所表示故로 不失也라.

16上08 [甲本]弘決十四云云은 背捨則因이요 解脫則果故로 義亦逈異나 而有云但名異而義同故로 乃成大妨也라 八背捨의 細釋은 往檢記十五卷二十一·二丈라.

16下07 勢力所引四字는 當在至成滿之上也라.

16下10 [甲本]至根本位者는 同上成滿位니 加行이 成滿故로 至根本定이 發通之位也니 根本定은 卽四禪에 各有根本定也라.

16下10 起依의 依는 作他라.

17下10 註에 大梵王天在有尋有伺云云者는 初禪三天은 有尋有伺하고 二禪已上은 無尋伺나 而大梵天이 在其間禪故로 云中間也라.

18上01 註에 通悅의 通은 作適이라.

18上08 [甲本]大乘云云者는 心上所變故라 小乘則不知心所變故也라.

18下03 身卽我見은 常見也요 我異身見은 斷見이니 此二見이 爲總이니 以上(初行)云色是我我是色은 卽身卽我之見也요 色屬我我在色은 卽我異身之見也요 餘四蘊은 皆有此二見故로 爲總也라.

18下03 又計常無常者는 如云色身常常是色色屬於常常在色中云云으로 有六十하고 身卽常見과 常異身見으로 爲總二也요 無常은 準知라※ 上은 講說이어니와 愚謂法數에 有斷常六十二見호미 卽此也라.

※甲本; 或謂常無常은 卽斷常이니 云身卽我見과 我異身見으로 入常無常二也라 然則與法數로 同也云云이라.

18下08 屬大乘下에 脫今何俱屬小乘六字며 又上問字下에 但加何以二字則文顯也라.

※甲本; 智小間에 恐落屬字요 大乘下에 恐落今何以十一智俱屬小乘耶十一字라.

18下10 回向云云은 見金字卷下十二丈이라.

19上04 知諦未遍者는 欲界四諦와 及上二界中三諦를 知而道諦를 未知故로 云知四諦未遍也요 上二界의 道諦則至第二의 已知根하야 而知也라.

19上04 中間起者는 苦法忍과 及道類忍之中間也라 上은 講說이요 愚는 云하노니 (次前行)中間七智云云은 通難이니 難云八忍則在於忍位로대 未知故로 此八忍은 可云未知也어니와 七智則在智位라 皆知之어늘 亦何云未知也오할새 故로 通之라 如苦法智는 在於苦法忍과 及苦類忍之中間할새 知前苦法諦코 而未知後苦類諦니라 乃至道法智가 在於道法忍과 及道類忍之中間할새 知前道法諦코 而未知道類諦故로 云知諦未遍이라하고 中間起故로 亦名未知當知根也라.

19上05 道類智已去를 謂修道者는 俱舍云十五心道類智忍으로 爲見道하고 第十六心道類智로 爲修道也라하나 此則俱約利鈍하야 以判也라 他處에 以十六心으로 爲見道者는 唯約鈍者하야 判也니 見歲字卷下三十三丈이라.

19上10 知已已知者는 知已는 卽未知當知也요 已知는 卽已知根也라.

## 懸談

58上04 [甲本]從多立名非不定失者는 以三藏이 通在大小故로 爲不定이어늘 今局定於小乘故로 有違於不定之失이나 而今에 旣從多分하야 判定小乘하야 云三藏故로 三藏唯在小乘이라 非不定故로 無不定之失也라.

# 會玄記

19下02 後는 作彼라.

19下09 戒定二偈如鈔者는 今鈔에 但一偈半이니 恐脫一半也라.

20下02 學法也는 此第三이 法門無量誓願學故로 云學法也요 四中에 獨此別指者는 餘三則令度令斷令得果之言이 義已顯故로 不指하고 此則令安之言이 學法之義가 不顯故로 特指之라 有云衍이라하니 非也라.

21上02 劫滿者는 應云二劫滿이나 而上에 已指第一僧祇故로 不云二也요 非落也라 下劫滿도 例知니라. 得受記云云者는 此時에 爲善慧菩薩하야 以蓮花供佛이고 又布髮掩泥한대 彼佛이 記云來世作佛號釋迦牟尼하라하시니라.

21上04 六度故의 故字는 恐竟字라.

俱舍云云은 皆註니 至於八十中劫이 皆俱舍說也요 (五行)今此中劫下는 記詞나 而中劫之中은 作大字라 見台教하니라 註(五行)火灾壞世界時에 爲八十中劫者는 成住壞空이 各有二十中劫이면 則火災壞時는 爲六十中劫이나 而今以空劫은 無形하야 不可計數故로 合入空劫하야 云八十中劫也라 愚는 謂하노니 自前空劫歷於成劫住劫至於火壞劫故로 云火壞時에 爲八十中劫이라 故로 下記云 八十增減이라.

21下04 註에 馬王의 馬는 作鳥라.

21下06 [甲本]坐信의 坐는 作生이라.

22上05 六度滿望聲聞位是下忍位者는 已上의 記가 次第錄教儀文也라 然이나 三祇修六度竟後에 百劫修相好則六度滿時가 文雖在後나 義在三祇竟百劫前이 當於頂位하고 百劫修相은 則合當於下忍故로 教儀註云六度滿時가 合在前文修六度竟이요 而百劫修相이 是下忍이라 云云이어늘 今記가 一向略錄彼文하고 而不明其義之先後也라 當今講師가 或見彼文이어늘 而亦不言하니 盖未詳察之故也라.

22下02　令肥의 肥는 作脂라.

22下08　下八地修惑初修禪時斷者는 上三祇修行時也라.

22下08　唯非想一地九品見思全在者는 下八地修惑은 初修禪時에 全斷하고 下八地見惑도 亦分斷故로 唯非想一地의 見思가 全在也라.

22下10　十六心斷見惑者는 下八地所餘見惑과 及非想一地에 全在之見惑也라.

23上02　九地九品者는 九地各有九品하야 爲八十一品이나 而今云九地九品者는 各取每地第九一品故로 九地에 但九品也라 上은 講說이요 愚意는 云以九地의 各九品思惑이 通各一九品이로대 以一地로 爲一品故也라.

23上03　下八地云云으로 至位同凡夫는 釋上의 下地惑因時에 未斷之義니 恐註也라.

行事二字는 上下니 厭下苦麤障 欣上淨妙離를 他處皆云六事行故也라.

## 懸談

59上07　[甲本]鈔에 三僧企耶別修六度各有滿時皆是有漏者는 此所謂初地見道로 爲成佛故로 地前有三阿僧祇滿也라.

## 會玄記

23上09　※此由二字는 上下也라.

※甲本; 此由四敎立義名定者는 此由二字는 恐上下也니 謂由此覈實餘三不成之義하야 四敎名이 定也요 或不上下也니 謂由此立義名定하야 有此難故로 今此文으로 通之也니 卽出此段之所以也라.

23下03　※但名上에 恐落然此二字라.

※甲本; 故但名同以上은 釋疏互有之言하고 此下釋覈實不成之義也라.

24上04　註에 俱空의 空은 作生이라.

25上06　下疏云云은 見麗字卷十二丈이요 鈔迷其行布謂爲別敎者는 迷

其地上卽圓融之行布故로 謂別敎也라.

25下08 [甲本]地前乃我地之前者는 立在地上하야 地上으로 爲我의 初地也라.

26上07 勇擊云云二句는 法喩雙擧니 上은 善解於義也요 下句는 善文筆也라.

26上09 註에 夜宿古塚者는 渴甚得水하야 飮之러니 朝看則髑髏中水也라 將欲嘔吐라가 因悟萬法唯心也라 古詩云古塚髑髏가 元是水요 盃中方影이 竟非蛇라하니 此亦顯唯心之義也라.

26上10 ※同居士人의 人은 作入이니 居士는 指傅大士며 或云李通玄長者라.

※甲本; 同居士人의 人은 作入이니 傅大士가 入酒肆娼家也요 志公常持金刀等코 入廛乞食라.

26下08 帝靑은 龍王也라.

26下10 來紙二字는 恐上下니 來는 餘也며 許也니 謂三十紙許重沓經也라.

◉校者註; 重沓은 猶言重疊也라.

27上01 經處의 處는 恐衍이라. 今持의 今은 作令이라.

27下05 盃渡者는 宋文帝元嘉年中에 有神僧하니 初出冀州에 將一木盃하야 渡水에 必乘之하니 因此爲號也라.

※盃渡者는 浮杯和尙也니 常浮盃渡水故로 云浮盃也요 或云盃渡和尙이라.

27下06 四諦經下에 恐落緣起經三字니 以下云各一卷故也라.

28上01 合見聞者는 合字亦通而恐今字也라.

# 懸談

62下07 疏에 賢首弟子云云者는 他人이 不擧其師로대 而今特擧其師者는 微者斥背其師宗也라.

## 會玄記

28上04 [甲本] 林은 作村이라.
28上05 無墮의 墮는 作惰라.
29上03 禮樂의 禮字는 衍也라.

## 懸談

64上05 鈔에 於邪正中에 方可分大小等者는 等取邪中에 分六師十宗等也니 以上總擧云於邪正中이로대 而但指正中의 分大小故로 等字는 等取邪中也니 例如疏中總擧內外로대 而但指外道中六師故로 鈔云等取內敎中大小云云也라.

64上09 鈔에 六師에 處名也와 姓也와 母名等은 皆註也요 子字는 非註也라.

## 會玄記

29上08 以下合九十五種云云은 見荒字卷五十一丈과 記三十五卷十九丈이라.
29上09 六句者는 實·德·業·大와 及同異와 與和合이라 自在天은 則欲界第六天也라.
30上04 云云剪髮者의 下云은 恐衍이라.
30上06 無無黑業은 恐多無字也라 (八行/註)卽今無君臣云云과 及下(30下04/註)今云不由行業云云과 及(31上03,31下05,31下09/註)下彼三이 同今六과 彼六이 同今三云云者는 盖記主의 鈔本에는 敍六師之見이어늘 而今鈔에는 拔去也라.
30下03 所記二字는 作受無說三字也라.
31下05 註에 故言有無常定者는 以記本鈔에는 第五師에 有有無常定之言故로 如是指之也니 言有無常定者는 若衆生이 自作罪어든 福則或時에는 轉罪而無어나 或無罪而作故有也요 福亦如是하야 有

無不定이어니와 而今에는 則天作罪福일새 則定有라하고 天이 不作則이면 定無也라 有無가 皆係於天하고 不由於我故로 罪福의 有無가 常定也라.

31下06 無修下에 落無字라.

31下10 第六地는 見闕字卷百十丈이라.

31下10 破後三敎者에 但破第三敎者는 乃記主一時之誤也라 疏中에 二義니 初義는 破第三敎요 二는 遮救之義則通破後三敎半滿之言也라 以具二空으로 爲半하고 具空不空으로 爲滿이면 則彼의 生空으로 爲半하고 具二空으로 爲滿之義가 自破어늘 豈可但破第三耶아 又後三之言을 但以第三見之가 豈不難耶리오 又記主가 自語相違니 以下(32上10)云第三第四敎滿은 唯約二空故로 成違也라하니 旣出成違라하면 則何非破耶리오 學者는 思之也니라.

## 會玄記　二十一卷

01上09 以論中兼明小敎者는 十七論中은 本法相大乘이나 而兼明小乘故라 又誦小乘諸論하야 以受敎也라 十七論은 卽瑜伽論所明條目이 有十七地하니 則支地之地也요 非地位之地也라.※

※甲本; …其中所有地位之名에는 亦有非地位者로대 而通名地也니 如三界分九地가 豈皆地位之地耶오.

01下03 武德은 卽唐高祖年號(618~626)요 貞觀은 卽太宗年號(627~649)也라.

01下07 圈은 衍也라.

01下10 且는 作具요 朋은 作明이라.

02上02 沙勤의 勤은 作勒이라.

02上04 十人一過者는 十人一時過也니 若過此數면 則橋重而破也라.

02下04 嶮은 與險으로 同이라.

03上01 婀觜之口의 之字는 恐卽字어나 又云字也라.

◉校者註; 檢辭苑及漢和大字典則依見이 無妨이리라.

## 懸談

66上05　鈔에 遠勞蕃使者는 遠勞漢使於土蕃也라.

66上05　[甲·丙本]鈔詎可方玆感應道契冥符아 懸吐니 以昔觀今에 難可比方이라 故로 記(03下02)云顯勝也라.

### 會玄記

03上08　明旦下에 恐闕文이니 準通載云明旦集群臣하야 令占所夢한대 通人傅毅云云이라하니 則召字는 恐占字며 或可召之間에 落群臣問三字也라.

## 懸談

66下10　在立宗之初者는 洪字卷宗趣中也라.

67上01　又眞宗說眞空理云云者는 旣眞空理인댄 則應爲常이나 而今別立常宗則 眞空理는 應同無常也라.

黃字卷은 竟하다.

# 宇字卷

# 宇字卷

## 會玄記

04上07 性相二宗者는 此性宗은 法性無相二宗을 合明也니 圭山이 所謂講者와 禪者가 不分空性하고 爲一宗一教者也라 清涼도 非不知로대 而約大槪하야 合爲一宗也라.

## 懸談

01上04 [甲本]二名智光者는 上에 波頗三藏은 此云智光이니 隨戒賢論師하야 盛弘十七地論이라 云云인 則應是此智光이 在西域하야 判三時教라가 來此方하야는 立五教로대 而亦何必定가 不妨同時에 有同名也라.

01上09 抄에 下二大德者는 在於釋疏之前故로 指疏文하야 云下也라.

## 會玄記

04下02 開皇(581~600)은 隋高祖와 文帝의 年號也라.

04下07 廓은 作郭이라.

04下10 [甲本]皆給衣食云云者는 上則五王이 惠施供給故云施無厭也요 此則如是數多人을 自寺中周給故로 云施無厭이라 或五王이 多施此寺하야 令周給此等人故로 云施無厭也라.

05上06 烏耆已西云云者는 西域海內의 諸國이 多義學호대 而今에 此寺에 任他諸國의 義學諸師가 出入호대 此寺가 無隔碍故로 此寺의 學徒가 博聞云云也라.

05下08 應後時者는 奘師가 在彼時에 會通故로 不敢抗行이라가 而奘師가

還本國後에 智光宗이 盛行하야 與戒賢宗의 抗行이 同時也라.

06上04 宣公은 卽魯宣公也라.

楚子는 卽楚君이 未稱王前의 爵號也라 至周夷王時하야 楚가 始稱王이라 行成은 卽和親也※라.

※甲本; …唯本灼龜하야 以成于楚라 云云하고 又卜臨의 臨은 哭也니 往哭于鄭之祖廟也라 故로 云臨于太宮也라.

06上05 且巷出車는 示遷國也라. 上의 卜臨과 下의 大臨之臨은 皆哭也니 楚가 退師할새 以哀之故也라.

◉校者註; 臨字下註에 去聲은 玉篇에 漾韻이니 音光이요 訓은 警也라하더라.

06上05 [甲本]陴는 音이 卑니 女城이니 城의 內城也라.

06上08 [甲本]楚子退師者는 哀之故也라.

06上07 鄭伯의 伯은 卽爵號也니 鄭之君也라.

06上07 不天者는 不爲天所祐也라.

06上09 俘諸江南云云者는 ※俘鄭之江南民하야 以充楚之海濱也라.

※甲本; …俘는 縛也니 俘鄭之江南民…

06上09 翦以賜云云者는 翦鄭之地하야 以賜楚之諸候也라.

06上10 徼는 音이 僥니 言僥幸也라. 厲宣桓武者는 桓과 武는 卽鄭之先君也요. 厲와 宣은 卽周天子라 盖鄭之始祖인 桓公이 乃厲王之子요 宣王之弟也일새 故로 史記에 云호대 宣王은 弟요 桓公은 友之所封也요 武公은 卽桓公의 子也리하니 見通載하라.

06下01 夷於九縣者는 ※夷는 比也니 謂楚의 縣이 有九하니 比於楚九縣之一也라.

※甲本; …夷는 比也니 楚有九縣일새 使鄭國으로 比於楚九縣之一也라.

06下03 庸可幾者는 其君이 能誠信하야 以用其民면 則不可僥倖而取其國也니 幾는 與冀同이라.

06下04 許之平의 平者는 和也요 潘尫은 楚大夫也라.

06下07 [甲本]什之의 什은 釋也라.

06下08 令龍樹의 令은 作今이라.

06下10 [甲本]劆는 音이 計요 又居衛切이니 傷也며 割也라.
07上03 弗敢加者는 謂不敢加之於自身이요 必以信으로 亨鬼神也하고 必以情으로 情實也라.
07上05 忠之屬者는 大小之獄을 必以情은 是忠信之類也라.

## 懸談

01下09 抄에 文明年(684年)…者는 唐의 中宗의 弟를 則天武后가 所立한 睿王旦之年號也라.

## 會玄記

08上01 註에 擧其의 其는 作兵이라.
08下08 [甲本]非唯弘唯識者는 以戒賢이 遠承彌勒瑜伽하고 而近踵弘唯識之護法等者는 以唯識과 瑜伽同一宗故로 不妨所承이 遠近之各異也라 又護法等이 不唯唯識也요 亦弘瑜伽故로 遠近所承不異也라.
09上04 諸國風聲者는 風俗也니 歷諸國風聲故로 入西域久遠然後에 將至那爛寺也라. 或可游歷諸國故로 奘之風聲과 所聞이 久遠也라 故로 將至寺云云也라.
09上04 至莊宿者는 將至寺之田莊하야 而宿이니 莊卽目連村也라.
09下08 [甲本]粳米者는 論語云舂十五斗米하야 爲九斗라하니 則一類也라.
09下09 檳榔云云은 皆饌類니 準通載컨댄 云日供上饌호대 饌에 有檳榔云云이라하니 則當二十盤下의 小註에 書之가 可也라.
10上04 將事博識者는 將徧參他師하야 以事博識也라.
10上05 經途十年者는 準上하면 則三年也니 十字는 誤也라.
10上05 本國은 戒賢의 所住國也니 與下(10下02)의 歸本國으로 異也라.
10上08 俶裝者는 俶은 訓이 厚也라.
10下03 疑云第二時云云은 然이나 此疑辭가 躡此所敍而起則可矣어니와

今에 未敍疏文之前에 起疑일새 故로 以此의 所敍疏로 答之어니와 此疑가 從何하야 起也오 不立疑辭면 則可矣요 若約第二時敎가 本是唯空故로 約此하야 而起疑라하면 則或可通也라.

11上01 [甲本]三性一句解前二時者는 以具釋三時로대 而以第三時則三性元是有故로 但指前二時也라 記第一時三性中의 依他는 有요 第二時三性中의 徧計는 空也라.

11上03 [甲本]三性三無性等二句者는 三性三無性이 卽是二句也라 故로 上但三性에는 則云一句也라.

11上06 [甲本]註에 上釋兩重大意者는 以餘二敎可知之言이 已是釋鈔已竟故也요 次云故唯識云云者는 隨難別釋也라.

11上09 依他上에 少 一依字라.

11下02 無立二字는 恐上下라.

11下06 下說云云은 指下八丈下四行也라.

12下01 且約前二義者는 疏中의 顯文은 則但第二義로대 而今에 亦取所含第一義故로 云호대 前二也라하니 上은 標義요 今約下는 釋顯也라.

12下01 今約第二者는 明疏中의 三性空有가 卽此四義中의 第二心境空有也라.

12下01 合前의 合字는 不如含字니 謂此疏中의 三性空有가 含前의 正立云云이라.

12下02 有本鈔者는 卽今鈔也니 盖記本鈔는 則屬第二義의 含約云云也니 謂疏中之言을 屬第一義하야 約三性三無性之義를 含也니 則鈔中의 合은 當作含이라.

13下03 三과 四字는 當作四와 五字라.

13下10 外示僧佉者는 阿僧佉也니 無着也라.

14上02 宿願未果者는 下에 所云菩提樹者는 誓不空見之願也일새 故로 不能往見護法이니 以護法이 在菩提樹下故也라.

◉校者註 ; 懸談에는 云宿願未果也라.

14上05 誰決我疑者는 盖法相宗旨에 有疑故로 雖在無着宗中이나 而却弘龍樹之宗也라.

15上08 總相執爲定有者는 總執我法이 爲定有也일새 故로 云호대 緣生之法이 定有라하니 則以緣生으로 破自性이요 以法定有之言으로 破執實我也니 旣法이 定有인댄 則我는 不定有也라.

15下01 故如의 如는 恐知字라. 註前約의 間에 落亦字라. 二義中에 或可義가 爲正也어니와 若約二宗明하면 則前宗의 疏中에 無心境之言故로 不顯也니 以前宗은 則正立과 及辨了不了中에 俱約三性이나 而但了不了鈔中에 以爲心境也일새 故로 云不顯也라.

## 懸談

05下04 鈔에 二體旣同何要(玄記,16上05,二體旣同何故法要留依他)者는 二體가 旣同인댄 則圓成外에 無別依他어늘 何以要留依他耶아 云云義也라.

## 會玄記

16下01 亦以第三時敎意釋前二時敎者는 前의 法相宗 抄中에 以第三時敎中의 三性一句로 解前二時敎故로 今에 對彼하야 云호대 亦이라 而然이나 今鈔中에 元無以第三敎로 釋前二時敎之處하니 可怪也로다 抄中에 有나 而自不知耶아 不然이면 則記釋이 誤耶아. 又此言은 亦不指記也니 以記中에도 亦無故也라 後當更詳하리라.

16下05 般若燈論은 依主와 持業 二釋이 皆指本中論也라 初는 依主니 則般若는 中論之所詮이요 燈은 中論之能詮이니 能所를 合目也라 後는 持業釋이니 則三字가 皆中論之所詮也어니와 唯約所하야 以目之라 然이나 皆本論에 有此義요 非本論之名也니 則釋論이 從本論之義하야 以彰名也라 後의 然字(17上01)下는 則本論之名이 亦般若燈論也일새 故로 云호대 以全所釋論名으로 爲能釋論目云云하니라 上의 講說이어니와 愚가 更一義로 明之건댄 謂問意에 云호대 若釋般若經인댄 當云般若燈이어니와 卽釋中論이어늘 云何云云고. 答意에 云호대 中論이 旣釋般若라 故로 中論中에 亦有

般若義也일새 故今釋論이 於本論中般若之理의 幽隱難彰云云이라. 然則 般若는 指中論이요 燈字는 卽釋論也일새 故로 云호대 釋論이 從本論云云(16下08)也라하니라 第二義는 則此釋論中에 所明般若가 了法이 如燈照物故로 此釋論을 名曰般若燈也요 非指中論也라.

17下04 波頗於彼傳來云云者는 準此면 則智光을 判是戒賢의 弟子也어니와 愚有一義니 波頗三藏은 此云智光이라. 依戒賢하야 學十七地云云하니 則應是智光이 在西하야 判三時敎하고 來此하야는 判五敎요 而當初來時에 持自造釋論而來唐하야 飜譯也를 亦何必定也리오. 不妨同時에 有同名也일새 故로 上鈔(01下01)에 云호대 名同人異也라하니라.

19上01 言敎具闕約人及法者는 與上의 攝生寬挾으로 俱約大小乘하니 以小大之言이 通於人法하나 而上의 攝生에는 則云호대 爲小爲大云云이니 爲者는 爲人也어니와 此言敎中에 云호대 說大說小云云하니 說者는 人與法을 皆說也라 上의 講說이어니와 愚는 更有一義니 以法敎人을 謂之言敎니 如爲小乘人하야는 敎以小乘法이요. 爲大乘人하야는 敎以大乘法故로 此言敎가 具約人法也라 上의 攝生之生字는 但是三乘人也요 不含於法也어니와 此言敎는 則含於人法故也라.

19上08 各據別門云云者는 若約一門異說이면 而相至則有相違也어니와 旣別門各說할새 而互不知故로 不相違也라.

19上08 [甲本]互不相至豈有相違者는 謂二宗之義가 各不相至故로 各有了不了之義라도 不相違而相齊也라.

19下02 凡小同居下의 下는 恐者字라.

19下04 凡夫의 夫는 恐小字요 彼三의 彼는 作被라.

19下10 密意云云은 密意에 破句讀文하고 伽하야 性의 義하고 聲聞하야 錯하니 懸吐라.

破句讀文者는 見下三十六丈鈔하라.

20上05 今小及人天云云至何名狹耶者는 上鈔(07上10)에 云호대 純菩薩衆

何如凡小同居之言이 似乎此雖狹이나 純是菩薩이요 彼雖寬이나 凡小同居일새 彼不如此也라 然則但此勝彼劣이나 而此狹彼寬之義는 不無也라. 及見無小及人天云云(20上03)言則彼三乘之寬을 皆純以一乘으로 化也니 則元無寬狹之異로대 勝劣天地가 懸은 隔也일새 故로 此了彼不了也라. 法花唯爲菩薩何如昔日被三云云(07下01)은 準此하야 知之元無寬挾也라. 如何는 上下也라.

20下05 法義當途의 當途者는 猶言當前也니 以法義가 當前할새 不得已而引也라. 彼宗이 見此하고 反生是非하면 則豈知此文義也리오. 以此意는 但分析法義요 不在是非故也라.

※甲本; 以疏則大略言之故로 不引也어니와 今鈔는 分析疏文故로 法義當前이라 不可不引也라.

21上05 一人의 一字는 作二라.

21下03 此約宗計云云者는 西方二宗은 各據一經也어니와 此方二宗은 各據多經故로 上記(04上08)에 所引探玄記에 云호대 多異小同이라하니라.

## 懸談

09上03 鈔에 義分齊中具顯者는 賢首의 義分齊也요 又今의 懸談은 以義分敎中(42上02)에 亦具顯也라.

## 會玄記

22上04 只就此寬處…通成三乘者는 違下(記/23上07)一分半成佛之言라 以彼半中에 具攝此中의 後三하고 彼의 不成之半은 卽此의 初一也니 則四中의 後三에 唯有聲聞 緣覺이나 而約菩薩一邊하야 云成佛이요 初一은 無菩薩하고 但有聲聞 緣覺故로 不成也라 然則 此中의 通成三乘者는 通約四不定하야 後三에 有菩薩性者는 成菩薩乘하고 初一은 成聲聞·緣覺二乘故로 合四不定하야 云호대 通成三乘也라하니 若如記言이면 上下가 相違也라.

22上07 相無自性性下는 落生無自性性의 五字라.

22下01 種種의 二字는 標也라.

22下10 註에 不唯同時云云者는 謂異時에도 亦別無也니 則無亦의 二字가 恐上下라.

22下10 註에 立理下는 恐落 云字라.

23上01 註에 又若의 又字는 恐謂字라.

23上01 註에 餘亦應爾者는 餘處도 亦無敎化也라.

23上01 註에 此引證의 此는 作次라.

23上02 註에 有二如來上에 恐落無字也요 亦可有二如來出現之言이 貫於無處 無位等이니 謂無處有二如來出現하고 乃至非後에 有二如來出現也라.

23上02 註에 ※此會의 此는 作次하고 者는 作云이라.

※甲本; 此會違의 此는 作次也라 言會違者의 者는 恐云字耶아 以梵王經中에 但云此三千에 自在轉則餘三千에 不能轉也니 則餘三千에 別有佛可也라 故로 爲違也요 答意謂彼約無加行也요 此約有加行時에도 亦轉餘三千故로 不違也라.

23上06 [甲本]非深密經本文者는 深密經中에 云第二第三中엔 同許定性無性이 不成佛云云하니 第二時不顯一切成佛之義라 與第三時同일새 則應爲了義로대 而但約第二時에는 但說空之義하야 屬於了義也라 然則第二時의 皆成佛者는 約相宗의 通指此經宗之言也요 非深密義也라 故로 上云空義는 約般若等하고 皆成佛義約法華等也라.

23上08 名半上에 落聲聞·緣覺·菩薩·不定의 八字也라.

23上08 以不定性中非全者는 通難이니 難云호대 不定이 有四어늘 而今에 約於三컨댄 乃過其半이어늘 何云半也오할새 故로 答云호대 四中에 無一이면 則不定이 非全故로 云半也요 不必 四中之二로 爲半也라. 三分之半은 應有不及半之難도 亦準此하야 通之라.

23下02 勝鬘經云二者는 依彼宗의 破句讀文하야 而引也라.

23下08 何以下는 落故字라.

23下10 玄讚上에 恐落疏未入正性離性者의 八字也라.

24上01 聖亦廻心者는 如五果廻心類也라. 此聖은 受變易生死者也니 即五果가 皆證羅漢이니 以羅漢이라야 方受變易故也라 今에 說不受者는 初果는 前回心也라 問하노니 證二·三果라도 亦不受變易이어늘 何以今에 言初果前也오 答하노니 證初果면 則爲正定聚하야 決定證四果故로 望將來하야 云호대 受變易也라하니라.

24下02 註에 初와 位의 間에 恐落 二字라.

24下04 而成의 而字는 恐二字니 謂轉 煖頂二하야 成佛也니 準次長行하면 可知라 此中에 定性과 不定性之言이 與正定聚와 不定聚로 義同也니 以大旨가 無異故라 然이나 其實은 不同이 如常하니 可知라.

25下02 [甲本]欲은 作當이라.

25下05 五果回心者는 似與下卷의 教義之解로 不同하니 以今則前三果도 亦有回心이요 下則初二三果가 皆證四果한 然後에 入八六萬等하야 而回心也라. 盖此涅槃五果之言이 通於二義故로 前後에 各敍一邊也라하노라.

26上02 [甲本]般若涅槃이 各別約一類不定者하야 說故로 各異也니 者字는 恐衍이라 又不衍亦得이니 謂二經이 皆約一類不定者하야 說也니 般若는 以初果前으로 爲不定性이니 如上可知요 涅槃則以五果가 皆爲不定性이니 以皆回心故也라 則不定에 有二類故로 云二經一類不定者也나 則涅槃之定이 爲勝機也니 此後義로 爲勝은 以不改故也라.

26上06 [甲本]謂道間에 落見字也라.

26下09 五種無間種法의 法은 恐衍이라. 言無間者는 五性이 一一無間하야 以無他種相間也라.

27上08 [甲本]果差別에 上中下相似者는 三乘因果相似故也니 謂三乘之因이 各別而各其果가 如其因故로 果亦差別也라.

27下03 [甲本]無上種性者는 無上三乘之種性故也요 或云上字는 衍也나 而此言은 不可也요 種性下에 落者字라.

27下05 菩薩地持經亦名云云에 以經을 亦名論者는 以能釋論中에 全

載所釋之經홈이 如今十地論에 全載十地經也일새 故로 經亦名論也이라하니 則地持論은 釋菩薩戒經故로 亦名菩薩地持經이라하고 從所釋戒經하야 而立名이요 亦名菩薩地持論者는 從能釋論하야 立名也라.

27下06 今編入律中云云者는 今의 開元錄中에 編入律中也니 以善戒經이 卽是律經故也라.

27下06 除論錄目者는 論錄目中에는 除之也라 以經律論에 各有目錄하니 今에 入於經目錄故로 除於論目錄也라 上은 開元錄也라.

27下06 故在今律藏者는 記主가 今時에 考之컨댄 則在律藏中也라 故로 此記中의 三今字는 各異也라.

27下08 發菩提心名之爲支者는 支는 卽持也일새 故로 地持論에 名持也라하니 與七覺支로 義가 不同하니 彼則支는 卽分義也라.

27下10 [甲本]註에 一名時의 時는 作持라.

27下10 若과 菩의 間에 落無字라.

28上05 經論大同小異者는 大意는 則同故로 云호대 大同이라하나 而經中의 無菩薩性云云者가 是遮詮也요 論은 卽菩薩性者가 雖不發心云云으로 猶名菩薩種性持가 是表詮이니 則表遮小異也라 上의 講說이니 經論中에 但以有性으로 爲主하야 見之일새 故로 云遮表小異也라하니 卽違於疏中의 無種性人無種性故로 云云之言也라. 愚는 謂하노니 經則雙引有性無性二文하고 論則 恐脫無性之引文也라 盖經與論이 俱有無性之文故로 今疏에 撮略二處文하야 云無種性人無種性故云云也라하니 學者는 思之하라.

28上09 其實以善戒經云云者는 以戒經에는 則無此言이나 而瑜伽는 則有此言故로 應以無文戒經으로 同於有文之瑜伽論也라.

28下05 欲入의 欲은 恐六이라.

28下07 菩薩의 薩은 作提니 明鈔下에 恐落 云字라.

28下07 [甲本]恐是性習二性者는 以鈔中에 雖擧有無二性이나 而釋中의 六處殊勝云云은 乃彼論性種性中言也니 卽性種性은 爲有種

性이니 以無始有之也요 習種性은 旣習而有則非無始本有也라 論旣云 性習二性호대 而無有無之言則有無二性定是性習二性이어늘 而云未敢詳定者는 謙辭也라.

28下10 [甲本]註에 八王은 八箇王이요 故八의 八은 第八也라.

29上04 正是七卷楞伽者는 以上疏所引이 是七卷楞伽故也라.

29上05 亦闡提의 亦字는 恐一字라.

29下01 [甲本]故今例釋者는 此中云亦云은 則上雖不引이나 而例此可知上亦有此文也라 故로 云不欲繁文也라.

## 會玄記 第二十二卷

◉校者註; · 鈔/13上04, 上句下文을 依玄記而圖之以添此如下也라.
· 玄記/01上06, 科圖

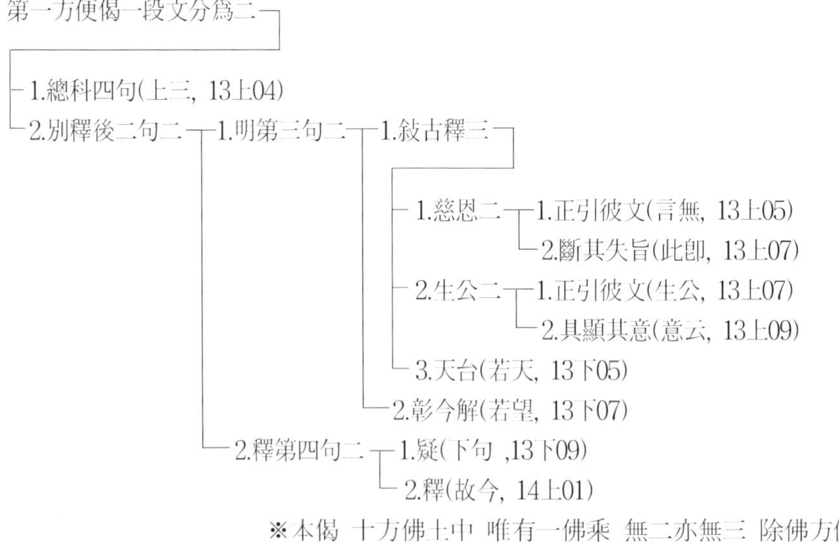


※本偈 十方佛土中 唯有一佛乘 無二亦無三 除佛方便說

01下06 由昔大乘不通二乘皆當作佛故立爲權者는 明知上의 光宅四敎가 以般若等經은 不兼會二乘故로 謂之權敎라홈이 不亦可乎아니라. 記主는 今則如是云云하고 上則不如是라하니 可怪也로다.

02上02 [甲本]如何會通者는 意云無二無三之言이 卽是無第二第三이나 而今云無通二通三이라하니 如何會通也리오 答意는 今雖擧通二나 大小相望則今通二가 望大小하야 爲第二也라 故로 不違也요 三乘相望則菩薩爲第三也라 彼旣云無第三菩薩則亦無前二也라 故로 今通云無三이라도 亦不違라하니라.

02上03 [甲本]菩薩乘下에 有菩薩乘之三字나 而今落也라 偏行菩薩之三(七行)者는 此言三이 但約菩薩之一하야 云三이나 應第三也요 般若帶二者는 帶二乘而說大乘故也요 方等이 所對之三者는 方等爲法華之所對하야 三也요 非謂方等이 爲能對요 三爲所對也라.

02上04 豈非의 上에 落菩薩乘 三字라.

02上04 以大乘尙無云云은 通難이니 難云호대 三乘中에 旣無第三菩薩乘이어늘 何故로 云호대 總無昔三고할새 故로 通之니라.

02上09 般若帶二者는 帶二乘하야 而說大故也라.

02上10 方等所對之三者는 方等이 爲法華之所對인 三也언정 非謂 方等이 爲能對요 三이 爲所對也라 上은 講說이요 愚는 準天台敎儀하건댄 云般若는 帶니 帶通別二하야 正說圓敎요 方等은 對니 對三藏之半字敎하야 說通別圓之滿字敎云云하니 則此中에 云唯有一乘法無二亦無三者는 意云法華는 乃純說佛法一乘圓敎故로 無如 般若之帶於通別二敎와 方等의 對於三藏敎也일새 故로 無二無三하니라 然則方等所對之三者는 應但云호대 方等이 對三也어늘 以言般若與方等者는 約部帙化儀敎하야 云無也요 不是但約其中에 所帶之二와 所對之三化法하야 云無也라. 或可但約其中에 所帶니 所對之化法은 則方等所對之言은 可也요 般若가 帶二도 亦所對之二也라하나 不如前解라 以下釋이라야 方是約化法敎하야 云無二 無三이라하니 則上은 應是約化儀敎하야 云無二無三也라하니라.

02下09 應耳의 耳는 作爾라.

02下09 [甲本]縱饒會二云云은 二義니 初는 謂縱有會二之義며 亦有會三

之義라도 前三은 爲權也라.

02下10 [甲本]經具斯二者는 會二會三二義也니 後義則縱汝以此經으로 但爲會二爲一이요 不約會三爲一之義하야 而昔權中에 不能會二이러니 今實中方能會二며 亦是昔三爲權也라 昔權의 權字改爲實字면 則文義尤顯也니 謂昔實은 不會하고 今實方會하니 昔實亦未免權也요 若約早已斥之意면 則權字亦通이라.

03上01 昔權의 權은 實의 誤니 謂昔實은 不會어니와 今實은 方會니 昔實이 未免權也라 若約早已斥之意면 則權字도 亦通也라. 二義中에 初는 則三이 爲方便이요 一이 爲實之言이 是經中의 會三歸一之義也라. 後는 則鈔主가 約昔大之不會하야 斥云호대 三이 爲方便이요. 一이 爲實也라하니라 上句는 則二義中皆同也라.

◉校者註; 03上04, 先伸科判中 依記作圖以資便覽

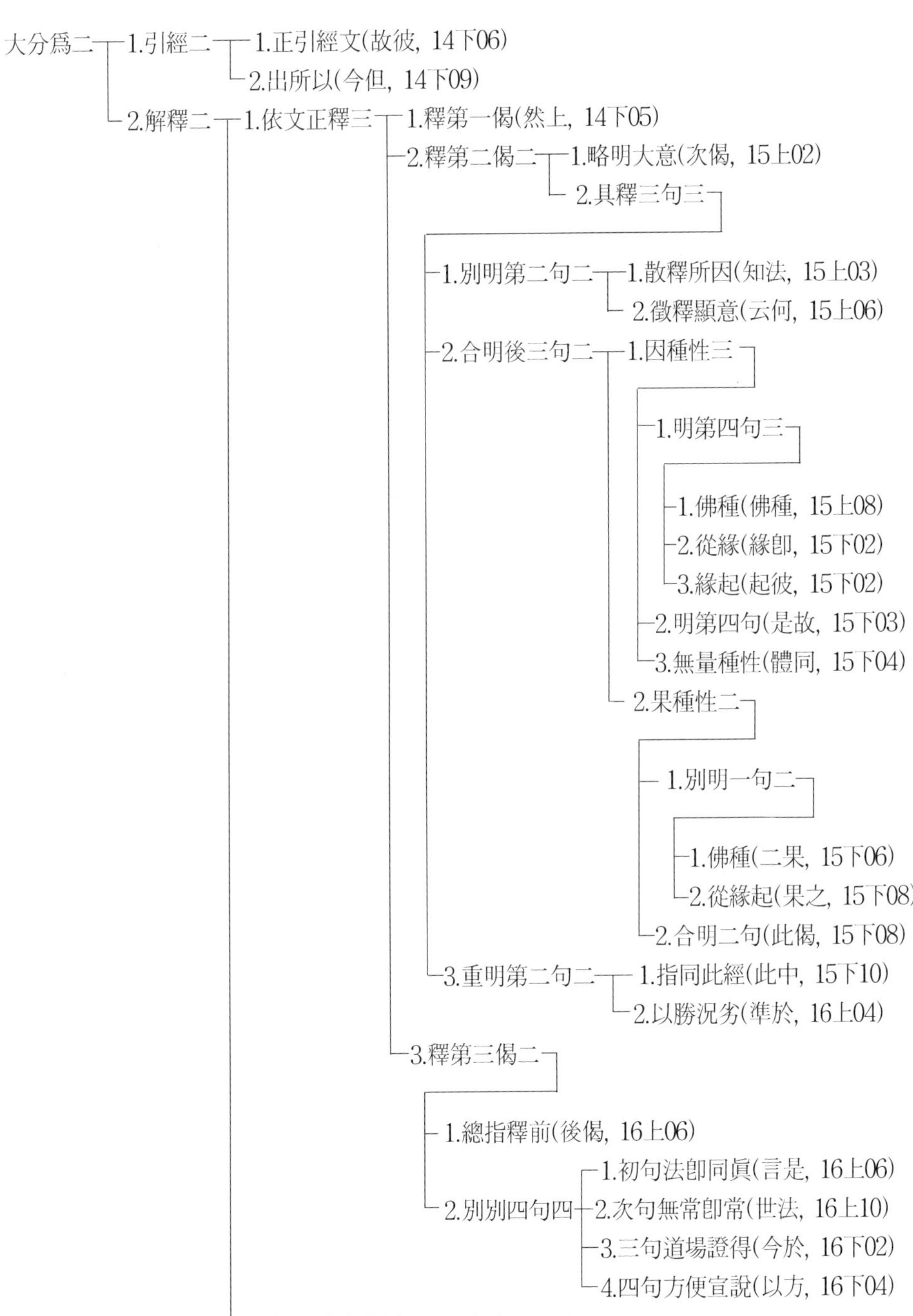

※未來佛偈三首(方便品)

未來世諸佛 雖說百千億 無數諸法門 其實爲一乘
諸佛兩足尊 知法常無性 佛種從緣起 是故說一乘
是法住法位 世間相常住 於道場知已 導師方便說

03上09 科圖에 因種種 果種種이 各下種字가 作性이라.

04上05 非具下에 落非共二字라.

04上09 無性二義는 初則釋云無요 後則性이 無也라.

05下01 ※然有의 然字는 作緣이라.

◉校者註; 竊謂不改亦得이라하니 何者오 次行에 有然有二釋云者가 已是標故라.

※甲本; 然有二字標者는 然은 作以로대 若取音同이면 應緣字也니 謂下(鈔六行)云二果種性云云의 二가 卽標也어늘 豈可標外에 又有標耶아 又從此하야 方云二果種性이면 則其前은 皆爲第一因種性之義也라.

05下03 道理二字는 註也라.

05下04 [甲本]種釋釋은 下釋字는 作種字라.

05下06 註에 約理의 理는 作種이라.

05下09 [甲本]准如의 准字는 唯字라.

05下10 [甲本]沙德下에 落故字也라.

06上03 餘如十因者는 彼釋一大事因緣中에 有가 與此로 互影之言이니 可檢而說之하라 見記十二卷初四丈下邊也라.

06上04 擧勝況劣者는 下經은 則知無性故로 一成에 一切成이라하니 卽事事無碍也어니와 今則知無性故로 說一乘하야 云호대 衆生이 皆成佛이라하니 卽理事無碍也니 勝劣은 可知라.

06上07 與今鈔意異者는 玄贊은 則此句가 爲眞如의 異名故로 異於今鈔也요 又與智論之法住法位二名으로 異하니 玄贊은 則眞如가 住於諸法이라하고 智論은 則諸法이 住於眞如라하니 同今鈔也나 優劣이 有異也라 法位者는 玄贊은 則唯約淨法하야 分十地位하야 而顯之할새 故로 云호대 法位라하고 又離於染分하고 但以淨一分位를 顯之하야 云호대 分位顯之라하거니와 智論은 則眞如가 爲一

切染淨法之正位也니 與今鈔로 同하나 而優劣이 逈異也라 良以彼는 乃法相宗故로 如是釋也라.

## 懸談

16上09 鈔에 引智論하야 以證者는 但證法位之名이요 非謂彼名中에 有法住法位故라. 此句도 亦如玄贊하야 以二名으로 見之也라.

### 會玄記

06下09 二而不二者는 常無常은 二로대 而不二也요 又鏡心이 與萬像之理로 二로대 而不二也요 常無常之二而不二는 但所照萬像之理也라.

## 懸談

16下02 鈔에 於道場證知의 證知字는 貫於不可言宣이라.

16下04 以方便力云云者는 以不可說之法을 說故로 云호대 方便이요 非三乘之權方便也니 法華方便品之方便이 卽此義也라.

16下05 鈔에 疏中略要者는 記(鈔/07上01)에 云호대 要略이라하니 謂要求其大略也니 恐鈔文이 倒也어니와 若疏文이 爲是면 則謂略其要約하야 而引也라.

### 會玄記

07下05 躡其科文以釋經者는 科에 云호대 乘性相成이나 而疏에 所引經은 則一性이 卽是一乘이라 非但相成也일새 故로 云호대 意明一性이 卽一乘이어니 而況乘性이 豈不相成이리오하야 擧勝況劣하니라 然則 疏與科가 各是一義也어늘 豈有如此之例也리오 況審鈔文컨댄 則其非但由一性故로 說一乘之言은 乃指上疏也요 經에 明 一

性이 卽一乘은 卽今疏也라 然則上疏는 乃乘性이 相成也일새 故로 上鈔에 云호대 明唯一性하야 證成一乘(14下03)이라하고 又云(14下03)호대 此句는 總以一性으로 成一乘云云이라하니 豈非乘性相成耶오할새 故로 愚는 謂하노니 今鈔의 乘性相成之成字는 乃卽字之誤也니 卽上疏는 乘性相成이요 今疏는 乘性相卽이니 展轉深也라 故로 今鈔中의 非但云云은 躡上疏文하야 以顯 今疏之意가 尤深也어늘 而記主가 云호대 躡其科文云云者는 卽依文而解하고 不辨其誤하니 可怪也로다 學者는 詳之어다 又此中의 成字가 旣誤인댄 則上의 列科處도 準此하니라.

07上07 望小大極者는 大小乘이 皆至極故로 云호대 畢竟이라하니 則通釋二種畢竟也니 因中에 有小乘畢竟也라 上의 講說이어니와 愚는 謂하노니 望小乘컨대 大乘則至極故로 云호대 望小大極也라하노니 以小乘은 非至極故로 非畢竟이라 何者오 此中 因畢竟이 乃六波羅密이니 卽大乘行也요 非小乘行也라.

08上03 彼疏云云五字와 四行의 合有人云云의 十二字와 五行의 合以云云은 至名爲佛性은 皆註也라.

08上07 卽是二乘의 二字는 一字也라.

08下02 別守의 守는 作無라.

08下03 野干鳴者는 鈔에 脫鳴字也라.

09上08 故經下에 落云字라.

09上09 方便有餘者는 恒沙無明所知障을 未斷故로 云호대 有餘리하며, 又生彼國者는 修空觀하니 空觀이 卽權故로 云方便이라하니라.

09下04 乃無煩惱之名者는 今鈔(懸談/19上07)의 乃至의 至字는 恐衍하니 圓覺經鈔에도 亦無至字故也라.

09下09 及名下에 落問字니 此一重問答은 智論中의 文也라.

09下09 三毒卽涅槃者는 謂二乘이 雖斷煩惱나 而未知 煩惱가 卽涅槃故로 爲令知之하야 佛出也라.

09下10 準此論意云云者는 謂愚法二乘으로서 斷煩惱者가 生彼國故로 云호대 無三毒이라하야 而令彼로 知煩惱가 卽涅槃故로 佛出彼國

也니 卽敎義之答이 非也일새 故로 今答에 云호대 楞伽等意는 約二乘의 不回心前에 不知煩惱가 卽涅槃之義하야 云但折伏이요. 今에 智論에 云호대 無煩惱者는 約能知煩惱가 卽涅槃之義也일새 故로 不相違也라.

10上06 二萬劫方至十信者는 至十信滿也니 謂自回心後로 修十信하야 而經二萬劫이라야 方能十信成滿也니 此는 約敎儀中의 後解也어니와 若其初義면 約在定中에 經八六萬等劫也라 盖涅槃經中의 初果回心은 八萬劫이요 二果回心은 六萬劫云云之言이 通於二義니 謂初果之回心은 八萬劫에사 能爲也요 又初果의 回心은 八萬劫을 修十信也라.

10下01 言初果回心者는 非謂初果之人의 能回心也라 鈍者는 一身에 但得初果故로 更受七生하야 證二三果後에 證第四果하야 入八萬劫定也라 次鈍者는 一身에 得二果故로 受一生(記云二生)誤也(註也)라하야 證第三果하고 後에 又證第四果하야 入六萬劫이라. 下三을 準知하라.

言受七生已方入涅槃은 似乎受七生하야 證二三果하고 不證第四하고 直入涅槃也나 盖證三果者는 更不受生하고 其身에 能證四果하야 而入涅槃故로 云受七生已에 方入涅槃이요 非謂不證第四果也니 如金剛疏에 斯陁含이 一往天上하고 一來人間하야 便得羅漢之例也일새 故로 刊定記中에도 亦如此和會也라.

10下04 下二三果之卽入涅槃도 準此면 知之라.

10下08 又有義下는 敎儀中에 引此有義하야 爲第三義也요 或可記主가 引有義也나 不見敎儀일새 未敢詳定이라.

11上01 上明遲者는 但約初義하야 而言也라 或云호대 通約二義라하나 而愚는 謂하노니 後義는 則入定하야 不經劫數하고 回心後에 經爾許劫이니 則法華中에도 亦聲聞이 入滅하야 不經多劫코 而回心하야 生有餘土하야 而修十信하니 其修信之劫數가 不妨二萬·三萬等也라하시니 與上의 回心後의 經劫數者로 同也어늘 那言上은 遲요 此는 疾也리오 問하노니 法華에는 聲聞이 則不入滅하고 而直回心

故라하니 豈非對上의 後義하야 云疾也리오 答하노니 記에는 次下에 約此法華之疾者하야 問不如直往한대 則答에는 以三生六十劫에 修得果後에 入滅回心故로 亦不如直往云云이니 則法華의 聲聞인달 豈不入滅耶아 問疾者의 三生은 則望 上의 一生內에 得羅漢者하면 反爲遲也로대 答上下가 各是一義라 不必和會也라.

11上06 若爾有學者는 上의 明五果가 皆證無學한 然後에 回心故也라.

11上07 誰遮有學者는 準記上卷二十五丈問答하면 則涅槃의 五果回心之言도 亦前의 三果有學回心也요 不必五果가 皆證無學한 然後에 回心也라.

11上09 行苦極長無過非想云云者는 二乘이 滅分段後에 法爾受變易身黎耶苦故로 入定하야 以避也라 其意는 謂行苦의 極長이 無過非想일새 則若入非想定이면 則應免此苦라하야 遂入非想定하니 非想天의 壽命이 元是八萬劫故로 住寂時量이 亦同也라. 蓋一身에 得初果者는 受七生故로 多經分段苦일새 故로 厭苦之心極多하고 住寂時도 亦多也라 其次二·三果等은 經苦가 次次小故로 厭苦之心도 亦小하며 住寂時도 亦六萬.四萬等也라 上은 講說이니 四果가 次次入非想等定故로 劫數가 與彼天壽로 同也하라. 愚는 云하노니 但入寂時量이 與彼天으로 同이요 不必入於非想等定也라.

11下01 八十增減劫爲一火宰劫者는 自前空劫으로 歷於成劫住劫하야 至於火壞時가 爲八十增減也니 上의 二十卷에 云火壞時가 爲八十中劫者도 亦此意也라.

11下08 註에 正은 作止요. 餘字는 本論에 無나 而記主가 準遊意而加也라.

11下10 如是諍訟云云은 得佛 不得佛之諍訟事는 乃佛之所知요 非餘人之所可諍訟也라.

◉ 校者註; 12上07, 減一의 一二三四는 以註로 見之가 爲好也라.

13上01 妄은 作忘이라.

13上10 何義引退菩提心者云云은 謂彼에 但云호대 聲聞弟子어늘 何今에 義引於此退菩提心中耶아 答은 可知라 然이나 此答도 亦取彼經

之義하야 以答也어늘 何不引現文하야 以答也리오 以此鈔에 云大通所化退菩提心云云이 是爲明證也로대 但下는 則顯引하고 今은 則義引也라.

14上06 六授記는 未詳이라.

14上09 彭亨之譽는 非譽而以其才故로 稱之曰彭亨이니 亦是譽也라 身短을 謂之하야 彭亨也요 形擁腫而短者는 恐註也니 釋上의 彭亨之義也라.

◉校者註; 何代無其人은 何代無奇人이니 嘆喜今過之奇人也事出魏書云이라.

## 懸談

20下04 鈔에 論主가 次前에 自云者는 次前에 所引方便令發心之言하야 有此言也라.

## 會玄記

14下02 不許者有二意者는 初는 約鈔中의 昔時菩薩之言也요 後는 約今日同上聲聞之言也라.

14下03 唯記藥王等成佛者는 不輕之所記四衆은 即今의 跋陀波羅等五百菩薩이라 故로 擧藥王하야 等取餘菩薩也니 謂不輕이 昔日에 但記藥王等菩薩이어늘 豈可預記今日의 聲聞耶아.

14下04 藥王等在今法華會者는 謂藥王이 在今會故로 能記聲聞也라.

14下05 今記의 上에 落二字니 謂二者는 應記不在會之滅後聲聞也일새 故로 法華에 云하사대 藥王아 若人이 問호대 何等衆生이 於未來世에 當得作佛인댄 應示是諸人等이 於未來世에 必得作佛云云하니 即不在會之未來聲聞을 藥王等의 弘法菩薩이 當與記也니 見法師品하라.

15上05 熟與不熟之不은 作未字라.

15上08 涅槃二字는 作深密二字니 錯耶아.

15上10 耶는 作也라. 方便令發心者가 旣未熟인댄 則不可與記나 而若不與記면 則不發心하야 終不成佛故로 令與記方便으로 令其發心也라.

15下02 且作是說者는 指疏中(懸談/21上04)의 旣言未熟云云也라.

## 懸談

21上09 若實成佛인댄 菩薩이 何故로 無量劫云云者는 以聲聞이 無修習功德이나 而能實成佛이라 故로 得授記者인댄 何故로 菩薩이 無量劫에 修功德한 然後라야 方得授記耶아 反顯聲聞이 旣無修習功德인댄 不得成佛也라.

## 會玄記

16上04 證字는 與正字로 同이라.

16下01 第八者는 準上의 通教十地하면 則第九菩薩地니 恐記文이 誤也라.

16下05 註에 無實故의 故字는 衍也라.

16下06 謂는 作得이라.

17上06 略如引名號品云云의 引字는 恐衍也라 不然則下記當引故로 懸指下記所引也니 以下二十三丈下邊引故也라.

17上07 言密嚴等者는 恐有闕文니 以言於中云云則超上하야 釋入寂二乘等云云故也일새 故로 今에 牒密嚴하야 脫其所釋也라.

17上08 言於中者는 以疏中에 所引四經二論을 皆已牒指하나 而其中에 入寂二乘云云之言은 重釋故로 云於中也라하니라.

17上08 賢首之言은 至則變易身(下二行)也요 亦可下는 引唯識하야 釋變易身을 亦名意成身하며 亦名變化身云云이 皆賢首의 釋也라. (17下03)如前引法華餘國受代者는 賢首도 亦前에 引法華故也요 非今疏의 所引也라.

17下05 唯識論云云은 見爲字卷初二十五丈하라.

◉校者註; 鈔/22上04, 入楞伽文

18下07 七種增上云云의 七字는 衍也라.

19上06 無謂下에 落有字라.

19上10 亦由의 由는 與猶로 同이라.

19下09 三名寬狹者는 如次從狹至寬이니 可知라.

20上07 緣生二字는 當上下라.

20下05 緣下의 下는 作中이라.

20下08 名所有卽有일새 名爲有者는 皆釋下의 有字也니 五蘊이 是所有也라 或上의 名字는 恐衍也니 則有有二釋中에 初釋은 上有는 因이요 下有는 果也라 後釋으로는 上下有字가 皆果也라.

21上03 無與有異相違者는 初는 釋變易生死가 是有나 而卽生卽滅故로 云호대 無其有라하고 後는 則更無來生之有也니 皆有字는 生死也요 無字는 無生死故로 二字가 異也라 上의 講說이어니와 愚는

謂初釋에 更有一義라하노니 卽生卽滅하야 或有或無故로 云호대 無하며 有也라.

21上09 下疏云云은 見爲字卷二十丈하라.

21上10 三昧意樂의 意字는 衍이요 覺法自性樂의 樂字는 衍也라.

21下01 初云의 云은 作者라.

21下04 神通을 敷하며 如意하며 像하며 非造로대 造로 相似한 色으로 莊嚴하야 刹하야 了諸法相하니 相은 作性이라.

21下05 速疾如意者는 下鈔에 云호대 法性生身이 隨念所起하야 如意速疾也요 幻夢影像은 皆現不實也라. 非造로대 與造者는 非四大造로대 與四大造로 相似之一切色으로 莊嚴也라.

21下07 諸法相者는 下鈔에 具云호대 了達 諸佛自證法相이라하니 此中에는 脫也라.

22上05 我語取者는 我가 爲我見과 我慢이니 由此二하야 說有我故云로 我語라. 見取가 從此而故로 云호대 餘薩迦耶見이라하니 出大明法數라.

22上10 由無明住地者는 今鈔에 落由字하고 所字는 今鈔에 作 其字라.

22下08 卽是上에 恐落雖覺二字라.

23上09 通相之義者는 以惑業苦로 通爲無常故라.

23下02 所依와 所起는 互顯이니 謂無明이 爲所依면 則四가 爲能依也요. 四가 爲所起면 則無明이 爲能起也라.

23下04 名號品疏鈔의 疏字는 衍也니 見署字卷初十丈하라.

23下05 佛地의 地는 作性이라.

23下07 生智下는 落非字라.

23下09 名號品疏의 疏字는 皆(24上02,05)作鈔字라.

24上04 未來生有니 更有一生者는 謂此變易生死가 更有未來證果成佛之生也요 非謂凡身之生也일새 故로 下鈔에 更有一生故로 下에 云호대 如上의 流般那含이 第二生般涅槃故라하니 此則有其有故로 云有有가 與上記의 有有로 二釋이 不同也니 可知라.

24上06 其報의 其字는 作一期二字라.

24下02 且就長時者는 就聲聞之時長遠故로 云호대 定性也라하니라.

## 會玄記 第二十三卷

01上03 疏彼經云云者는 以作記之時에 疏鈔가 別行故로 先牒疏文이나 而疏를 無可釋故로 牒次疏而釋也라.

01下08 註에 役은 作復字라.

01下08 此二句用餘二經者는 指今疏어늘 況經自云下也아.

02上03 般涅槃(三·四行)의 般字는 恐無字之誤니 若不誤면 則落無字라.

02上04 言時邊者는 猶云長時也가 爲闡提時長遠也라.

02上09 吟은 作喩라.

02下01 姑藏은 縣의 名이니 卽北凉의 所都라.

02下02 不甚流靡者는 謂不華麗也라.

02下08 八行의 輟字와 九行의 輒字는 相換이라.

◉校者註; 03上08, 引涅槃文依記科圖

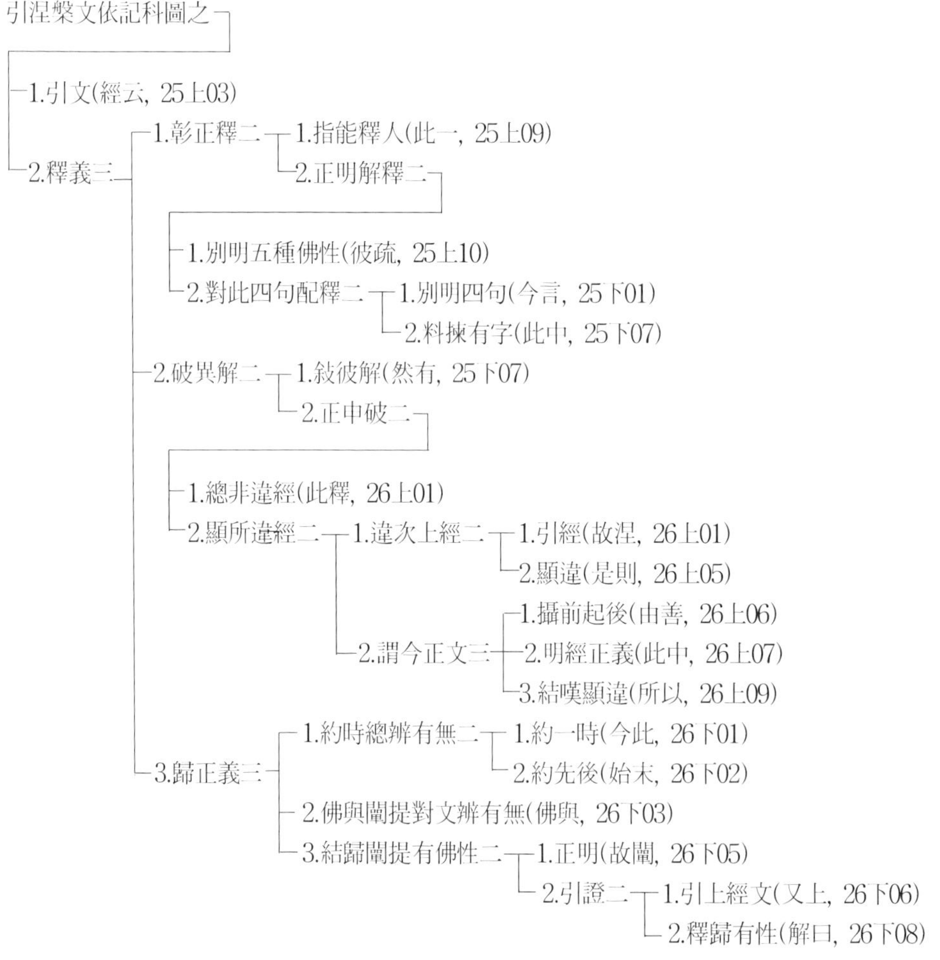


03上09　科下에 本言의 本은 作今이라.

04上02　如來佛性所謂云云은 見雲字卷五十三丈하라.

04下02　五住之名經文不列은 彼涅槃經中에 有五住名이나 而不列故也라.

04下04　謂發心住已去云云者는 謂十住는 初發心住已去로 不造不善也라. 問하노라. 若爾인댄 種性住十信은 是不善耶아 若謂不善이면 則不合 於五住已上은 無不善之言也니 以五住已上云云之言이 意云호대 五住已前은 則不善也요 已上은 則善故也라하니라 答하

노라. 有二義니 一은 自初十信으로 皆謂善根이나 而約相顯處하야 云호대 發心已去也라하니라 二는 謂十信은 入十住之方便故로 合於十住也라.

05上10 俱後二人의 俱字는 恐衍也라.

05下09 故談의 故字는 恐衍이니 以鈔文(26上10)의 故字는 連上也라.

06上04 影取一切諸佛者는 生은 則以始로 望末하야 具一切하고 佛은 則以末로 望始하야 具一切라 上은 講說이어니와 愚는 謂하노니 記意는 似不然이라. 若但生의 始末이 具一切하고 但佛의 始末이 具一切면 則不合云總論하야사 方具一切也요 又不但此中에 影取諸佛이라 上의 一時中에도 亦影取於佛이니 應云호대 無一佛具一切하고 無一佛無一切也라 然이나 上은 不影取하고 此中이라야 方影取諸佛者는 意謂但約一切衆生이면 則不具一切故로 影取諸佛하야 諸佛과 衆生의 始末을 總論이라야 方具一切也라 然이나 記主의 此言이 不好也니 現今의 衆生이 望 當來成佛하야 始末을 合論故로 衆生이 具一切也어늘 何必影取諸佛然後에 方具一切也리오. 若謂現今一切衆生이 望當來位一切諸佛故로 影取諸佛하야사 方具一切면 則可也니 以諸佛이 卽衆生의 未來所成之佛故也라.

06下03 卽答卽字는 卽恐耶字라.

## 懸談

27下10 鈔에 第五引經釋論者는 上의 列科(12下10)中에 釋引經論云云이니 謂釋上의 所引之經論也라 初는 釋上의 所引經이요 二는 諸論(28上08)下는 釋所引論也니 則今에 云引經釋論者는 誤也라 當以上科로 爲正也라.

28上05 故寶性과 佛性의 二論者는 非上의 所引이나 而但引之하야 反成 上의 所引諸論의 定無之義也라.

29上06 鈔에 故云爲引不定性下에 恐落二乘이 二字니 若無二乘字면 則濫於不定性菩薩故로 但取初意之言이 不成也라.

## 會玄記

08上03 雖는 作唯라.

08上10 註에 世親云得者는 今記에 所引이 卽無性攝論故也라 二意樂中에 初는 則佛의 得也요 後는 則使二乘으로 得也라.

08下04 由佛云云은 由字도 亦도 得이나 或恐向字라.

09上08 令此三昧云云은 記詞니 令은 恐今字也라. 言此三昧者는 佛이 說 無量義經竟하시고 入於無量義處三昧라가 從此三昧起하야 卽說 法華故也라.

09下06 彼非의 非는 作 作이요 畢定의 畢은 作必이라.

# 懸談

30下10 鈔에 會無性定性者는 上의 性字는 衍이라.

## 會玄記

10上06 進退有妨者는 若以法華一乘으로 進하야 屬第二時면 則違於彼判爲第三時也요 若退하야 屬於第三時면 則彼의 第三은 立三乘하고 此는 破三乘故로 又違於第三也라.

10下07 空如來藏者는 空한 煩惱가 如來를 覆藏也니 如來는 卽上의 眞如也라.

10下08 不空如來藏者는 不空한 如來가 爲煩惱覆藏也니 不空如來는 卽上는 涅槃無漏體也어니와 此는 約理하야 釋如來藏也라.

11上01 與行과 及與流轉의 與字는 給也니 與行如來藏은 涅槃之因也요. 與流轉力法身如來藏은 生死之因也라.

11上02 今覆藏者는 略釋藏字義也라.
11上02 楞伽下는 論中에 引經하야 釋成上義也라.
11上07 含一切無漏者는 卽四智種子也라 無漏四智種子가 爲空인 識之所含을 謂空如來藏也니 如來가 卽四智種子也라.
11上09 不空如來藏者는 四智種子가 卽不空如來로대 爲識之所覆일새 謂之藏也니 此中에는 略不釋藏義也라 此는 約行하야 釋如來藏이니 以智가 卽是行故也라.
11下02 性也의 也는 恐者字라.
11下03 各善의 各은 恐名字也라.

## 懸談

33上03 鈔에 辨其差當者는 今疏는 則但辨其差니 謂趣寂하야 不成은 違差於涅槃의 有心作佛也어니와 若言衆生이 皆成佛하면 則合當於涅槃義나 而今疏에 不言이니 通謂辨其差當인대 如得失之例也라 又下의 結示正義가 是當義也니 以科圖中에 辨其差當에 又二니 初는 正辨經意요. 二는 結示正義故也라.

# 會玄記

12下08 名不捨云云의 名은 恐各字라.
13上05 龍女獻珠는 表得圓解는 此는 總明이요 下는 別釋也라.
13上08 例上下에 恐落闡提作佛四字라.
13下03 下云者는 見薑字下卷八丈하라 然이나 下云間에 恐落 鈔字라.

## 懸談

33下08 鈔에 法顯者의 釋은 氏也니 如通載에 所謂釋道安釋涉公釋法炬之例也라.

# 會玄記

13下10 竺道生者의 竺字는 從其師姓이라 盖道安已前에 爲僧者는 皆從師姓이나 至於道安하야 云호대 四河가 入海에 同一鹹味인달하야 五姓이 出家하면 同爲釋子라하야 自後로 爲僧者는 皆釋氏也라.

14上01 本性魏者의 性은 作姓이라.

14上04 註에 本種者는 或云호대 今雖褚氏나 本則靑氏라 愚는 謂하노니 靑據二字는 恐地名하며 褚氏는 本種이 靑據人故로 因以靑字로 爲寺名也라.

14上04 善不受報者는 惡者가 聞善法하고 行善하면 則不受前惡報也니 則不定業也라.

14下01 其年雷震者는 其被擯之年也니 先現其兆也라.

14下03 俄而者는 對上의 投廬山而言也라.

14下03 銷影巖岫者는 準通載컨댄 云호대 後에 遊匡山하야 居 銷影巖이라가 聞 曇無讖의 重譯한 涅槃後品至京云云이라하니 則銷影은 卽巖之名也라.

14下05 元嘉者는 南朝宋武帝의 年號也라.

◉校者註; 元嘉十一年은 西紀434年也라.

14下08 註에 今經의 經은 作 抄字라.

15上04 法師는 卽玄奘이니 以慈恩之法師故也라.

16上03 縱不定不許更起者는 盖彼宗意云호대 權化聲聞이 爲化不定에 而不入於涅槃이면 則引令不入涅槃而作佛이요 若入於涅槃이면 則不許更起也일새 故로 上은 約不定이 未入滅前하야 許其能化有用이요 此는 約已入滅後하야 未令更起也라.

※錦海本; 縱不定不許云云者는 上許其有功은 不定性聲聞이 入滅之前에 見彼權聲聞의 更起하고 永不入涅槃而發心故요 若入滅則不能更起故로 以汝宗之意로 觀之則權聲聞이 入滅化彼之事가 使怯弱之人으로 一波永滅케하니 損害無甚이라 還不如不聞更起니 不入之爲愈也라하니라.

16下03 佛席의 佛은 作拂字라. 方便品에 舍利弗이 三請於佛한대 佛이 說一乘法하시니 爾時에 五千人이 卽從座起하야 禮佛하고 退去라. 佛이 云하사대 罪根深重과 及增上慢은 未得謂得云云이라하시고 至 法師品하야 佛이 令藥王菩薩等으로 轉爲授記게하시니라.

17上01 及은 作反이라.

## 懸談

35下10 疏에 隨彼所欲하야 而方便說인댄이 卽是一乘이라인댄 無有二乘云云者는 上吐는 淸凉義요 下吐는 法相家義라 淸凉意에 云호대 卽是一乘四字가 連下의 無有二乘四字하야 令爲一句也어니와 今에는 法相人이 破 其上半句의 卽是一乘 四字하야 連上方便說하야 而讀之하니 卽破句讀文也라.

## 會玄記

17上05 有似繚繞者는 謂似迂曲하야 而不得直說也일새 故로 引大部直說하야 以證非曲也라 上은 講說이요 愚는 更有一義하니 經文에 但云호대 隨彼所欲하야 而方便說이라하고 無二乘之言이어늘 鈔家가 以隨欲方便으로 明其二乘是權호대 反釋과 順釋으로 於經文外에 迂曲辨之일새 故로 云호대 其故何耶아하니 答意에 云호대 今經方便說下에 雖無二乘之言이나 大部에 旣云호대 方便으로 說 於二乘故로 鈔家인대 以隨欲方便으로 明其二乘是權이니 故知應爾也라. 若云鈔家인대 不直云方便으로 說於二乘云云하고 而隨欲이 是方便云云이라하야 迂曲釋之니 其故가 何耶아하니 則答中에 云호대 旣云方便으로 說於二乘云云之言이 實難見也라하니라.

17下01 之字는 作又라.

17下06 註에 如來方便知見云云은 卽法華經文也라.

18下05 所依法者는 以擧五由旬하야 爲能喻故니 其中의 五數定으로 爲

喩之所依法體也라.

18下05 合於五道者는 約未改前하야도 實은 五由句이요 約已改之後하야도 其實은 五也라.

19上02 於中有二者는 今鈔에 無此有二之言이나 而亦有科分爲二之義也니 以云호대 先은 標總이요 後는 正會故也라 正會中에 二니 初는 正會釋이요 二는 令物除執이라하노라 然이나 科圖에 有三하니 初는 總標요. 二는 正會요 三은 令物除執也니 則記中에 應云호대 於中에 有三也라하나 而今에 云호대 有二라하고 又鈔中에 初는 總標요. 後는 正會라 云云하니 則二處에 皆分科가 有二也어늘 恐科圖를 排定時에 不分子母하고 通爲三也라.

19下03 下鈔云云은 見呂字卷十九八也하라.

19下06 所는 作新이요 教는 作故라.

19下07 敬은 作故요 二如字는 皆作始요 諸種上에 落故字라.

19下09 言은 作信이요 上有는 作凡이라.

19下10 習爾의 習은 作法이라.

20上02 今依第三者는 愚는 謂하노니 詳鈔文勢컨대 雙敍前二師也니 合이 爲第三師也라.

20上03 約習說故與彼異者는 彼는 則無始來로 熏故로 生五種하고 今은 約 現今에 近習故로 成五어늘 記文이 太略이라.

20上06 親近 二字는 與亦應二字로 上下라.

20上10 故說下는 恐落有心二字라.

21下06 曇摩麹多는 卽法藏部요 薩婆多는 卽一切有部요 迦葉毗는 卽重空觀이요 彌沙塞은 卽不着有無觀이요 婆蹉富羅는 卽犢子部니 僧祇律也라.

21下09 黃色衣赤衣等者는 名義集에 云호대 以法表色이요 非隨方之色이라. 然이나 以法表色之義는 未能詳知라하니라.

22上02 如來所說者는 鈔則云如我所說者는 應一處가 誤也라.

22上05 我爲欲界衆生云云은 見十七卷二十八丈하라.

22上08 長者下에 落問字라.

22上08 王氣噓는 姓也요 旃陁羅는 名也요 亦可王氣噓는 姓名也라 旃陁羅는 此云屠膾則屠膾之通稱也라.

## 會玄記　第二十四卷

01上05 正立敎辨所詮하야 當處卽明者는 當於能詮敎處하야 卽明所詮之義故로 云호대 以義分敎也라하고 無後展轉解之義로 相對故로 不云就法也라하니라.

01下01 雲華는 卽至相寺의 智儼이니 卽賢首의 師也라.

01下02 傳云者는 卽宋高僧傳也라.

01下06 至下當會者는 見記三十八卷三十四丈하라.

02上03 弘景具表云云은 已上은 皆傳中의 言也라 然이나 準通載건댄 云호대 帝가 詔賢首하야 講新經하게하니 大地가 震動하니라 卽日에 天后가 召對하야 長生殿에 說帝網義케하니 帝가 茫然이어늘 賢首가 指鎭殿金獅子하야 譬曉之한대 帝가 領解하고 集其語하야 名曰金獅子章云云하니라 然則此傳中의 金獅子義와 與講新經이 上下倒置也라.

02上06 名圓의 圓은 作同이라.

02下03 如雲上에 落未安者頗爲改易者之牒文이라.

02下07 第三의 三은 作五요. 餘字는 衍也라.

03下10 言總意別者는 總言컨댄 所攝法門이 不異之意나 則但七十五法은 不異호대 云호대 而度菩薩之義는 異也라.

04下09 解云者는 探玄記中에 引上經而解釋하니 見上記二十一卷二十一丈하라.

04下10 評曰云云은 卽記詞也라.

05上03 人法不同者는 此는 約 深密經中의 自指之敎法也요 益物漸次則約兩宗人이 同以第二時로 爲俱成佛故로 云호대 非同許不成佛也라하나 但敎法中에 云호대 二·三時가 俱不成佛也라하니라.

05下07 闡提…有法體者는 但不修而已요 非無成佛之法體也요 二乘則

成佛之法體가 元空故로 難成也라.

06上10 科圖에 種爲徵釋의 種은 作重이라.

07下03 以通從別者는 以不定之通者로 從定性之別也니 別者도 猶成이어늘 況通者耶아.

07下04 又從顯說者는 不成之義는 定性이 爲顯故로 擧其顯者也라.

08上01 今은 作令이라.

08下03 二各의 各은 作名이라.

08下04 約字는 當在三乘上이라.

09上06 妄心不有永不復生者는 此言이 別無病이나 而亦別無味라. 愚는 恐不有之不字는 改旣字하고 復은 音複이니 謂妄心이 旣有하면 則永不復於衆生하야 以成佛也라 此는 釋心有也에 滯凡夫하고 若得眞實下는 釋心無也니 登正覺이니 如此看之면 有味也라. 學者는 思之하라.

10上01 又字는 準本컨댄 無也라.

11下03 標與의 與는 作擧라.

11下07 自言의 言은 亦得이나 都序에는 作悟라.

11下10 二義下는 落一字하고 一言의 上에 落有字라.

12上02 詩三百에 一言以蔽之云云의 蔽는 本註에 云호대 盖也라하니 如以一物이 盖盡衆物也라 凡詩之言은 善者는 可以感發人之善心하고 惡者는 可以懲創人之逸志하야 其用이 歸於使人으로 得其情性之正而已니라 如知爲君難인댄 不幾云云者는 定公이 問曰 一言이나 可以興邦라하니 有諸잇가 曰如知爲君難인댄 云云하니 幾期也니 謂若知爲君之難而行事면 則可期於興邦이라 上은 思無邪는 三字가 爲一言이오 此知爲君難 四字가 爲一言也니 上은 皆論語也라.

13上04 類는 作斷이라.

13上07 若自別敎云云者는 若華嚴自別敎면 則不依定位하야 以成佛故라. 十信의 一一位가 皆攝五位나 而今에 依終敎하야 說故로 如是也라.

14上01 註에 小終云云은 以小敎로 望終頓圓하고 復應以終으로 望圓也라.

14上02 註에 隔二者는 上의 小頓과 始圓也요 隔三者는 上의 小圓也라. 上의 小終始頓은 是隔一也나 而略不言이라.

14上02 註에 四·五의 五는 作敎라.

14上03 六句者는 一은 對待요 二는 絶對待요 三은 亦對待亦絶對待요 四는 非對待非絶對待요 五는 具存前四요 六은 俱絶前五니 見宙字卷三十二丈과 記三十二卷하라 今記中에 上의 總相云云(初行)은 初句也요. 若依當相云云(二行)은 第二句也요 全絶待云云(三行)은 第三句也로대 而含第四句也요 合上四句로 爲第五句하고 拂上五句로 爲第六句也니라.

14上03 行者住是云云은 下經에 云호대 菩薩住是不思議하면 於中思議不可盡이니 入此不可思議甚深處하면 思與非思皆寂滅이라하니 記主가 例此하야 作頌也라.

14上08 大乘先心後色者는 今鈔와 始敎의 百法中에도 亦先色後心하니 則違此問答이나 而詳記釋컨댄 先은 牒釋心心所요 後는 牒釋色法이라. 百法論中에도 亦先心後色이니 恐今鈔가 誤也라.

14下02 五種淨色은 卽勝義根이니 揀浮塵根也니라 以浮塵根은 屬於五境中의 第一色境也라 此十一中에 色塵一은 爲有見有對色이요 餘四塵과 及五根은 爲無見有對色이요 無表色一은 爲無見無對色也라.

14下05 色性의 色은 作爲字라.

14下08 空一顯色者는 虛空을 遠見하면 則如靑如白故로 爲一介顯色也라.

14下09 有執受大種爲因者는 謂阿賴耶識之所執受四大種으로 爲因也니 如琴瑟等은 以手鼓而發聲하고 簫笛等은 以口吹而發聲하니 則手與口가 是有執受大種이라. 無執受大種者는 非阿賴耶所執受之四大種也니 如風이 動林而發聲니 則是風이 無執受大種也라.

14下10 非有情名聲者는 問하노라 此非有情이 是無情之物인댄 與上의 無執受大種으로 何異耶아 答하노라 上下가 同是無情이로대 而上는 約二物擊而發聲하니 如風動林之類也어니와 此는 約當體發聲이니 不必以他物爲因하야 擊而發聲也라. 然이나 與洪字卷初九丈과 記三十二東五丈의 三種聲으로 有異하니 可怪로다 有가 云호대 此有情云云은 有二義니 一은 約人中의 約表業及餘聲하야 分 有情 非情이요 二는 通就人及餘類하야 人은 屬有情하고 餘는 屬非情云云이라하니 乃是强說也라.

15上03 等不等者는 等은 則好惡齊等이요 不等은 則或好多惡少하고 或好少惡多也라.

15上05 無表者는 此無表義를 學者不能明白하야 往往多昧하니 今先敍大義하고 後方釋文하리라 謂三業中心은 則元是無表而已라 不可更論이요 身口는 則有表無表하고 此表無表가 又各有善惡하니 如身은 則屈伸 俯仰 往來 動作하며 或造善事하며 或造惡事요 口는 則音聲言語或善言或惡言이나 如是身口所作이 皆可表示於人故로 謂之表色也어니와 若身之殺生 偸盜等과 口之妄語惡口等을 遮止而持之者면 唯獨自知不可表示於人故로 謂之無表也니 此는 無表之善者也요 若欲身口作惡하야 含而不顯者면 亦獨自知之요 不可表示於人故로 謂之無表也니 此는 無表之惡者也니 常所謂無表戒者는 卽此善者也라.

15上05 言亂心無心云云者는 講云호대 初句는 出無表色體니 不出亂心과 無心과 不亂心과 有心之四種也라 今에 旣云心인댄 則應屬於心法이로대 而今에 約於無表色者가 蓋此所云心者는 約無表業과 及定所生色이 無形相表示故로 云호대 心也라 次二句는 顯其義相이니 謂上의 四種이 有相似相續이며 有善不善하며 依四大種也라하거니와 愚는 云하노니 亂心 無心等으로 隨流하는 淨不淨이 是無表色體로대 而恐濫於心心所故로 揀云호대 四大種所造性也라하니라 旣心等之所隨流인댄 則應云心也로대 而以四大所造故로 云色也라.

15上08 謂此餘心者는 無心有心等之餘心也며 或可心心所之餘心이니 以此亂心이 以無表色故로 心心所之餘也라 上은 講說이어니와 愚는 有一義니 謂此는 常時正心之餘心이니 以亂心이 有時에 或起故也라.

15上10 揀諸得의 得은 恐餘니 謂濫餘心心所가 相似相續故로 揀云호대 大種所造也라하니라.

15下01 定所生善不善者는 定中에 所顯色은 非餘人之所可見故로 爲無表也요. 又此言이 非是釋頌中의 淨不淨이니 以淨不淨은 通指 無表業과 及定所生也라.

15下04 無變礙故者는 講云호대 樹影이 無變礙故로 不可引釋此無表色之有變礙也라하나 愚는 謂하노니 上의 所立에 有法喩故로 此中雙破에 法喩로대 而此句는 破其法說하고 有表下는 破其喩說이라 初中에 言無變礙故者는 若云無表가 隨表云云이면 則此無表가 應無變礙故라 凡色之爲稱이 皆以變礙로 爲義어늘 若無變礙之義면 不得名爲色也라 盖有表가 依於四大身口上하야 有作用이어든 所依四大가 元是變礙之色故로 表業이 依之하야 亦受變礙之色名也라하거니와 若約表業當相인댄 變礙之義가 不顯故로 不可云無表가 隨彼하야 亦受色名也라. 有表의 有字는 下鈔에 作又字라. 此는 破其喩說이니 謂樹動하면 影亦動하야 似有變礙之義나 而若樹滅하면 則影滅일새 不可合於法中에 表雖滅이나 而無表가 不滅也일새 故로 此喩는 非也라.

15下05 所依大種云云은 此釋은 許之也니 以所依四大身口가 元是變礙之色이라 故로 能依無表도 亦受變礙之色名故로 云(九行)호대 變礙名色이 理得成就也라하니라 盖有表無表가 皆依於四大身口之色故로 皆受色名也라 第一師는 則不直約四大身口之色이라 就於四大身口上所作表業하야 無表가 隨彼云云故로 非也니 上頌에 云호대 大種云云이라할새 以第二師의 意로 爲正也라하노라 上皆愚說이어니와 講云第一師는 則有表非無表之所依也로대 但對有表之色하야 此無表도 亦得色之名이어니와 而有表無表가 元不

相干故로 被破也라하니라.

16上03 集起名心은 約過去요 思量名意는 約未來요 了別名識은 約現在也니 第六識은 通三世故로 得此三名也라 見秋字卷五十九丈上初行이라.

16下04 註에 一卽의 一字는 作也字라.

17上01 一切心者는 三性心也라.

17上02 二와 善의 間에 落大字라.

17上03 謂와 恒의 間에 落法字라.

17下01 無癡善根慧爲性者는 出此中의 不解無癡善根之所以니 謂無癡는 以慧爲性則與慧無異하니 慧已入於大地法中故로 此中에 不言無癡也라.

17下04 大煩惱의 上에 恐落大煩惱法地名六字라.

18上01 不諍의 諍은 作靜이라.

18上02 唯染者는 約自體染也요 徧染(二行)者는 徧於他染法也라.

18上10 地法 二字는 當上下也라.

18下03 俱此의 俱는 作具라.

18下09 地法者는 上의 五類法을 皆云地法이라하고 而下餘不定은 則但云不定法이라하고 不云不定地法也라하니라.

19上01 註에 大不善下에 落大分不善 四字라.

19上05 此中應說云云者는 此不定法中에 通三性故로 與上의 五地諸心所로 有俱起者일새 故로 今에 應說也라 然이나 此不定八法은 應有釋相이로대 而今無는 記主가 不引耶아 或引之나 而轉寫時에 脫耶아. 又此與諸心所 俱生之中에 尋伺 惡作 睡眠等은 通與三性中心所로 俱起하고 貪等四는 唯與不善地二十一心所로 俱起하니 詳記면 可知라.

19上08 謂所二字는 上下라.

19上08 善惡不作作者는 謂善不作과 惡作中에 追悔가 爲善也라 與此相違者는 謂善作惡不作中에 追悔니 此悔는 卽不善也라.

19上09 此二者는 上의 善과 悔와 不善에 悔也라.

19上09 二處者는 善惡二處也라.

會通; 又惡作名悔者는 擧因明果니 以惡音岳作은 爲因이요 悔는 則果也니 凡惡作之事에 起悔故也라하니 上은 講說이요 又云호대 但作惡之事에 起悔면 則此悔는 唯善也요 未通於作善之事에 起悔하야 爲悔惡也라하나 愚는 謂하노니 惡는 音汚니 卽憎也요 作은 通於作惡 作善하니 謂有作惡而惡(音汚)之者하고 亦有作善而惡(音汚)之者하니 作惡而惡之者는 爲善者也요 作善而惡之者는 爲惡者也라 其不作善은 屬於作惡하고 不作惡은 屬於作善하니 如作惡者가 惡(音汚)之하야 云호대 我가 何作惡하야 而不作善也오할새 故로 此不作善이 屬於作惡也니 如記(八行外)中에 所謂 善惡不作과 作中에 心追悔爲善也요 又作善者가 惡(音汚)之하야 云호대 我가 何作善하야 而不作惡也일새 故로 此不作惡이 屬於作善也니 如記(八行)中에 所謂與此相違者가 爲不善也라 旣云호대 善惡二悔가 各依善惡二處하야 而起也어늘 此惡作을 但以作惡一邊으로 見之하니 未知其意何也로다.

又悔를 謂惡作이라하고 言擧因明果者는 百法論註에 云호대 先惡所作業을 後方追悔라하니 諸方이 云호대 先時에 惡(音岳)所作業을 後方追悔故로 惡作은 因也요 悔는 果也云云이어니와 愚는 謂하노니 先惡(音汚)所作善惡之業하고 後方追悔故로 惡(音汚)가 是因也요. 悔는 是果也라하노라 惡與悔가 似一時나 而其中에 先後因果는 則有異故也라. 若以作惡(音岳)으로 爲因인댄 與悔로 元是異也어늘 如何百法註中에 問答同異也리오 諸方講師와 與學者가 皆以惡音岳作으로 見之일새 故로 如是廣辨하니 觀者는 詳之하라.

19下01 註에 初의 等字는 衍也라. 則(三行)忿等隨一者는 忿等十中에 隨擧其一하야 加上의 二十故로 爲二十一也니 如嗔上에 起二十心所면 則加於忿하고 痴上에 起하면 則加於覆也니 以忿等이 是貪等之等流故也라.

19下03 註에 若於不善惡作云云者는 上은 則貪等四煩惱의 所起心所二十上에 加忿等隨一하야 爲二十一하고 今은 則加惡作하야 爲

二十一也라.

◉校者註; 19下06, 註內에 邊見과 執見은 檢俱舍本文則同是邊見也라.

19下08 註에 二十二至二十三云云者는 上의 不善中에 元是二十二故로 今에 加睡眠하야 至二十三하며 又上의 二十二에 加惡作하야 爲二十三之義故로 今에 加睡眠하야 爲二十四也라.

19下09 註에 上來者는 指上의 此中應說云云(19上05)以來也라.

19下09 註에 不定性의 性은 作法이라.

20上05 諸와 情의 間에 落有字라.

20上08 界地趣生云云者는 三界九地六趣四生이니 六種性男女는 通於近事苾芻하니 近事는 卽優婆塞 優婆夷也라.

20下09 如是二定差別者는 其次有三義하야 以明差別이니 一은 約修之意요 二는 約處요 三은 約人이니 皆可知라.

21上05 想謂의 想字와 及次行의 想字는 皆作相이라.

21上10 作想云云者는 夜字卷下十二丈에 釋作想有二義하니 一은 取像想是心所니 如說於色에 能生色想故로 名爲作想이요 二는 契約義想卽是名이니 謂諸賢聖이 共爲契約하야 立色等名에 名卽是想이라 由此名想顯有詮表故로 云作想이라하니 今記는 卽初義라. 然이나 語略하니 應云호대 如說色等에 作色等想이라.

21下05 註에 記三의 記는 作計라.

21下05 擇滅云云은 見雲字卷三十九丈也하라.

21下09 不因擇下에 落滅字라.

22上01 註에 住中의 住는 作位요 但因의 因은 作由라.

22上05 是名法空云云者는 是名下에 落人空若說無是老死是名十字며 或無誰의 誰字는 作是字則人空之文은 不引也요 或法空의 法字를 作人字則法空之文은 不引也니 見上記十七卷二十二丈하라.

22下01 乃至의 至는 作乖니 若云愚法인댄 乃約人하야 爲名故로 乖於以義爲名也라 愚者와 鈍者는 人愚於法空也라 問하노라 法空이 豈非義耶아 答하노라 乃大乘之義요 非小乘人空之義也라.

## 懸談

48下02　計我의 計字는 本文에는 法字也라.

48下03　縱說二空者의 二字는 恐法字요 不爾인댄 言總意別이니 意在法空也라.

## 會玄記

22下02　一.執緣과 二.執相(四行)者는 彼疏科名이니 意明下는 皆記詞也라.

22下03　唯有之唯는 恐猶字也라.

22下10　根境識三爲染淨因者는 以三毒熏이면 則爲染因也요 無貪等熏이면 則爲淨因也라.

23上02　長時二字는 恐上下也라.

23下05　復有一類가 謂梵의 愛하는 阿賴耶云云과 喜하는 阿賴耶는 者는 上은 牒擧 佛所說賴耶名하고 謂阿賴耶가 是貪故者는 釋上의 賴耶名也라.

23下07　總別三世境者는 本註에 云호대 樂現在하는 賴耶와 忻過去已生한 賴耶와 喜未來當生할 賴耶니 由樂忻喜하야 總名愛阿賴耶云云이라. 已生未生者는 皆言境也니 境은 則此身也요 樂忻喜는 別貪三世境也요 愛는 則總貪三世境也라.

23下10　由敎及證者는 由小乘敎及自所證也라.

24上01　名이 聲聞乘安立이라 道理에 應이라 不愚者인댄 安立이어늘 名하야 立이 勝이라하나 勝이리오 吐也라. 若五(24上03)下는 顯不勝之所以요 又識하야 名이니 立하면 勝이니 勝고 吐요 貪若(五行)下反顯勝所以니 以名爲賴耶가 旣不應道理면 則以識安立은 自爲勝故也라.

於中執藏不應道理(24上04)者는 阿賴耶는 此云執藏이니 若五蘊이 爲賴耶면 則如惡趣中의 苦五蘊은 以厭逆故로 不應於執藏이 道理也요 生第四禪以上하야 無有具彼한 有情者는 以第四禪이 永離苦受故로 無有具彼하고 樂受之有情은 於樂受에 常有厭逆也라. 上의 講說이어니와 愚는 謂하노니 生 於第四禪已上하면 無有

具彼한 有情이 欲生彼天하야 常厭樂受하고 以修第四禪定故也라 不必生於彼天이라사 方厭逆也라 上의 苦處도 於人間에 常求捨離요 不必生於苦處라야 方欲捨離也라.

24上09 第七의 第字는 作前이라.

24下01 王은 作正이라.

24下01 所熏能熏之義는 見秋字卷六十三丈하라.

24下04 聲風等者는 下鈔에 云호대 風聲은 此揀根塵이니 以間斷相이 顯故로 偏語之어니와 理實이요 等字는 等取 根塵과 及法處所攝色等一切를 皆揀하야 乃至無色界일새 故로 入滅定心도 亦無라 故로 名不堅住也라.

24下06 第八下에 落 淨字라.

24下07 法自下에 落 在字라.

24下08 心所者는 第八心所也라 依他며 堅密者는 依他故로 非自在也라.

24下09 若向의 向은 作與라.

24下10 他身과 刹那前後他身은 揀上同處니 謂不可以他身之識으로 爲我所熏故요 刹那前後는 揀上의 同時니 謂揀經部師의 前念之識으로 熏後念故也라.

25上07 註에 異熟生者는 謂前六識이 從第八異熟而生하니 卽極塵無記也라.

25上07 註에 及第六의 六은 作八也라 第七은 非業招라 不是異熟故로 不言也라.

25上08 攝植者는 本註에 云호대 攝은 卽減也요 植은 卽增也라하다.

25上10 前後佛果應有勝劣者는 前佛應勝이니 以熏無漏種子가 多故라.

25下02 所熏의 所는 作能이라.

25下06 罯은 音이 暗이니 合也라.

26上01 染淨之別의 之字는 圓覺經鈔에 作定이라하니 今記가 誤也라.

## 會玄記　第二十五卷

01上05　六無爲是法性者는 然이나 鈔(懸談/49下08)意는 則但以眞如無爲로 爲法性也라.

## 懸談

49下06　鈔에 對前顯勝者는 圭山이 云호대 亦是對後顯劣이라하니 以後終敎는 則元無諍論故也라.

## 會玄記

01下02　註에 同時는 百法註에 作長短時라하니 今記가 誤也라.

01下05　卽境의 卽字는 作印하고 引轉上에 落不可 二字也라.

01下08　註에 體異慧者는 揀小乘也니 謂別境慧는 以簡擇爲性하고 此의 無癡는 於諸事理에 明解로 爲性이니 所以異也라.

02上03　註에 小乘是慧者는 講云호대 小乘은 以不正見으로 爲慧하야 合於上疑也니 以疑是慧故也라하나 愚는 謂하노니 小乘은 不正見이 是慧니 大地法中에 已說慧故로 不更說不正見也니 以不正見이 攝於慧故也라.

02上03　今有別用者는 上의 慧는 則斷疑로 爲用이어니와 此의 不正見은 能障善見하야 招苦로 爲用也라 上의 講說에 疑是慧者는 盖不詳審也라. 百註에 云호대 慧는 斷疑爲用이라하니 豈可以疑爲慧也리오.

02上10　註에 各別起故云云者는 隨煩惱가 有三義故로 分小中大니 謂一은 自類俱起요 二는 徧不善性이요 三은 徧諸染心也니 則此三中에 俱無는 名小也요 具二名中也니 以具自類俱起과 及徧不善故로 名中也라. 俱三호대 名大라하니 以大는 則自類俱起及徧染二性이 爲徧不善及無記也라 今記中에 互相影顯이라 言各別起故名小隨者는 顯自類俱起之義니 徧不善及徧中隨及大隨

가 影顯을 皆可知也라.

02下01 註에 起非者는 起其非也라 然이나 非字는 恐衍이요 不共他中大惑俱者는 共은 同也니 謂不同中大惑之自類俱起也라 又俱字는 恐起字니 謂不共與中大惑起也니 則共字가 俱字之義也라 盖小隨가 不與中大로 俱起나 而中隨가 與小로 俱起하며 亦與大로 俱起요 大隨는 則與中隨로 俱起也라 上의 講說이어니와 愚는 謂하노니 非字를 連下不共等이니 謂忿等十이 各別起者는 但自類相望하야 各別起也라 非謂不共이 與他中大惑으로 俱起也인 則上則顯是요 非不云云下는 揀非也라.

02下02 位局者는 各別起故로 行局也요 不徧餘心故로 位局也니 餘皆詳之可知也라.

03上01 諸根大造者는 諸根이 皆四大積聚而造也라.

03下03 揀四聚者는 非色故로 揀色法이요 不相應故로 揀心王心所니 以相應之言이 約王所相應이나 而今에 云호대 不이라한 故로 揀王所也라. 行字는 是行蘊故로 揀無爲法也라 又無爲는 卽前二之性이 旣揀前三인댄 則亦揀無爲也라.

04上06 註에 擇滅과 次行의 非擇滅者는 如次是方便淨涅槃과 性淨涅槃也라.

04上06 註에 揀擇之下에 恐落慧字라. 顯惱의 顯은 作煩이라.

04上07 註에 所煩眞理의 煩字는 作顯字라.

04下01 註에 離見離는 作難이요 其는 作具라.

## 懸談

50下05 鈔에 三乘俱是化法非所詮中別義者는 以一乘三乘等言이 通約所詮之總化法하야 立名이나 而於中에 別明疏中의 九節也라.

◉校者註; 51上01, 故五間에 恐脫等字니 云何種性差別五種道理之問辭에 答一切界…等五句라하니 云云則似好也라.

## 會玄記

04下05 一性 二字는 恐衍이라.

05上06 三은 作二라.

05上07 問明品鈔는 見秋字卷六十五丈하라.

05上09 卽有漏云云十一字는 註也라.

05上10 本等의 本字는 衍也며 亦可平字라.

05下01 其本有無漏種子와 及幷習所成能資無漏하는 聞熏習種者는 上은 明賴耶中의 染法種子가 卽生死因也요 今은 明淨法種子도 亦在賴耶中홈이 卽涅槃因也라.

05上01 能資無漏者는 謂聞熏習이 能資本有無漏種子也라.

05下04 謂는 作爲字라.

05下05 隨在一種所依轉處者는 講云호대 所聞之法이 是能聞之所依轉處니 言隨在一種者는 以所聞法이 多種故로 隨何一種也라하나 愚는 謂하노니 一種은 卽本有無漏一種子라하노라.

06上04 云何種性이 差別五種인 道理者는 謂何以種性이 有差別五種耶아이니 則五種은 指五性也라 又此前에 有種性差別이 有五種道理云云之標文故로 今躡之하야 而徵釋하면 則差別字가 指五性也요. 五種道理는 指下의 所列五義也로대 不見本論하야 未敢詳定이라 答中에 初一은 順明有五性差別也요 後四는 皆反顯有五性之義니 而義則未敢詳定이라.

06上07 云何一切云云下는 釋初道理에 有四所以也라 初는 明有不定性이니 以通三乘故로 先明이요 二는 明有菩薩性이 望佛이어늘 云何劣也요 三은 明定性二乘故로 有等字요 四는 明無性也라.

06下04 問明品鈔 見秋字卷二十一丈上五行이라.

06下04 迷眞實義者는 迷四諦愚니 作人天善業과 上二界의 不動業也라. 迷異熟理者는 迷異熟愚니 作三途惡業者也라 此中에 名惑 名業 名苦 卽三雜染의 十字는 記詞요 餘는 全是下鈔也라.

06下09 勝業名引云云者는 勝業은 卽總報業也요 餘業은 卽別報業

也라.

06下10 報亦名引云云者의 報는 則總報果也요. 餘果는 別報果也라.

06下10 因果皆有滿義者는 因은 則別業을 滿하는 總業也요 果는 則別報果를 滿하는 總報果也라 此上는 唯識疏意어니와 與問明鈔釋으로 不同하니 詳之하면 可知也라.

◉校者註; 07下01, 科圖

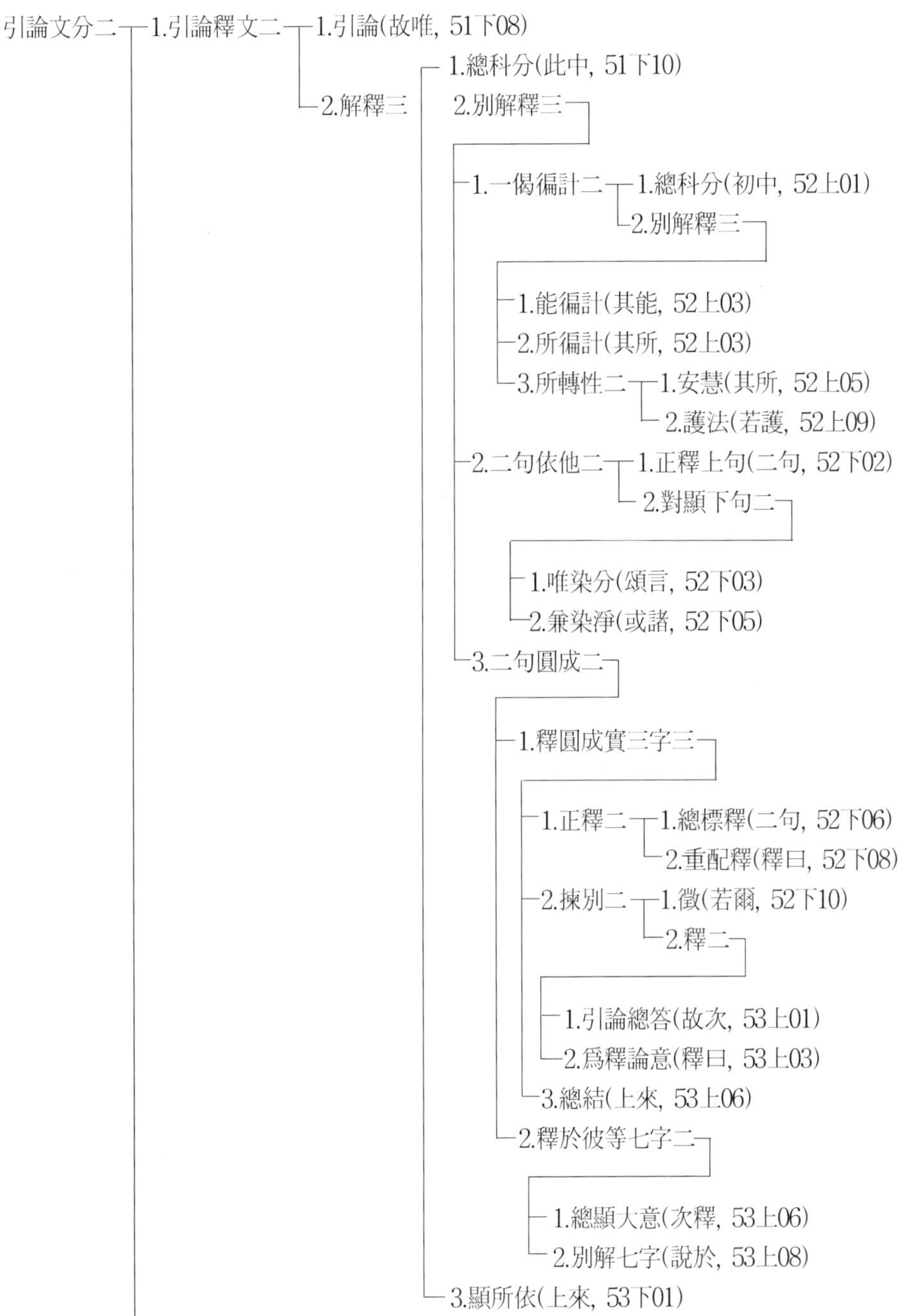

引論文分二
1.引論釋文二
1.引論(故唯, 51下08)
2.解釋三
1.總科分(此中, 51下10)
2.別解釋三
1.一偈徧計二
1.總科分(初中, 52上01)
2.別解釋三
1.能徧計(其能, 52上03)
2.所徧計(其所, 52上03)
3.所轉性二
1.安慧(其所, 52上05)
2.護法(若護, 52上09)
2.二句依他二
1.正釋上句(二句, 52下02)
2.對顯下句二
1.唯染分(頌言, 52下03)
2.兼染淨(或諸, 52下05)
3.二句圓成二
1.釋圓成實三字三
1.正釋二
1.總標釋(二句, 52下06)
2.重配釋(釋曰, 52下08)
2.揀別二
1.徵(若爾, 52下10)
2.釋二
1.引論總答(故次, 53上01)
2.爲釋論意(釋曰, 53上03)
3.總結(上來, 53上06)
2.釋於彼等七字二
1.總顯大意(次釋, 53上06)
2.別解七字(說於, 53上08)
3.顯所依(上來, 53下01)
2.顯今疏意(今疏, 53下01)

由彼彼徧計 徧計種種物 此徧計所執 自性無所有
依他起自性 分別緣所生 圓成實於彼 常遠離前性

08上02 八及諸心所云云皆能遍計者는 此는 立義요 虛妄云云下는 釋成이니 有三句로대 而第三句는 引證佛說也라 正義中에 初立正義요. 有漏心等云云(末行)下는 破不正義라 初中에 初正立하고 唯說意識能遍計故(六行)는 引證佛意요 意及(六行)下는 皆釋成이라.

08上07 是意의 意는 本文에는 作慧니 今記가 誤也라.

08上09 執無의 執字는 本文에는 作達이니 今記가 誤也라.

08上10 有漏心云云은 破不正義中의 三句니 破初句中에 心等은 不證實故로 名虛妄이언정 非徧計故로 名虛妄也라.

08上10 唯雖似下는 破第二句나 而唯字는 本文에는 作雖니 記文이 誤也라.

08下01 勿(劣)無漏心云云者는 若有能所現을 皆謂徧計攝이라하면 則濫於無漏心이니 以如來無漏後得上에도 亦有能所現하니 應爲執故也라. 故로 遮云호대 勿(劣)無漏心云云이요 非不正義家가 亦謂無漏有執故로 遮也니 以不正義家가 云호대 但有漏攝者는 能徧計故(08上02)也라.

08下02 經說云云下는 引經하야 明如來後得所現이 非執이니 意謂如來無漏心이 雖有能所現이나 旣非所執인댄 則有漏中의 能所現인달 亦何必皆爲所執也리오 若無緣用인댄 應非智等者는 謂現身土等이 若無隨緣用코도 是執計者인댄 應非智現云云也라 此上의 一段은 諸說이 紛紜이나 皆未洽也일새 故로 不錄之耳라.

09下05 非所緣緣者는 如第八見分은 第七之所緣緣也요 第八相分은 前六之所緣緣之類也요 又見相二分이 皆爲自證分之所緣緣也라. 諸習氣가 是相分攝인댄 豈非有法이 云云者는 謂習氣가 熏成種하야 作來果之因緣이어늘 而此習氣가 攝於相分이면 則亦相分之法이 作因緣也일새 故로 云호대 豈非有法이 云云이라 有가 云호대 有法云云은 以有法으로 謂有爲法이라하니 恐非也라.

## 懸談

52下05 鈔에 皆明分別云云의 明은 作名이라.

### 會玄記

10上01 彼疏에 釋分別緣所生이 有二하니 初는 則分別이 緣의 所生이니 分別은 指依他之當體也요 緣은 卽指他緣也라 二는 則分別緣의 所生이라.

10上06 染淨色과 不相應云云者는 百法五位中의 心과 及心所二位는 能緣處故로 依他所攝이요 則色及不相應은 非能緣일새 則似不攝於依他故로 如是問答하야 以明攝於依他也라.

10下05 非虛下에 落故揀虛三字라.

## 懸談

53下07 生佛不增減疏中에 但明生界不減者는 生界不減이면 則佛界不增之義가 自顯也라.

### 會玄記

12下09 境界名義者는 以四가 皆聖智所知境故也라.

12下09 道理者는 此四中에 事與理를 通云道理也라하니라.

12下09 第三勝義는 諸論多說하는 卽是勝義者는 第三은 二空理智니 法相諸論에서 多說故也라.

12下09 卽是勝義者는 是法苑中의 會六釋이요 非諸論所說也라 然이나 卽字가 恐當在勝義二字之間也니 卽依主釋也라 然이나 若此四義가 但勝於俗故로 謂之勝義라하니 則勝이 卽義也로대 而非但第三이라 四를 皆云호대 勝卽義也라하니라 今에 第三 獨云호대 勝

卽義者는 其意가 有在하니 細詳此總釋名과 及別釋名인댄 以智爲勝하고 以智所知境으로 爲義하야 智境을 合目云호대 勝義라하니 於中에 第三勝義의 義字는 通於境智로대 諸處에 多云호대 二空理智故也라 然則勝字가 已是智也요 義字도 亦通於智故로 勝卽義也라 有云호대 卽是勝義者는 證得이 卽是勝義라하나 愚는 云호대 此義가 在下의 別釋名中의 會六釋義也라 不合於此義요 而又不但第三이라 四를 皆云호대 卽勝義라하며 或四勝義를 皆勝之義者는 謂此四가 皆勝智之所知義故也하노라 有云호대 上의 證得卽是勝義中에 已含勝卽義故로 今에 對上하야 云호대 或四云云이라하나 此乃强說이라 若云호대 證得卽是勝義인댄 如何含於勝卽義며, 據何所以也리오.

12下10 論說云云은 證上의 依主釋이며 亦兼通有財釋也라 四中에 第四는 圓成也요 前三은 依他也니 圓成과 依他가 如次根本後得之境也라.

13上02 以勝爲義하고 眞如爲境者는 謂根後眞智가 以殊勝으로 爲自義하고 以眞如로 爲所知之境니이 境이 乃勝義中의 義字也요 上의 義字는 非勝義中에 義字也라 然이나 四中의 三四는 眞如요 前二는 非眞如니 恐如字가 是俗字니 謂眞俗은 卽上의 圓成과 依他也라 又第四는 唯眞也요 前三은 通於眞俗也라.

13上02 通其有財者는 有勝智之境의 義故也라 有云호대 以勝爲義者는 盖智非勝이니 以眞如爲境故로 因智爲勝也요 有財釋者는 證眞如境之勝義智故也라하나 皆未敢聞命也라.

13上03 廢詮談旨云云者는 盖境者는 對智有能所言詮故也요.

13上04 諦者實義云云者는 諦는 有審實二義로대 而今에 但約實義釋之라. 然이나 至會六釋中하야는 有二하니 勝義卽諦는 約實義也요 後는 勝義之諦는 約審義也라 或記意는 約實釋中에 分二釋耶아 下世俗二釋도 亦然이라.

13上07 今隨古名世俗者는 今古가 卽世라 以今世로 隨古世하야 相承者를 名世俗이니 今古之世가 是有爲法이라 隱覆眞理인달하야 則此四

諦도 亦相顯 理隱故로 通謂世俗이라.

13上08 世卽是俗者는 上의 又字前(七行)의 義요

13上08 或世下는 又字下의 義也라.

13下02 聖所知云云은 以此故知非但勝於俗故로 云호대 勝義라 亦聖智所知故로 云호대 勝義也니라.

13下03 上의 智는 作知라.

13下08 勝義之下에 恐落勝義二字라.

13下08 依士의 士는 恐主也라.

14下03 無燒割等者는 上의 第三은 則於燒割時에 但無嗔恚之我어니와 今은 則燒割도 亦空이니 則亦無無我也일새 故로 云호대 不依無我而顯眞也라.

14下09 五種世法者는 謂名世·句世·縛世·法世·執着世니 男女瓶衣等은 名世요 四句一偈等은 句世也요 束縛合掌等은 縛世也요 鳴搥集僧等은 法世也요 望遠人染衣者코는 知是沙門等은 執着世也라.

15上09 境無의 無字는 亦得이나 而不如有字라.

17上03 今以疏文爲論文者는 鈔에 云호대 生位暫停云云故也라 然이나 旣牒論名(55下04)이로대 則鈔中에 所引은 正是論文의 卽刹那四相文也어늘 今記에 所引은 後一期四相中의 文也라 彼疏에 釋後一期四相호대 而引上刹那四相論文而釋也어늘 今記主가 如是云者는 甚怪也로다.

◉校者註; 此中에 一期四相과 刹那四相은 疑倒置라하노라.

17上04 所相에 彼生相云云者는 所相은 卽有爲法也요 生等四相은 爲能相也라.

17上05 名生의 生은 住字也라.

17上10 不相違之不字는 恐互字라.

17下01 若生等云云은 以體難用이라.

17下02 若相違云云은 以用難體며 亦難餘三用이라.

17下03 能相云云으로 本有云云은 亦以體難用이로대 而與上異하니 詳之면

可知라.

17下04 若謂云云은 此下에 皆展轉遮破니 謂彼가 救云호대 用與體가 雖無別性이나 用은 則對緣生故로 非本有也일새 故로 破云호대 所待因緣도 亦非本有라하니라 所待因緣은 卽所相이 卽所相이 非本有면 則汝所謂能所相體가 本有之言이 不成也요 又彼가 救云호대 若約生等當體면 則無用이나 而所相은 恒有故로 有生等하니 此所相이 豈非本有耶리오할새 故로 破云호대 無爲法도 亦有生等이라하니라.

17下06 言彼此因果云云은 此果字는 本文에 作異니 恐今記가 誤也라. 彼此는 指有爲無爲也요 因은 卽生等所待之因이니 指所相法也라 若云無爲는 本有요 有爲는 非本有니 則二因이 旣異라 生等이 但於有爲上에 有之어늘 今에 云호대 有爲도 亦本有라하면 則有爲無爲 二因이 對生等果名因也 無異故로 云호대 彼此因異를 不可得也라 二因이 旣同인댄 則生等이 不但有於有爲上이라 亦應有於無爲上也라한대 上은 皆愚之自判이요 講云호대 若生等이 有用而起하면 則有其異因이어니와 今에 但所相이 恒有故로 起生等이면 則生等相이 別無其因也일새 故로 云호대 因異를 不可得이니 因與果가 異故로 云異也라하나 若如是看하면 則無爲法도 亦有 生等之所以가 不成也라.

17下06 去來의 去字는 恐未字라.

18上02 但表法後無者는 四相之所表가 旣各不同인댄 則今의 滅은 表其滅無라 以無로 爲相이 何妨이리오 如因明者도 亦以無得으로 爲無之因하니 爲法之相이라도 亦無過也라 龜毛는 則本無今無니 則非但 後無일새 故로 不可爲相也라 今則本有之法이 但後無故로 可以其無로 爲相也라.

18上09 註에 假의 假는 作段이라.

18下09 科圖中에 因相의 相은 作明이라.

19上02 結顯不斷의 斷은 作卽이라.

19上03 有斷無下에 落 斷字也라.

19下02 智境의 境은 作鏡이니 與智로 上下라.

19下09 迷事理下는 記詞라.

20上04 故非所斷의 所字는 衍이요 斷字下에 落道字요 唯此의 此는 準이요 迷理二字는 衍이라.

20上07 有分別의 有字는 作無字라.

20上08 安立非安立者는 後得智는 相見道中에 約觀三品心하야 爲非安立하고 次觀十六心하야 爲安立이니 卽四諦下의 十六心也니 見水字卷十三丈하라.

20上09 後得智不斷者는 以唯識本論에 有根本斷惑하고 後得不斷之言일새 故로 第一師는 謂後得은 全不斷迷理迷事로 見之하고 護法은 則但不斷迷理로 見之故也라.

20上10 安立四諦者는 不牒非安立이니 以從顯說故也라.

21上01 永害隨眠下는 具云호대 是曾習故며 相執引故로 由斯理趣諸見所斷云云이라.

21上04 迷理隨下에 落眠字라.

21上09 云迷事의 云字는 不如斷字라.

22上02 廻向鈔下에 落引字하고 在身上에 落 毒字라.

22上06 留故 二字는 上下也라.

22上09 註에 此法의 此는 作比라.

22上10 劫光者의 光은 時光也라.

22下06 餘說四相云云은 卽起信論也라.

## 會玄記　第二十六卷

01上08 初成佛故乃得初起者는 以五·八이 果上에 轉故로 皆云호대 成佛時에 初起라하고 六·七因中에 轉故라 故로 皆云호대 見道初에 現前云云하니라 盖五·八은 無執故로 因中에 無漸斷之義요 唯至果時하야 第八細相이 轉成智하야 而前五가 以第八之相分故로 亦同時에 轉也요 六·七이 執我 執法故로 從因漸斷하야 至果에

永斷이라 於中에 有三品轉하니 初地는 下品轉이니 以斷二執分別故也요 八地는 中品轉이니 以斷二執俱生이로대 而猶未永斷이라가 至於佛位하야 永斷이니 於此에 方上品轉也라.

01下02 二乘見位初亦得起者는 斷我執分別故也라.

01下03 至無學位者는 斷我執俱生故也라.

01下03 解行地終者는 卽入見道時에 斷我執分別故也니 此則下品轉也라.

或至上位는 約斷我執俱生이니 通於中品轉과 上品轉也라 (01下04)然이나 皆容現起之言은 唯約中品轉이어니와 若上品轉인댄 圓滿顯現하야 相續無盡이라 不應云容起也니라 生空과 智果四字는 本論에 無하니 謂有漏와 及無心時엔 則不能起生空觀也라.

01下06 法空의 法字는 本論에 生字니 卽揀有漏와 生空智果와 或無心時三義也라 生空智果는 小乘의 無學位也니 無學은 元作法空觀也라.

02上07 所轉依에 二니 一은 持種依니 卽根本識이요 二는 迷悟依니 卽眞如也라.

02上07 所轉捨에 有二하니 一은 所斷捨니 謂二障種이요 二는 所棄捨니 謂餘有漏와 劣無漏種也라.

02上10 不忘의 忘은 作妄이라.

02下04 平等下에 落大慈悲等 四字라.

02下10 爲此의 爲는 作謂라.

03下07 三種化身者는 一은 大化身이니 卽千丈大身이니 爲十地已前諸菩薩하야 現也요 二는 小化身이니 卽丈六身이니 爲二乘하야 現이요. 三은 隨類身이니 謂隨 諸種類하야 大小不定也라.

04上07 圓覺疏鈔廣有十門者는 疏에 有五門하고 鈔에 有十門이나 而通云호대 疏鈔有十門也라하니라.

05上04 不溢의 溢은 滿也라.

05上10 顯卽性故는 釋依如來藏有生滅이라.

05上10 離於妄念云云은 釋心體離念也라.

05下05 故無諍論 四字는 牒疏文也라.
06上05 作三細云云者는 本文에 但云호대 作生滅이라하니라.
06上05 不相離云云은 今記에는 三細第八識 五字는 記主의 所加也라.
07上06 十忍品은 見李字卷中三十五丈下三行하라.
07上09 而成故의 故는 下鈔에 作此字니 若此字가 爲是인댄 謂如來藏이 不守自性하야 而成此七識故로 依此七識하야 而得生滅云云이라.
07下07 固非如言은 指法相宗之言也니 下의 如情(未行)도 亦然이라.
10下01 妨難極多者는 若云호대 一分有情이 不成佛者인댄 違於涅槃에 云호대 凡有心者는 正當作佛이라하며 又楞伽에 云호대 不入涅槃者는 非焚燒善根闡提之言故也라.
11上03 衆生界下에 落法界二字也라.
11上03 何以故菩薩了一切法云云者는 徵意에 云호대 何以生界가 卽同法界인고하니 釋意에 云호대 一切諸法이 皆同法界어늘 豈獨衆生而不同耶아.
11上06 科에 俱有相卽의 卽은 作違라.
11上09 佛言二字는 作世尊二字라.
12上01 二諦俱有故相違者는 謂第一義諦中에 無世諦者는 但有眞諦之一故로 違於世諦之二也니 第一義諦中에 無世諦者는 但有眞諦之一也라 此義가 一時故로 云호대 俱有也라하니라. 言世諦之二者는 以俗은 則開於眞故로 有俗이면 則兼有眞故로 俗時를 云二也라하고 眞은 則未必開俗故로 眞時를 但云一也라하니라.
12上02 二諦俱無故相卽者는 初는 則眞諦가 無故로 眞卽俗也일새 故로 於第一義諦에 有世諦면 則有二諦니 以俗開於眞故也라 後는 則俗諦가 無故로 俗卽眞也일새 故로 於第一義諦中에 無俗諦면 則有一諦니 以不開於俗故也라.
12下05 註에 卽耶의 耶는 作也字也라.
12下06 第三下에 落 四字라.
12下08 註에 彼疏中의 中은 作云이라.
13上09 稱은 恐衍하며 性도 亦衍하며 或性之相이면 亦得이라.

14上06 未曾各故不二云云者는 記主가 以二句로 各證仁王涅槃故로 如是釋之也라 然이나 筆削記와 及圓覺經鈔는 則於二로대 而不二處에 引二句며 亦應釋하야 云호대 恒乖나 未曾各也니 則二句가 同是一義也라 此中에 引昔人하야 證仁王經하고 引生公하야 證涅槃經이라도 亦得也라.

15下01 二諦空有與餘宗別者는 本科名에 云호대 二諦空有之言이 性宗과 與餘宗이 別也니 以性宗은 則二諦가 俱空也요 破相俗有眞空也라 法相宗은 則俗空眞有也라.

15下07 成前引證者는 謂欲成前文하야 以引證也라 或成前과 引證이니 但言下는 成前也요 故上涅槃下는 引證也라.

15下09 二諦多門者는 眞妄交徹中에 有六句나 今에 且約妄有眞空一句也라.

16上04 以境對心者는 有無는 境也요 斷常은 則心也니 以定有心으로 計爲常하고 定無心으로 計爲斷故也라.

17上02 自相의 自는 作四字요 以一切衆生云云者는 釋無念等言이니 謂佛得無念이시나 而知衆生有念者는 以衆生有念이 本自無念故로 云無念이 等이라하니 佛無念이 與衆生有念으로 等故也라 此則生佛을 相望하야 明等義也라.

17上02 又四相中云云下는 此는 約四相相望하야 明等義니 謂四相之中에 無念之義가 等故로 得生相의 無念者는 偏知四相의 諸有念也니 以有念이 卽無念故也라.

17上06 本은 作大요 如는 作知라.

17上07 且爲融其云云은 皆記詞也라.

17下09 十地經은 見出字卷二十三丈以下하라.

17下09 稱은 作稍라.

18上10 一節의 一은 作二라.

18下03 又雙照云云者는 上은 約二諦緣境하야 明二而不二어니와 今은 以雙照雙遮中道와 及遮照無碍之二義로 明而二也라 於中에 約境略雙遮로대 而智則俱有遮照라 然則境自相望하야 有雙照

雙遮하고 智自相望하야 有雙照雙遮也요
遮照亦復無碍(18下04)者는 通於境智也니 上은 本錄中의 意라 然이나 智를 云 遮照는 可矣어니와 境를 云遮照는 未合也니 下鈔에 云在境이 爲存亡이요 在心을 曰遮照라할새니라 愚는 謂하노니 上에 約能所하야 明不二而二者는 不過眞俗二智로 別對眞俗二境이어니와 今에 明復有中道之境과 及中道之智호대 而不以中道之境으로 對中道之智하야 明二而不二者는 欲釋之로대 無異上의 所云眞體가 無二故로 不二云云할새 故로 更不言也요 又影在下故也라하노라.

18下03 眞俗無碍(三行)者는 明中道之境無碍之言이 含於眞俗雙存과 眞俗雙亡과 及存亡無碍之義요 復有卽眞卽俗(三行)下는 明中道之智에 有遮照와 及遮照無碍之義니 可知也라 然이나 雙照眞俗之照字는 恐融字也라.

18下09 不斷而斷下는 應註에 云호대 當不二而二로대 易故로 不言也라.

19上08 若約惑智對說後釋近宗者는 二釋이 雖別釋合釋不同이로대 而皆是惑智對說에는 而今爾者는 以能所合之言이 約能所斷하면 則惑智對說이요 若約能所證하면 則不是惑曰對說이면 此言이 謾通故로 不及後釋上句의 能과 下句의 惑等之言也라. 然이나 愚는 謂하노니 此二釋이 未穩이라 意云호대 上句는 明二而不二니 旣云호대 能所인댄 則二也나 合則不二故요 下句는 明內證之所以니 上句의 能字는 智也요 所字는 惑也어늘 何不云斷이라하고 而云合耶아할새 故로 此云惑卽如라 故로 斷惑之處도 亦云호대 內證也라하니라.

20下05 上全은 作今이요 理는 作智라.

21上05 三義下에 落 如字라.

21上08 雙就本始說者는 對上의 單就始覺之言이나 而然이나 不緊也니 若根後二智를 上則單就하고 今則雙就라하면 則此言이 可也어니와 上單今雙이 各自異義니 不可對單하야 云雙也라하노라.

21下03 以는 作似라.

21下06 不斷常謂受用身云云者는 下鈔에 云호대 報身은 相續常이요 化身은 不斷常이라하니 無乃下鈔誤耶아 今記가 誤耶아 若約吾今此身이 卽是常身之言인댄 則不斷常으로 配化身이 宜也어니와 以此身이 卽化身也라 化身을 云常身者인댄 恐人이 謂化身은 不斷常故也라.

22上07 默往의 往은 作住라.

◉校者註; 檢本則作往字卷也라.

22下04 次敎莫着者는 指下의 自責之言也니 始勸捨解心하고 使其莫着也라.

22下10 中間相分亦是有爲者는 以有無爲之解相故로 云相分이로대 而亦云호대 有爲也라하니라 言中間者는 謂於我心과 佛身中間에 執無爲之相故로 云호대 中間也라하니 上은 本記中의 言이어니와 愚는 謂하노니 我心으로 爲一邊하고 無爲로 爲一邊하야 中間所計者가 卽相分也라 爲彼無爲가 於我心上에 現於相分也라. 若約喩明인댄 我心은 如鏡하고 無爲는 如鏡外之質하고 中間相分은 如鏡上所現相分也라 又如前六識이 以第八識相分으로 爲本質하고 中間에 別變影像者를 謂之中間相分이라하노니 彼旣如是어늘 此가 何不然이리오.

24上04 止言對者는 經에는 則但止也니 對言是有爲者하야 不應復言故로 爲止言對也라.

## 懸談

68下08 疏에 頓敎中에는 總不說法相은 揀相敎요 唯辨眞性은 揀空敎요 亦無八識云云으로 至毁相泯心은 釋上의 總不說句요 生心卽妄下는 釋上의 唯辨眞性句也라.

## 會玄記

24下01 圓覺疏鈔多明不落三時五時云云者는 然이나 今略鈔에도 亦有數處에 指圓覺等二十部帙하야 爲頓敎나 而乃是逐機頓化儀也라 唯顯分齊疏의 終頓이 通詮本末鈔中에 指化儀部帙하야 以目化法頓敎는 唯此一處也어니와 今云多明者는 廣疏鈔耶아 又彼分齊鈔中에 指部帙하야 爲終頓者는 從多分說이요 非局判一經爲一敎也요 如今疏의 五敎處에도 一一亦指一經이어늘 而下疏에 云호대 從多分取也라하니라.

24下04 自證分三字는 恐註也라.

24下05 心所變現相分者는 色法也요 等者는 色有多種故也라 又八識에 各有相分故로 等也라 愚는 謂하노니 現字는 恐見字니 以心所變이 有見分相分二分故也라.

24下05 相應者는 心所也라.

24下06 分位者 不相應行也라.

24下10 妄說의 說은 作見이라.

25上04 是所執本空故하며 眞心不動故者는 釋是故二字니 以前論에 云호대 心性不生不滅은 卽眞心不動也요 次論에 云호대 一切法이 唯依妄念하야 而有差別云云은 卽所執本空也일새 故로 今에 躡前에 云是故之言이니 躡前의 眞心不動과 及所執本空也라.

25上05 由一間에 落 此字요 非音間에 落如字라.

25上06 言語路絶者는 總指 上의 二句也라.

## 會玄記 第二十七卷

01下07 界是性義者는 問하노라 何以上에 云호대 分義를 名界耶아 答하노라 界에 有性分二義나 而上論文은 欲明眞如離言하야 以事法으로 顯之하니 上은 約一切法無遣云云으로 乃至一切法不可說之言일새 故로 云호대 此上은 明一切法界分義名界也요 又此事法이 離言

을 名爲眞如라하니 則亦謂眞如가 離言也라 今에 約眞如離言故로 云호대 性義를 名界라하니 一切法性이 皆離言也라.

02上01 註에 如人雖聞名云云者는 當在名無得彼物(01下10)下니 若物無當名之實이면 應云호대 見義나 不知名이니 如忽然見面이나 不識其人名也라 下疏가 換却이어늘 記主가 不察하야 誤在 物無當名之下하니 下疏는 見調字下卷三十一丈上四行하라.

02上08 此智의 智는 作皆라.

03上09 名性間에 落圓字라.

03下01 名義者의 義는 是相也라.

03下03 用은 作明이라.

03下07 四緣辨生者는 無間緣增上緣等四緣也라.

04上01 人我法下에 落我字라.

04上05 令皆의 令은 作今이라.

04上08 何有의 何는 恐可字라.

04下03 兩二의 二는 作忘이라.

04下08 下經云云은 見餘字下卷八丈下六行하라.

04下09 圓成無生者는 理無生也니 下鈔에 具云호대 二는 理가 無生이니 圓成實體가 本無生이라.

04下10 諸法如가 卽是佛이라 如無生滅일새 佛體本常하니 如하면 愚의 吐라.

05上10 造心의 造는 作起字요 上本字는 作方字라. 無自 二字는 上下라.

## 懸談

71下04 鈔에 遣智의 遣은 作遺라.

## 會玄記

06上01 於無心은 云云의 上於字는 衍이라.

06上05 問明鈔는 見秋字卷七十八上三行하라 然이나 義引일새 不同於

彼也라.

07下06 靜은 作錚이요 又如今木鐸之類로 打之하야 以靜喧嚻故로 謂之하야 靜이라하니 今에 京城人靜도 亦此意也라.

09下04 下에 詔는 作詺이라.

10上04 以乘就敎者는 乘은 則三乘一乘之人也요 敎는 則始終頓의 能詮之敎也니 始終頓三敎를 賢首는 則約趣入之人이 通三乘故로 云호대 三乘敎라하거니와 今은 則約終頓之敎가 顯一乘故로 以乘就敎하야 云호대 一乘敎也라하니 則賢首는 以敎就乘也라.

10上10 三과 分의 間에 落 或字라.

10下09 文同意異者는 本私記에 云호대 今疏와 及梁論等三處에 皆云호대 初는 小요 次는 三이요 後一之文은 同이요 而義則今疏의 初次後言이 通於諸經이니 以義分敎故也라 梁論等은 則約部判故로 局也요 又梁論等三處가 初小는 則皆同이나 而次三後一之言이 相望各異하니 謂梁論은 則阿含後法華前이 皆屬三乘하고 法華는 屬後一也요 妙智經은 則以深密等의 法相經으로 爲次三하야 以第三般若以後로 皆屬後一也요 部異執論은 則以七年後 般若로 爲次三하고 以三十年後深密等經으로 爲後一也라하거니와 愚는 謂하노니 今疏와 探玄이 同會梁論等三文이나 而探玄은 則以敎就乘하야 見之어니와 今疏는 則以乘就敎하야 見之일새 故로 同於初小 次三後一之文이라 上은 彼此意異也니 如梁論의 次三을 探玄은 則以始終頓으로 見之어니와 今疏는 則唯以始敎로 見之也요 梁論의 後一을 探玄은 則以圓敎로 見之어니와 今疏는 則以終頓圓으로 見之故也라 妙智經과 部異執論도 例此하야 知之니라.

◉校者註; 此中本私記는 指蓮老記也라.

11上08 在는 作存이요 中間三乘의 乘은 作敎라.

11下10 同敎三乘者는 牒擧第二敎요 故第二第三云云者는 因便으로 合釋 二·三敎也라.

12上07 同敎의 敎는 衍이요 又敎字下에 落義字라.

13上04 此有二釋者는 後釋이 勝也라 初釋은 未穩하니 如云始教로 望小乘하면 屬於方便요 又始教로 望圓教하면 屬於眞實之言이 不好也라.

(13上05)若望下면 屬眞實하고 望上하면 屬方便이 可也어늘 望下면 屬方便하고 望上하면 屬眞實之言이 似如何也리오 又記主는 以則於下(鈔,75下07)로 爲釋對權顯實의 後門故로 如是傷巧也어니와 愚는 謂하노니 則※於下는 通釋上의 二門也라 以上鈔(75下05)에 初는 則對小顯大하야 以明方便眞實하고 後就大乘眞實中하야 又開方便과 眞實이라하니 以大乘이 通權實故라 然則於方便之中에 更分爲二云云과 及眞實中에도 亦分爲二云云이 皆通約上의 對小顯大와 對權顯實 二門하야 以明也라 方便中一小乘者는 初門中의 方便也요 二大乘者는 後門中의 方便也요 眞實中의 一行布者는 初는 大乘眞實中에 始終 二教가 居然하니 是行布요 後一乘眞實中엔 惟終教가 行布也니 今雙指二門의 眞實故로 始終이 俱行布也인 則亦不必改爲終頓也라 恐鈔의 本意가 如是也니 則科中에 應云호대 初는 標二門이요 後는 釋二門이라 又二니 初는 通釋二門이요 後는 別釋初門이라 又立教에 二니 初는 立二門二教요 後小乘居然(75下10)下에 立八門하니 初中에 二니 初는 汎分二教라 有三하니 如記이요 後는 勸二門釋이라 又二니 初는 勸定二門二教요 後는 就二門二教하야 復開四教라 方便中에 二니 眞實中에 二故也라.

◉ 校者註; 上來開合下記科準遺忘記而試補之如下라.

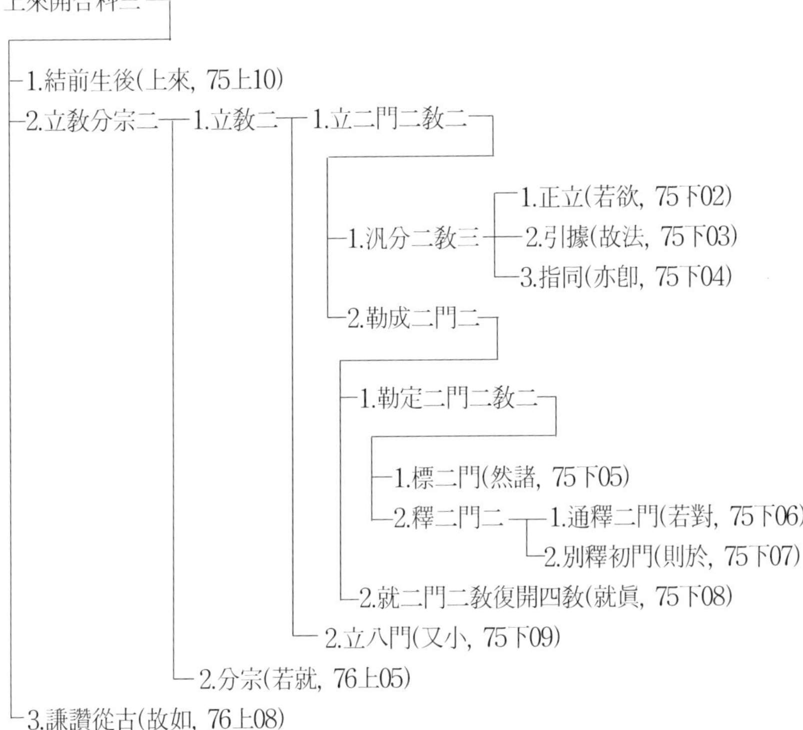


15上05 然上云云者는 記中에 欲釋科名이로대 而科中에 不牒會字故로 云然也라.

◉校者註; 15下06, 窮은 作最也라.

16上08 十地品은 見夜字卷初六十五丈하라.

16上09 五種三聚中에 初는 約種性하야 以辨三聚라.

16上10 外凡及의 及字는 衍이니 謂外凡과 定無性이 是邪定故라.

16下01 二.正見云云은 約解惑하야 以辨三聚라.

16下04 三.五逆云云은 約行業하야 以辨三聚라.

16下06 四.䣮八正云云은 約位하야 以辨三聚니 離生正位는 卽見道位라.

16下07 煖頂忍名不定者는 世第一은 正入離生故로 不言也라.

16下07 五.姤悋云云은 約大乘以辨三聚라.

18下01 華嚴海空者는 恐法華涅槃也라.
18下03 註中의 中小二字는 上下也라.
18下05 雖復의 復는 恐後字也라.
19上01 從은 作彼라.
19上02 註에 彼少의 少는 作鈔라.
19上02 過去의 上에 落一字라.
19上02 不來의 不은 作未라.
19上03 五根의 上에 落內字라.
19上03 六塵의 塵은 作麤라.
19上03 七緬의 緬은 作細라.
19上03 不可莨의 莨은 作意라.
19上04 色之의 之는 作一字라.
19下03 諸師下에 落所字라.
19下04 吉藏下에 恐落三輪二字라.
19下04 故前疏云云十字는 恐註也라.
20上03 耶는 作作이라.
20上03 五는 作互요 互下에 落知者二字라.

## 懸談

81上01 非顯實德之非字는 作爲라.

## 會玄記

21上09 雖不間에 恐落 說字라.
22上01 爲自去의 自는 作字니 本私記에 云因也며 將也라한 二義中에 但用因義로 釋이요 是也며 作也라한 二義中에 但用作義로 釋이라 하사 愚는 謂하노니 將字는 恐緣字라 此中에 散訓二義는 欲並用 釋文也일새 故로 云호대 悲願이 爲因하고 衆生이 爲緣하니 俱用

因緣二義也니 則爲他의 他字는 通於衆生과 及悲願이라 悲願이 雖非他人之他나 以對果上三業하야 亦云他也요 又爲他衆生之悲願故로 云他也라 以因他悲願하고 因他衆生이 有無盡三業故로 非佛之正所感也요 便是作自佛之三業(四行)者는 俱用是也作也之二義를 可知也라하노라 懸吐컨대 應云호대 以此로 爲他하며 爲自也라할새 言以此者는 以此三業也요 亦可以此爲他爲自云云言의 以此者는 指上의 悲願爲因云云之言也라.

22下09 不同前影像者는 今은 則影像이 亦屬於生하고 亦屬於佛故也라.

23上09 消者成甘露者의 消는 用也라.

23下03 無盡處下에 落中字라.

宇字卷은 竟하다.

# 宙字卷

# 宙字卷

## 會玄記　第二十八卷

01上04 答意에 云호대 下說四門은 是分齊로대 而一一이 十十無盡故로 不違圓義也니 則圓中에 不無分齊나 而分齊가 不違於圓也라.

01下01 故此의 此는 作次라.

◉校者註; 01下02, 前藏攝中疏云云은 指玄字卷末丈下二行也라.

01下09 五教者總相而言者는 實은 則以圓教가 攝四教로대 而總相言之故로 云全收五教라하니라.

02上06 科中에 理事二字는 上下也라 色空交暎三釋中에 記主가 不定去取나 而若準鈔(九行)中의 空徹海底海暎空天(懸談/01下03)之言이면 則初釋(寂照)爲定也라.

03上09 此釋法界觀者는 此玄鏡은 淸涼의 所作이니 以釋法界觀也라.

03上10 兼縱奪者는 本私記에 云호대 要唯有三은 縱也요 總具四種은 奪也라하거니와 愚는 謂하노니 要唯有三은 奪也요 總具四種은 縱也라 略不明云云(八行)已上은 釋要唯有三也요 總爲三觀(八行)下는 釋 總具四也라.

03下08 恐多十善二字라.

04上01 立教云云十字는 疏也요 故但有五四字는 鈔也라.

04上02 位等無多四字는 下記에서 釋鈔의 故但有五之詞也라 有云호대 位等無多四字가 衍者는 非也라.

04上05 正喩의 正은 或改止字나 然이나 正字도 亦得이라.

04上06 圓必攝四教의 教는 作者字라.

05上04 能同同彼所同者의 三同中에 同彼의 同字는 是鈔中의 所通의 同字也니 所字는 非對能之所也라 與所同으로 同한 所를 約也라.

05上06 註에 爲初의 爲는 作謂라.

05上09 註에 流出殊勝教法者는 謂眞如所流教法이 於餘教法에 最爲勝故라.

05下04 註에 依唯識云云者는 唯識論云眞如가 雖多教法하야 種種安立이나 而無異故라.

05下05 註에 法體下에 落無字라.

05下08 業自在眞如者는 具云호대 業自在等所依眞如也라.

06下05 五字는 作互라.

07上02 名義不同者는 名은 則乘名教名也요 義則乘은 以運載로 爲義하고 教以詮表로 爲義也라.

07上03 但非所詮別義者는 以乘은 是所詮中의 總故也라 或云호대 非字는 作能字라하니라.

07上08 註에 非只의 只는 恐是字라.

07上10 註에 圓覺의 覺은 作教라.

07下04 註에 又知의 知는 作如요 二乘의 乘은 作教라.

07下09 註에 若以前四並是三乘云云者는 以前四는 三乘에 收入하고 第五는 圓教一乘이니 則具一乘三乘故로 爲初義也라.

07下10 註에 三一故의 上에 恐落 具字요 法華는 作華嚴이라.

08上10 但과 教의 間에 落圓字라.

08下02 有一의 一은 作二라.

08下05 不爾인댄 豈事理無碍가 深於事事無碍아할새 故로 鈔中에 如是云호대 事理無碍에 有事事無碍耶아하니라.

08下09 豈事事之豈는 作卽이라.

09上01 終教義可爾云云者는 謂終教는 有事理無碍故로 必有事事無碍也요 頓教는 則但一理가 其所以爲事事無碍之義가 如何也오.

09上02 如性雙遣者는 終教의 無性眞如는 但遣性하고 而不遣如어니와 頓教則如亦遣之故로 云如의 性을 雙遣也라.

10上01 從種生者는 以始教에 云호대 一切諸法이 皆有種子하야 藏在第八識中이라가 遇緣生起故라하니라 終教와 圓教는 則從佛菩薩無漏後得智上하야 而起也라.

10上06 經字는 或改之以義로 而勿改可也라 今에 體事等四門이 此經分齊故로 記主가 如是釋也라.

11上06 前四智의 智는 作知라.

11上09 前藏教者는 見記二十卷十八丈下四行이라.

12上02 註에 境總觀總者는 境與觀이 皆具四로 爲總也요 但一이 爲別也니 上은 皆台教註義也라.

12上02 註에 或總二云云은 記意니 但一爲別이요 自二以上은 皆總也니 不必具四로 爲總也라 然이나 此는 約境言也어니와 若約觀者인댄 但一觀이 爲別이요 自二以上은 皆總也니 不必具四로 爲總也라.

12上03 註에 以別相念觀云云者는 別字는 恐總字라 或別上에 落總字니 以皆次第로 從前入後故니 謂從別相念하야 入於總相念하고 從總相念하야 入於煖位하고 入於頂位等也라.

12上03 註에 苦諦에 無常과 苦·空·無我云云者는 四諦一一에 有四하니 四四가 爲十六行相觀也라 若別約欲界四諦와 及上二界四諦면 則上下八諦에 四×八三十二行相觀也요 若別釋者인댄 無常·苦·空·無我와 及集은 可知요 言因者는 觀於六因故요 生者는 受後有故요 緣者는 照於四緣故요 滅者는 諸煩惱滅故요 淨者는 一切苦가 盡故요 妙者는 一切가 第一故요 離者는 超生死故요 道者는 至涅槃故요 如者는 非顚倒라 眞如故요 行者는 修行苦故요 出者는 出離하야 至三脫故라 四行中에 各初一은 卽本諦名也로대 則苦諦下의 四行이 易次하니 無常이 當在苦空下也어늘 台註가 如是 立次也라.

12上04 觀矚一方의 一字는 作十字也라.

12上05 下中一의 一은 作上이니 下忍은 則徧觀上下八諦하야 具三十二行也요 中忍은 則於上下八諦의 三十二行에 從後漸減하야 至於欲界苦諦下하야 唯留苦一行의 二刹那心이 卽中忍位也요 上忍은 則但有苦一行의 一刹那心也이니 卽是上忍者는 上忍의 增勝이 爲世第一故也라 然이나 此中에 恐闕文이니 若具者인댄 上忍下에 落上忍增勝爲世第一之言也니 已上은 皆見台教註니라.

12下02 等字者는 鈔中에 落等字라.

12下10 亦總相說者는 上의 依卽國土下에 落總相說三字니 以此對彼하야 云亦也라하니라.

13上10 藏陀는 卽車匿이니 亦云호대 闡陀라하며 又云호대 藏釋迦라하니라.

14下08 只有初一爲總者는 疏中에 有也라.

15上04 勝音蓮花는 見宿字卷下二十二丈下末行이라.

15下08 名眞空下에 恐落絶相二字니 以卽有明空故로 云眞空이라하며 亦無空相故로 云絶相故也라하니라.

15下10 一色不卽空云云者는 記와 本鈔에는 則此의 會色觀과 下의 明空觀中의 前三句를 次第로 列名故也라 故로 記中에 牒之라.

16下04 而非의 非는 作分이라.

16下07 可說의 說字는 不如卽字라.

16下09 雙揀者는 略鈔에 云호대 揀影像이라하니 上二는 別揀故로 有揀斷揀實之解碍影像이어니와 今은 則雙揀故로 無解碍也니 以揀斷故로 無揀實之解碍也요 無揀實故로 無揀斷之解碍也나 二義가 一時故로 雙揀二影像也라.

17上02 法是所執之境者는 斷空實色이 是所執之境也로대 但揀去斷空實色所執之境이면 則自無能執斷空實色之情計也일새 故로 云호대 以法揀情也라하나 今解는 異此를 可知니 今解는 卽通玄記義也라.

17上10 一義의 一字는 恐空字라.

17下10 揀實揀斷 四字는 註也라.

19上02 上眞字는 作冥字라.

19上10　二邊者는 心境也니 上不可言卽色云云(鈔/08下09)으로 乃至一切法皆不可者(鈔/06下10)는 以不可字로 遣色空과 及一切法하니 則遣境也요 不可는 卽能遣之心也라 次云不可亦不可(鈔/06下10)는 卽遣心也요 此語亦不受(同上)는 拂上遣心之語迹也니 則上은 皆心境兩亡也라.

19下03　通玄記者는 宋의 神宗時에 夷門山廣智大師本嵩이 作通玄記三卷하야 釋法界觀也라.

19下05　般若之行의 行은 作解라.

19下07　方明의 明은 作名이요 分別之解의 解는 作行이라.

19下09　句大門小者는 從多分說也니 實則前八門은 約二句하야 分之할새 故로 云호대 句大門小也라하거니와 後二門은 則二句가 卽二門이니 門과 句가 正同也라.

19下09　今云下에 落第三門三字라.

19下09　亦應云云者는 應云호대 四門과 十句는 門大句小나 而亦從多分說이니 實則前八句는 約二門하야 分之故로 云門大句小라하거니와 後二句는 則二門이 卽二句故로 句와 與門이 正同也라.

20上02　以字는 當在第三上이라.

20上03　立者下에 落何耶二字라.

20上05　二又欲下는 亦爲不引之所以라하나 而愚는 謂하노니 疏中에 不言泯絶하고 而云眞空絶相者는 有二義하니 上은 明但取眞空絶相之總意에 卽有泯絶無寄之義어니와 今에 欲令四門이 成四法界故로 取眞空絶相之言하고 不取泯絶無寄之言이니 以眞空之言은 理義顯也나 泯絶無寄之言은 理義不是故也라 若爲不引所以者인댄 雖具引四句나 則爲理法界也니 以總名眞空故也라 何必不引하야사 方爲理法界也리오.

21下08　不懷의 懷는 作壞라.

21下09　反上可知者는 上有分으로 作無分하고 理作事하고 事作理라.

22下02　乏은 作泛이라.

22下05　同一性者는 下疏(海字卷上二十九丈)에 云호대 同一無性이라하고 兩故

字에 一故는 衍이라.

22下05 旣無云云은 鈔也라.

22下06 又妄性云云은 疏也라.

22下07 生自有妄云云은 鈔也라.

22下08 又眞性叵得云云은 疏也라.

22下08 若有可得云云은 皆鈔也라.

22下08 令得의 令은 作今이라.

22下10 亦不爲當果之因性是果故者는 以性이 非當果之因이니 性卽是果也라하면 則揀 同教義也라 於上三釋中에 初와 二는 同教義요 第三은 別教義라 同教中에 初는 終教義也요 二는 頓教義也라.

23上08 註에 一唯識의 一字는 衍이라.

23上09 註에 數習立의 立은 作力이라.

23下01 但隨智說者는 上疏는 則成과 不成이 雙從理事하야 說이니 謂理徧事故로 皆成이요 事同理故요 都無成이어니와 今則成不成은 但從智說이니 以欲成 欲不成之言이 隨人之智故也라.

## 會玄記　第二十九卷

01上03 上來展轉三義者는 會一性中의 三科也라.

01上09 疏는 作論이라.

## 懸談

10下02 鈔에 不見一切衆生所有佛性者는 應云호대 一切衆生이 不見所有佛性이라하니라.

## 會玄記

01下01 以經에 云호대 不見空與不空故로 釋爲修得者는 以見不見之言

이 在人修得故也니 以經云호대 所言空者는 謂修得第一義空者라한 者가 卽人也라.

01下10 空有雙絶者釋義者는 謂釋第一義也라 故로 云호대 不見空與不空은 牒鈔文也라.

02上07 應非增益損減者는 以見空故로 非增益也요 見有故로 非損減也라.

02上10 卽은 作耶라.

02上10 今雖義歸本有云云은 文勢가 似倒니 應云호대 雖以修生으로 顯之나 義歸本有라하면 則義顯이라하노라.

02下03 重釋下에 落此釋二字라.

02下10 雙具二藏方爲眞佛性義者는 今疏意는 則以第一義空으로 爲空如來藏하고 名爲智慧로 爲不空如來藏하야 二藏을 合爲眞佛性이어니와 薦福意는 則以第一義空으로 爲不空如來藏하고 名爲智慧도 亦攝不空藏也인 則但以不空如來藏으로 爲佛性也라 於眞俗二諦中에 眞一邊也어늘 而云眞俗雙觀有無齊照者는 盖智者가 修得之時에 不但見不空之眞諦라 兼見空之俗諦故로 云호대 眞俗雙觀云云하니라.

03上02 上約空有二諦云云者는 第一義空眞諦요 名爲智慧는 俗諦니 眞俗相卽이 爲中道라 則二諦中道也라.

03上03 此約三諦云云者는 謂第一義諦上에 具空與智니 空是眞諦요 智是俗諦라 眞俗無二가 爲第一義中道諦也니 則三諦中道也라.

03下03 正中의 中은 作申이라.

03下03 如上可知者는 指上鈔中(10下08)釋의 智者는 見空及與不空等義也라.

03下07 此卽所會 四字와 及十行의 卽能同中別義也 七字는 記詞요 餘는 皆下疏也라 三義中에 初義는 同教義요 後二義는 別教義也라.

03下08 有性後方當成者가 卽初義也라.

03下09 非理先智後者는 下鈔에 云호대 若理先이면 則第一義空에 不明

智慧니 以理智異故어니와 若智後면 則果無常이니 能證 所證이 成二體故라.

04上06 催는 作摧이며 或搏字之誤也라.

04上08 釋成會意者는 本私記에 云호대 卽是具分云云(14上03)은 釋成也요 卽是會前云云(14上04)은 會意也라하나 愚意는 釋上論文하야 以成疏中의 會通之意也라 不必釋成과 會意를 別爲兩段也라.

04下02 自相如鏡中影者는 心中에 所計之自相也요 本質은 心外境也니 則小乘은 無具分義也라.

04下04 前七所變相分如鏡上所現影云云者는 前七識은 如鏡하고 第八見相二分은 如鏡外青黃之質하고 中間所變相分은 如鏡中의 所現影也니 此影이 在鏡中故라 故로 謂之鏡影이라 青黃等은 在於鏡外故로 不爲鏡影也라 法中에도 亦然하야 中間相分은 在於前七識上故로 爲前七識之影也요 第八見相則在於前七識之外故로 非前七之影也라.

04下10 所變相分者는 略言하면 相分이나 具云호대 見相二分이니라.

05上06 覺林偈는 見呂字卷下十一丈下四行하라.

05下06 心起의 起는 作體라.

05下08 然은 作則이라.

06上04 猶成前諸言者는 成前의 諸世間之諸字니 上은 以諸世間을 合彩色이 而此偈는 釋成諸言故로 亦合諸彩色也라.

06上05 復進義釋者는 下疏外에 復進一義하야 釋也라.

06上09 卽上의 卽字는 作印이라.

06上10 以離如來藏云云者는 上은 則下疏요 此는 下鈔也라.

06下01 以生非云云은 疏也라.

06下01 謂旣攬云云은 鈔也라.

06下09 如問明云云者는 記鈔則不可得故下에 有如問明云云句故라.

07上01 力林菩薩云云은 見呂字卷下八丈上八行하라.

07上06 卽染分依他云云十一字와 及八行의 應身淨分云云十二字는 記詞요 然世間云云으로 至今當後義(末行)는 卽下鈔詞요 餘는 皆下

疏也라.

07上08 然世下는 恐落出世二字라 然이나 此等言이 似釋上의 例出世間之言이 有二釋에 當其後義나 而準下文이면 則此疏의 所引偈前에 有偈하야 云호대 五蘊名世間이요 蘊滅을 非世間云云이라하니 非世間이 卽出世間이니 出世間之言이 有二義나 而此中에 蘊名世間 蘊滅非世間은 當於後義하니 約性相也라 蘊滅을 云性者는 以後偈에 云호대 其性이 本空寂하야 空故로 不可滅云云이라하니 謂蘊性이 本來寂滅故로 不可更滅也일새 故로 知蘊滅者는 約性寂滅也니라 然則此疏가 旣不引蘊名世間云云之偈인댄 則然世云云等言을 削之가 可也요 亦可在於亦非事在不滅(五行)下也니 以此中의 二偈가 皆釋前의 蘊滅非世間之偈나 而其性本空寂云云之言이 尤顯上의 蘊滅非世間이 爲性滅出世間義故也라.

07上10 又證無性云云이 下疏는 則連書 上의 亦應緣無自性(七行)이라.

07下01 如響忍者는 見李字卷下初九丈上五行하라.

07下06 勝慧云云은 見餘字卷下十三丈上九行하라.

07下08 此釋疏中云云은 記詞也라.

07下10 亦徧計云云은 記詞也라.

08上03 若緣云云으로 至失也는 皆記詞也라.

08上05 其中深旨云云者는 今鈔에 無此言이니 應落也니 應云호대 其中의 深旨는 如下所明이라호리라.

09上01 言論下에 落時字라.

09上02 何는 作可라 又下疏에 無何緣二字나 而鈔는 則有하니 疏鈔(檢秋字卷九十六丈上二行하라)를 合引也라.

09上08 上約心乖云云者는 通難이니 難云一切法이 皆如라 三毒四倒等이 皆亦淸淨이어늘 如何言說 不入法性고하야늘 今에 通有二義하나 而一은 約修心人이면 心不入理언정 非約法體不卽法性이요 二는 約所觀이면 亦無可入云云이라하니 見秋字卷九十八丈上三行鈔하라.

09上09 鈔는 作疏며 或又字라.

10下07 後二句拂前有爲者는 旣盡則無盡일새 故로 爲拂有爲也라.

10下08 言難思盡者는 此是無盡故로 爲難思也라.

11上03 二는 作三이라.

11下02 故勝의 故는 作最라.

11下09 證字는 衍也라 斷下에 落惑字요 爾字는 衍也라.

12上06 非色上에 恐落色이라.

12上07 同二下에 落相與無相四字也요 生死上에 落三字라.

12上10 幷前下에 落三字라.

12下01 全水下에 落下字라.

12下05 爲法間에 落對字요 性은 作相이라.

13下06 理不成事何能徧事者는 以上에 云호대 由相徧方有成壞云云인 則由理徧事故라야 方始成事而有事也요 總不理徧事之前이면 則理不成事故로 元無所徧之事어늘 何云理徧於事耶요하고는 則有如此防難호대 故로 勿云由互徧하야사 方有成壞等八義니라할새 故로 雖會八門이나 已備十門云云이니 而相卽二門과 不卽二門이 攝之하야 爲具十門云云이라하면 則無如上之難也라.

13下09 第四의 四는 作七이라.

14上04 義於間에 落異字라.

14上09 此約相待顯空(有)雙拂之意者는 理事를 相待言하야 顯其雙拂理事也라.

14下04 亦是假言者는 非但一異之言이 爲是假言이라 非一異之言도 亦是假言이라.

14下09 無可下에 落相字也라.

15上01 作於縱心者는 孔子가 七十從心所欲이나 而不踰規矩라하니 則縱字는 從字也니 論語註에 云호대 從은 縱也라하고 意도 亦同하니 不必改也라.

15上01 後自改者는 今鈔가 是先作이요 而後에 作玄鏡之時에 改也라.

15上05 又由初下云云者는 鈔中에 落由字요 下之(九行)又初間에도 亦落

由字니 以有此由字하야사 義方成故라.

15下01 祖師激勸者는 指杜順和尙也라.

16上07 卽卽間에 落相字라 又多卽字니 則但相入一門也라.

16上10 總成下에 落四門二字라.

17上09 令은 作今이라.

18上02 齊現下에 落第五門이니 應云호대 五는 約時니 於一念中에 說三世也라.

18上03 註에 得은 作德이라.

19上01 一容多故로 多卽一은 影多容一故로 一卽多也라 多入一者는 上의 一容多時에 卽多入一故로 亦影一入多時가 卽多容一也라.

19上02 由相徧故下는 釋鈔(懸談/25上04)의 由此徧彼此便卽彼也라.

19上06 亦欲彰隱義云云者는 法體之德이 自有隱顯也요 非佛不見으로 爲隱也라.

19下10 各互出無所以者는 謂互出縱奪之所以也니 不同鈔中의 德相業用을 互出也며 或可各互二字가 指鈔中의 各有에 各字로 爲縱之所以也요 互字는 指記本鈔의 德用互歷之互字로 爲奪之所以也라 然이나 今鈔에 則云歷門備擧便成二十云云者는 亦是縱也니 卽鈔本이 各異也라.

◉校者註; 20上02, 便成十二는 同者를 合하고 異者를 開故니 如下圖也라하노라.

|  |  |
|---|---|
| 1. 同時具足相應德 —— | 同時具足一用 |
| 2. 相卽德 —— | 相卽用 |
| 3. 相在德 —— | 相在用 |
| 4. 隱顯德 ↘ (→ 隱顯用) | 相入用 |
| 5. 主伴德 ↘ (→ 主伴用) | 相作用 |
| 6. 同體成卽德 | 純雜用 |
| 7. 具足無盡德 | 隱顯用 |
| 8. 純雜德 ↗ (→ 純雜用) | 主伴用 |
| 9. 微細德 —— | 微細用 |
| 10. 因陀羅網德 —— | 因陀羅網用 |

20上09 聖可의 可는 作言이라.
20上10 原은 作果하고 無는 作能이라.
20下09 守는 作安이라.
21上02 或上句者는 (鈔/26下07)故常作入이요 下句는 於理無違也라.
21下03 三·四行의 刊字는 皆作列字라.

## 懸談

27下06 鈔에 此中正意者는 對下賢首之一花上에 義有此十云云하야 云호대 正意也라하니 意는 以賢首로 爲非正意也니 但一花上에 具異體十對體事也요 不必義有十對로 爲同體也라.

## 會玄記

21下09 緣亦의 亦은 作生이라.
22上04 錢示는 作鈔云이요 經有二字는 衍也라.
22上07 如淨行品者는 今鈔에 恐落淨行品三字니 若記主引示則者字는 衍也라.
22下07 起는 作題라.
22下09 異는 作具라. 十行의 且도 亦作具라.
22下10 異體十對體事十門者는 鈔中의 十門之言이 以異體十對體事로 爲十門也라하나 愚는 恐鈔中의 具十門者가 具十玄門也라.
23上02 令은 作今이라.
23上04 也字는 應一字며 或此字라.
23下06 觀法界云云者는 恐落察字니 指解脫名中의 觀察法界故也라.
23下06 義兼於入者는 指名中의 入普門之入字也라.
23下08 所所는 恐衍一所字也라.
23下09 爲는 作謂也라.
24上03 開는 作闕이라.
24下09 上入의 入은 恐全字라.

25上03 雖有但似業用者는 今鈔云但以이라하니 誤也라.
25上07 內合의 合은 作含字라.

## 會玄記 第三十卷

01下02 喩는 作踰라.
01下05 卽非異而非一者는 恐前却이니 應云호대 卽非一而非異也라하노라.
02下01 隨人所得復何相預者는 得純得雜이 各隨其人이요 非一人이 得純得雜故로 不相預也라.
02下07 佛所求得者는 今鈔에 云호대 修得이라하니 記가 誤耶아 鈔本이 異耶아.
03下09 現惑의 惑은 作行이요 所見二字는 衍也라.
04下01 對心以明而有六句者는 解行이 皆心故也라.
04下05 復也의 復는 作複이라.
05下01 身無碍云云者는 鈔中에 總說衆生云云이 似濫衆生無碍일새 故로 如是揀也라.
05下03 上字應是者는 記本鈔에 上方菩薩云云也라.

◉校者註; 應指鈔本 34上02의 十方字也라하노라.

06上01 至理實義云云者는 德相業用之顯文則容易故로 爲德相爲業用所以之實義를 可以意得也라.
06下05 第四句下에 恐落亦相梯說四字라.
06下06 亦少分一切復狹於前者는 前은 則能入之一花니 如十分之九分也어니와 今則能所가 皆一切니 則如十分中의 五分爲能하도 五分爲所故로 雖云一切나 狹於前九分이 爲一切之一切也라.
06下08 例準下에 落前六句三字也며 或不落亦可라.
06下10 文廣義狹者는 加解하야 爲九하고 加行하야 爲十句故로 文廣이나 而無雙非句故로 義狹於前六句니 前六句는 以前六句에 有非狹入句故也라.
06下10 容有此不의 不은 作義며 或十字도 亦可라.

◉校者註; 07上02, 約已以의 已以는 古講云恐以已러라.

07上10 答以用互入是先已許者는 上入門中에 已明也어니와 今則約鏡喩하야 以明諸法各別호대 亦互入之義也라.

07下01 將其所易云云者는 鏡影之相入은 易也요 諸法이 各別이로대 而互入은 難也라.

07下01 如日以火珠爲體云云者는 明其亦入이어니 而此義를 何用思議也리오 盖相入門中에 彼此相入이 元是體入이나 而以力用交徹故로 得其體入也라 今에 鏡喩則但以影相入이요 非體相入故로 爲分喩也라 問意는 恐人이 局此鏡喩하야 以體不入으로 見之故로 爲此假問하야 以明將其所易하야 喩其所難也라.

09上04 同體一分之義者는 但是一卽多一分之義也라.

09下06 不盡不現卽隱顯門者는 不盡不現은 只論隱義하고 此一花가 攝他諸法에 諸法存호대 而不現故로 云隱也라하니라.

09下10 註에 後作句中是後義者는 此全攝彼時에 彼가 爲所攝이나 而亦爲能卽이요 彼가 全攝此도 亦然故로 爲能卽所攝이라.

10下05 隱取者는 亦影取義也라.

10下10 云疏는 上下也라.

11上09 俱有隱顯者는 上의 一半明一半暗은 異體隱顯也요 此의 異體一一俱有隱顯은 則同體隱顯也라.

11上10 隱略以明者는 前의 法說中에 不說 此同體隱顯故也라.

◉校者註; 此中의 隱字는 或云影字라하다.

12上03 一一能含多者는 相容之言이 似一容多하고 多容一이나 而今但一容多로대 而言相容者는 法法이 皆一容多故로 云호대 相容也라하니 不同上相入門의 一多相容也라 (12下07)芥爲所含稱性故微細者는 芥喩刹하면 則刹爲存相이나 而今에 云호대 稱性者는 大刹이 入於小毛者도 亦有稱性之義故也라 鈔에 云호대 存相(懸談/39下07)者는 但約在毛內之義也니 以毛가 雖小하나 稱性故로 大하고 刹이 雖大하나 存相故로 在毛內也라 其立義가 各異故로 鈔에

云호대 存相이라하고 記主는 稱性이나 不相違也라 有局鈔文하야 改以存相故로 如是發明也하노라.

12下06 註에 六字는 當在 苦行下라.

13下07 下의 體字는 作德이라.

14上05 九는 作七이라.

14下05 耳는 作且라.

14下08 故下疏中以喩重喩者는 記主가 自指下疏故로 云下疏也라.

14下10 多는 作諸라.

## 懸談

42上09 若來若去者는 若來二字는 本文에 無라.

## 會玄記

15下02 一은 作二라.

16下03 奪之云云은 上은 則皆縱也요 此下는 奪也라.

17下04 障塵下에 脫若字라.

17下07 鈴解間에 落網字라.

17下10 網不間에 落則字라.

18上01 從은 作猶라.

18上05 種色妙衣四字는 寶蓮花三字也라.

18下05 心性無染下는 釋金色自本覺之所以也니 金亦無染故요 又覺性與緣成法에 爲體하고 金與器에 爲體也라.

19上01 不染煩惱成淨行者는 上은 皆釋勝熱二字어니와 今은 釋婆羅門이라.

19上04 無智의 智는 作滯라.

19下04 是一下에 落切字라.

19下10 一念上에 落一念成三字라.

20上04 故過去下에 落過去요 現在下에 落現在라.

20上05 去는 作未라.

20上10 九融의 融은 作別이라.

20下01 九門의 九는 作入이요 不改도 亦得이라.

21上02 餘二因二者는 今鈔에 落下二字也라.

21上10 具緣의 緣은 作約이라.

21下01 德作得也라.

21下03 氣淸의 淸은 作靑이라.

22上02 如는 作似라.

22上04 問十對云云은 答文이 脫也며 或以第二義가 答也니 以初義에 有如此之難이라故로 且置而濫外道故로 不立也라.

22下10 有는 作無라.

24上01 同何間에 落時라.

25上07 千은 作十이라.

25下02 緣各爲眼者는 下鈔에 云호대 緣名爲根이라하니 眼은 根의 誤也어늘 今記如是로다.

◉校者註; 原文이 在來字下卷四十丈上下邊也라.

25下07 然字는 衍也라.

## 會玄記 第三十一卷

01上06 亦彼列十云 五字는 註也라.

02上01 法喩稍別者는 旨上의 行이 多不同故로 別爲一也라 又法은 通能現所現二義나 而喩는 局所現故로 云호대 法旨와 法喩가 別也라하니라.

02上04 多喩云云은 七喩諸法이 不實邊으로 則大同이나 但順宗과 不順宗이 小異也라.

03上08 經文者는 果字卷上邊三十一丈下八行에 見이라.

03下06 以字는 恐似字라.

03下09 但此影下云云은 其上三行의 但此日云云을 牒文也요 非今疏文也라.

04上07 諸有情共相種生業力相似處所無異는 愚吐라.

04上10 由昔造業熏種而有同異者는 此는 總標由同故로 不碍也요 別明碍와 無碍는 可知라.

04下08 註에 上辯法因者는 十對體事는 所作法이요 十玄門은 能作之義也라.

## 懸談

52下07 鈔에 眞法具德가 懸吐라.

53下05 若云中道者二行不同云云은 卽第二義也라 亦恐若云上에 落二字也라 二邊은 不同하고 中道與邊은 相卽하니 不同與相卽이 差別故로 皆爲事요 而相卽之中에 與不同之二邊으로 相卽故로 爲事事無碍也라.

## 會玄記

05下03 契理爲中하고인댄 爲邊인댄니 下吐는 以契理로 爲中道하고 不着定亂二行으로 爲邊也요 上吐는 不着定亂二行이 爲契理中道하고 卽理 卽事 卽中 卽邊이 事理無碍也라.

05下06 要具此十者는 疏句節則緣起法要가 具此云云이요 記見은 如是如是하니 孰是熟非耶아.

06下09 不離緣力者는 因이 本不離緣故로 不待緣也라.

07下01 爲異는 當在二行의 各異之下니라.

07下01 疏는 約所資하고 鈔는 約能資者는 初門의 疏則諸緣各異라하고 鈔에 云호대 同體門이라하니 而盖由同體하야 成諸緣各異하니 徧應은 則能資로대 而各自具德은 所資요 後門은 準此하면 可知니라.

07下03 互相間에 落不字니 謂疏와 鈔가 互不相違라.

07下10 互相徧應四字는 恐諸緣各異四字也라.

09上05 冥依其本者는 雖知餘處나 不知比丘生處하야 只答無本故로 如是云云耶아 又佛打餘人髑髏時는 心在涉境觀故로 梵志는 皆知也요 佛打羅漢髑髏時는 心入自受用定故로 不知故耶아.

09下03 自因下에 生故非自四字가 落也라.

09下08 外計間에 落妄字라.

10上01 數字는 作類라.

10上05 執之間에 落相字요 註에 如不의 不字는 衍也며 或不衍亦可니 展轉相望이 善五蘊이며 五蘊相望이 不善五蘊이니 不善五蘊도 亦自互望故也라.

10上10 病字는 當在註成故間이 可也라.

10下01 註에 但下에 落指字요 顯下에 落理字라.

10下04 註에 有尙의 有字는 作因字라.

10下07 註에 也是의 也字는 亦字也요 第二下에 落卽字라.

◉校者註; 此第二는 未知指何也라.

10下09 註에 俱生의 俱字는 作共이라.

10下10 註에 非謂下에 落非요 不立의 不字는 作而라.

11上01 註에 無不二字는 作然可二字라.

11上03 註에 句他間에 落假字라.

11上06 註에 以破間에 落自字요 破其의 其字와 以具(七行)의 具字는 皆共字也라.

11上08 無力下에 落一字라.

12上06 先明一持多依者는 今鈔가 此科라.

12上07 依無의 無는 作爲也라.

13上04 來는 作束이요 是則云云者는 牒文이 不無疑焉이니 謂前之二門云云(懸談/60上06)以下는 卽兩別辺之義어늘 則此牒文은 似爲預牒也라 或則前之上에 落是字耶아 然則無疑也라.

13上08 或可此中下는 上은 則一攝之時에 亦有一入之義요 非影略也니 此中影略은 則據實應有三重이나 而今則只有一攝多라 而略一入多하고 只有多攝一이라 而略多入一等故也라.

14上06 故致等言者는 初義는 內等이니 以自性及斷滅二過故也요 後義는 則外等이니 以自性과 斷滅로 但爲一過하고 而等取無因常過故라.

14上06 此上反顯과 順明은 可知者는 問答은 是文外反顯也니 其問答前鈔는 順明이니 皆可知요 又順明도 可知故로 鈔中에 但反顯이요 而無順明也라.

14上08 擧一邊하야 影一邊者는 若云不一之多라하면 則明顯一有體가 攝他多로대 而若云不多之一이라하면 則乃多無體가 入一有體也니 則擧一邊하야 影上一有體攝他多也라.

14上09 不指前文者는 上則指此科中文하고 此則指第四科中文하나 而略其攝字故로 云호대 義指也라하니라 然則鈔中의 卽前의 前字는 初義는 指此科하야 云前이라하나 而或意는 則指第四科하야 云前也라하니라.

14下10 已는 作以요 或通用則不誤也라.

15上02 單句는 只指初句故也라.

## 懸談

63上01 鈔에 餘如相入門者는 改字外에 更爲具作은 文略故也라.

## 會玄記

15上05 或可云云者는 以上은 則初義는 總出所以요 後義는 卽釋七八二門故也어니와 此는 則初義는 以所應으로 爲同體요 後는 以能應으로 爲同體故也라.

15上06 具爲同體의 具字는 恐且字也니 謂取所應異體의 二等하야 且爲同體也요 後義는 本一多一이니 則元是同體也라.

## 懸談

64下04 鈔科에 例釋卽入二義所以를 科圖에는 則云雙釋者는 以卽入이 二義故로 云雙이나 而不如例字니 以同體로 例異體故也라.

## 會玄記

15上07 但似本一의 似字는 以字也라.

15下04 爲由間에 恐落相字也니 以鈔에 云호대 例同異體相由(64下09)라하니 則意는 以本多一로 爲同體相由故也라.

15下07 同與間에 落體字라.

15下07 以是總故者는 指此第十門也라.

15下08 成前十對體事者는 成十玄門이나 而云十對體事者는 以十對體事上의 十玄門故也요 或對體二字는 種玄之誤耶아.

16上10 具는 作且라.

16下02 卽入二義不壞는 此解가 恐誤也니 今謂鈔中에 二義不壞者는 謂相卽門은 則能所가 一泯하고 相入門은 則能入所入二義가 不壞也니 卽入二門이 如是不同也일새 故로 正論入門時에 卽義가 如虛空也라.

鈔에 若更存卽(68下06)下는 反成上正論二門의 卽義가 如虛空之義요 謂卽則泯一(七行)下는 順明上의 若更存卽則入義不成之所以也요 正卽無入(八行)下는 例指卽存泯入也라.

今記主가 以若存卽下로 爲明卽存泯入之義也일새 故로 以入則之入字를 連上云 卽則泯一이요 入則二義不壞를 以入卽二義로 釋云曰 卽入二義不壞故로 非一向卽泯入存이라하고 亦有正卽無入云云이 以二義不壞라하야 連下正卽無入하야 而讀也라하니 則一時之誤也라.

◉校者註; 16下02, 卽入二에 卽은 衍이요 入二間에 脫則字요 故正間에 脫正卽無入者也라.

16下04　本一更入異體二者는 所應의 二也라.

16下05　已攝餘異體一者는 上의 能應本一로 與所應二로 互爲異體一也니 則能應所應이 互爲異體也라 言餘者는 非謂本一能應之外에 更有餘也요 以對異體之自二하야 以本一로 爲餘也라.

16下05　餘異體一復帶於同體多一者는 指上의 本一中에 已含多一也라 或云호대 餘異體一者는 上의 本一外의 他一也라하나 詳鈔義컨대 不然也라.

16下09　一은 以理從事는 巾喩理頭足之事가 皆如理故로 一頭가 卽多足也일새 故로 爲理事無碍요 二는 以理融事故로 頭足之事도 亦相融하야 而頭가 卽足也니 此는 卽以巾으로 喩頭足之事故로 異於前也라.

17上04　前二門卽法性云云의 二字는 衍也니 下鈔에 無也니 則後兩門中에 分二因也라.

17上10　註에 造疏十意者는 扶昔大義等十義也니 見地字卷初七丈하라.

17下09　殆者危也云云은 準下鈔컨대 則云殆者는 近也요 庶者는 衆也요 幾者는 事動之微也니 聖人이 見幾요 賢人은 庶幾라 今에 令後學로 亞夫聖賢也云云이라하니 與今記에 所引者로 有異하니 可怪也로다 無乃抄本異耶아 下는 則殆近於衆幾也와 與見幾之言이 相應이어니와 今則其庶幾로 爲近也云云이니 則下鈔와 今記가 皆得이라.

18上04　文中下別科釋者는 今鈔에는 落此文中等言이니 謂鈔中에 一은 揀非上應云文中에 二니 初는 總顯이요 又二니 初는 揀非云云이라.

18下08　十門之義下分二者는 記主의 科鈔文也니 謂抄文을 分二하니 初는 指德懸明이요 二는 正科釋이라 今鈔中에는 無此正科釋之抄文이니 下當會之니라.

## 懸談

71下01 略擧十四者는 若今鈔에 所明現文이면 則爲十四로대 而記主가 按經文하야 去重者코는 以十六으로 明之也라.

## 會玄記

20上09 遍은 作變也라.

21下02 文中下第二正科釋者는 今鈔의 疏中密用云云(73上06)의 疏中二字가 記本에는 則云文中二字也라.

21下03 但大科者는 列十門科也어니와 今鈔는 則文前에 懸明으로 爲正釋하고 而第二正科釋은 與懸明으로 同故로 拔去也라.

21下07 卽依他等之依他二字는 作衆生也라.

22下01 相卽二字는 上下也라.

23下01 註에 太子共答의 共은 作具요 不可絶의 絶은 恐近字며 依字요 不改도 亦得也라.

24上05 上皆以幻法虛無障碍者는 通釋上來에 所引如幻之義故로 云호대 上皆也라하니 諸事法之無障碍가 皆如幻之虛故로 能爾也라.

24上06 了幻則無幻之幻云云者는 明了幻之義니 謂上來에 所明幻法도 亦無라사 方爲幻也요 能見者도 亦絶見이라야 方稱所見之幻하야 爲見幻也라.

24上07 設融者는 謂諸法無碍가 皆是方便故로 如幻也라.

24上07 上皆如幻云云者는 上에 已云한 上皆云云이나 而今에 復云호대 上皆者는 上은 皆明幻法無碍어니와 今은 明幻無定實하니 此無定實이 爲無碍之所以也라.

24上09 註에 不硋의 硋는 與碍로 義同也라.

24上10 註에 露寢者는 天子之正寢也요 三牲者는 牛·鷄·猪也라.

24下03 笄는 音이 鷄니 簪也라 娥媌靡曼은 美貌요 阿錫의 錫은 紬也니 出於東阿也라.

24下03 註에 齊紈者는 齊國之紈也니 以爲衣裳也라 芷若의 若는 音也니 香草라.

24下04 註에 不舍者는 知不可處不可親之心이나 猶不捨也라 又恐含字는 與頷同하야 不頷은 不許也요 謁은 請也요 袪은 袖也라.

24下09 註에 磒은 作殞이라.

24下10 註에 晱은 乾也요 音은 必也라.

## 會玄記 第三十二卷

01上06 非有 二字는 註也라 準此면 則上의 心變故下에 落而有 二字니 此若一句也요 不落則下의 非有二字는 衍也라.

01下06 衆色是我所下에 應落我是衆色一句也라.

02下03 救命하며 又謂烈士(池名)라 懸吐라.

03上03 息은 作恩이라.

03下02 錯字釋者此標揀非云云者는 喩則鏡與像이 不得互通故로 若以法就喩면 則事法은 但是像이라 應不得能現之義故로 揀今取事法이 具鏡像二義하야 爲喩也요 不錯字釋은 可知也라.

05上03 於는 作等이라.

06上08 此句與下相連者는 謂微塵不增大로대 而能顯難思刹也라.

06下08 自以上으로 至九行의 一門은 皆是註也라.

07上09 貞元疏云約非正爲者는 上云호대 約其兼正이라하나 而今에 但云正者는 兼爲가 對引權遠爲컨대 亦是正故也라.

08上10 眞愛의 眞은 作嗔이라.

08下09 置는 作具라.

09上05 中은 作由라.

09下09 由聞은 作中間也라.

10上07 若不爾者修行旣經云云者는 以行布圓融二宗이 差別故로 彼行布敎中에 經多劫이라도 不住圓法之人을 謂之菩薩云云也어니와 若不差別者면 不圓法之人을 何以名菩薩也리오.

10下04 故亦下에 落一字라.

10下08 生은 作會라.

11下03 遐霏의 霏는 作霆라.

12上02 不可의 可는 衍也라.

12上03 問意는 則彼權敎人이 過無量億那由他劫토록 聞圓法하야 發信하고 卽入十地면 則此地가 與圓敎十地로 不別則權敎自宗中에 不必無所信十地也니 謂未信圓法前엔 未入信位故也라 答意則彼權敎中에 具有行布十地等位故로 依敎修行이로대 遲則過此劫하야 乃信하고 疾則不定이어늘 而何謂無地리오.

12下02 修三賢則有可修云云者는 上所謂因中則有也요 及證十地更無有別者는 上所謂但有敎說無實證也라.

12下03 別敎十地卽圓敎家住者는 出上의 十地證果에 更無有別之所以也라.

12下03 註에 此據敎道廢別就圓者는 以云別敎는 十地가 證位故로 云호대 據敎道也라하니 以敎道는 上에 立別敎十地로 爲證位故也요 若證道면 則別敎十地가 非證位也니 以彼十地로 爲此十住故로 云호대 廢別云云也라하니라.

12下05 唯는 作準이라.

12下06 約能爲標所爲者는 上의 兼正引等은 皆定約所爲나 而今에 權爲는 則其菩薩이 權作聲聞하야 以化實聲聞이면 則實聲聞이 是所爲요 權作聲聞者는 是能爲나 而今에 擧能爲權作聲聞者는 標所爲實聲聞也라.

13上02 於皆의 於는 作餘라.

13上10 若不爾者餘大乘經云云者는 此經이 若唯爲菩薩하고 永不攝二乘인댄 餘大乘了義經中에는 有聲聞이나 而獨此經은 則衆無聲聞하고 文無回小之說이니 然則此經인댄 收機未盡이어늘 何爲了義아 是故로 當知 推其轉展컨댄 無不皆是此法之機也라.

13下04 非是羅漢者는 已回入共敎菩薩故也라.

14下06 二祖之意亦抑揚異者는 賢首는 抑하고 清涼은 揚也라.

14下10 浸瀾者는 下鈔도 亦如此나 而恐潤字也라.

15上06 決了云云者는 定性聲聞이 決定成佛하면 則餘聲聞도 亦如是하니 見薑字卷下初九丈上八行하라.

15上08 第十喩平等者는 出現品의 意業中에 有十喩호대 而第十破塵出經喩也라.

15上10 決釋의 釋은 作擇이라. 復有一義하니 揀者는 約敎法勝也요 收者는 約理性勝也라.

15下06 二卽彼品見聞利益者는 今鈔則無此言이나 記鈔本은 則有故也라 言二者는 指科次也니 謂此遠爲中에 四니 初는 正明이요 二는 引證이요 三은 會釋이요 四는 明惡是所爲이니 今指第二에 引出現品하야 以證者는 卽彼品 見聞益中文은 而乃意業中의 文이어늘 傳寫之誤也云云이라.

15下08 以釋의 以字는 已字也며 或所字라.

16上02 亦第十見聞利益者는 旣上鈔가 指出現品하야 爲見聞益故로 今에 云亦也요 今鈔則上鈔에 見聞益言者가 以上鈔는 無此言故로 不云亦也라.

16下06 之口의 口는 作日이라.

17上03 不別爲一經者는 終醒悟故로 非見聞益中文이니 乃是五十八經의 別經文이나 而今에 但引之하야 以成見聞益文故로 攝屬見聞益中하고 而不別爲一經也라 又文但四字가 太少故로 不約釋中라 故로 科但云호대 引二經이라하고 而不云引三經也라.

17下08 註에 劫毘羅仙人化爲石者는 自以所作論으로 爲欲待彌勒下生하야 以質之라하야 因化爲石하야 長生不死하야 以待彌勒也라 有人이 難其所論할새 書於石上이면 則石上亦有書하야 以答이러니 後에 陳那가 作因明論하야 以難則石自破裂云云이라하니 此則情變非情이요 而華表木이 化爲狐는 似非情이 變情이나 若本是以狐爲木故로 張華가 伐木時에 木化爲狐하니 則情變非情也라 然이나 張華가 云호대 千年華表木이 應有情靈이로대 而伐之면 則非狐가 本爲木也라하니 恐今記가 失當也라.

17下09 註에 梟鏡의 鏡은 作獍也니 今에 啖父(담부)也라 此啖父의 影이 入於鏡하면 則鏡이 卽破니 以最毒之物故也라 然이어늘 云鳥者는 譯者의 訛也니 應云호대 破鏡獸也니 以禽中에 取食母之梟하고 獸中에 有取破鏡之(啖父)獍也라 黃帝가 祭時에 每用一梟一獍者는 欲滅斯物故也라.

17下10 註에 子成父母皆遭其食者는 父母가 各配二物이 如上所說也니 如見하라.

18上01 思는 作斯라.

18上01 衆生新生者는 下鈔에 云호대 計生이라하니 而今新生의 新字가 是也라.

18上02 注에 有는 無字也라.

18上08 覺悟의 悟는 作性이라.

18上08 色卽間에 落性字라.

18下02 註에 配今鈔…初義者는 今鈔의 言被非情者下에 有三義하니 初는 情非情(懸談/85上03)은 是事事無碍也요 一卽一切라 無情이 豈非情耶(85上04)者는 第二義니 卽唯心也요 況色性(85上04)下는 第三義니 二性互融也라.

18下03 互融下配第二의 二는 作三이니 不必他說也라.

宙字卷은 竟하다.

# 洪字卷

# 洪字卷

## 會玄記　第三十二卷

19上02　第三下에 落三乘二字라.

19上04　助正未許者는 疏中에 前七前八云云(02上03)이 非從寬至狹之義故也라.

19上07　釋成體通性相하며 性唯局性이니 未必在外라 懸吐니 謂釋成云云이 是出義也요 未必云方釋相字外字라.

19下03　名寬者는 名은 通事理故라.

19下07　今但約總科者는 指疏十體總列處(01上09)니 謂十列名中에 前五는 約事作名故요 引例中에 唯心體도 亦有實義나 而第七이 獨云入實者는 名中에 云入實故也라.

20上08　第三의 三은 作二라.

20上09　先難前者는 前之上隨文說이 以本收末故也라.

20上10　二三兩重有相例難者는 以第二重의 後六도 亦唯大之義니 例第三重의 前七이 通三乘하면 則後六은 不可云唯大라하니 以後六中의 五六이 通三三乘故也요 以三乘中에 前二는 是小乘故라 以第三重의 前七이 通三乘之義니 例第二重의 後六唯大則前七不云通三이니 以前七中에 五六是唯大故也요 亦後中有小乘者는 以上云第三重則於第二重內의 大乘之中에 分出第三三乘一乘이나 而今則三乘中의 前二는 是小乘故也라 故로 云호대 後重에도 亦有小乘也라하니라 問이라 旣三乘中에 前이 是小乘인댄 則何以上云前大乘中에 分出三乘 一乘耶아 答이라 上云三乘者는 以權大乘法이 通彼二乘故로 云三乘也라하니라.

20下01　故乃不唯의 唯는 恐准이니 謂二三兩重이 旣約敎約性不同인댄

則不可相准而難也라.

20下02 第一의 一은 作二라.

20下04 言總意別二意中에 初는 則總言이니 前七門과 及三乘性이나 而意則前七中에 別分前四後三이요 三乘中에 別分大一小二也요 後는 則但總云三乘이라하나 而意則別取大乘一也니 此後義는 不約前七門也라.

21上03 同字下의 七八字와 別字下의 九十字는 皆注也라.

21上05 與今三處의 三字는 二字也라.

21上09 也故는 上下也라.

21下03 顯義도 亦上下라.

## 懸談

02下06 然大小諸宗下의 雙會者는 誤牒也니 應云以余之意(14上01)下也라.

## 會玄記

22下03 十四音中에 第二와 第四가 皆有口邊하야 而長在聲也요 五六二音는 亦先上 後長이요 而七八以下는 皆先長後上也니 二合은 爲一字也라.

22下07 若依中國者는 西域之中國也라.

22下07 註에 除此十八者는 應云七八也라.

22下08 增與의 與는 是語字라.

25下05 馬는 疑能字也라.

26上06 皆非聊爾之人者는 傳云周公은 文王之子며 武王之弟니 非聊爾也라하다.

## 會玄記　第三十三卷

01上09　法七上에 落百字니 謂百法中에 心法八이 爲識蘊이며 色法十一이 爲色蘊이며 心所法五十一과 不相應行法二十四를 合한 七十五中에 除受想二法하야 爲受想二蘊하고 餘七十三으로 爲行蘊이니 無爲六은 通爲五蘊之性也라.

## 懸談

05下06　鈔에 第三爲取는 當作取爲也라.

## 會玄記

01下06　天親이 講 婆沙而造俱舍論하야 以釋婆沙하고 又破有宗者는 上記云世友能鳴等四人이 以有宗之人으로 造婆娑나 而亦未周盡故로 被破也라.

02上01　俱舍雹論者는 如雨雹가 能損物인달하야 而今作論하야 破損俱舍義故로 名俱舍雹也라하니 依主釋也라.

02上03　不墜其名非敢望也者는 意在不墜其名이나 而謙讓하야 云호대 非敢望也라하니라.

02上06　一對間에 落失字라.

02上07　又前鈔云第三云云者는 今鈔에 闕此言이니 上第三丈鈔上一行의 卽爲三別을 不應云第一은 唯聲로 爲體하고 第二는 名句文爲體요 第三은 通取四法也라 又前鈔云云은 今鈔에도 亦有라.

02上08　又復의 復는 作後라.

02上09　二失科前段者는 科名에 不收疏文의 前段也라.

02上09　但見次前文者는 前은 作下(06下09)니 謂若經部意云云也라.

02下09　二文合正의 正은 與證으로 同也라.

02下10　引此爲成上來云云의 二釋에 初則爲成上來自是一句어늘 經部가 立聲하야 爲體하야 別顯一句에 此有二失이니 一은 但云上來

語가 不極成也요 二는 經部師가 立聲하야 爲體云云이라 論文繁廣者는 能破正理論文廣이요 非所破經部文廣也니 則後義가 爲正이라.

03上10 妙僧은 作如何라.

03下03 註에 佛前十五界者는 以十八界中에 後三界가 通無漏故也니 後三者는 意中의 根·塵·識也라.

04上02 玄鏡若依正理云云者는 上은 則名句가 依文而生하니 文雖假나 而名句는 則實也요 今則復顯前義니 謂名句文三이 從實聲하야 而生호대 具顯故로 非假也니 旣從他而生인댄 則應是假로대 而如眼識이 從眼根生도 而亦非假인댄 則此名句文三이 雖從聲生이라도 而亦非假也라 從文生과 依文顯과 依文生名句云云三介文字가 皆非聲이요 而眼識下에 應有一介眼識也라.

04上05 總結三段者는 上別釋이 雖四段이나 而初二段은 但二量으로 徵而釋일새 合爲一段故로 云호대 總結三段也라하니라 又總結中에 自有三段이니 詳之하면 可知라.

## 懸談

08上04 今疏云云은 非總結中攝也어늘 記主가 但約所引論文하야 分科也라.

08上07 鈔에 疏文分三의 三은 作二니 後以余下는 皆削之也라.

### 會玄記

05上01 聲者可聞義者는 釋上耳根所取義之義字에 有二니 初는 爲可聞之義요 二는 所聞之境也라.

05下09 引下에 落上字라.

05下10 言思下에 落之字라.

06下04 註에 今取別義者는 不卽이 是別義也라.

06下09 總相釋之者는 不依疏中의 所引次第하고 而依論文하야 總釋也라.

06下09 以論對疏者는 今鈔(13上09)에는 論疏二字가 上下也라.

07上02 註에 當如今疏의 如는 作以라.

07下04 科圖의 牒論과 疏釋(五行)二科下에 皆干指文이니 牒論下에 應有故論과 外叉와 故此之三段의 指文也(此三은 見十三丈上六行하라)요 疏釋도 亦有於中과 述曰과 述曰之三段의 指文也라 又三明不卽不離科下에 落二字라.

08上03 若謂聲上音韻屈曲卽名句文이라 異聲實有者는 以次上云此必有音韻인댄 此是能詮이어니 何用名等云云고하야늘 今云聲上屈曲이 卽是名等이라 而異聲實有이라한 何以聲으로 云此是能詮云云이리오.

08上04 所見色上云云은 屈曲이 元非異色實有인댄 則聲上屈曲도 亦非異聲實有也라.

08上05 若謂聲上音韻屈曲이 如絃管聲者는 此亦救上의 有屈曲故로 此是能詮之破也니 謂聲有屈曲故로 此是能詮者인댄 如絃管聲이 雖有屈曲이나 何能詮也리오.

08上05 此應如彼者는 破上救也니 謂彼絃管聲이 雖有屈曲이나 非能詮이면 則此語聲이 如彼絃管聲하야 不生名等能詮也라.

08上06 又誰說彼下는 又破上救也니 謂絲竹可以傳心이면 則誰說彼絃管이 定과 不能詮也리오.

08上07 聲若能詮下는 破經部라.

08上08 若唯語聲下는 破正理也요 唯語能詮何理者는 謂語能詮衆理也요 理者는 道理也니 理事通稱也라.

08下01 聲知의 知는 作卽이라.

08下06 調之故者는 以極劣로 稱最勝之名하니 勝劣이 均調也라.

09上01 加此云爾의 加는 下申五正義라하야 云호대 五字也라하니 若是論이면 則天愛요 非餘라. 然依語聲云云은 連次也요 又上天愛者는 唯識本論에는 此言이 有二處나 而皆云天愛니 則有本이 誤也라.

09上08 此是能詮의 是字는 上記云足이라하니 況本文足字면 則是字가 誤也라.

# 懸談

10下05 鈔에 前前諸聲은 恐應云호대 聞前語聲也니 無始以來로 前語之聲名句文을 聞而慣習故로 後生解時에도 亦謂聞名等이나 而其實耳識은 但聞聲하고 而名等은 則意識이 解之也라.

10下06 耳等의 等字는 作識이라.

## 會玄記

09下05 自名의 自는 作目이라.

10上10 字體非彰非顯者는 應具云호대 體非彰顯也라하여야하니 體者는 文之體也니 卽字也요 文者는 字之功能也일새 故로 云호대 文卽是字나 而就體하야 云호대 字라하고 就功能하야 云호대 文也라하니라.

10下03 多刹那聲集成一字者는 如天字가 約其釋詞면 則有三刹那하니 思之면 可知也라.

10下05 名詮自性者는 諸法共相之自性故로 與下論의 名詮諸法호대 但得共相之義로 不異也라.

11下02 論曰의 曰은 作由라 今鈔에 成唯識云云處에 但云論由此法詞二無碍云云也라하니라 今鈔則一依疏文하야 次第而牒釋이로대 非也에는 當記本으로 爲正이니라 又今鈔는 是吾東湖月師之所編이나 而未能善爲也라.

11下04 今以通在後段指者는 彼疏則此述曰下에 通約後攝迹會違하야 而科云會相違리하나 今鈔則後攝迹會違下의 述曰에 四會相違云云也라하니라 初攝迹爲難에 有二門하고 而中間에도 亦有答詞로대 而非論答故로 通云호대 初는 躡迹爲難이요 二는 正引論釋이니 唯答後問也요 以初問은 則彼疏에 自答也라.

12上06 等取觸思數者의 數는 是觸思之數也라.

12下03 文句味의 文은 作名이라.

12下05 者는 恐故라.

12下06 揀顯得名은 約物無意味하야 顯唯文有意味也라.

## 懸談

12上06 無別種子生故言不卽聲者는 應云호대 亦不離聲이니 檢唐本하면 無不字也라.

13下09 鈔十地論中音聲音字云云은 兩音字가 皆善字也라.

## 會玄記

13上05 不相의 相은 衍也라.

13上09 體同의 同은 作門이며 或中字也라.

14下01 七賢卽七方便者는 今鈔(15上07)에 涅槃四果云云의 涅槃字는 卽七賢之誤也라.

14下05 於是不取의 於는 作知라.

15上09 註에 外道六師是汝之師의 汝는 卽正이로대 而墮하니 汝亦外道故로 邪正等也라.

15上09 損益等은 在淸淨法中之人이 入諸邪見云云故로 云也라.

16上01 所念無處는 釋鈔(懸談/十六丈下邊五行)無念이요 恐謂非處는 釋鈔無非處니 鈔에 無處之無字는 貫下非處하야 而讀之라 然이나 恐謂非處下에 恐落云無非處四字라.

16上06 何等名爲者의 等者는 今鈔에는 作以라.

## 懸談

17上05 疏一切所知境界者는 一切聖人의 所知境界也니 如記云一切聖說故也(16上09)라하니라.

◉校者註; 17下10, 註에 同下의 同은 準玄記中文勢와 與此中文勢컨대 恐向字也라.

## 會玄記

16下05 諸佛의 諸는 作謂요 變愛의 愛는 作碍也라.

16下07 共所解相下에 恐落是同所了名五字也라.

17上06 三顯了語의 註에 詢는 作銘이라.

17下01 以는 作二라.

18上03 依時는 上下也라.

## 懸談

17下04 疏에 又瑜伽者는 上은 則但收所詮이어니와 今은 則通收 能所한 中에 初 能說人은 前所未說也라 雖云三重이라하나 然이나 而疏文에 無第三所詮이면 則鈞取前義하야 爲第三也일새 故로 鈔云前義로 爲所詮也(17下08)라하니 言詮義者는 次上疏一文二義云云이니 今에 取其義也라.

17下05 不同前義剋取所說者는 若如文觀之면 則通取能所說故로 不同前所詮義之唯取所說義也니 所詮義로 望能說人이면 亦爲所說故也라 然이나 鈔釋云不同前義剋取名等故로 云所說云云(18上01)하니 以名等爲所說이 似乎指上의 第三通取四法의 前義也니 恐鈔釋이 誤也며 或彼此에 皆云通取故揀之라하면 則不誤也니 彼則通取所說하고 今則通取能所說也라 然則前義之言은 指第三處也요 不同鈔中의 前義爲所詮也라.

## 會玄記

19上07 淨名은 世尊이라.

19下10 檢은 作機라.

20上08 淨土純法身菩薩者는 謂有淨土에는 純有法身菩薩이요 而無餘人故로 外無言說云云也라.

21上01 註에 不以의 以는 作已라.

21上05 註에 復起飮食으로 至無柰之何者는 女人意謂彼男이 復起飮食이러니 而與行坐共俱하니 無柰之何云이라 故로 化人嗔唾云云也라.

21上08 註에 大聚의 聚는 作衆이라.

21下08 曰은 作得이라.

## 懸談

19下04 但歎應生之奇의 奇는 準記면 則奇字요 而欲字는 恐歎字라.

## 會玄記

22下09 有因下에 落香字라.

23上01 此三昧上에 落德藏三昧者五字요 名爲下에 落德字요 疏中上에 落此釋疏中三昧顯言八字也라.

23上05 緖는 作結이라.

23下01 後燕王病太子請歸者는 盖前雖亡歸나 而後質於秦故也라 有云上亡歸의 歸上에 脫欲字라하니 則盖未歸也라.

24下09 後武陽의 後는 衍也라.

25上08 相如棄下에는 應有干文하니 具云호대 相如棄猪往猪主往求云云也라.

◉校者註; 25下09, 子虛賦는 司馬相如의 小說諸侯游獵은 述하되 勤儉을 강조함 子虛·烏有先生·七是公 세사람의 作中人物을 通한 對話體文章.

26下08 成은 作城이라.

27上04 堪爲無量의 堪爲二字는 在於無量下라.

## 會玄記 第三十四卷

01下01 前二의 二는 作三이니 名等은 是第四不相應行也요 前三은 心

心所有法色也요 又前三을 合爲色心二位면 則二字도 亦得이라.

01下06 皆有八識下는 如次五位로대 而識自相故下는 如次釋上五位也라.

01下08 二所變者는 上心及心所也니 卽色法이라.

01下08 三分位者는 上三之分位也요 上四之實性이 卽第五 無爲法也라.

01下10 遣虛下에 恐落境字라.

02上09 勝者者는 凡愚에 不開演인댄 卽當於勝者하야 可說也라.

◉校者註; 03上04, 成立唯識은 菩提流支所譯大乘楞伽經唯識論也라.

03上08 上相應下에 落心字라.

03下08 能은 作緣이라.

04上09 無相亦無相者는 無能相과 亦及所相也라.

04上10 雖는 恐衍也라 若不衍이면 則謂此八識이나 懸吐라 然이나 不如初義로다.

05上07 亦은 作云이라.

06下03 三界煩惱應名漏者는 恐有干文이니 應具云總應名有漏也라.

06下03 漏於三有之漏故者는 以註로 釋上有漏也라.

07上02 約佛門衆의 衆은 作中이라.

07上03 所見空寂의 下에 落衆生二字也라.

07下06 挾行間에 落諸字라.

08上07 第二念意識者는 率爾意識이 爲第一念일새 故로 尋求가 爲第二念也라.

## 懸談

29下05 鈔에 不爾의 不字는 廣本에는 無라.

29下10 緣於의 緣은 廣本에는 經이나 而緣字도 亦得이라.

# 會玄記

09下08 一百五相鈔文隱略者는 鈔文에 但明名與字와 及字身이나 而名上諸相을 並略故也라 然이나 今鈔中에 多有誤字와 及落字故로 與記引으로 大相不同故로 有云호대 玄記與抄로 異也云云이나 而記與鈔가 具用法苑어늘 則何有異也리오 記中에 明言鈔文隱略이라할새 今依法苑하야 具釋云云을 可知라 鈔與記가 同引法苑이나 而具略이 不同也니 鈔中五字가 皆有 取上之言이 並誤也니 如惡字七相中에 以二字二名과 及一介字身이 爲五나 而取上二相故로 有七相云云이어니와 上二가 豈非諸字의 二相耶아 然이나 二字二名中에 已攝諸字어늘 二相을 豈可更取耶리오 故知取上間에 落名字也니 以法苑은 則先敍字하고 次敍字身하고 次敍名하고 後敍名上의 名身과 及二字三字名等의 諸相이어늘 而今鈔에는 先敍字與名하고 次敍字身이로대 而名上의 諸相은 但指之하고 而不敍也일새 故로 鈔의 五字取上之言에 皆落名字也라 鈔에 一介一字身의 一字는 恐衍이니 以二字以上이라야 方爲字身이요 而元無一字로 爲字身故로 但云字身이라하니 則自爲二字之意라 不可云一字며 亦不可云二字也라 者(10上10)字는 應云兩介字身과 (11上03)一介三字之莫字는 應云三介字身과 兩介三字身과 一介四字身이라. (11下10)作字는 應云四介字身과 三介三字身과 兩介四字身과 一介五字身也니 如是看하면 則不難也나 今鈔則皆誤니 詳之하라.

10上01 亦有一字不成名者는 如而字 也字 乎字等也라.

10上08 一介一字所成下에 落名字라.

10下02 以二下에 落二字라 然이나 此中에 從上의謂諸惡下로 至合名字身은 註也라.

10下03 註에 以一의 一은 作三이라.

10下05 如前字身云云은 註也니 下에 如此者는 皆以註로 見也라.

10下06 成名下에 落三名二字也라.

11上01 註에 約論의 論은 恐詮字也라.

11上01 二字性相을 合者는 其義未顯故로 今以二意二義通之라 一은 謂字身이 是二字나 而性은 則自性也요 相은 則差別也니 則二字요 名則但詮自性二字요 身則具詮自性差別也라 一은 謂二字의 字는 自字之誤也니 謂名은 則只詮一自性이요 身則詮二自性하야 相合也니 以二字身故로 爲二自性也라.

11上01 名身與句有何差別者는 上名與身으로 料揀이어니와 今則以名與身으로 對句料揀也며 又準答則雖云名身이라하나 以身爲主하야 對句料揀也니 以上云身詮自性差別故로 望句料揀也니 以句詮差別故也라 答句約只詮一介差別也요 名身則自性差別兩介也요 尙是二字는 差別二字之誤也요 又上은 釋身이요 後解之義則尙是二字는 不誤也로대 但身은 詮自性이나 而尙是兩介自性故로 與句詮 一介差別로 異也니 對差別하야 云호대 自性이요. 對一介하야 云호대 兩介也라하니라.

11上07 註에 諸惡者名의 名은 作多字也라.

11下05 二字所成下에 落名三名之三字也라.

13上01 所成名에 落三名之二字也라.

13上08 句聲의 聲은 衍也라.

13上08 五十一聚集者는 字名聲이 爲五十이로대 而合爲一句也라.

13上09 倍倍增長者는 每連對前字故로 爲倍倍而兼於重者云云은 如惡字七相이 已具諸字二相而今에 兼取諸字하고 乃至作字五十相이 已含上三十相이나 而又兼取三十相故로 爲一百五相也라.

13下04 言其五心下料揀差別者는 今鈔에 無此段이니 應脫也요 又言其二字는 卽今鈔의 能此二字乎아 卽料揀差別者는 標指也니 卽此諸識有無料揀(13下08)과 及三性料揀(14上02)과 起心不定料揀(14上03)이 是也라.

13下04 準法苑云云은 記主가 引彼하야 以釋五心不同也니 鈔中에 無此五心料揀而但有諸識三性及起心不定三料揀也라.

## 懸談

30上04 若約四字云云者는 諸惡莫作中에 除第五字하고 但約前四字하야 論之則但有五十云云也라.

◉校者註; 未知指何文이니 恐臺本異耶아.

### 會玄記

◉校者註; 14下06, 龍軍未詳者는 織田佛敎辭典云那先(naghasena)比丘라하다.

14下10 無佛色聲云云者는 謂非但心外에 無佛色聲也요 衆生自心內의 影像도 亦空이라 如是連讀이요 而明前云云으로 至但有者는 以註로 看之가 可也니 而以但有者는 惟有如如也라.

15上07 等取頓敎般若云云者는 此釋頓敎中에 引淨名等經故로 立在此敎中하야 等取 般若中의 頓義면 則不攝始敎義故로 記主云不爾云云也라하니 本影四句가 攝義不盡也라.

15下06 質亦自心者는 四句中에 餘三義는 易知故로 不言하고 此는 但釋小乘의 唯質之義也라.

16下01 相差下에 落別字니 衆生이 旣事요 而佛名도 是事인댄 則事事無碍中의 相卽門故로 爲別義也라 同義는 如上이니 可知也라.

## 懸談

32下10 鈔에 全性爲佛故無法不攝者는 進顯一義也니 以佛果가 稱性故로 攝法無遺則況全性爲佛耶아.

### 會玄記

16下07 此見衆生本性者는 謂普見衆生成佛者는 但見衆生이 本性成佛

이라 未實剋證故로 令聽斯法하야 又名因也라 今記가 隔句로 答後二問故로 但以衆生本性으로 答復名聽耶아 以未實剋證으로 答果攝因也라. 良以下는 答初問也라.

## 懸談

33下06 鈔에 言來字上에 落如字라.

34下06 鈔에 於中又二重擧況의 又字는 恐有字라.

35上06 鈔에 此一尙字卽是下에 落二重二字요 而擧況下에는 恐落初況二字也니 謂一尙字가 含二重 擧況이니 初況은 一聽法人下에 況佛智하야 更影廣大也요 含二重者는 一은 謂諸法도 尙皆頓顯이어늘 況聽法人耶아 二는 謂佛身도 尙頓顯諸法커늘 況佛智가 尤廣大耶아.

## 會玄記

19上01 況一總身而不攝諸法者는 此意는 以智로 爲能況하고 以身으로 爲所況이니 謂智則 別也요 身則總也라 別智도 尙皆攝이어늘 況總身의 所攝諸法耶아 然이나 恐非鈔本意也니 鈔中云正取大智하야 以況一身者는 先擧所況之智하야 以例能況之身이어늘 而記主가 拘於先擧以智爲能況也라 疏鈔本意는 則佛身이 能頓攝諸法이어늘 況佛智가 廣大호미 如空하고 一切淸光이 本居 佛智之內어늘 何必 用攝之方便耶아 以本自攝故也니 思之하라.

19上08 闕耶下에 落故次云下以疏文答也之文也라.

19上09 三大攸同云云者는 初義는 則始本이 不二요 三大攸同이나 懸吐요 或可下意則始本이 不二나 三大攸同할새 懸吐니 細詳記文이면 則可知如是也라.

19下07 若不揀者應大分是別敎云云者는 三大二門之義가 別敎中에 有之로대 而此論의 大旨도 亦是此意故로 須爲揀之라.

20上01 上來文迹云云者는 此第二句疏中의 自此明以下의 疏文也라.

20上02 並實非虛等者此遮而實云云者는 恐人이 謂雖言生佛互收나 而實不互全收라 但是義說云互收云云故로 言並實非虛라하야 以遮之也라.

20上04 故似隱也者는 生佛互在之言을 如文看之하면 則似生佛相離나 而互相在故로 云호대 隱也라하니 義則互不相離하야 同在一心故로 云호대 分明也라하니라.

20下06 緣本所住故不說云云의 所住二字는 恐無性二字로대 而不敢定也라.

21上02 外淸法境則法境의 兩法字는 皆六字也라.

22上08 勝流眞如는 從所流敎法之勝하야 以彰名라 又所說法之勝을 亦流出也니 皆依士釋이로대 而記는 約通義하야 云依主也라하니라.

22下04 約宗則揀約義則收者는 疏中의 彼宗은 約彼弘宗之徒故로 揀也어니와 彼論의 本義는 則不無通實之義故로 云收也라.

## 懸談

40下10 是名味文也句는 音聲의 果니 云云吐也라.

## 會玄記

25上01 如前合敎二師者는 前一音敎는 羅什과 流支也니 一音敎가 是不分敎故로 云호대 合敎也라하니라.

26上06 二卽是空者는 一多가 二也라.

26上07 非空의 空은 恐音字也라.

26下05 別顯四句者는 第三節이 含二義故로 云四句也라.

26下05 下三句可知者는 今鈔에 落第三四句也라 或云展卷無碍로 爲第三句하고 何音何法云云으로 爲第四句라하나 非也라.

27上07 五重說法者는 最後調伏衆生一重이 非說法故로 不取하고 但約說法하야 爲五重也라.

27上09 若以云云者는 疏則但以四法으로 爲門故요 記則亦以諸法으로 爲能詮하야 具十門也라.

27下01 次는 作以라.

28下02 五事偈는 無學云云은 一也요 無知는 二也요 疑惑은 三也요 由他度는 四也요 聖道云云은 五也요 是謂云云은 結也라 會此下五事者인댄 餘所誘는 卽此因魔嬈也라.

28下03 滅諍者當依多人語者라하니 上律藏記中에 有七滅諍하고 而七中에 有多人語也라.

29上09 無知는 名同하고 猶豫는 卽此上의 疑惑也요 他令入은 卽此上의 由他度也요 道因聲故起는 卽此上의 聖道云云이나 而此第五事는 上下가 似違니 上則不起요 下則起故也라 若欲會同인댄 聖道不起어든 若假聲呼則起也之義로 看則與下同也라.

29上09 無慈는 本文에 是名二字也니 此記가 誤也라.

30下09 目은 作自字也라.

## 會玄記 第三十五卷

02下07 今由義異乃名末計者는 盖本部에는 定無中有나 而今末計가 謂有故로 云이라 亦有中有者는 對本部之謂無하야 云호대 亦有中有也라하니 具云호대 亦於有中云云이어늘 今鈔(50上09)는 是有本이라 而落於字也라.

◉校者註; 鈔/59下08, 東九十五種爲十一宗鈔文章稍長有難得之分故信意口科以資攻課焉

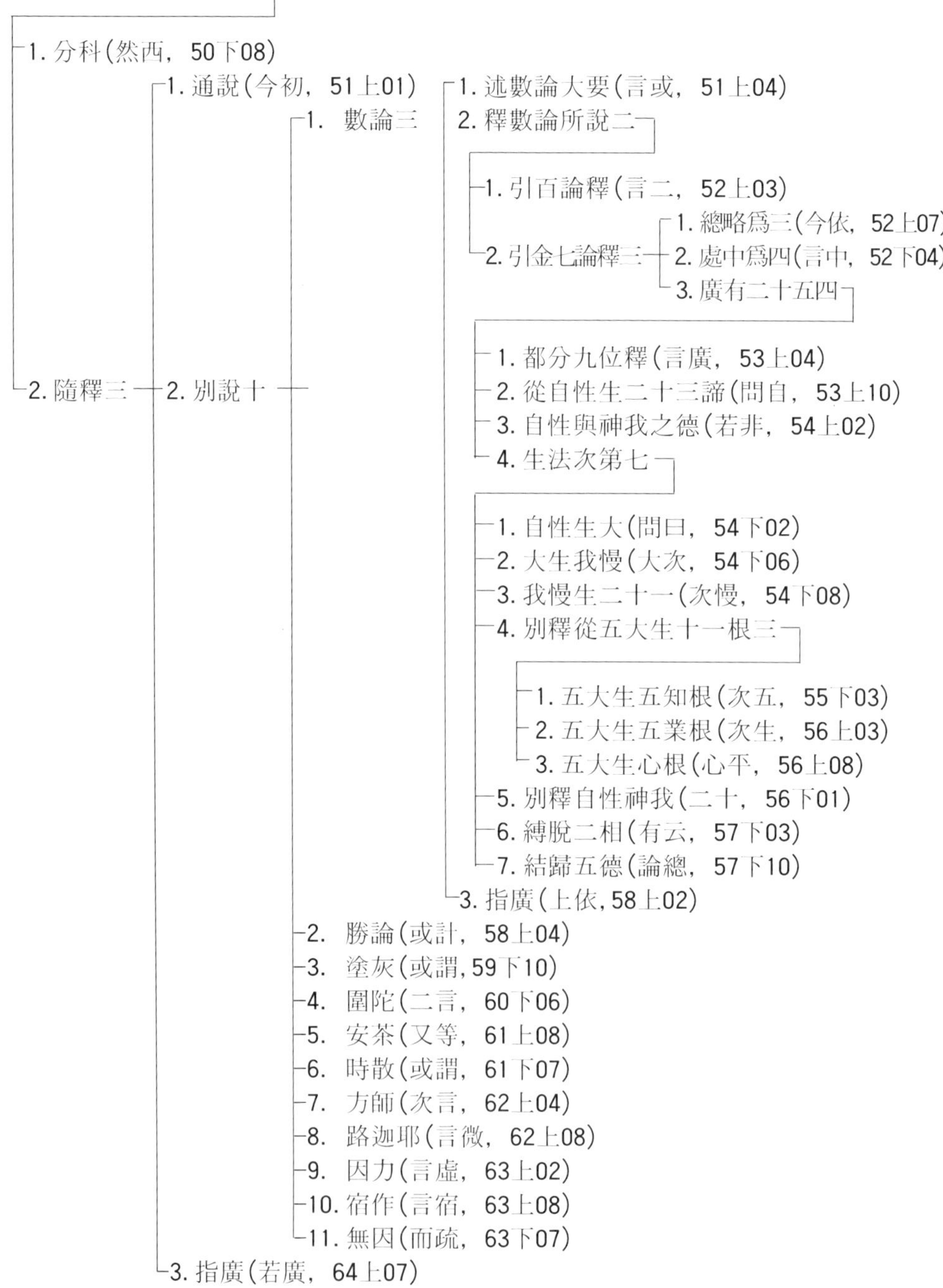

04上06 千年祀天하고 隱身往彼者는 迦毘羅가 欲度阿修利하야 千年祀天云云이며 或阿修利가 欲學隱身術하야 千年祀天則千年祀天隱身이어늘 往彼云云懸吐라.

05上04 註에 有隨一過者는 因明論에 有隨一不成過也니 謂立敵之中에 但隨一意者요 而敵者가 不許면 則不成故로 云隨一不成過也라 彼計今無滅故로 後亦無滅은 是常見也요 我僧則前必轉滅故로 非常見이요 後有故로 非斷見이니 如燈이 前焰滅故로 後續生也라.

06上02 初는 作神이라.

06下03 釋冥間에 落冥性二字也라.

07上07 眞은 作嗔이라.

07下09 先所下에 落作字나 而十行의 相應二字는 恐在此先所下라.

09下10 此意總明皆從慢生者는 準此면 則今鈔의 此意間에 落十六內三字也라.

10上04 總別雖殊者는 金七十은 總也요 百論은 別也라.

10上09 諸天塵云云者는 準此면 則今鈔(55上06)의 卽是大盡大無憂癡云云(55上06)의 兩大字는 天字也라.

11下04 色家間에 落大字라.

11下05 論諦二字는 恐謂字의 誤衍也라.

11下06 總用五唯成云云者는 其實則五作業根이 總用五知根成이나 而就其本故로 云호대 五唯成也라하니라.

12上03 大唯의 唯는 作遺也라.

12上04 註에 男下에 落女字라.

12上08 有是相之有字는 衍也라 而今鈔에는 落是相二字라.

12下01 疏作鈔大我慢心의 事가 三의 自相으로 爲事者云云懸吐라.

12下03 十三不共者는 十一根과 及大와 我慢也요 五風과 與上十三不共境은 竝見調字卷下十四丈下하라.

12下04 初句云下에 落智慧爲大相此相卽之八字也라.

12下05 取差無差者는 今鈔에 脫差無二字라.

12下07 論云의 云字는 作文이라.
13上05 得罪의 得字는 作無니 謂燒沒而無罪요 供養而無福也라.
13上08 八行의 總標와 十行의 結也는 皆註也라.
13下05 謂地의 謂字는 恐衍也라.
13下06 十三具者는 未詳이나 而應上의 十三不共境也인 則大等十事五大五唯之十物이 依此十三具也라.

◉校者註; 未及檢也라.

15上01 我緐於八種者는 以八種이 同於自性故로 緐其九中八不似也라.
15上06 三種의 種은 不如重字也라.
15下08 和合의 和字는 本作未라.
15下09 相應의 相字는 作體也라.
16上05 現一의 現字는 本作見也라.
17上04 表는 恐故也라.
18上03 註에 具二의 二는 恐三이라.
18上04 註에 二微之果者는 父와 母二微之果니 卽子也라.
18上04 三微果者는 三微는 卽果也며 亦子微也니 不同上二微果之依主釋也라.
18上07 二先不至物의 二者는 二物也니 應云先不至二物也라.
18下03 離性의 性은 作生이라.
19上01 先合後離之因名取者는 虛空等處에 所在之物을 取來時에 與虛空處로 離故로 云호대 先合云云이요 捨則極微等物이 與虛空處로 竝合故로 云호대 先離後合也라.
19下02 所生果下에 本文則有若不生果四字也라.
19下06 堅實의 實은 作濕也라.
20上06 六七行의 三箇自字는 本作有라.
20上09 據字는 本作勿字라.
20下02 業字는 本文에 無也라.
20下04 他字는 無也라.
21上10 三日은 上下也니 百論云日三洗外道라하니라.

21下04　乃字는 圈也라.

23下09　常有의 有는 本作徧也라.

24上01　圍陀云明者는 今鈔에 脫云字요 一明云云乃至四明者는 以四圍陀故也니 西域記의 四도 亦爾也라.

25下01　三處는 謂善惡二處니 恐誤也라.
是彼是此者는 謂是惡是善也니 由此入胎也라.

25下09　問答者는 問은 作同이요 答衍也라.

26下03　而는 作爲라.

26下10　若有의 有는 作法이라.

27上01　取生의 取는 作所라.

27上05　天은 作大라.

27下01　泥團下에 落時字라.

27下02　時相常故者는 三時隔別完然故로 常也라 故로 與彼之一法故云常으로 不同也라.

27下06　常相下에 落有故二字也라.

28上05　此以下에 落爲字요 乃之의 之는 作至라.

28下04　非麤는 恐衍이며 或非字는 應作字也라.

29上02　誰許沙銅體云云者는 沙與水로 不同故로 喩意不成也라.

30上06　空住의 空은 中字也라.

30上08　別無의 別字는 則字也라.

30上09　無作의 作은 作住也라.

30下06　先은 無字也라.

31下07　我見衆生云云者는 義則沙門婆羅門이 一義로 而言이니 則佛言也라 世尊立在波羅門邊하야 苦難佛之言也요 須跋陀羅는 以沙門之事로 告하니 佛이 預知沙門等之義가 如是하다 自問自答也라 以下를 皆如是看則賓主自分也라.

32上01　皆有의 有는 恐隨라.

32上02　苦樂의 樂은 行也라.

32下05　過去已盡云何有苦者는 現在苦行으로 望更有行하면 已屬過去

故로 云更有行時에 所治苦行이 屬於過去已盡也라.

## 會玄記　第三十六卷

01下03　二相下에 恐落相字也라.

01下03　勿一切法皆同一體者는 上已云一異同體故로 云勿謂一切也요 或應一異云云者는 一切法一異之言이 若假而非實이면 則可어니와 而汝執爲實하니 理定不成也라.

02上01　矯는 詐也요 又稱托也니 如史記의 矯詔之矯也라.

02上05　略去의 去는 作云이라.

02上07　若其俱無者는 若泥中無瓶하고 縷中無布인댄 則泥卽布云云也라.

02上09　因中之上本文則有是故二字也라.

02下01　因多間及若酥下에 皆脫中字也라.

02下05　與瓶下에 本文에는 有不字也라.

03上01　離因緣諸法生以上은 擧彼外計也요 其實空下는 破也니 謂外雖如是云云이나 其實空이라하니 不應於言說世事也니 不應은 猶不合也라.

03上04　十一計所等者는 疏中에 十計로 爲能等이나 而等字의 所等中에 有第十一計也라.

03下05　茂姜의 姜은 作盛也라.

04下09　非神而神者는 以不神而神故로 非是神而神也니 謂神之神은 未免作爲故也요 非生云云은 例此可知也라.

05下04　姓馮上落馮夷者라한 牒文也라. 次行의 大山의 山字는 與下八行의 川字로 相換也라.

05下09　胡髯也의 胡는 髯也니 頷髯也라.

◉校者註; 次項臺本에 但有胡髯二字故로 假補如此云이라.

08下04　八重上에 應又有八字也라.

10上06　福善云云者는 善을 福하며 謙은 益하며 淫을 禍하며 盈을 害하는

愚吐니 盈은 盈滿之心也라.

10下03 是作足이라.

11下05 非異時非起能潤云云者는 顯愛取有三支同世之義니 謂愛取는 能潤也요 有支는 所潤行識等六支也라 起愛取能潤하는 同時에 所成所潤有支也요 非隔世方成所潤有支故로 愛取有가 能潤所潤同世也라.

12下08 前性下에 落空字也라.

13上05 甚存의 存字는 恐眞字也라.

13上10 本出無從者는 道敎之言이 出於無從也라.

13下02 猧白은 犬也요 猧은 音이 甄이니 甄別之義也니 犬能甄別主人故也라.

◉校者註; 猧白은 有云猶自라하다.

13下04 豈以喻詞而成通極者는 肇論中에 引老子하야 爲連類之喻어늘 豈可以比喻詞로 謂其成金篇通極之論也요 又今涅槃經이 繁富하야 無義不具足故로 肇公이 著涅槃論時에 引用老子라도 亦有司南이어니와 云云者니 謂以經繁富故로 亦有老子之義也라 故로 引用老子라도 亦有司南也라 今老子但五千言이 而無文解其老子義也라 故로 九行의 註에 老子時不可引用三論也라하니라.

13下06 自餘千卷者는 現今自稱道經云者가 爲千卷之多로대 而並非老子言也요 但圓鑿方柄於佛經也라 故로 不可以佛經으로 註釋道經也라하니라.

13下08 推步逸蹤者는 推其步者는 當因其縱也로대 而今에 註老子者는 捨先賢老子之註解하고 別用佛敎호미 如推步而亡逸其縱也라.

14上02 科中에 同佛佛은 多一佛也라.

◉校者註; 此行指文은 竊謂若不也라.

14上03 無師自攝의 攝은 作搆也라.

14上04 就其設難의 其는 作共이라.

15上05 無妄의 妄은 作安也라.

15上07 頗生의 頗는 作叵也라.
17上09 詐之下에 落習字라.
17下10 縱言下落愼習者는 牒文也라.
18上02 雖言下에 落修字라.
18上10 變는 作變也라. 曰은 作日이라.
18下05 過之之過는 作遇也라.
19下07 或云의 或은 恐衍也라.
20下04 䢵는 作部也라.

## 會玄記　第三十七卷

01上05 雪下에 落山字라.
01下01 註에 或約別義者는 以根本經部證인댄 執有勝義로 屬於第一宗中이어니와 今末經部는 約法無去來故로 云別義也라.
01下04 此多間에 落山字也라.
02上07 言僧祇下에 落律字라.
02下04 僧法의 法은 作佉라 此云數也니 謂在數論宗中時에 造此論也라.
02下08 十二處中除意法者는 意緣過去未來法이어늘 則今約現在法爲宗일새 故로 云除也라.
03上04 第二不同二字는 衍也라.
03下01 一作二라.
03下06 或可世俗是妄少似因緣云云者는 上則通配前半이요 今則分配前半二句也라 故로 或可也요 非是釋少似之言也라 分云少似者인댄 但同前半이요 不同後半故로 云少似也요 下或可云云則同前半中에도 亦少分似也요 不全似前半也라.
04上10 妄作望이라.
04下03 今以深(頓教)從淺(破相教也)者는 若探玄記인댄 頓教가 爲第九하야 在第八終敎之後로대 而今以深頓敎로 從淺破相敎로 爲第八하야 在終敎之前也라.

06上04 四不了四了者는 法相則自爲二了나 而謂彼性宗하야 云二不了라하고 性宗도 亦自謂二了나 而謂彼相宗하야 云二不了라한 則各有二了二不了하야 而法相宗之二了로 望性宗邊하면 爲不了故로 法相宗中에 有四不了하고 性宗之二不了도 以自宗義로 看則還爲二不了故로 有四了라 故로 云四不了와 四了也니 見字字卷初四丈이라.

07下03 外示僧佉之服者는 僧佉는 數論外道也어늘 豈可外示外道耶리오 恐阿僧佉也니 以無着의 梵語가 阿僧佉也요 今從略云僧佉也라 如阿羅漢을 但云羅漢之例也니 外示無着相宗하고 而內弘龍猛空宗也라.

08上01 明鈔云者는 此半丈註가 皆因明鈔라. 學者世間은 初二果等有學也요 非學者世間은 非凡이니 初果前七方便等도 亦非學攝也니 以但云有爲空이면 則非學二世間은 不許有爲空故로 與彼二世間으로 相違也라 故로 今에 寄眞性之言則不依世間일새 無世間相違故過也니 所謂寄言簡過也라.

08上06 我亦云云은 我亦有敎하니 如前所引金剛也어늘 何必局於汝所引善戒經耶아.

08上07 似宗之中無此有法自語相違之過者는 因明論似能立宗中에 有九過호대 而無自語相違過也라 然則理旣乖故로 立此過也라.

08上07 言有法自語相違者는 以有爲法으로 爲前陳有法학도 而眞性勝義는 則自是空義어늘 今言等은 有爲之有法이라하니 則眞性이 乃是有爲라 自言이 豈不相違耶아 答則眞性之言은 防過故로 今用之나 而非正指有法故로 無自語相違過也라.

08上08 該通二量者는 有爲比量及無爲比量이니 今疏中에 但遠指初有爲法之防過하야 總示有爲無爲法之防過也요 非謂正是此有爲宗之有法也라.

08上08 意先指云云은 明初簡有法之世間相違過也라.

08上09 或欲下는 通上有法自語相違過也니 以有爲가 是有法이나 而依

眞性故로 皆空爲宗이니 則約後陳宗法上하야 明眞性之空이요 而非以有爲之有法으로 爲眞性故로 非自語相違過也라.

08下03 無爲法眞性故非實者는 今疏則上有爲量中에 已爲總示故로 今無爲量中에 無眞性之言也라.

08下04 揀過如上者는 如上有爲量에 有揀二種過也니 世間相違過와 自語相違過也라. 又此下는 今旣元是勝義故로 不同前有爲나 而或唯前揀過라도 理亦無妨也라.

08下06 不說遮止卽不立異喩者는 今但擧疑同喩에 以或同法하고 而異喩則遮他異法而今不遮他故로 不立異喩也라.

09上10 圭山大疏者는 圓覺大疏也라. 一宗容有多敎者는 如法華涅槃經上에 立理事無礙宗則此宗中에 容有多敎也니 以法華經等에 具五敎也라.

09下01 一敎容有多宗者는 如終敎通攝般若深密法華華嚴等經則以通般若邊으로 有眞空宗하고 通深密邊으로 有法相宗하고 通法華邊으로 具理事無礙宗云云也라 今疏는 以宗과 敎로 就部秩經上하야 以論寬狹也니 以敎則以義分敎일새 一部經中에 有多敎하고 宗則約人所尙故로 雖一經中에도 有多義나 而合爲一宗하야 爲所尙也라 初則以經望宗敎하야 明敎寬宗局이니 以敎則一經中에 具多敎故로 通也요 宗則一經中에 只有一宗故로 局也니 此約一多寬局也라 疏則以宗敎望經則明宗寬敎局이니 宗則一宗에 具攝全經하고 敎則一敎에 分攝一經中一分義也니 以一經中에 五敎不相違故로 各彼攝於當敎中호대 而不相通攝於餘敎故라 以敎望經에 所攝局此則 具約一宗一敎所攝之經에 有寬有局하니 不同上一多寬局也요 起信疏의 互有寬狹이 源出此나 而古今講師가 多棄此難說코 無稽라하니 無乃推步逸難乎아 抑此記所釋不能解故로 拂乎아.

10上09 宗不約此者는 他本則云故爲此通은 敎有斷證等하고 宗은 不約此位等無多故로 但有五하고 所尙이 各別故로 有十宗云云이어늘 今記는 從他本以釋也라 然이나 依今本亦得이니 斷證無多者는

牒彼本位等의 無多也라.

10下02 分爲下에 落二字라.

10下07 時는 恐地라.

11上01 前於大乘分爲七類者는 宇字卷五敎末(字七十五位末)의 淸凉新意也라.

11下05 能所의 所는 恐取라.

12上10 講華嚴經六月者는 經講을 六箇月也요 又夏六月末正講에 有蛇云云則六月이 通上通下요 而正字는 恐止字也라.

12下08 隨言의 隨는 作隋也라.

13上08 事法界의 事는 衍也라.

15上07 有異의 有는 恐同이며 或不字也라.

15下01 評曰義師者는 天台從義大師所作補註也라.

16上10 亦은 作小라.

16下05 彼先作三觀者는 初에 小不自小(16上08)云云은 空觀眞諦也요 因緣故小大라 小大하며 中間에 自有大小如是(末行)云云(16上09)假觀俗諦也요 不在內外兩中間(16上09)下는 中觀第一義諦也요 通達(16上10)下는 卽事而眞也라.

16下08 二理下에 落事字라.

17上04 卽入業用의 入作人이라.

17下07 取佛所見의 所는 作知也라.

18上08 約人約法左右互論者는 上如來之妙能者는 人也요 此經云云은 法也라 又二智는 法也요 能斷云云은 人也라 左右之言者는 但指二智能斷疑云云以下也라.

18上10 何者下는 顯上宗用不濫之所以也니 以宗亦有用하고 用亦有宗故로 易爲相濫也라 故로 今云宗用非用用云云이라하야 以揀濫也라.

18下02 宗因間에 又有宗字요 各有斷伏爲用者도 亦應云爲宗用也니 以下但明用宗及用用故也라.

18下06 明同의 明은 恐名也라.

19上05 如前第一卷者는 記第一也니 卽釋唯法界之記也라.

20上06 前互爲宗趣之處者는 望在最後總約五周因五周果(20上03乃至以下)로 互爲之兩番으로 例知前五周之別別互爲之處(20上09二者下)也라.

20下01 修行二字는 衍也라.

20下02 言乃至者는 有以所信因果로 望餘三因果가 互爲宗趣之一重故로 云乃至也라.

20下09 五對別明云云은 五對中에 各初義로 爲別明하고 各後義로 爲相卽也니 以後義中이라야 方顯前宗이 還爲趣하고 前趣가 還爲宗故也요 法相宗中에 雖有依主持業之名이나 而無此行布圓融之義故로 云全異也라.

21上03 別悟의 悟는 作語라.

21上05 無性下에 落下字라.

21下04 等字는 恐幷字也라.

22上02 定性의 性字는 與요. 法界相(三行)의 相字로 相換也라.

23上08 及次下에 落上相卽之四字也라.

23下03 三以第七門收第二重云云也의 第二之第字는 恐前字也요 而第二重下에 恐落俱存二字也니 謂前二重中에 第一重明俱泯이요 第二重明俱存故로 云次第明也요 今第三重則以第七門으로 收前二重存泯同時也라 故로 云正存卽泯也라 盖前二重中에 各有二段이니 謂第一重則先明俱泯(離)次第하고 後明俱泯同時하고 第二重則先明俱存次第하고 後明俱存同時也라 雖二中에 各後則同時나 但存之同時와 泯之同時요 非存泯之同時故로 今第三重則合前二同時하야 爲一同時也라 又第字는 不誤也니 各取上二義中의 第二也라 上以二義로 明二重故也요 非約又字上下로 爲二重也라 初第二重俱泯(離)同時며 又第二中에는 俱存同時니 雖云同時나 而但存但泯爲同時也요 而且五六二門故로 次第明無礙而今存泯同時故로 異前之同時也라.

23下09 擧者間에 恐落相字라.

24下02 令離云云者는 此後의 對宗이 旣以擧性離性爲宗인댄 則趣에도

亦應云令離取着法界性之心과 取離法界性之心爲趣어늘 記不如是하니 略而然耶아 或落耶아.

25上05 俱不二字는 衍也요 取說二字는 如下의 心言二字로 相配하면 可知也라. 今逈의 今은 作令이라.

25下03 以雙泯等十字는 註也라.

25下04 無念二字는 或衍이나 而與上常情二字로 相對看則互爲有味니 不衍也라.

25下05 由雙存等十字도 亦註也나 而當在爲趣之上也라.

25下08 具作且라.

26上04 後作復라.

洪字卷은 竟하다.

# 荒 字 卷

# 荒字卷

29上01 今既指廣當略引者는 鈔中에 不欲煩引故로 指別處의 引龍樹傳이라 故로 今記中에 引傳以明也라.

29上04 圍緯의 圍는 作圖也라.

◉校者註; 29下04, 律塗의 律은 本文에 作津이니 有理也라.

29下04 故末間에 脫有字라.

29下10 深典의 深은 作經이라.

30下05 各은 作名이라.

32下06 然猶義引者는 經云世界海는 則乃華藏海也나 而疏則義引故로 但云一佛刹也라. 且依揀義者는 上記(32下04)中에 以華藏爲一佛刹則別教所明云云言은 且依揀權實의 同許一三千爲一佛刹之義也라.

33上10 或請命者는 說主菩薩이 請命於如來之微言也라.

33下07 明也의 明字는 作名이라.

34上09 例作倒라.

34下10 之心은 上下也라.

36上07 論云과 及下三行의 論云者는 俱舍瑜伽智論等에 皆有釋義天名이나 今에는 未詳何論也라 下月字卷도 亦云論云也라.

◉校者註; 此中未詳何論은 指佛地論也라.

38上01 定果二字는 作名不二字也라.

38下03 皆從果品者의 從은 恐彼也요 果品者는 地影像也니 十地之果故也라 或恐從果二字之誤也라.

39上05 爲俱의 爲字는 恐謂字라.

41上07 末은 未字也요 上行十會圓明者는 九會次第를 設之約本末無

礙故로 以第九會로 還歸於菩提會하면 則別約一會라 故로 十會也라.

## 會玄記 第三十八卷

02上03 空은 作竺이라.
03上04 共于闐云云은 與探玄記主 賢首菩薩로 共飜也라.
03上09 經數間에 落有字也라.
04上05 梵品의 品은 作本이라.
04上09 有判의 有는 恐衍也라.
04下06 冥機未啓者는 龍樹造論이나 而冥然를機 未爲啓發故로 後人이 不測論中之指歸也志趣也라.
04下10 什法師釋의 釋은 作譯이라.
05上03 覽은 作覺이라.
05下01 翻前의 前은 恐則字라.
05下07 隨淨影者의 隋字는 隨字로대 而前後에 多作隨字也니 盖通用耶아.
06上08 高巖의 高는 作崇이라.
此論釋에 不擧北京李長者棗柏大師論者는 何也오 下鈔一處에 有指北京李長者論하니 則淸涼이 非爲不見이어늘 而今不擧者는 淸涼之意에 有所不取耶아 棗柏大師는 或云玄宗之子요 名則通玄也하니라 與淸涼으로 同時故로 不擧耶이 可怪也로다 多聞闕疑니 未敢詳定이라.
07下09 覽欲의 欲은 作昇이라.
08上08 謂風의 謂는 作順也라.
09上01 折은 作析이요 我意謂不爾者는 謂不必破析之緣生故로 自空也라.
09上04 生一間에 有緣字라.
09上05 一微下에 有常字라.

09上08 發而間에 有旣字라.
09下01 一子間에 有弟字라.
09下02 驗問의 驗은 作檢이라.
09下05 聽已間에 落說字라.
09下06 誰는 作誑이라.
09下08 慧觀下에 有等字라.
10上01 脇作協이라.
10上02 道作導라.
10上05 註에 獻은 作叡라.
10上09 上은 作止니 謂五舶之言을 止向同意弟子而說하니 則非顯異惑衆故로 律無犯也라.
10下02 有는 作者라.
10下03 竟은 作競이요 豪賤下에 落時字也라.
10下04 隨府者는 隨大尉府也라.
11下02 此是의 是는 恐衍也요 因致失緒云云은 探玄記에 云호대 支法領이 幷請佛賢也라하야는 今鈔에 云호대 支法領이 先(03上02)出經하고 智圓後請賢也라할새니라 然이나 探玄記가 非不知次序로대 而因帶言故也어늘 則胡幽貞은 不知探玄之意하고 執着於文字하야 因致失緒하니 誤也라하노이다.
11下09 啓는 作諮라.
12上09 慧叡의 慧는 作僧이요 景은 作曇이라.
12下06 所以의 以는 作謂라.
12下08 討覈分至者는 春分秋分夏至冬至를 分辨也라.
13上01 註에 如前已說者는 準二十三卷初二丈이라.
13上02 遷昇의 昇은 作神이라.
13下01 有半間에 落其字요 武南下에 有伐字하고 休之字下에 有送字니 謂宋武가 南伐에 休之가 送觀江陵한대 宋武與觀이 遇也라 問曰休之가 至江陵으로 何云與觀相遇也오 答曰休之가 常與慧觀으로 同行出入故也라 或云休之가 送宋武至江陵할새 與觀相遇

也라하더라.

13下03　遷亦至三字는 還京止三字也라.

13下10　考諸宗者는 考其化宗也요 或云其考之名이 諸宗也라 然則諸宗의 諸字는 卽敬字也라.

◉校者註; 窺公의 考名이 宗德이니 諸宗은 作宗德이요 金吾將軍으로 至開國公은 父의 官職也라 宋高僧傳에 諸宗의 諸는 作諱라 又廣淸涼傳에는 考諱敬宗이라하다.

14上01　鄂公則諸父也者는 唐鄂國公臣尉遲敬德也니 以窺基가 是敬德之弟의 子也요 敬德은 基法師之伯父也라.

◉校者註; 諸父는 猶伯父요 伯父의 官職은 鄂國公이니 以此觀之則諸字를 依見이라도 可也라.

14上02　陌上은 無心히 만나다의 뜻임.

14上07　激免再三의 免은 作勉也라.

14下03　跋渠는 正云跋伽니 此云部, 篇也라

14下05　彌는 恐爾也라.

◉校者註; 依見이 洽好也라.

14上10　關輔는 關中과 三輔니 首都鄰近也라.

14下01　丁艱의 艱은 父母喪이요 丁은 當也라.

14下03　跋渠는 正云跋伽니 此云部篇也라.

14下07　根不斷의 斷은 作齗이요 音은 銀이니 謂齒根肉也라.

14下08　符彩는 玉中文彩니 轉稱美文美狀이라.

16上08　和帝는 中宗皇帝謚號也라.

16上09　景城의 景은 作京이라.

16下09　言義下에 落淨字也라.

16下01　景龍九年은 當作景雲元年이니 西紀710年也라.

17上05　久視는 則天의 年號요 景雲은 叡宗의 年號요 先天은 玄宗의 年號라.

17上08　與師抗衡云云의 與師間에 落㚇字也라.

17下05 閽者는 守門之賤者也라 亦沒黃門이니 黃門以內의 男役은 皆以閽者로 元之故也라.

18上02 二句는 作一偈也라.

18下04 殳는 音이 杸니 戈也요 書如戈狀也라.

18下08 此爲上에 落丶(點)也요 者와 也는 相換也라.

18下10 ノ은 作㇒이라.

19上09 力은 作方也라.

19下09 三端妙聳云云은 有云此三이 端正故로 云三端也라하나 愚는 謂하노니 此三이 皆有端末也니 謂筆端劒端舌端也라.

20上06 恐第의 第는 作弟라.

◉校者註; 21上08, 大梁이 乙酉라하나 北魏熙平之年은 西紀516年丙申이 是也라.

21下08 亹은 作釁이니 亂也라.

22上04 末流의 末은 作이니 無也요 或改未이니 不也라.

22上09 王字誤書者는 王字를 以姓으로 見之故로 誤也라하나 今謂非姓也니 以對安豊郡王也라 以姓元으로 見之則魏之宗室也니 魏姓이 元故也라 則熙는 具書封王及姓하고 延明은 但書封不書姓也요 非謂王家宗室이어늘 記主가 應是忘却魏의 姓이 元也라. 二人은 正是宗室故로 封王也어늘 以祖宗英俊으로 解王家宗室이니 豈不難耶아 一時率爾言也라.

22下02 壁은 恐塗라.

22下03 與漸는 作盥漱也라.

23上07 西大原下에 落寺字라.

◉校者註; 23下06, 俄從募化의 募는 本文에 作永이니 永化와 募化가 俱是募緣(化主)인가 遷化인가 未詳이라.

23下09 中山은 上下也라.

23下10 經像者는 與佛像也라.

24上01 敬福의 福은 作禮라. 若云顧匠者는 佛之敬禮經像이 是顧談匠

夫라하면 則是天魔見解也니 但尊經像하야 爲法故로 非顧匠人也라.

◉校者註; 顧匠은 當作雇匠也니 謂雇傭人也라 竊謂倩人作禮佛類耶아하노라.

24上03 死獄의 死는 作地라.

24上07 吾弟의 弟는 作第라.

24下02 鬼從의 從은 作徒라.

25下02 童果是藥精者는 人蔘也니 蔘爲人形者가 爲最靈也라 放翁詩云 靈藥得人形이라하니라.

26上06 經之의 之는 作至라.

27上05 大樹爰集者는 如群鳥集大樹也라.

27上08 莫不의 不은 作能이라.

27下06 初無引示者는 以盲人假引示行道어늘 今則盲女는 無引示而先登險阻之處니 盖識之所感也라.

27下08 恒以飮泉의 以字는 作所字라.

27下10 若喪所天의 所天은 父母也라.

28上07 跡常의 常은 作嘗이라.

28上07 初無頓睫 者의 頓은 作嶲睫니 髭義로 亦同也요 睫은 與睫은 同也니 言無嶲睫者는 不瞑目也니 以瞑目則其睫 如嶲之微也라.

稍程의 程은 恐呈也라.

28上08 壓은 僵也며 偃也라.

28上09 又坐池云云者는 坐池를 猶土坌이요 臥雪을 猶火炙故로 云土坌火炙也니 出於本文也라.

28下04 至于屬纊者는 將死之時也니 古者가 人將死時에 以綿纊屬于鼻端하야 以驗氣之絶否也라.

28下10 白蟻의 蟻는 本作虹이요 遠은 作連이라.

29上01 慧解人神의 人은 恐入也라.

29上09 元凶搆逆等者는 未知라 丞相은 指譙王이니 前文具云大將軍彭

城王義康과 丞相南譙王義宣이 並師事之焉이라 三諫은 跋陀三度諫諍也니 文云及孝建之初하야 譙王이 陰謀逆節이어늘 跋陀가 顔容憂慘호대 未及發言이러니 譙王이 問其故한대 跋陀가 諫諍懇切코 乃流涕而出曰必無小冀라 貧道는 不容扈從이라호다 譙王이 以其物情所信이라하야 乃逼與俱下러니 梁山之敗에 大船이 轉迫하야 去岸懸遠하야 剝無全濟라 唯一心으로 念觀音하고 手捉竹杖投身江中하니 見一童子가 隨後而至라 以手牽之하고 顧謂童子호대 汝小兒가 何能度我할새 怳惚之間에 覺行十餘步하야 因得上岸하야 卽脫衲衣欲償童子러니 顧覓不見이라 然則世祖遙望云云은 懸知佛陀與丞相으로 同在船中也라 其後에 世祖가 勅尋佛陀하야 捨罪師事焚香樓下云云은 文云後於抹陵界鳳凰樓西에 起寺하니 每至夜半에 輒有推戶而喚이어늘 觀之無人이러라 衆이 累壓夢커늘 跋陀가 焚香呪願曰汝宿緣이 在此어니와 今我起寺하야 行道禮懺하야 常爲汝等하노니 若住者어든 爲護寺善神하고 若不能住어든 各隨所安하리라 旣而에 道俗十餘人이 同夕에 夢見鬼神數千이 皆荷擔移去하고 寺衆은 遂安하니라 登御座而齊高者는 文云後於東府에 讌會할새 王公畢集이러니 勅見跋陀호대 時未及淨髮이라 白首皓然이어늘 世祖遙望하고 顧謂尙書謝座曰摩訶衍이 聰明機解로대 但老期已至로다 朕試問之하면 必悟人意也리라하다 跋陀上階이어늘 因迎謂之曰摩訶衍이 不負遠來之意로대 唯有一在로다 卽應聲答曰 貧道가 遠歸帝京이 垂三十載라 天子恩遇는 含愧罔極이어니와 但七十老病이라 唯一死在니다 帝喜其機辯하야 勅近御而座라하니라.

居釣臺而拯物者는 文云大明六年(462)天下가 亢旱하야 祈禱山川에 累月無驗이어늘 世祖請令祈雨호대 必使有感이요 如其無獲이면 不須相見이라한대 跋陀가 仰憑三寶와 陛下天威하면 冀必隆澤이라하고 卽往北湖釣臺하야 燒香祈請호대 不復飮食하고 默而誦經하야 密加秘呪러니 明日晡時에 西北에 雲起하고 日在桑榆에 風震雲合하야 連日降雨러라 明旦에 公卿入賀한대 勅見至勞라하니라

然則極物之極은 拯之誤也라.

29下05 像滿의 滿은 作禺字니 謂日中也라.

29下09 敷宣之士라도 擊發之由者는 都講이 問發然後에 講師가 敷宣故也라.

30上01 答一間에 落支申二字요 義衆下에 落謂一字也라.

30上06 梵唄二字는 恐衍也니 應具云梵摩匿唄也요 此云靜止와 及正云婆師等은 皆註也라.

30上08 不淫下에 落雖雄雅三字也라.

◉校者註; 31上09, 曰薩의 曰은 本文에 作田이니 文便也라.

32下03 愈於下落是字라.

33上01 假는 作暇라.

34上10 則天上에 恐落爲字요 餘名의 名字는 恐略字也라.

35下10 是一上에 落如字라.

36上04 經下間에 落雖字라.

36上05 竟은 恐意라.

37下06 我身命不終者는 謂我今將溺死故로 不得善修也라 若得善修면 則造寺어니와 今將爲死라 奈何奈何云云也라.

◉校者註; 此中不終의 終은 本文에 作濟라.

## 會玄記 第三十九卷

02上09 理盡下에 落義字라.

03上05 季分의 季는 恐時也라 冬春夏三時를 各一時中에 分爲八箇十五라 然則三八은 二十四라 總爲二十四箇半月이니 卽二十四箇十五日也라 一節三(二)氣者는 旣一時中에 分成兩節故也라 節三氣는 卽立春中에 有三氣니 三氣는 卽立春과 雨水와 驚蟄也요 如春分中에는 春分과 淸明과 穀雨也니 餘皆準知也라 一氣가 十五日故로 三氣가 爲四十五日也라 春至는 卽今之春分이라.

03上08 註에 今準脚影出(量)身法爲度以辨時非時云云은 亦大文也라.

冬春夏以脚影明八箇十五日者는 冬朔則日短故로 脚影漸多하고 春夏則日長故로 脚影漸少하니 不知其西域所以也라.

04下06 彼論下에 落釋字라.

04下08 題下의 下는 恐辨이라.

06上05 眼根下에 落離體不成四字라. 應身者는 同報身이라.

06上08 見色下에 落離識不成四字라.

06上09 諸菩薩在願樂位中者는 三賢位菩薩也니 初法修行은 十信也라.

07下03 爲佛의 爲字는 恐謂字며 或如字也라.

10上10 假者證者는 若但云菩薩證이면 則以五蘊假者로 爲能證이로대 而實則智가 能證也요 人中法者는 人則總故로 別取智也라.

10下08 於表二字는 上下也라.

11下05 具作且라.

12下06 建德若偸者立功而不衒者는 凡偸者는 不衒其所偸也니 衒은 音이現也니 矜이라.

12下07 若渝者渟一而和光者는 渝者는 凡彩色이 相融하야 不明也요 和光同塵者도 亦然也라.

13下10 釋字間에 恐落七字라.

17上04 大及下에 恐落先天地三字也라.

19上02 一彼字는 作疏라.

19下01 位作住라.

19下07 註의 四節上에 恐落三字라.

20上04 問은 作門이라.

21上06 下以는 作論이요 相大의 相은 衍也라.

21下06 然은 作般이니 而此般若와 及下의 雜集은 指配亦可註也니 下皆準此也라.

22上01 於境印決云云者는 鈔(42上06)則印持라하니 其義가 同耶아 或一處가 誤耶아.

22上02 無謬大同者는 印持와 決斷이 皆爲無謬之義則同也라 鈔中(42上06)에 於境印決이 旣但勝解之義則信字之義를 略不言也라 問이

라 般若의 信解와 雜集의 智大性을 合擧어늘 而何指瑜伽하야는 但勝解耶아 答이라 鈔中의 於境印決은 旣但爲勝解故로 配以瑜伽也어니와 般若則具信及勝解而信字之義는 鈔中에 略之어나 或以因顯果也라.

22下02 雜集二字는 當在證得之下也요 云果下에 落般若二字也라.

23上06 今疏總會者의 總會二字는 恐體大二字也라 不爾인댄 當在下字之下也라 以記中作科名也니 謂今疏가 總會以疏十大云云也라.

23下06 及本의 及은 恐乃字也라.

24下03 今略十大云云者는 應云題中七字十大로 攝十云云也니 謂能攝七字十大로 成所攝三論七大十大也라 然則能攝은 七字十大요 所攝七大十大也라 故로 云攝十者는 爲對能攝하야 云也라.

24下04 說十의 說은 恐攝字也라.

24下09 註에 損은 作指라.

25上04 前十皆多者는 對上體大相大用大果大等十을 皆云大하야 此亦旣廣卽多字義니 則例前하야 云體多相多用多云云也라.

26上09 所依의 依는 作詮이라.

26下10 疏加一二等者는 疏則一二三四를 次第敍之어니와 雜集則但三名四義以對也라. 五六等言(27下09)도 例知也라.

28上02 所字能字上下也요 而故同間에 落不字也라.

28上10 言通의 言은 當在三約之上也라.

◉校者註; 28下04, 下歸題云云은 指鈔四十五丈下三行의 五廣云云也라.

31上03 被는 作彼라.

31上04 今은 作令也라.

31下10 五顯覺相云云은 愚謂하노니 睡夢覺와 蓮花開가 通二利라 謂自利中에 一根本智로 斷煩惱障하야 覺諸法性이 卽是自覺이니 如睡夢覺也요 以後得智로 斷所知障하야 達諸法之相이 卽是覺他니 如蓮花開也라 言覺他者는 俗諦法을 謂之他요 非謂他有情也라 鈔中에는 但明自利中의 自覺覺他하고 利他有情則略之하니

以例自利하야 可知故也라 故로 一切有情을 亦云開覺者는 利他中에도 亦有蓮花開之覺他와 睡夢覺之自覺也니 今記釋은 恐非鈔意也라 何者오 鈔意則自利中에 具有睡夢覺蓮花開之二覺이요 利他中에도 亦具有로대 而記意則以睡夢覺로 配自利하고 以蓮花開로 配利他하니 覺者詳之니라.

33上01 旣曰心悟인댄 存하야 知니 方寸하고 乎아 懸吐라.

33上02 取況의 況은 本疏(歲字卷四十丈上)則云則也니 謂法則也요 況字도 亦意同이라.

## 會玄記 第四十卷

02下06 嘉는 作喜라.

03上01 具는 作且라.

03上09 十은 作七이라.

03下04 配配者의 上配字는 恐別字也라.

03下07 亦德의 德은 作得이라.

03下08 生現의 現은 現字도 亦通이나 不如芽字라.

07下05 卽犯慳重者는 梵網四十二重中의 慳重也니 不捨施求法故로 犯慳重이요 不爲說法故로 犯慳重이 然則二人이 皆失也라.

07下10 或行間에 落理字라.

08下07 終字는 疑故字也라 然則二句가 皆有三義之所以也라.

09上01 三正成云云者는 今鈔에 脫言卽釋疏良以下의 第三節也니 應在因圓者下也니라.

◉校者註; 本項 挿入文은 竊謂係在上末行行體之間이라하노라.

09下01 則遣의 則은 恐以字라.

11上01 皆通七字云云은 七字皆常이며 七字皆法이며 七字皆經故也니 經이 卽所履也라.

11下09 常은 恐當也라.

12上01 二死處究云云의 究는 則遠也라 或恐廣字며 又深字의 誤也요 設而不誤라도 義則廣深也라.

13下04 人은 恐起也라.

13下06 二釋云云은 持業釋中或可上下에 分二釋也라.

14下07 註에 如向疏中云云은 指上釋對辨開合(鈔/三十五下)之記(記39卷/09上06)也니 方字를 屬上屬下之義也라.

14下08 分作方이라.

16上02 彰은 作影이라.

16下04 體用下에 落因字라.

17上09 次는 作決이라.

19上04 問은 作門이라.

20上09 無明의 明은 作名이라.

◉校者註; 21上04, 鈔先以云云은 鈔는 疏之誤요 先은 衍이요 以法間에 脫人이라하야 暗指同五行疏의 或以法攝盡句나 實未穩이니 蓋以法圓收科가 宜在七行鈔頭어늘 今鈔脫也라하노라 抑又臺灣板正本에 有澄也라.

22上07 三字攝盡者는 今疏信字衍也라.

26上01 此是失前九者는 此字總指前九也라 故로 鈔云總融前九(鈔/66上04)云云이라.

29上04 顯遇下에 落者字也라 上來荒字記에 但錄其錯字脫字等이나 而亦未盡知爲收捨緣其不得詳覽일새니라 故로 全不消其難處는 後當更詳호리라.

# 懸談

70上03 則天皇后序는 此序亦是跋故로 以鈔釋之요 疏中別解文義는 別解經文之疏也요 此序는 正經序故로 當於別解文義也라 故로 鈔中에 釋別解文義호대 而先此序也라.

人題中皇帝는 姓은 武氏요 名은 曌니 照之古字라 唐高宗大帝之后며

中宗之母也로대 廢中宗코 自立爲帝하니 見通史하니라.

70下05 爾雅云初哉首基云云으로 乃至權輿始也는 且始也之上에 有皆字하니 則上初哉等六義가 皆爲始之義明也라. 二皆是始者는 上初哉로 乃至權輿六義가 皆二字요 而二字가 皆是始義也라 非但權輿二字也니라 言權輿者는 爲衡에 先權이요 爲車에 先輿也하니라 故로 二字가 皆始也며 二字가 皆喩也라 初哉二字와 俶落二字는 皆直顯始義요 非喩也요 餘三義는 則皆上字는 法이요 下字는 喩也라.

71下04 此上皆是已分之相者는 指上言天道者는 易繫辭云云以下也요 序旣云天道未分故로 初引五運하야 以釋未分하고 次釋天道二字故로 便擧其已分之相也라.

71下06 已著之相略如向說者는 上明已分之相이 是也라.

71下07 天生神物者는 下의 河龍洛龜가 是神物이니 而彼物이 負圖負書故로 聖人則之也라. 天地變化者는 陰陽變化也라.

71下08 天垂象者는 八卦之象이니 而於中에 有吉卦凶卦也니라.

71下09 孔疏는 有孔安國과 孔穎達天之疏어니와 今未詳孰疏也라.

72上02 九疇者는 見書요 音義者는 梁法雲禪師가 述一切經音義하니 而亦明文曲之音義也요 又別有華嚴音義하니 未知孰作이라 上來河圖洛書之義가 有鄭康成 孔安國과 及此音義三說이 不同은 詳之可見이라. 上圖則八卦者는 孔安國이 以河龍圖로 爲八卦者也라.

72上08 今云觀乎天地者는 指庖犧之氏王天下云云以下也니 謂觀乎天地코 始作八卦也라 故로 與河圖八卦異也라.

72上09 或見龜復象天地者는 洛龜가 負天地之象故로 見此코 以作卦가 於理無違也라.

72下01 龜龍擧三皇之時者는 伏犧氏之世故로 云三皇也라 若音義인댄 云堯有神龜하고 舜感黃龍云云이니 則乃五帝之時也요 繫象은 孔子所作也니 擧下古也요 文王도 亦有卦爻之象故로 亦該中古也라.

72下05 二言影略者는 亦可云天道未著에 人文이 始分故也라 初分之時에도 亦皆未著者는 非釋上影略也요 別釋序文之隱義니 乍看則天道未分之時에는 人文未著하고 天道旣分之時에 始著로대 而今謂天道雖分이나 而人文이 亦未著也요 天道가 旣分之後에 歷上中下三古聖人이 連出하야 明其繫象故로 人文이 始著也라하니라 故로 先有者卽易有太極云云者는 明其未分始著之相也니 言先有者는 太極天道未分之時也요 生兩儀는 天地已分也라 天地雖分이나 而未著人文이라가 洎乎聖人이 畫八卦定吉凶然後에 人文이 始著하고 三才가 備矣라.

73上05 封太山者는 增天之高也라.

73上06 禪梁父者는 增地之厚也라.

◉校者註; 太山은 在山未省하니 天子初受位에 封于太山하고 禪于梁父(甫)山이니 梁甫는 太山之支流也요 封과 禪을 皆就位儀式也라.

73下02 思益經中佛言梵天者는 梵天이 是思益梵天이요 彼經當機也니 勿連下菩薩也니라

73下07 容漂人天故云輪廻於六趣者는 盖迷四忍은 但迷眞理요 不必起惡煩惱故로 漂於人天也라 故로 通指六趣니 以六趣中에 有人天故也라.

73下08 五盖則一向惡煩惱故로 溺於三途也라.

74上01 鷲巖西峙者는

74下06 靈鷲山은 佛常住處也라.

74下04 四年後一像法之時者는 像與象을 通用故也라.

74下05 初雖白馬者는 佛經東來時에 白馬馱經하나 而本在西竺時에 以象馱經故也라.

宋公은 宋之問也라 爲龍太子去者는 太子가 死爲龍去也라 唐太宗이 喪太子에 作薦福寺하야 以追薦故라 詩中에 云云은 未必爲龍이 但讚美之詞也라.

◉校者註; 宋之問은 則天時官至內奉供有詩名,字迎淸一名,少連,睿宗時流於嶺南致受死藥焉이라.

75上04 人法地者는 人則四大中의 王大也니 則逆推也라.

75下01 四大者는 道大天大等四大也라.

75下03 略擧三千者는 非但一三千故로 云略擧也라.

77上02 民無德而稱焉者는 今論語에는 云民無得而稱이라하나 則義同也라 以德大故로 其德은 不可稱也요 或云德은 訓得也니 則雖云德字나 亦是得字之義云云이라하니 非也라.

78上05 寶雨經中의 又以衣服下는 重顯淨光天子當時之因行也요 非謂現女主身時也라 故로 結云名日月淨光也라하니라. 問이라 武后旣宿因如見受佛懸記어늘 而何以行事多不善耶아 答이라 佛授記者는 但約崇佛法一段也요 其處世惡行은 不必擧論也니 此亦乘急戒緩之流也라.

◉校者註; 此中非謂現女主者는 恐未深思니 何耶오 二行에 汝於此贍部洲云云이 盡是記言故라 又武后의 名이 曌인 則結句의 日光淨光은 暗指則天也요 無疑라하노라.

78上07 斯言不虛者는 鈔主恐人亦以此經이 同大雲하야 僞俗故로 如是發明也라.

77上06 積善餘慶者는 指唐家祖宗之餘慶也요 非武氏私家祖宗之餘慶也라.

77上08 獻琛의 琛字는 音沈이니 與琛同하야 寶玉物也라.

79上08 朝夕之池者는 朝夕은 與潮汐으로 通用也니 則海也라.

79下03 初句通說三乘者는 有學無學三乘에 通有故也라. 別說三乘은 別擧二乘과 三乘故也라 三乘은 則菩薩也니 言總意別也요 又權敎菩薩은 通習三乘之法故也라.

81上09 邀迎事如懸談者는 應在第八傳譯感通中이로대 而但云證聖元年에 正譯之事하고 而無邀迎之事說이어늘 而今指者는 彼鈔가 亦指其如開元釋敎錄하니 彼錄中에 具述邀迎之事故로 今指上鈔所指之錄也라.

81下02　理書勘受者는 理는 治也요 勘은 比校也라.

82上02　首涉五年者는 首字下에 恐落末字也라.

荒字卷은 竟하다.

# 『華嚴經清凉疏 懸談』 懸談記 찾아보기

【ㄱ】

**【ㅂ】**



**【ㅅ】**

**【ㅇ】**

【ㅈ】

【ㅌ】



【ㅍ】



【ㅎ】

**華嚴經清凉疏鈔懸談記** 遺忘記

2004년 1월 6일 인쇄
2004년 1월 20일 발행

편 찬 敎宗本刹 奉先寺愣嚴學林
발행인 김성구(월운)
발행처 동국대학교 부설 **동국역경원**
등 록 1964년10월 제2-159호

100-715
서울 중구 필동 3가 26번지
전화 (02) 2260-3891~5
팩스 (02) 2267-8578
www.tripitaka.or.kr

**값 20,000원**

ISBN 89-5590-387-1 94220
ISBN 89-5590-386-2 94220(전2권)